Gerhard Sadler
Ordnungs- und Polizeieingriffsrecht

Ordnungs- und Polizeieingriffs-recht

ASOG, Bundes- und Länderrecht
Mit 66 Musterbescheiden

Von
Dr. jur. Gerhard Sadler
Leitender Magistratsdirektor, Berlin

1980
J. Schweitzer Verlag · Berlin

CIP-Kurztitelaufnahme der Deutschen Bibliothek

Sadler, Gerhard:
Ordnungs- und Polizeieingriffsrecht: ASOG,
Bundes- u. Länderrecht; mit 66 Musterbescheiden/
von Gerhard Sadler. – Berlin: Schweitzer, 1980.
ISBN 3-8059-0578-5

Druck: Karl Gerike, Berlin. – Bindearbeiten: Lüderitz & Bauer Buchgewerbe GmbH, Berlin.
Printed in Germany.

I N H A L T S V E R Z E I C H N I S

Abkürzungsverzeichnis

Abl.	Amtsblatt
Anm.	Anmerkung
AO	Abgabenordnung
Art.	Artikel
ASOG	Allgemeines Sicherheits- und Ordnungsgesetz
AZG	Allgemeines Zuständigkeitsgesetz
BAG	Bundesarbeitsgericht
BauR	Baurecht
BayObLG	Bayerisches Oberstes Landesgericht
BayVBl.	Bayerische Verwaltungsblätter
BB	Betriebsberater
BGB	Bürgerliches Gesetzbuch
BGBl.	Bundesgesetzblatt
BGH	Bundesgerichtshof
BGHSt	Entscheidungen des Bundesgerichtshofes in Strafsachen
BGHZ	Entscheidungen des Bundesgerichtshofes in Zivilsachen
BGSG	Bundesgrenzschutzgesetz
BRS	Baurechtssammlung
BVerfG	Bundesverfassungsgericht
BVerfGE	Entscheidungen des Bundesverfassungsgerichts
BVerwG	Bundesverwaltungsgericht
BVerwGE	Entscheidungen des Bundesverwaltungsgerichts
DAR	Deutsches Autorecht
DÖV	Die Öffentliche Verwaltung
DVBl.	Deutsches Verwaltungsblatt
DVO	Durchführungsverordnung
GewArch	Gewerbearchiv
GG	Grundgesetz für die Bundesrepublik Deutschland
GrundE	Grundeigentum
GVBl.	Gesetz- und Verordnungsblatt
JR	Juristische Rundschau
JuS	Juristische Schulung
JZ	Juristenzeitung
L	Leitsatz
LRE	Lebensmittelrechtliche Entscheidungen
LVwG	Landesverwaltungsgesetz
MDR	Monatsschrift für Deutsches Recht
MEPolG	Musterentwurf eines einheitlichen Polizeigesetzes
MRK	Menschenrechtskonvention
NJW	Neue Juristische Wochenschrift
OBG	Ordnungsbehördengesetz
OLG	Oberlandesgericht
OVG	Oberverwaltungsgericht
OVGE	Entscheidungen des Oberverwaltungsgerichts
OWiG	Gesetz über Ordnungswidrigkeiten
PAG	Polizeiaufgabengesetz
PG	Polizeigesetz
POG	Polizeiorganisationsgesetz
PolG	Polizeigesetz
PolZG	Polizeizuständigkeitsgesetz
PVG	Polizeiverwaltungsgesetz
RVO	Reichsversicherungsordnung
SOG	Sicherheits- und Ordnungsgesetz
StGB	Strafgesetzbuch
StPO	Strafprozeßordnung
UZwG	Gesetz über die Anwendung unmittelbaren Zwanges
VersR	Versicherungsrecht
VerwArch	Verwaltungsarchiv
VerwRspr.	Verwaltungsrechtsprechung in Deutschland
VG	Verwaltungsgericht
VGH	Verwaltungsgerichtshof
VO	Verordnung
VwGO	Verwaltungsgerichtsordnung
VwVfG	Verwaltungsverfahrensgesetz
VwVG	Verwaltungs-Vollstreckungsgesetz
ZfW	Zeitschrift für Wasserrecht
ZPO	Zivilprozeßordnung

Erster Teil

Begründung und Erläuterung ASOG

Allgemeines Gesetz
zum Schutz der öffentlichen Sicherheit und Ordnung in Berlin (Allgemeines Sicherheits- und Ordnungsgesetz – ASOG Bln)

Vom 11. Februar 1975

Inhaltsübersicht

Begründung zum Entwurf des Allgemeinen Gesetzes zum Schutz der öffentlichen Sicherheit und Ordnung in Berlin

A. Allgemeine Begründung

1. Das materielle Polizeirecht ist in Berlin — von wenigen Ausnahmen abgesehen — auf der Grundlage des ehemaligen preußischen Polizeiverwaltungsgesetzes vom 1. Juni 1931 in der Fassung vom 2. Oktober 1958 geregelt. Das Gesetzgebungswerk des Jahres 1958 hat sich für die Polizei bewußt auf das formelle Polizeirecht beschränkt, weil nach damaliger Erkenntnis „das materielle Polizeirecht, auf Grund der Generalklausel des § 10 II 17 des preußischen Allgemeinen Landrechts von 1794 in jahrzehntelanger Rechtsprechung vor allem vom Preußischen Oberverwaltungsgericht entwickelt, jedenfalls für die preußischen Nachfolgeländer in den materiell-rechtlichen Teilen des preußischen Polizeiverwaltungsgesetzes vom 1. Juni 1931 eine vorbildliche und allen rechtsstaatlichen Anforderungen genügende Kodifikation erfahren hatte" (so Allgemeine Begründung zum Polizeizuständigkeitsgesetz A. I. S. 3; Drucksache des Abgeordnetenhauses vom 28. Februar 1958, Nr. 1561).

   Deshalb blieb das materielle Polizeirecht bis auf Textkorrekturen formalen Inhalts unangetastet. Insbesondere unterblieb auch bewußt eine Verselbständigung des materiellen Ordnungsrechts, weil vor allem „zunächst die Entwicklungen und Erfahrungen auf diesem Gebiet in Westdeutschland abgewartet werden" sollten (vgl. Allgemeine Begründung zum PolZG A. III. 11 letzter Satz).

2. Die Bedeutung jener Gesetzgebung für die Polizei lag auf organisatorischem Gebiet. Das Polizeizustän-

digkeitsgesetz (PolZG) zog die notwendigen Konsequenzen aus der Tatsache, daß immer weitere Lebensgebiete eingehenden spezialgesetzlichen Regelungen unterworfen wurden und sich damit der Anwendungsbereich der polizeilichen Generalklausel (Abwehr von Gefahren für die öffentliche Sicherheit und Ordnung) ständig einschränkte, gleichzeitig aber der polizeiliche Gedanke der Gefahrenabwehr immer stärker vom Prinzip der staatlichen Lenkung, Pflege und Fürsorge durchsetzt wurde (vgl. Allgemeine Begründung zum PolZG A I. 2. Abschn. 3, S. 3). Mit dem Polizeizuständigkeitsgesetz wurden folgende Regelungen getroffen:

2.1 Die materiell-rechtlichen Aufgaben der Gefahrenabwehr, die das Preußische PVG allein der Polizeibehörde übertragen hatte, wurden auf die Behörden der allgemeinen Verwaltung als Ordnungsbehörden und die Polizei verteilt. Das PolZG und die dazu erlassene Durchführungsverordnung grenzte die Zuständigkeiten voneinander ab.

2.2 Bei diesen Abgrenzungen verblieb der Polizei – abgesehen von ihren sonstigen Aufgaben nach anderen Rechtsvorschriften (z. B. Verbrechensbekämpfung, Verkehrsdienst) – als Sicherheitspolizei alle nicht spezialisierte gefahrenabwehrende Tätigkeit und damit die unmittelbare und insbesondere rein exekutivische Sicherheitsfunktion. Ihr fiel die unaufschiebbare, d. h. im normalen Verwaltungsgang nicht mögliche Abwehr aller auftretenden Gefahren zu (generelle und grundsätzlich subsidiäre Grundfunktion der Ordnungsbewahrung).

2.3 Gleichzeitig wurde die „auf ein bestimmtes Gebiet sachverständig durchspezialisierte und zumeist auch verwaltungstechnisch relativ verselbständigte in engem Zusammenhang mit nichtpolizeilichen Verwaltungsaufgaben stehende gefahrenabwehrende Tätigkeit“ – damals noch als Aufgabe der „Verwaltungspolizei“ bezeichnet – als „Ordnungsaufgabe“ den allgemeinen Verwaltungsbehörden (als „Ordnungsaufgaben“) übertragen (vgl. Allgemeine Begründung zum PolZG A I 2 a S. 3 und A III S. 7). Auch sie sollten also materielle Aufgaben der Gefahrenabwehr wahrnehmen. Insoweit ist ihr Auftrag identisch mit dem der Polizei; lediglich die Lebensgebiete, auf denen diese Aufgaben wahrgenommen werden, sind bei beiden Verwaltungsträgern verschieden.

2.4 Dieser Grundsatz wurde allerdings nicht dogmatisch überspitzt durchgeführt. Ordnungsaufgaben, die eng mit sicherheitspolizeilichen Aufgaben verknüpft sind oder die nur zentral und einheitlich wahrgenommen werden können, aber nicht in unmittelbarem Zusammenhang mit den von den Senatsverwaltungen durchzuführenden Aufgaben stehen, wurden aus Sparsamkeit- und Zweckmäßigkeitserwägungen der Polizeibehörde belassen, um ein besonderes zentrales Ordnungsamt einzusparen. (vgl. Allgemeine Begründung zum PolZG A III 4 S. 7 und A IV 6 S. 8).

2.5 Damit fiel der sogenannte „materielle Polizeibegriff“ und der „formelle Polizeibegriff“ auseinander. Während bisher die Aufgaben der Gefahrenabwehr (materieller Polizeibegriff) allein bei der Polizei lag, erhielten nach der organisatorischen Trennung auch die Verwaltungsbehörden Aufgaben der Gefahrenabwehr. Da sich beide Verwaltungszweige auf § 14 PVG zu stützen hatten, nahmen auch die Ordnungsbehörden nunmehr materielle Polizeiaufgaben wahr. Zur Polizei im formellen Sinn (Polizei ist alles, wofür die Zuständigkeit der Polizeibehörde begründet ist) zählten nunmehr neben der materiell-rechtlichen Polizeiaufgabe (§ 2 Abs. 1 Buchst. b PolZG) die Aufgaben der Strafverfolgung (§ 163 StPO / § 2 Abs. 1 Buchst. a. PolZG) sowie weitere Aufgaben nach § 14 Abs. 2 PVG.

3. Diese organisatorische Aufteilung von Aufgaben der Gefahrenabwehr auf Ordnungsbehörden und Polizeibehörde hat sich bewährt. Sie ist auch in den Ländern Hamburg, Hessen, Niedersachsen, Nordrhein-Westfalen und Schleswig-Holstein durchgeführt. Baden-Württemberg, Bremen, Rheinland-Pfalz und Saarland haben die einheitliche Polizeiverwaltung beibehalten oder sie später wieder eingeführt. Für Berlin besteht kein Anlaß, die hier bewährte Trennung wieder aufzugeben. Der Entwurf eines ASOG behält daher diese Lösung des PolZG bei.

4. Auf dem Gebiet des materiellen Rechts hat sich seit 1958 folgende Entwicklung ergeben:

4.1 Die organisatorische Trennung von Ordnungsbehörden und Polizeibehörde hat auf das materielle Recht beider Verwaltungszweige keinen Einfluß gehabt. Von wenigen Ausnahmen abgesehen entspricht das materielle Recht der Ordnungsbehörden dem der Polizeibehörde (vgl. § 8 PolZG).

Die Entwicklung in Westdeutschland ist ähnlich verlaufen. Das gilt auch für Nordrhein-Westfalen, das als einziges Land die Befugnisse der Ordnungsbehörden und der Polizei in verschiedenen Gesetzen geregelt hat; beide Gesetze stimmen insoweit aber inhaltlich voll überein.

Eine Verselbständigung des materiellen Ordnungsrechts empfiehlt sich daher auch heute nicht. Es besteht in Berlin kein Anlaß, die bewährte Übereinstimmung des materiellen Rechts von Polizei und Ordnungsbehörden zu ändern.

4.2 Für das materielle Recht im einzelnen ist folgendes festzustellen:

4.2.1 § 14 PVG behandelt Aufgaben und allgemeine Befugnisse von Polizei und Ordnungsbehörden in einer gesetzlichen Vorschrift. Die neuere Entwicklung trennt aus rechtsstaatlichen Erwägungen eindeutig zwischen den Aufgaben der Gefahrenabwehr und den zur Erfüllung dieser Aufgaben zugewiesenen Mitteln. Gerade die durch das Grundgesetz gebotene Einschränkung der Befugnis zu bestimmten Eingriffen (z. B. beim Gewahrsam oder der Durchsuchung) macht diese Entwicklung deutlich. Aus rechtsstaatlichen Gründen ergibt sich daher auch für das Berliner Recht die Forderung nach der Trennung von Aufgaben und Befugnissen.

4.2.2 Im Laufe der Zeit hat die Rechtsprechung insbesondere unter verfassungsrechtlichen Gesichtspunkten für die aus der sogenannten Generalklausel hergeleiteten typischen Eingriffsrechte (Standardmaßnahmen) besondere Regeln entwickelt. Im PVG waren in den §§ 15–17 nur wenige Standardmaßnahmen und auch diese nur unvollständig geregelt. Die nach 1945 ergangenen Landesgesetze haben diese Regelungen übernommen und weitere bedeutsame Eingriffsbefugnisse gesetzlich normiert, um den Anforderungen des Grundgesetzes (insbesondere Art. 2, 13, 104) Rechnung zu tragen.

Allerdings verlief diese Entwicklung nicht einheitlich. Standardmaßnahmen, die in einzelnen Ländern gesetzlich normiert sind, werden in anderen Ländern weiterhin auf die Generalklausel gestützt, wobei dies allerdings nur einen formellen Unterschied bedeutet. Materiell bestehen nur wenige Unterschiede, denn die Länder, die insoweit die Generalklausel heranziehen müssen, haben die gleiche Rechtsprechung zu beachten, die in anderen Ländern zu einer Kodifizierung der von der Rechtsprechung enwickelten Grundsätze geführt hat.

Gleichwohl gilt es hier im Interesse der Rechtssicherheit, die Eingriffsbefugnisse und bestimmte Verfahrensvorschriften bei der Gefahrenabwehr deutlich im Gesetz zu nennen und hierbei die bisherigen Erkenntnisse der Rechtsprechung zu normieren.

4.2.3 Ein weiterer Bereich, in dem weitgehend Richterrecht angewendet wird, ist das Entschädigungsrecht.

Es dient dazu, die finanzielle Last der Gefahrenabwehr zwischen dem Einzelnen und der Gesamtheit der Steuerzahler zu verteilen. Die ungeschriebene Grundregel lautet hierbei, daß der jeweilige Störer diese Last selber zu tragen hat, während sie im Verhältnis zu einem Nichtsörer von der Allgemeinheit übernommen werden muß. Da die Regelung der §§ 70–73 PVG für den entschädigungsberechtigten Nichtstörer als zu eng angesehen wird, hat die Rechtsprechung seit längerem insbesondere die Grundsätze über Aufopferung und über den enteignungsgleichen Eingriff herangezogen. Gleichwohl besteht im einzelnen keine volle Klarheit.

Die Polizeigesetze der Länder und des Bundes enthalten in sehr unterschiedlichem Umfang Vorschriften über den Ausgleich von Schäden, die dem von einer polizeilichen Maßnahme Betroffenen durch die Maßnahme entstehen können, und zwar nicht nur hinsichtlich der zum Ausgleich verpflichtenden Tatbestände, sondern auch hinsichtlich Inhalt, Art, Umfang und Verjährung der gewährten Ansprüche. Ähnliches gilt für die Erstattung von Ausgleichsleistungen zwischen verschiedenen Körperschaften (Kommune – Land, Bund – Land) in den Fällen, in denen die Behörde einer Körperschaft für eine andere Körperschaft tätig geworden ist, und für die Frage des Ersatzanspruches gegen den Verantwortlichen, wenn die zuständige Behörde eine Gefahr mit eigenen Mitteln beseitigt hat.

Aus rechtsstaatlichen Gründen erscheint auch in diesem Bereich eine eingehende Regelung geboten. Ein in Vorbereitung befindlicher erster Entwurf eines Staatshaftungsgesetzes (Kommissionsbericht über die Reform des Staatshaftungsrechts, veröffentlicht vom Bundesminister der Justiz und Bundesminister des Inneren im Oktober 1973) beschränkt sich – mit Ausnahme des Tumultschadensrechts – auf die Staatshaftung für rechtswidriges Verhalten. Da noch nicht abzusehen ist, ob, in welcher Form und wann die Reform des Staatshaftungsrechts im Bund durchgeführt wird, harrt das das polizei- und ordnungsrechtliche Entschädigungsrecht einer baldigen Regelung.

5. Das Streben nach mehr Rechtssicherheit und Überschaubarkeit der bestehenden Rechte und Pflichten des Bürgers und von Behörden der Gefahrenabwehr hat dazu geführt, daß die Mehrzahl der Länder – leider zu verschiedenen Zeiten – versucht hat, den jeweils erreichten Stand der Rechtserkenntnisse zu kodifizieren. Das hat, obwohl meist der materielle Gehalt übereinstimmt, zu unterschiedlicher Systematik und abweichenden Formulierungen geführt, was teilweise eine uneinheitliche behördliche Praxis und Auslegungsschwierigkeiten hervorgerufen hat.

5.1 Diese formelle Rechtsaufsplitterung hat die Ständige Konferenz der Innenminister der Länder (IMK) dazu veranlaßt, einen Musterentwurf für eine einheitliche Fassung der Polizeigesetze des Bundes und der Länder erarbeiten zu lassen (vgl. Programm für die Innere Sicherheit in der Bundesrepublik Deutschland, Februar 1974, X., 2. S. 26). Der jetzt vorliegende Entwurf ist unter Beteiligung des Landes Berlin zustande gekommen.

Dieser „Musterentwurf eines einheitlichen Polizeigesetzes“ (im folgenden Musterentwurf genannt) befaßt sich mit dem materiellen Polizeirecht und dem Recht der Zwangsvollstreckung, insbesondere auch dem unmittelbaren Zwang und dem Entschädigungsrecht; das materielle Recht der Ordnungsbehörden sowie das Organisations- und Zuständigkeitsrecht wird nicht behandelt, obwohl er ausdrücklich davon ausgeht, daß die Befugnisse – jedenfalls im Prinzip – nur einheitlich geregelt werden können.

5.2 In der Erwartung, daß die Länder und der Bund diesen Musterentwurf ebenfalls übernehmen, erscheint der Zeitpunkt gekommen, daß Berlin als erstes Land die notwendige Novellierung seines materiellen Polizeirechts auf der Grundlage dieses Musterentwurfs und in Fortsetzung des Antrages der Fraktion der CDU über Gesetz zur Änderung der Verfassung von Berlin vom 14. 1. 1972 (Drucksache des AbgH. 6/284) und des Antrags über Gesetz über die Sicherheit und Ordnung vom 14. Januar 1972 (Drucksache des AbgH. 6/285) sowie des Antrages der Fraktion der F.D.P. über Gesetz über die Polizei- und Ordnungsbehörden vom 7. 4. 1972 (Drucksache des AbgH. 6/401) durchführt. Eine Novellierung im gegenwärtigen Zeitpunkt erscheint um so zweckmäßiger, als sie die notwendige Ergänzung der gegenwärtigen Reform von Organisation und Ausbildung der Polizei darstellt.

5.3 Der Musterentwurf enthält brauchbare Vorschläge, die inhaltlich weitgehend mit den bisher vorliegenden Gesetzesanträgen übereinstimmen. Er kann daher auch als Grundlage für ein modernes Polizei- und Ordnungsgesetz in Berlin verwendet werden.

Allerdings empfiehlt es sich, das allgemeine Verwaltungsvollstreckungsrecht weiterhin für die gesamte Berliner Verwaltung in einem gesonderten Gesetz zu regeln. Daher soll das als Landesrecht übernommene Verwaltungsvollstreckungsgesetz des Bundes vom 27. April 1953 (GVBl. S. 361 / BGBl. S. 157) vorerst unverändert bleiben. Da auch der Bund seine Gesetze auf der Grundlage des Musterentwurfs zu novellieren hat, wird eine Anpassung des Verwaltungsvollstreckungsgesetzes an den Musterentwurf durch den Bund ohne weiteres als Landsrecht für Berlin gelten. (vgl. § 16 Abs. 2 Verwaltungsverfahrensgesetz vom 2. Oktober 1958 (GVBl. S. 951). Die Rechtseinheitlichkeit mit dem Bund dauert auf diese Weise fort. Insoweit sollten die Vorschläge des Musterentwurfs einer späteren Regelung vorbehalten bleiben.

Auch das Recht des unmittelbaren Zwanges soll weiterhin im Gesetz über die Anwendung unmittelbaren Zwanges bei der Ausübung öffentlicher Gewalt durch Vollzugsbeamte des Landes Berlin (UZwG Bln) vom 22. Juni 1970 (GVBl. S. 921) geregelt bleiben, da dieses Gesetz für alle Vollzugsbeamten des Landes Berlin gilt. Eine etwaige Anpassung an die im Musterentwurf vorgesehenen Regelungen kann im Hinblick darauf zurückgestellt werden, daß der Musterentwurf die meisten Vorschriften des UZwG Bln als einer der modernsten Regelungen übernommen hat und deshalb abgewartet werden kann, bis der Bund und andere Länder ihre älteren gesetzlichen Regelungen auf der Grundlage des Musterentwurfs novellieren werden.

5.4 Da der Musterentwurf weder Vorschriften über das materielle Ordnungsrecht noch über die Zuständigkeit und Organisation von Polizei und Ordnungsbehörden enthält, bleibt allein zu entscheiden, ob das materielle und das formelle Polizei- und Ordnungsrecht in Berlin gesetzestechnisch weiterhin getrennt oder in einem Gesetz einheitlich geregelt werden soll. Der Entwurf entscheidet sich für die zweite Möglichkeit, weil eine einheitliche Regelung übersichtlicher ist und die bisher stets notwendige Verweisung in § 8 PolZG auf die Vorschriften des PVG entbehrlich wird. Dadurch wird die Tatsache unterstrichen, daß die Aufgabe der Gefahrenabwehr eine Einheit darstellt und nur durch Zusammenwirken aller beteiligten Behörden zufriedenstellend erfüllt werden kann.

6. Es ergibt sich folgender Gesetzesaufbau:

6.1 Aufgaben, Zuständigkeit und Organisation

Der Entwurf entspricht der modernen Forderung nach strenger Trennung von Aufgaben der Gefahrenabwehr und den zu ihrer Erfüllung gewährten Befugnissen (vgl. 4.2.1), indem er in § 1 Abs. 1 die Aufgabe und in den §§ 2 bis 4 die Zuständigkeitsabgrenzung regelt, während im 2. Abschnitt die Befugnisse umschrieben werden. Wie bereits das Polizeizuständigkeitsgesetz trifft er eine Regelung für die Ordnungsbehörden und die Polizei (vgl. 5.3).

Die Vorschriften des Polizeizuständigkeitsgesetzes haben sich bewährt. Sie wurden daher abgesehen von den nachfolgend beschriebenen Änderungen inhaltlich übernommen, mußten aber teilweise redaktionell überarbeitet werden. Insbesondere wurden die §§ 1 bis 3 PolZG der Systematik und Terminologie des Musterentwurfs entsprechend neu formuliert; ihr materieller Gehalt bleibt unverändert (vgl. dazu insbesondere die Einzelbegründung zu § 1).

6.1.1 Neu aufgenommen wurde eine Zuständigkeitsvorschrift für die Berliner Feuerwehr in § 3 Abs. 1; sie soll letzte Zweifel über den Geltungsbereich des § 1 des Gesetzes über den Brandschutz und die Hilfeleistungen bei Notlagen (Feuerwehrgesetz – FwG) i. d. F. vom 2. Juli 1974 (GVBl. S. 1562) ausräumen.

6.1.2 Systematisch deutlicher als § 6 Abs. 2 PolZG hebt der Entwurf in § 4 Abs. 3 hervor, daß die Leistung von Vollzugshilfe bereits zu den Aufgaben der Polizei gehört. Nach der neuen Systematik des Entwurfs (vgl. oben 4.2.1 und 6.1) beschreibt § 4 Abs. 3 nur die Aufgabe, während die Einzelheiten im 3. Abschnitt geregelt werden. § 6 Abs. 2 PolZG wird im Grundsatz übernommen, gleichzeitig aber wird durch Beschränkung der Vollzugshilfe auf Fälle des unmittelbaren Zwanges der Forderung der Ständigen Konferenz der Innenminister/-senatoren der Länder vom Februar 1974 (Sicherheitsprogramm Teil I Nr. 1) entsprochen und versucht, die Polizei von Aufgaben freizuhalten, die nicht das Tätigwerden eines Vollzugsbeamten erfordern (vgl. hier auch die Einzelbegründung zu § 4 Abs. 3).

Die Regelung des § 6 Abs. 1 PolZG über die Gewährung von Schutz bei Vollstreckungshandlungen konnte entfallen. Das ordnungsmäßige und ungehinderte Funktionieren der Staatsorgane gehört seit jeher zum Schutzgut der Generalklausel, so daß diese Tätigkeit als eigene Aufgabe der Polizei bereits von den §§ 1 Abs. 1 und 4 Abs. 1 erfaßt ist.

Neu ist auch die Ermächtigung der Berliner Feuerwehr zu Vollzugshandlungen, die mit der Erfüllung ihrer Aufgaben im Zusammenhang stehen. Insbesondere ihre Aufgaben beim Transport von Geisteskranken erfordern diese Ermächtigung (vgl. Einzelbegründung zu § 3).

6.1.3 Die in den §§ 22, 23 PVG enthaltenen Vorschriften über die örtliche Zuständigkeit konnten angesichts der gegenwärtigen Organisation von Ordnungsbehörden und Polizei ersatzlos wegfallen.

6.1.4 Der Entwurf sieht in Übereinstimmung mit der bisherigen Gesetzgebungspraxis davon ab, die Organisation der einzelnen Behörden gesetzlich festzuschreiben. Notwendig erscheint jedoch neben § 8 des Allgemeinen Zuständigkeitsgesetzes auch weiterhin eine Regelung über die Aufsichtsbehörden und die Durchführung der Fachaufsicht sowie über die Ermöglichung der Überprüfung von Verwaltungsakten nachgeordneter Behörden durch das zuständige Mitglied des Senats.

6.2 Eingriffsmaßnahmen

Dieser Abschnitt enthält Bestimmungen über die Befugnisse von Ordungsbehörden und Polizei zu Eingriffen in Rechte der Bürger (d. h. Eingriffsmaßnahmen), die ihnen zur Erfüllung ihrer Aufgaben zugestanden werden. Schlichthoheitliche Maßnahmen sind darüber hinaus bereits nach § 1 zulässig, ohne daß Polizei oder Feuerwehr hier auf unaufschiebbar Notwendiges beschränkt wären.

Der Abschnitt übernimmt durchgehend fast wörtlich die §§ 2 bis 24 des Musterentwurfs. Die Befugnisse werden durchweg wie schon nach § 8 PolZG den Ordnungsbehörden und der Polizei in gleicher Weise gewährt. Mit Rücksicht darauf, daß den Ordnungsbehörden kaum Vollzugspersonal zur Verfügung steht, das zur Anwendung von Zwang ausgebildet und geeignet ist, wird die Durchführung von Eingriffsmaßnahmen, die in der Regel die Anwendung von körperlichem Zwang gegen Personen erfordern (d. h. Sistierung, Vorführung und Gewahrsam) sowie die erkennungsdienstliche Behandlung allein der Polizei übertragen.

6.2.1 Ähnlich der Systematik des Musterentwurfs werden im 1. Unterabschnitt die allgemein für Maßnahmen geltenden Vorschriften geregelt. Soweit der Wortlaut der geltenden Vorschriften des PVG ergänzt oder geändert wird, entspricht dies modernen Rechtserkenntnissen.

6.2.2 Der 2. Unterabschnitt enthält die Aufzählung der Befugnisse für Ordnungsbehörden und Polizei. Der Entwurf hat in § 14 entsprechend der bisherigen Systematik eine Generalklausel für die allgemeinen Befugnisse vorangestellt, die inhaltlich mit § 14 PVG, § 9 Musterentwurf und den entsprechenden Vorschriften fast aller geltender Polizeigesetze der Länder übereinstimmt. Diese Befugnis-Generalklausel korrespondiert mit der Aufgabengeneralklausel in § 1 Abs. 1. Sie ist gemäß § 14 Abs. 2 gegenüber Spezialermächtigungen in anderen Gesetzen und auch gegenüber den Spezialermächtigungen in den §§ 15 bis 29 subsidiär.

6.2.3 Gegen die hinreichende Bestimmtheit der Generalklausel bestehen keine Bedenken. Rechtslehre und Rechtsprechung haben die in der Generalklausel enthaltenen unbestimmten Rechtsbegriffe inhaltlich hinreichend konkretisiert.

6.2.4 Das gleiche gilt für die in den Spezialermächtigungen der §§ 15 bis 29 enthaltenen eingeschränkten Generalklauseln (gegenwärtige Gefahr, gegenwärtige erhebliche Gefahr), wie sie mehrfach als Voraussetzung für Eingriffe der zuständigen Behörde verwendet werden, was zuletzt durch Urteil des Bundesverwaltungsgerichts (BVerwG/NJW 1974/807 ff) bestätigt wurde. (vgl. § 18 – Gewahrsam, § 24 – Durchsuchung –, § 26 – Sicherstellung).

6.2.5 Die §§ 14 ff. ermächtigen die zuständige Behörde zu Eingriffen in die Rechte natürlicher und juristischer Personen. Die Maßnahmen sind Verwaltungsakte im Sinne der §§ 31 ff. des Entwurfs eines Verwaltungsverfahrensgesetzes (BT-Drucksache 7/910). Der Entwurf verzichtet im Hinblick auf die zu erwartenden übereinstimmenden Regelungen in Bund und Ländern auf nähere Vorschriften zum Verwaltungsakt im Bereich der Ordnungsbehörden und der Polizei, soweit nicht Sonderregelungen notwendig sind.

Der Entwurf verzichtet dementsprechend auch auf den Begriff der Polizeiverfügung, obwohl er teilweise in den Länderpolizeigesetzen noch zu finden ist. Die Polizeiverfügung ist im Begriff des Verwaltungsaktes aufgegangen. Ihr eigentlicher Zweck – nach preußischem Polizeirecht –, nämlich unter der Herrschaft des Enumerationsprinzips den verwaltungsgerichtlichen Rechtsschutz zu eröffnen, ist nach Einführung der verwaltungsgerichtlichen Generalklausel entfallen.

Der Begriff der polizeilichen Verfügung ist im Gesetz nunmehr entbehrlich; ähnliches gilt für die vorsorgliche Regelung des § 58 für sonstige Anordnungen der Polizeibehörde, der ebenso wie die §§ 40 bis 44 PVG nunmehr entbehrlich wird.

6.3 Vollzugshilfe

Im Interesse der Entlastung der Polizei, die auch das Sicherheitsprogramm erfordert (vgl. oben 6.1.2) soll die Vollzugshilfe der Polizei gegenüber anderen Behörden auf die Anwendung unmittelbaren Zwanges gegen Personen beschränkt werden und zugleich die Vollzugshilfe der Feuerwehr ermöglicht werden (vgl. die Einzelbegründung zu § 30).

6.4 Verordnungen zur Gefahrenabwehr

Die Übertragung des Rechts zum Erlaß von Verordnungen zur Gefahrenabwehr von der Polizeibehörde auf den Senat hat sich bewährt. Der Erlaß derartiger Verordnungen erscheint niemals als unaufschiebbar notwendige Maßnahme im Sinne des § 4.

Die Regelung übernimmt fast wörtlich die Vorschriften des PVG. Diese Vorschriften sind nach der Rechtsprechung unbedenklich. Der Begriff Gefahren in § 33 entspricht dem weiten Gefahrenbegriff in § 1. Er ist nicht mit der Gefahr im Sinne der im Einzelfall bestehenden konkreten Gefahr in § 14 identisch (vgl. Nr. 7 der Allgemeinen Begründung).

6.5 Schadensausgleich, Erstattungs- und Ersatzansprüche

Die Wahrnehmung ordnungsbehördlicher und polizeilicher Aufgaben kann dazu zwingen, gegen Personen vorzugehen, die für eine abzuwehrende Gefahr nicht verantwortlich sind. Die Durchführung von Maßnahmen kann zu Schäden führen, die u. U. vom Land Berlin zu erstatten sind. In den einzelnen Bundesländern sind hierüber inhaltlich sehr unterschiedliche Regelungen getroffen worden. Die bisherige Regelung in den §§ 70 ff PVG reichte nicht aus (vgl. oben 4.2.3). Der Entwurf folgt den Vorschlägen des Musterentwurfs und versucht auf der Grundlage der bereits jetzt in allen oder einigen Gesetzen enthaltenen Vorschriften eine zeitgemäße Lösung zu finden.

Dazu gehört neben dem nach dem Vorbild der §§ 70 ff pr. PVG in den Polizeigesetzen der Länder anerkannten Entschädigungsanspruch des in Anspruch genommenen Nichtstörers vor allem:

- ausdrückliche Regelung des Ausgleichs für rechtswidrige Maßnahmen,
- der Ausgleich für unbeteiligte Dritte, die einen Schaden erlitten haben,
- der Ausgleich für immaterielle Schäden im Falle einer Beeinträchtigung des Körpers, der Gesundheit oder im Falle einer Freiheitsentziehung,
- eindeutige Regelungen über Art, Inhalt und Umfang des Anspruchs, wobei eine weitgehende Annäherung an einen echten Schadensersatzanspruch angestrebt werden soll (Möglichkeit des Ausgleichs für entgangenen Gewinn in begrenztem Umfang),
- ausdrückliche Regelung der Ansprüche mittelbar Geschädigter im Falle der Tötung,
- klare Bestimmungen des Ausgleichspflichtigen bei einem Minimum an Erstattungsansprüchen zwischen den Behörden,
- praktikable Verjährungsfrist und sachbezogene Rechtswegregelung.

Daneben soll auch demjenigen, der mit Zustimmung der Polizei freiwillig bei der Gefahrenabwehr mitwirkt oder Sachen zur Verfügung stellt, entsprechend der Regelung in § 10 Abs. 5 HH SOG ein Entschädigungsanspruch zugebilligt werden, da die Regelung der §§ 539 Abs. 1 Nr. 9, 547 RVO (beitragsfreie gesetzliche Unfallversicherung des Nothelfers) den Ersatz von Sachschäden grundsätzlich nicht mit umfaßt und auch die Unfallrenten diejenigen aus Aufopferung in der Regel nicht erreichen. Zusätzlich zu diesen nur auf die Polizei bezogenen Vorschlägen des Musterentwurfs gewährt er im Hinblick auf die Aufgaben der Ordnungsbehörden eine Entschädigung auch solchen Personen, die ihrer Verpflichtung nach § 330 c des Strafgesetzbuches nachkommen.

Der Entwurf deckt sich weitgehend mit den Forderungen des Kommissionsberichts zur „Reform des Staatshaftungsrechts", der im Oktober 1973 vom Bundesminister der Justiz und vom Bundesminister des Innern der Öffentlichkeit übergeben worden ist. Allerdings beschränkt sich der Entwurf des Staatshaftungsrechts im wesentlichen auf die Staatshaftung für rechtswidriges Verhalten von staatlichen Organen. Sollte jener Entwurf, dessen Beratung bereits jetzt auf mehrere Jahre veranschlagt ist, in der gegenwärtigen Fassung später Gesetz werden, würde lediglich § 37 Abs. 2 gegenstandslos werden.

6.6 Übergangs- und Schlußbestimmungen

Dieser Abschnitt übernimmt die Regelung des § 9 Abs. 2 PolZG und dehnt sie damit auch auf Verwaltungsvorschriften zur Ausführung der Abschnitte 2 bis 5 des ASOG aus. Er enthält im übrigen Übergangs- und Anpassungsvorschriften, die bereits im PolZG enthaltene Bestimmung der zuständigen Behörde für Widerspruchsentscheidungen (vgl. die Einzelbegründung zu § 44), die erforderliche Grundrechtseinschränkung sowie Bestimmungen über Außerkrafttreten und Inkrafttreten von Vorschriften.

6.7 Der Entwurf sieht keine Vorschriften über die Zuständigkeit von Beamten anderer Bundesländer oder des Bundes in Berlin vor. Soweit es um Aufgaben allein der Gefahrenabwehr geht, kommt ein solcher Einsatz in Berlin praktisch nicht in Betracht. Für die Strafverfolgung gibt es eine Ländervereinbarung (Abkommen über die erweiterte Zuständigkeit der Polizei der Bundesländer bei der Strafverfolgung). Abgesehen davon, daß es unzweckmäßig wäre, diese kündbaren Regeln im Gesetz aufzunehmen, würde sich aus systematischer Sicht eine Aufnahme dieser Spezialregelung der Strafverfolgung in diesem Gesetz über die Gefahrenabwehr verbieten.

7. Zum Sprachgebrauch des Entwurfs ist auf folgendes hinzuweisen:

7.1 Während § 1 Abs. 1 die Aufgabe der Ordnungsbehörden und der Polizei als Abwehr von Gefahren für die öffentliche Sicherheit oder Ordnung umschreibt und darunter entsprechend § 14 Abs. 1 PVG abstrakte und konkrete Gefahren im Sinne des geltenden Polizeirechts versteht, wird der Begriff „Gefahr" in § 14 Abs. 1 dieses Entwurfs (Befugnisgeneralklausel) für alle anderen Vorschriften als eine im einzelnen Falle bestehende Gefahr für die öffentliche Sicherheit oder Ordnung definiert. Dies ist die einzige Legaldefinition des Entwurfs. Darunter ist die „konkrete Gefahr" im Sinne des geltenden Polizeirechts (vgl. § 41 Abs. 1 PVG) zu verstehen (vgl. im einzelnen die Begründung zu § 14). Mit diesem Inhalt wird der Begriff „Gefahr" durchgängig im gesamten Entwurf gebraucht; der weite Gefahrenbegriff des § 1 Abs. 1 wird unter ausdrücklichem Hinweis auf § 1 Abs. 1 nur in den §§ 2 bis 4 (Zuständigkeitsregelungen), § 24 Abs. 3 und 4 (Betreten und Durchsuchung bestimmter Wohnungen), § 33 (Verordnungsermächtigung) und in § 37 Abs. 3 (Schadensausgleich für freiwillige Helfer) verwendet.

7.2 Eine „gegenwärtige Gefahr" liegt vor, wenn die Einwirkung des schädigenden Ereignisses bereits begonnen hat oder wenn diese Einwirkung unmittelbar oder in allernächster Zeit mit einer an Sicherheit grenzenden Wahrscheinlichkeit bevorsteht.

Der Begriff „gegenwärtig" im Polizeigesetz deckt sich mit dem in den Notwehrvorschriften (§ 53 Abs. 2 StGB, § 227 BGB) und dem Begriff „unmittelbar bevorstehend" im Sinne der §§ 15 Abs. 1 Buchst. b) und 21 PVG. Die gegenwärtige Gefahr ist z. B. eine der Voraussetzungen für die Sicherstellung (§ 26).

Eine „gegenwärtige erhebliche Gefahr" ist Voraussetzung für Maßnahmen der Polizei bei der Inanspruchnahme unbeteiligter Personen (§ 13), beim Gewahrsam (§ 18) und beim Betreten und Durchsuchen von Wohnungen (§ 24). Hier wird dem zeitlichen Element ein qualitatives in dem Sinne hinzugefügt, daß ein Schaden für ein bedeutsames Rechtsgut zu befürchten sein muß.

Der Entwurf setzt die „gegenwärtige erhebliche Gefahr" mit der „dringenden Gefahr" im Sinne des Art. 13 Abs. 3 GG gleich (vgl. die Begründung zu § 24).

Der Begriff der „gemeinen Gefahr" wird im Entwurf nicht verwandt. Er ist von Bedeutung für das Betreten von Wohnungen (vgl. Art. 13 Abs. 3 GG). Der Entwurf verzichtet auf ihn aus den in der Begründung zu § 24 wiedergegebenen Gründen.

7.3 „Gefahr im Verzuge" (vgl. § 24 Abs. 2) liegt vor, wenn die zuständige Behörde nicht rechtzeitig eingreifen kann und ohne ihr Tätigwerden der Schaden eintreten würde.

7.4 Den Begriff „Festhalten" einer Person verwendet der Entwurf einheitlich im Falle einer Freiheitsentziehung im Sinne von Art. 104 GG (vgl. §§ 15 Abs. 2, 19, 20, 21, 22 Abs. 1 Nr. 1, § 32 Abs. 2).

7.5 Entsprechend dem auch in anderen Gesetzen heute üblichen Sprachgebrauch wurde im gesamten Entwurf durchgehend der Begriff „kann" gewählt, wenn die zuständige Behörde zu einer Maßnahme ermächtigt und diese in ihr Ermessen gestellt wird. Dadurch wird deutlich, daß die Rechtsprechung zum Ermessen voll anwendbar ist. Das soll auch durch § 9 Abs. 1 ausdrücklich hervorgehoben werden. Unter Beachtung der §§ 8 und 9 gilt damit weiterhin der Opportunitätsgrundsatz, der im Einzelfall auch eine Pflicht zum Einschreiten begründen kann (vgl. auch Einzelbegründung zu § 9). Mit dieser Regelung wird gleichzeitig die Trennung zwischen der weitreichenden Aufgabe der Gefahrenabwehr und der zur Erfüllung dieser Aufgabe nur in begrenztem Umfang zugestandenen Eingriffsermächtigung verdeutlicht.

Text des ASOG und B. Einzelbegründung

Erster Abschnitt

Aufgaben, Zuständigkeit und Organisation

§ 1
Aufgaben und Behörden

(1) Die Ordnungsbehörden und die Polizei haben die Aufgabe, Gefahren für die öffentliche Sicherheit oder Ordnung abzuwehren.

(2) Ordnungsbehörden sind die Mitglieder des Senats.

(3) Nachgeordnete Ordnungsbehörden sind
die Bezirksämter,
die Berliner Feuerwehr,
die Berliner Forsten,
das Fischereiamt,
das Landesamt für Arbeitsschutz und technische Sicherheit,
das Landesamt für das Meß- und Eichwesen,
das Pflanzenschutzamt,
das Preisamt.

(4) Polizei im Sinne dieses Gesetzes ist der Polizeipräsident in Berlin.

Zu Abs. 1:

Wegen der Grundsatzfragen des Begriffs der Gefahr vgl. die Allgemeine Begründung insbesondere unter 6.1 und 7.1.

§ 1 enthält die umfassende Aufgabenbeschreibung für die Ordnungsbehörden und die Polizei, die bereits derzeit nach § 14 Abs. 1 PVG gilt. Damit wird die grundsätzliche Verantwortung beider für die öffentliche Sicherheit und Ordnung statuiert.

Notwendig ist jedoch eine Abgrenzung im Hinblick auf die zu treffenden Eingriffsmaßnahmen. Diese Abgrenzung war bisher in § 2 Abs. 1 und § 3 Abs. 2 PolZG enthalten und wird nunmehr in Übereinstimmung mit diesen Vorschriften sowie § 1 Musterentwurf durch die §§ 2 bis 4 übernommen; Polizei und Berliner Feuerwehr bleiben danach weiterhin auf unaufschiebbar notwendige Maßnahmen beschränkt. Im Bereich der sogenannten „schlicht-hoheitlichen" Verwaltung können jedoch außer den Ordnungsbehörden auch Polizei und Berliner Feuerwehr unmittelbar auf der Grundlage des § 1 Abs. 1 tätig werden, ohne auf unaufschiebbar Notwendiges beschränkt zu sein.

Der Entwurf definiert die Aufgabenzuweisung in Übereinstimmung mit dem geltenden Recht in Bund und Ländern sowie § 1 Abs. 1 Satz 1 Musterentwurf. Er folgt damit nicht der Kritik, die den Begriff der „öffentlichen Ordnung" nicht mehr verwendet wissen will (vgl. insbesondere Denninger, Polizei in der freiheitlichen Demokratie 1968; Götz, Allgemeines Polizei- und Ordnungsrecht, 2. Auflage 1973).

Nach herkömmlicher Definition umfaßt die öffentliche Ordnung die Gesamtheit der ungeschriebenen Regeln, deren Beachtung nach der jeweils herrschenden Auffassung als unentbehrliche Voraussetzung für ein gedeihliches Miteinanderleben der Menschen angesehen wird.

Hiergegen wird im wesentlichen eingewendet, diese nicht normierten herrschenden Anschauungen könnten nicht zur Grundlage polizeilichen Handelns gemacht werden, zumal sie sehr schwer zu ermitteln seien. Im übrigen seien inzwischen die wirklich relevanten Fragen der öffentlichen Ordnung gesetzlich ausdrücklich geregelt.

Der Entwurf folgt dieser Auffassung nicht, die auch in der Literatur entschiedenen Widerspruch gefunden hat (vgl. insbesondere Klein, DVBl. 1971, S. 233 ff; Vogel, Polizeirecht und liberale Staatstheorie in der Festschrift für Gerhard Wacke „Verfassung, Verwaltung, Finanzen" 1972).

Das Grundgesetz selbst verwendet den Begriff „öffentliche Ordnung" in Art. 13 Abs. 3, wenn es nur dringende Gefahren für die öffentliche Sicherheit und Ordnung als Voraussetzung für das Betreten von Wohnungen genügen läßt.

Auch das Bundesverfassungsgericht hat am Begriff der „öffentlichen Ordnung" festgehalten, als es die Verfassungsmäßigkeit der Strafvorschrift über den groben Unfug (§ 360 Abs. 1 Nr. 1 StGB) bejahte (BVerfGE 26, 41). Auf dieser Grundlage ist im Rahmen der Strafrechtsreform ein neuer § 118 in das Ordnungswidrigkeitengesetz eingefügt worden, der die bisherige Strafvorschrift ersetzt (vgl. das Einführungsgesetz zum Strafgesetzbuch – EGStGB –). § 118 Abs. 1 OWiG lautet danach: „Ordnungswidrig handelt, wer eine grob ungehörige Handlung vornimmt, die geeignet ist, die Allgemeinheit zu belästigen oder zu gefährden und die öffentliche Ordnung zu beeinträchtigen." Auch das moderne Sanktionsrecht kann also auf den Begriff der öffentlichen Ordnung nicht verzichten, wenn es nicht in eine unübersehbare Kasuistik geraten will, die rechtsstaatlich nicht vertretbar erscheint.

Trotz der unbestreitbaren Problematik, die mit dem Begriff der öffentlichen Ordnung verbunden ist, erscheint er auch im Bereich des Polizei- und Ordnungsrechts unentbehrlich. Er vermindert vor allem auch den Druck auf den Gesetzgeber, immer wieder neue Tatbestände als verboten zu normieren.

Zu Abs. 2 bis 4:

Der Entwurf entspricht § 1 Abs. 1 bis 3 PolZG. Die Überlegungen, die bei Erlaß des PolZG zu dieser Organisation geführt haben (vgl. insbesondere die Einzelbegründung zu § 1 zum PolZG aaO) haben sich in der vergangenen Zeit bestätigt. Die gegenwärtige Regelung sollte daher beibehalten werden.

Die Vorschrift berücksichtigt bereits die durch Senatsbeschluß Nr. 2787/74 vom 14. Mai 1974 vorgeschlagene Ergänzung des gegenwärtigen Rechts. Er verwendet die amtlichen Behördennamen von Polizei und Feuerwehr.

Die in § 1 Abs. 4 PolZG enthaltene Ermächtigung zur Übertragung von Ordnungsaufgaben auf die Polizei (vgl.

Allgemeine Begründung unter 2.4) regelt jetzt § 2 Abs. 2 Satz 2.

Anmerkungen und Rechtsprechung

1. Das Ordnungs- bzw. Polizeirecht im engeren Sinne fällt in die Gesetzgebungskompetenz der Länder. Es umfaßt die Regelungen, bei denen die Aufrechterhaltung der öffentlichen Sicherheit und Ordnung der alleinige und unmittelbare Gesetzeszweck ist: Beschluß des Bundesverfassungsgerichts vom 29.4.1958 - 2 BvO 3/56 -: BVerfGE 8, 143 = NJW 1959, 29 = DÖV 1959, 66 = DVBl. 1959, 393 = VerwRspr. 11, 513.

Das Berliner ASOG ist ein solches allgemeines Gesetz zur Gefahrenabwehr. Es ist kein besonderes Gesetz, wie etwa das Feuerwehrgesetz. Spezialvorschriften gehen ihm daher immer vor. Das darf nicht übersehen werden.

2. Gefahrenabwehr ist Verfassungsauftrag. Artikel 1 Absatz 1 des Grundgesetzes für die Bundesrepublik Deutschland - GG - gebietet:

> "Die Würde des Menschen ist unantastbar. Sie zu achten und zu schützen ist Verpflichtung aller staatlichen Gewalt."

Die Aufgabe der Gefahrenabwehr hat also Verfassungsrang.

3. Schutzgüter der Gefahrenabwehr sind die "öffentliche Sicherheit" und die "öffentliche Ordnung". Der Berliner Gesetzgeber hat im ASOG beide Güter dem Schutz der Ordnungsbehörden und der Polizei unterstellt. Er hat ferner nicht nur die "öffentliche Sicherheit", sondern ausdrücklich auch die "öffentliche Ordnung" zum Schutzgut erklärt. Damit folgt der Gesetzgeber bisherigen und gegenwärtigen Verfassungsgrundsätzen:

3.1 Die Weimarer Verfassung des Deutschen Reichs führt in Artikel 9 Nr. 2 den "Schutz der öffentlichen Ordnung und Sicherheit" auf. In Artikel 48 Absatz 2 und Absatz 4 trifft sie Vorkehrungen gegen die erhebliche Störung oder Gefährdung der "öffentlichen Sicherheit und Ordnung" des Reichs oder eines Landes.

3.2 Das Bonner Grundgesetz nennt die Schutzgüter "öffentliche Sicherheit" und "öffentliche Ordnung" in Artikel 13 Absatz 3 sowie in Artikel 35 Absatz 2. Häufiger und mit wechselnder Bezeichnung spricht das GG den Begriff der "Ordnung" an: "verfassungsmäßige Ordnung" (Art. 2 Abs. 1, Art. 9 Abs. 2, Art. 2o Abs. 3 und 4, Art. 28 Abs. 1 und 3); "staatliche Ordnung" (Art. 6 Abs. 1); "freiheitliche demokratische Grundordnung" (Art. 1o Abs. 2, Art. 11 Abs. 2, Art. 18, Art. 21 Abs. 2, Art. 73 Nr. 1o b, Art. 87 a Abs. 4, Art. 91 Abs. 1).

Für das Ordnungs- und Polizeirecht ist die "verfassungsmäßige Ordnung" vorrangig. Sie ist die allgemeine Rechtsordnung (BVerfG, Urteil vom 16.1.1957 - 1 BvR 253/56 -: BVerfGE 6, 32 = DÖV 1957, 116 = NJW 1957, 297).

3.3 Daraus könnte man folgern, daß die öffentliche "Ordnung" die öffentliche "Sicherheit" überwölbt und in sich einschließt. Die Sicherheit wäre dann ein Teil der Ordnung innerhalb der vom Bundesverfassungsgericht genannten allgemeinen Rechtsordnung. Der Gesetzgeber behandelt beide Schutzgüter seit je gleichwertig. Übrigens sind diese Begriffe in so zahlreichen Rechtsvorschriften enthalten, daß ihre Aufzählung Seiten füllen würde.

3.4 Im Berliner ASOG sind Sicherheit und Ordnung ranggleiche Schutzgüter der Gefahrenabwehr. Bei den Aufgaben und der Zuständigkeit für diese Gefahrenabwehr sind jedoch die "Ordnungsaufgaben" sowie die "Ordnungsbehörden" dem Sinn und Zweck des Gesetzes entsprechend bezeichnet.

4. Der Begriff "Gefahr für die öffentliche Sicherheit und Ordnung" ist ein unbestimmter Rechtsbegriff (vgl. BGH, Urteil vom 7.1o.1954 - 3 ZR 197/53 -: DVBl. 1954, 813 = NJW 1955, 258 = DÖV 1955, 95 L). Er darf nicht mit Ermessensentscheidung verwechselt werden, bei der mehrere objektiv rechtmäßige Entscheidungen möglich sind.

Der Gesetzgeber verwendet häufig Rechtsbegriffe, die er nur allgemein beschreibt, etwa so: notwendige Maßnahme, angemessen, unbillig, untunlich, Gemeinwohl. Diese Rechtsbegriffe sind zunächst weder klar noch eindeutig. Es gibt lediglich einen gesetzlichen Rahmen. Der Rahmen ist ausfüllbar. Er muß nach dem Willen des Gesetzgebers im Einzelfall ausgefüllt werden. Die unbestimmten Begriffe sind nämlich in den Einzelfällen durchaus bestimmbar. Deshalb muß ihr Sinngehalt durch Auslegung ermittelt werden. Die Auslegung bestimmt dann im Einzelfall den Gesetzesbegriff. Aus ihr ergibt sich, was der Gesetzgeber gemeint hat. Also ist die richtige Auslegung auch die zutreffende Lösung.

Ob die Behörde im jeweiligen Einzelfall den unbestimmten Begriff richtig ausgelegt hat, unterliegt als Rechtsfrage der Nachprüfung durch die Gerichte.

5. Eine Gefahr für die öffentliche Sicherheit oder Ordnung führt nicht zwangsläufig dazu, daß die zuständige Behörde auch eine Eingriffsmaßnahme trifft. Gemäß § 14 bis 29 ASOG sind derartige Maßnahmen nämlich nur zur Abwehr konkreter Gefahren zugelassen. In den meisten Fällen wehrt die Behörde eine Gefahr ohne eingreifenden Verwaltungsakt ab. Das geschieht hauptsächlich durch Aufklärung, Bitten um Auskünfte, Hinweise, Vorbeugungsmaßnahmen, Ermahnungen, Warnungen und Verwarnungen. Für diese schlicht-hoheitliche Tätigkeit ist § 1 Abs. 1 ASOG die gesetzliche Ermächtigung.

Beispiele für Gefahrenabwehr ohne Verwaltungsakt

5.1 In einer Silvesternacht warnt die Polizei die Bevölkerung über Rundfunk und Fernsehen vor der unbedachten Benutzung eines gefährlichen Feuerwerkskörpers. Die Rakete "Himmelfahrt" darf nur (!) im Freien steigen. Aus Versehen trägt sie die verdruckte gegensätzliche Anweisung: Nicht (!) im Freien zünden!

5.2 Die Behörden lösen wegen vergifteter Jaffa-Orangen bundesweit Alarm aus. Dabei wird die Bevölkerung davor gewarnt, Orangen ungeprüft zu verzehren.

5.3 Ebenso warnen die Behörden vor Gift in einem bestimmten Kräuterschnaps, nach dessen Genuß Menschen gestorben sind. In einigen Fläschchen ist der Alkohol (durch starke Färbung erkennbar) mit dem hochgiftigen Pflanzenschutzmittel "E 6o5 forte" vermischt.

5.4 Das Bundesgesundheitsamt verbietet durch Verwaltungsakte Arzneimittel, die ein bestimmtes Präparat enthalten. Die Medikamente haben unvertretbar schädliche Nebenwirkungen. Das Bundesgesundheitsamt gibt zusätzlich zur Gefahrenabwehr allgemeine Hinweise, Mahnungen und Warnungen an Patienten und Ärzte über das Absetzen der Medikamente sowie die Fortführung der Behandlung.

5.5 Ein Verkehrsteilnehmer verschuldet einen Unfall. Dieser Sachverhalt rechtfertigt noch keine sofortige Entziehung der Fahrerlaubnis. Die Verkehrsbehörde verwarnt den Betroffenen. Sie droht ihm für den Fall weiterer Verkehrsverstöße mit der Entziehung der Fahrerlaubnis. Diese Verwarnung ist noch kein Verwaltungsakt:
BVerwG, Beschluß vom 8.2.1956 - 1 B 7o/54 -: NJW 1956, 684.

5.6 Die Verkehrsbehörde hat berechtigte Zweifel daran, daß ein Autofahrer noch die Eignung zum Führen von Kraftfahrzeugen hat. Bevor sie ihm durch Verwaltungsakt die Fahrerlaubnis entzieht, gibt sie ihm deshalb auf, das Gutachten einer medizinisch-psychologischen Untersuchungsstelle beizubringen. Die Anordnung ist noch kein anfechtbarer Verwaltungsakt:
BVerwG, Urteil vom 28.11.1969 - 7 C 18/69 -: BVerwGE 34, 248 = NJW 197o, 1989 = DÖV 197o, 57o = GewArch 197o, 233 = MDR 1971, 532 = VerwRspr. 21, 598.

5.7 Die Polizei lehnt den Antrag von Nachbarn ab, die Sperrzeit für eine Gaststätte zu verlängern. Sie ermahnt den Inhaber jedoch eindringlich, bestimmte Vorkehrungen zum Schutz der Anwohner gegen Störungen der Nachtruhe zu treffen.
Beispiele zum Nachbarstreit über Sperrzeit:
BVerwG, Urteil vom 13.1.1961 - 7 C 219/59 -: BVerwGE 11, 331 = NJW 1961, 1129 = DVBl. 1961, 4o8 = VerwRspr. 13, 494; VHG München, Beschluß vom 29.9.1978 - 181 VI 78 -: GewArch 1978, 384;
Restaurant "Hundekehle" in Berlin-Schmargendorf.

5.8 Frau Purzel läßt ihren Dackel "Nero" im Grunewald frei umherlaufen. Das Tier setzt dem Jung- und Niederwild nach. Der Forstaufsichtsbeamte Waldemar ermahnt und verwarnt Frau Purzel.

5.9 Der Amtstierarzt ruft Frau Waumann an: Ihre Schäferhündin "Regina" ist bei einer Straßenbeißerei mit anderen Hunden "erstmalig in Erscheinung getreten", wie es in schönem Amtsdeutsch so heißt. Er klärt sie über die Art und Weise einer ordentlichen Hundehaltung auf, verwarnt sie und droht für den Notfall Maulkorb- und Leinenzwang an.

5.1o Ein Amtsarzt warnt seine Kollegen vor einem dreisten Betrüger, der sich als "Heilpraktiker" ausgibt. Gegen diesen schwebt ein strafrechtliches Ermittlungsverfahren. Falls der Betrüger sich in einem Amt zur Heilpraktikerüberprüfung melden sollte, bittet der Amtsarzt den betroffenen Kollegen, sofort die Polizei und den Gesundheitssenator zu benachrichtigen.

5.11 Eiswarnung des Senators für Bau- und Wohnungswesen vom 8. Dezember 1978 (ABl. S. 1962):

> "Vor dem Betreten zugefrorener Wasserflächen, besonders bei wechselnder Wetterlage, wird wegen der damit verbundenen Lebensgefahr gewarnt.
>
> Wer sich auf solche Eisflächen begibt, tut dies auf eigene Gefahr. Eltern und Aufsichtspflichtige, die nicht mit allen ihnen zu Gebote stehenden Mitteln darauf einwirken, daß Kinder und Jugendliche das Betreten des noch nicht tragfähigen Eises unterlassen, verletzen ihre Aufsichtpflicht.
>
> Es wird ausdrücklich darauf hingewiesen, daß Eisflächen nicht abgesichert werden. Ferner wird mit Nachdruck darauf aufmerksam gemacht, daß das Betreten von Eisflächen im Bereich von Wassereinleitungsstellen besonders gefährlich ist, da das wärmere Einleitungswasser die Bildung einer tragfähigen Eisdecke verhindert. Nur bei gewerblicher Einrichtung von Eisbahnen oder Schaffung von Eiswegen zur allgemeinen Benutzung wird die Eisdecke wasserbehördlich geprüft und bei ausreichender Stärke zur Benutzung freigegeben.
>
> Verboten ist das Befahren von Eisflächen auf Gewässern mit Fahrzeugen aller Art mit Ausnahme von Rodel- und Segelschlitten. Ferner ist untersagt, Löcher in das Eis zu schlagen; ausgenommen sind Maßnahmen auf Grund des Fischereigesetzes.

Weiterhin wird darauf aufmerksam gemacht, daß zur Aufrechterhaltung des gewerblichen Schiffsverkehrs auf den Wasserstraßen während der Frostperiode ständig eine Fahrrinne offengehalten wird, sofern die Schiffahrt nicht behördlich eingestellt worden ist."

5.12 Die Aufklärung und Warnung der Bevölkerung kann auch in Verwaltungsvorschriften der Regierung vorgesehen sein und angeordnet werden. Ein anschauliches Beispiel dafür bieten die Ausführungsvorschriften des Senators zur Verordnung zum Schutz gegen die Tollwut vom 28. September 1978 (ABl. S. 1681 / Dienstblatt Teil IV/1978 Nr. 7 S. 76):

Die zuständige Behörde "gibt zur Aufklärung der Bevölkerung in dem gefährdeten Bezirk eine Mitteilung über Zweck der Sperrmaßnahmen sowie über Wesen und Gefahr der Tollwut für Mensch und Tier an die Tagespresse mit der Bitte um Bekanntgabe" und weist an allen belebten Stellen durch Schilder "Tollwut! Gefährdeter Bezirk" die Öffentlichkeit auf die Tollwutgefahr hin.

6. Bestimmungen der Bundesländer

Baden-Württemberg:	§ 1 Abs. 1 Polizeigesetz in der Fassung vom 16. Januar 1968 (Gesetzblatt - GBl. - S. 61)
Bayern:	Art. 6 Gesetz über das Landesstrafrecht und das Verordnungsrecht auf dem Gebiet der öffentlichen Sicherheit und Ordnung (Landesstraf- und Verordnungsgesetz) in der Fassung vom 7. November 1974 (Gesetz- und Verordnungsblatt - GVBl. - S. 753);
	Art. 2 Abs. 1 Gesetz über die Aufgaben und Befugnisse der Bayerischen Staatlichen Polizei (Polizeiaufgabengesetz) vom 24. August 1978 (GVBl. S. 561);
	Hinweise auf Gesetz über die Organisation der Bayerischen Staatlichen Polizei (Polizeiorganisationsgesetz) vom 1o. August 1976 (GVBl. S. 3o3)
Bremen:	§ 1 Abs. 1 Polizeigesetz vom 5. Juli 196o (GBl. S. 73)
Hamburg:	§ 3 Abs. 1 Gesetz zum Schutz der öffentlichen Sicherheit und Ordnung vom 14. März 1966 (GVBl. I S. 77)
Hessen:	§ 1 Abs. 1 Gesetz über die öffentliche Sicherheit und Ordnung in der Fassung vom 26. Januar 1972 (GVBl. I S. 24)
Niedersachsen:	§ 1 Abs. 1 Gesetz über die öffentliche Sicherheit und Ordnung vom 21. März 1951 (GVBl. S. 79) in der Fassung vom 31. März 1978 (GVBl. S. 279)
Nordrhein-Westfalen:	§ 1 Abs. 1 Gesetz über Aufbau und Befugnisse der Ordnungsbehörden (Ordnungsbehördengesetz) in der Fassung vom 28. Oktober 1969 (GVBl. S. 732);
	§ 15 Polizeigesetz in der Fassung vom 28. Oktober 1969 (GVBl. S. 74o)
Rheinland-Pfalz:	§ 1 Abs. 1 Polizeiverwaltungsgesetz in der Fassung vom 29. Juni 1973 (GVBl. S. 18o)
Saarland:	§ 14 Abs. 1 Preußisches Polizeiverwaltungsgesetz vom 1. Juni 1931 (Gesetzessammlung - GS - S. 77; dazu Gesetz des Saarlandes vom 22. April 1949, Amtsblatt - ABl. - S. 377);
	§ 37 Gesetz über die allgemeine Landesverwaltung des Saarlandes (Landesverwaltungsgesetz) vom 13. Juli 195o (Abl. S. 796)
Schleswig-Holstein:	§ 163 Abs. 1, § 164 Abs. 1 Allgemeines Verwaltungsgesetz für das Land Schleswig-Holstein (Landesverwaltungsgesetz) vom 18. April 1967 (GVOBl. S. 131) in der Fassung vom 28. Oktober 197o (GVOBl. S. 296)

7. Musterentwurf eines einheitlichen Polizeigesetzes des Bundes und der Länder in der Fassung vom 25. November 1977 (künftig "Musterentwurf" abgekürzt): § 1 Abs. 1

§ 2
Sachliche Zuständigkeit der Ordnungsbehörden

(1) Für die Gefahrenabwehr (§ 1 Abs. 1) sind die Ordnungsbehörden zuständig (Ordnungsaufgaben).

(2) Die Zuständigkeit der Ordnungsbehörden wird durch Rechtsverordnung des Senats bestimmt. Der Senat kann auch der Polizei durch Rechtsverordnung Ordnungsaufgaben übertragen.

(3) Die Befugnis des Senats zur Gestattung von Umzügen und Versammlungen unter freiem Himmel innerhalb der Bannmeile (§ 1 Abs. 2 des Gesetzes über die Befriedung des Tagungsortes des Abgeordnetenhauses von Berlin in der Fassung vom 30. Oktober 1952, GVBl. S. 1064) bleibt unberührt.

(4) Bei Gefahr im Verzuge können die Befugnisse einer nachgeordneten Ordnungsbehörde von der Fachaufsichtsbehörde wahrgenommen werden.

(5) Die Ordnungsbehörden haben ferner die Aufgaben zu erfüllen, die ihnen durch andere Rechtsvorschriften übertragen sind.

Zu Abs. 1:

Diese Vorschrift weist die in § 1 Abs. 1 umschriebene Aufgabe der Gefahrenabwehr primär den Ordnungsbehörden zu (vgl. bisher § 3 Abs. 2 PolZG). Die Ordnungsbehörden stützen schlicht-hoheitliches Handeln auf § 1 Abs. 1 und Eingriffsmaßnahmen auf die Vorschriften des 2. Abschnitts.

Zu Abs. 2:

Die Zuständigkeit der Ordnungsbehörden im einzelnen muß den Erfordernissen einer Großstadtverwaltung ständig neu angepaßt werden. Deshalb soll wie bisher das Gesetz von Einzelheiten entlastet bleiben und die Zuständigkeit durch eine Durchführungsverordnung geregelt werden, in der aus praktischen Erwägungen wie bisher auch der Polizei einzelne Ordnungsaufgaben übertragen werden können (vgl. jetzt § 14 DVO-PolZG).

Zu Abs. 3:

Gegenwärtig ist dem Senat in Ordnungsangelegenheiten lediglich die in Abs. 3 bezeichnete Befugnis vorbehalten. Alle übrigen noch in § 3 Abs. 5 PolZG vorgesehenen Befugnisse sind durch Änderung der gesetzlichen Grundlagen gegenstandslos geworden.

Zu Abs. 4:

Wie bisher in § 3 Abs. 4 PolZG soll bei Gefahr im Verzuge das Selbsteintrittsrecht der Fachaufsichtsbehörde erhalten bleiben.

Zu Abs. 5:

Die Vorschrift stellt klar, daß den Ordnungsbehörden neben Ordnungsaufgaben auch andere Aufgaben übertragen werden können.

Anmerkungen und Rechtsprechung

1. Die in § 2 Abs. 2 Satz 1 vorgeschriebene Rechtsverordnung ist erlassen worden. Es ist die Verordnung über die Zuständigkeit der Ordnungsbehörden (DVO-ASOG) vom 3o. August 1978 (GVBl. S. 19oo).

2. Gemäß § 2 Abs. 2 Satz 2 kann der Senat der Polizei durch Rechtsverordnung Ordnungsaufgaben übertragen. Das ist in § 15 DVO-ASOG geschehen. Hierdurch wird die Polizei aber nicht etwa zur Ordnungsbehörde. Sie bleibt vielmehr Polizeibehörde. Die Polizei nimmt außer ihren klassischen Aufgaben nur aus Zweckmäßigkeitsgründen in den Geschäftsbereichen einiger Mitglieder des Senats Ordnungsaufgaben des jeweils zuständigen Senators wahr. Es sind der Senator für Arbeit und Soziales (§ 15 Nr. 1 DVO-ASOG), der Senator für Bau- und Wohnungswesen (Nr. 2), der Senator für Gesundheit und Umweltschutz (Nr. 3 - 6), der Senator für Inneres (Nr. 7 - 18) sowie der Senator für Wirtschaft und Verkehr (Nr. 19 - 26).

3. "Gefahr im Verzuge" (§ 2 Abs. 4) liegt vor, wenn die zuständige Behörde nicht rechtzeitig eingreifen kann und ohne ihr Tätigwerden der Schaden eintreten würde. Es geht also darum, eine gefährliche Verzögerung von notwendigen Abwehrmaßnahmen zu vermeiden.

Zum Vergleich wird auf § 24 Abs. 2 hingewiesen. Nach dieser Bestimmung ist eine Durchsuchung von Wohnungen auch ohne gerichtliche Anordnung zulässig, wenn Gefahr im Verzuge ist (vgl. BVerwG. Urteil vom 12.12.1967 - 1 C 112/64 -: BVerwGE 28, 285, 291 = DVBl. 1968, 752 = NJW 1968, 563 = DÖV 1968, 246 = MDR 1968, 439 = JuS 1968, 286).

Der in § 2 Abs. 4 vorgesehene Noteingriff der übergeordneten Behörde kommt in der Praxis verhältnismäßig selten vor. Wenn der Noteingriff aber erforderlich ist, dann wird er regelmäßig bei schwerwiegenden Ereignissen oder Katastrophenfällen vorgenommen (Lebensmittelvergiftungen, epidemische Erkrankungen, Orkanschäden, Gebäudeexplosionen, Terroranschläge).

4. Weitaus häufiger sind die in vielen Rechtsvorschriften vorgesehenen Noteingriffe gleichrangiger Behörden, zum Beispiel der Polizei nach § 41 Abs. 3 des Lebensmittel- und Bedarfsgegenständegesetzes oder gemäß § 44 Abs. 2 Satz 2 der Straßenverkehrs-Ordnung.

5. Bestimmungen der Bundesländer

Baden-Württemberg:	§ 2 Abs. 1, §§ 52, 53 Polizeigesetz
Bayern:	Hinweis auf Polizeiorganisationsgesetz
Bremen:	§ 57 Polizeigesetz
Hamburg:	§ 3 Abs. 1 Sicherheits- und Ordnungsgesetz
Hessen:	§ 1 Abs. 3 Sicherheits- und Ordnungsgesetz
Niedersachsen:	§ 2 Abs. 1, § 49 Abs. 1 Sicherheits- und Ordnungsgesetz
Nordrhein-Westfalen:	§§ 1, 5 Ordnungsbehördengesetz; § 18 Abs. 1 Polizeigesetz
Rheinland-Pfalz:	§ 76 Polizeiverwaltungsgesetz
Saarland:	§ 14 Abs. 2 Preußisches Polizeiverwaltungsgesetz; § 37 Landesverwaltungsgesetz; § 2o Abs. 2 b Gesetz über die Organisation der Polizei im Saarland (Polizeiorganisationsgesetz) vom 17. Dezember 1969 (ABl. 197o S. 33)
Schleswig-Holstein:	§ 166 Landesverwaltungsgesetz

6. Musterentwurf: § 1 a

§ 3
Hilfszuständigkeit der Berliner Feuerwehr

(1) Die Berliner Feuerwehr ist bei der Gefahrenabwehr (§ 1 Abs. 1) neben den nach den §§ 2 und 4 zuständigen Behörden, sofern diese nicht rechtzeitig tätig werden, auch für die Maßnahmen zuständig, die im Zusammenhang mit den ihr obliegenden Aufgaben unaufschiebbar notwendig erscheinen. Sie hat die zuständige Behörde unverzüglich von allen Ereignissen zu unterrichten, die deren Eingreifen erfordern.

(2) Die Berliner Feuerwehr leistet anderen Berliner Behörden durch Anwendung unmittelbaren Zwanges Vollzugshilfe (§§ 30 bis 32).

Zu Abs. 1:

Die Berliner Feuerwehr fällt wie bisher als nachgeordnete Ordnungsbehörde (§ 1 Abs. 3) unter die Regelung des § 2 Abs. 1. Ihre Zuständigkeit im einzelnen ist insoweit gegenwärtig in der DVO-PolZG umschrieben. Ihre Tätigkeit bringt es jedoch mit sich, daß sie bei unaufschiebbar notwendigen Hilfsmaßnahmen auch in die Zuständigkeit anderer Ordnungsbehörden eingreifen muß. Ähnlich wie die Polizei hat auch sie für Notfälle eine „Querschnittsaufgabe". So wird z. B. bei Einsturzgefahr eines Hauses der Zuständigkeitsbereich des Senators für Bau- und Wohnungswesen bzw. des zuständigen Bezirksamtes betroffen; die Berliner Feuerwehr muß hier jedoch erste Maßnahmen (z. B. Räumung) anordnen können. Ähnlich liegt es bei der Ölbekämpfung und zahlreichen anderen Schadensfällen. Die Zuständigkeit der Berliner Feuerwehr für derartige Eingriffsmaßnahmen im ersten Zugriff wurde bisher im Wege der Auslegung aus § 1 des Gesetzes über den Brandschutz und die Hilfeleistungen bei Notlagen (Feuerwehrgesetz) i. d. F. vom 2. Juli 1974 (GVBl. S. 1562) gewonnen. Es erscheint zweckmäßig, diese besondere Zuständigkeit – ähnlich wie in § 1 Abs. 2 Satz 1 SOG Hamburg – ausdrücklich zu normieren. Über das Verhältnis der von ihr getroffenen ersten Maßnahmen gegenüber den Maßnahmen der primär zuständigen Ordnungsbehörde und gegenüber der Polizei vgl. Einzelbegründung zu § 4.

Zu Abs. 2:

Die Überschneidung von Aufgaben der primär zuständigen Ordnungsbehörde und der Berliner Feuerwehr führt bisweilen dazu, daß Maßnahmen der Berliner Feuerwehr als Hilfstätigkeit gegenüber den Ordnungsbehörden zu charakterisieren sind. Haben diese die Qualität von Eingriffen in Rechte Dritter (wie z. B. der Transport von Geisteskranken gegen ihren Willen auf Anordnung des Bezirksamtes und das Anschnallen von Geisteskranken), sind sie zunächst nur zulässig, wenn eine entsprechende Ermächtigungsgrundlage vorliegt. Diese fehlte bisher, da die Vollzugshilferegelung des § 6 Abs. 2 PolZG nur für die Polizei gilt. Die Regelung der Vollzugshilfe für die Berliner Feuerwehr, wenn sie im Zusammenhang mit der Erfüllung von Aufgaben der Berliner Feuerwehr erfolgt, erscheint notwendig. Sie bezieht sich im wesentlichen auf den beim Transport von Geisteskranken erforderlich werdenden Zwang innerhalb der Erfüllung der Krankentransportaufgaben der Berliner Feuerwehr.

Anmerkungen

1. Die Hauptaufgabe der Feuerwehr besteht im sofortigen Noteinsatz zur Gefahrenabwehr. Ihre Eingriffsbefugnis ist insoweit spezialgesetzlich geregelt. Sie ergibt sich aus § 1 Abs. 1 des Feuerwehrgesetzes:

> "Die Feuerwehr hat Gefahren für die öffentliche Sicherheit oder Ordnung abzuwehren, die durch Brände, Explosionen, Überschwemmungen, Unfälle und ähnliche Ereignisse entstehen (§ 1 Abs. 1, § 3 Abs. 1 des Allgemeinen Sicherheits- und Ordnungsgesetzes)."

Die Zuständigkeit der Feuerwehr für derartige Noteinsätze wird in § 17 Nr. 1 DVO-ASOG festgestellt.

2. Darüber hinaus hat die Feuerwehr gemäß § 1 Abs. 2 des Feuerwehrgesetzes Aufgaben des vorbeugenden Brandschutzes zu erfüllen. Voraussetzung dafür ist, daß ihr diese Aufgaben durch Rechtsvorschrift besonders übertragen sind. Das ist in § 17 Nr. 2 und 3 DVO-ASOG geschehen. Danach ist die Feuerwehr für die Mitwirkung bei der Brandsicherheitsschau sowie für die Gestellung von Brandsicherheitswachen zuständig.

3. Weitere Zuständigkeiten sind der Feuerwehr durch § 17 Nr. 4 und 5 DVO-ASOG übertragen. Es handelt sich um den Katastrophen-Hilfsdienst sowie um den Warn- und Alarmdienst.

4. Die Ermächtigung, weitergehende Hilfe und Unterstützung zu gewähren, enthält § 1 Abs. 3 des Feuerwehrgesetzes. Auch hier wirkt die Feuerwehr seit langer Zeit hervorragend für die Sicherheit, die Ordnung und das Wohl der Allgemeinheit insgesamt.

5. Soweit Rettungseinsätze für Tiere in Notlagen durchgeführt werden, ist die Feuerwehr nach § 14 Abs. 1 ASOG dazu ermächtigt. Denn sie wehrt durch ihre Eingriffe Gefahren für die öffentliche Ordnung ab. Ihre Zuständigkeit ist aus § 17 Nr. 1 DVO-ASOG herzuleiten.

Der "Schutz des Lebens und Wohlbefindens des Tieres" (§ 1 des Tierschutzgesetzes) ist inzwischen eine verpflichtende Aufgabe von hohem Rang. Deshalb ist es vertretbar, Noteingriffe der Feuerwehr im Einzelfall auf die spezialgesetzliche Ermächtigung des § 1 Abs. 1 des Feuerwehrgesetzes zu stützen.

6. Bestimmungen der Bundesländer

In allen Bundesländern gibt es Feuerwehr-, Feuerlösch- oder Brandschutzgesetze.

In Hamburg ist die Feuerwehr eine Sonderpolizeibehörde: § 3 Abs. 2 Sicherheits- und Ordnungsgesetz.

§ 4
Sachliche Zuständigkeit der Polizei

(1) Die Polizei ist bei der Gefahrenabwehr (§ 1 Abs. 1) für Maßnahmen zuständig, die unaufschiebbar notwendig erscheinen. Die Polizei hat die zuständige Behörde unverzüglich von allen Ereignissen zu unterrichten, die deren Eingreifen erfordern.

(2) Der Schutz privater Rechte obliegt der Polizei nach Absatz 1 nur dann, wenn gerichtlicher Schutz nicht rechtzeitig zu erlangen ist und wenn ohne polizeiliche Hilfe die Verwirklichung des Rechts vereitelt oder wesentlich erschwert werden würde.

(3) Die Polizei leistet anderen Berliner Behörden durch Anwendung unmittelbaren Zwanges Vollzugshilfe (§§ 30 bis 32).

(4) Die Polizei hat ferner die Aufgaben zu erfüllen, die ihr durch andere Rechtsvorschriften übertragen sind. Sie hat insbesondere Straftaten und Ordnungswidrigkeiten zu verfolgen.

Zu Abs. 1:

Die Polizei ist nicht primär für die Gefahrenabwehr zuständig. Es bedarf daher einer Abgrenzung zu den dafür zuständigen Ordnungsbehörden. Diese Abgrenzung nimmt § 4 Abs. 1 vor. Er übernimmt inhaltlich voll die Regelung des § 2 Abs. 1 Buchst. b) PolZG, indem er die Polizei auf die unaufschiebbar notwendig erscheinenden Maßnahmen beschränkt. Er befindet sich damit in Übereinstimmung mit allen Länderpolizeigesetzen und § 1 Abs. 1 Satz 2 Musterentwurf.

Unaufschiebbar notwendig ist eine Maßnahme, wenn die Schadenswirkung nach vernünftiger Einschätzung als unmittelbar bevorstehend angesehen werden kann, ein Tätigwerden der zuständigen Ordnungsbehörden aber zu spät kommen könnte.

Im Interesse eines lückenlosen Schutzes der öffentlichen Sicherheit und Ordnung kann die Rechtsmäßigkeit polizeilichen Handelns allerdings nicht davon abhängig gemacht werden, ob die Maßnahme im Einzelfall tatsächlich unaufschiebbar ist. Es genügt daher, wenn aus der Sicht der Polizei bei verständiger Würdigung die Maßnahmen „unaufschiebbar notwendig erscheinen". Das entspricht auch der ähnlichen Formulierung in § 2 Abs. 1 Buchst. b) PolZG, „soweit unaufschiebbare Maßnahmen in Betracht kommen".

Indem diese „Notzuständigkeit" der Polizei nur im Bereich der Maßnahmen im Sinne des 2. Abschnittes festgelegt wird, soll – auch durch den Hinweis „bei der Gefahrenabwehr (§ 1 Abs. 1)" – hervorgehoben werden, daß die Polizei zur Erfüllung des umfassenden Auftrags des § 1 Abs. 1 zur Gefahrenabwehr nicht nur unaufschiebbar notwendig erscheinende Eingriffsmaßnahmen treffen darf, sondern selbstverständlich auch schlicht-hoheitlich tätig werden kann. Diese Tätigkeit kann unmittelbar auf § 1 Abs. 1 gestützt werden (z. B. Streifenfahrten, allgemeine Verkehrsüberwachung, Beratungen).

Der Schutz der öffentlichen Sicherheit oder Ordnung kann nur durch ein verständnisvolles Zusammenwirken von Ordnungsbehörden und Polizei gewährleistet werden. Satz 2 soll sicherstellen, daß in jedem Falle die zuständige Ordnungsbehörde die notwendigen Maßnahmen einleiten kann.

Aus der primären Zuständigkeit der Ordnungsbehörden ergibt sich, daß sie die von der Polizei getroffenen unaufschiebbaren Maßnahmen aufheben oder ändern kann. Eine ausdrückliche Klarstellung dieser Befugnis im Gesetz (z. B. § 3 Abs. 2 Satz 2 SOG Hamburg) erschien entbehrlich. Das gleiche gilt für die von der Berliner Feuerwehr getroffenen ersten Maßnahmen.

Im Verhältnis zu den besonderen Maßnahmen der Berliner Feuerwehr nach § 3 hat auch hier die Polizei nur eine subsidiäre Zuständigkeit. Oft wird jedoch die Polizei daneben eigene Aufgaben wahrzunehmen haben, so daß sich eine Aufgabentrennung ergeben wird.

Zu Abs. 2:

Absatz 1 umfaßt an sich bereits nach herkömmlichem Polizeirecht auch den Schutz privater Rechte. Abs. 2 verdeutlicht dies, um jeden Zweifel auszuschließen. Er macht den Schutz privater Rechte nicht von der Stellung eines Antrages abhängig, wie dies einige Ländergesetze tun. Das würde den Interessen der Betroffenen im Einzelfall oft nicht gerecht werden (z. B. Sicherung des Inhalts eines Pkw nach einem Unfall als Schutz vor Diebstählen oder Schutz des Inhalts einer Schaufensterauslage nach einem Einbruch, wenn der Eigentümer nicht in der Lage ist, einen entsprechenden Antrag zu stellen).

Zu Abs. 3:

Vollzugshilfe ist die besondere Art der Amtshilfe der Polizei gegenüber anderen Behörden.

Systematisch deutlicher als bisher hebt der Entwurf hervor, daß die Leistung von Vollzugshilfe zu den Aufgaben der Polizei gehört. Die Polizei ist gehalten, sich auch organisatorisch darauf einzurichten, daß sie zur Anwendung unmittelbaren Zwanges auch von anderen Behörden herangezogen werden kann.

Diesen Zweck verfolgte auch bisher bereits § 6 PolZG. Diese Vorschrift war notwendig, weil die Ordnungsbehörden weitgehend keine Vollzugskräfte besaßen. In den letzten Jahren ist jedoch der Trend festzustellen, daß Ordnungsbehörde ihre Verwaltungsakte selbst vollziehen, wie dies auch in § 12 des Verwaltungsvollstreckungsgesetzes vorgesehen ist und in Nordrhein-Westfalen und Niedersachsen verstärkt betrieben wird. Dem trägt auch bereits § 3 UZwG Bln Rechnung. Auch in Berlin gibt es z. B. bei den Bezirksämtern eigene Vollzugsbeamte. Eine Vollstrekkung durch die Verwaltungsbehörde selbst würde auch im Zuge der mit dem Erlaß des PolZG im Jahre 1958 angestrebten Entpolizeilichung von Verwaltungsaufgaben liegen.

Selbstverständlich kann dies nur nach Maßgabe der zur Verfügung stehenden organisatorischen Mittel geschehen. Gerade die Konzentration der Polizei auf ihre Hauptaufgaben (Verbrechensverhütung, Strafverfolgung, Aufrechterhaltung der öffentlichen Sicherheit und Ordnung im Straßenverkehr) zwingt dazu, die Polizei von Aufgaben freizuhalten, die nicht das Tätigwerden eines Vollzugsbeamten erfordern. Das bedeutet eine Einschränkung der Vollzugshilfe.

Soweit Zwangsgeld, Ersatzvornahme und unmittelbarer Zwang gegen Sachen in Betracht kommen, sollte daher eine Inanspruchnahme der Polizei ausgeschlossen sein. In Übereinstimmung mit dem Musterentwurf wird daher die Vollzugshilfeverpflichtung, die in § 6 Abs. 2 PolZG auf die Erzwingung von Handlungen, Duldungen und Unterlassungen allgemein durch Anwendung unmittelbaren Zwanges eingegrenzt wird, nunmehr auf die Anwendung erforderlichen unmittelbaren Zwanges gegen Personen beschränkt, weil nur dies im Rahmen der „Notzuständigkeit" der Polizei liegt und den Einsatz von Polizeivollzugsbeamten erforderlich macht.

Der Systematik des Entwurfs entsprechend wird in § 4 Abs. 3 nur die Aufgabe angesprochen, die Einzelheiten werden im dritten Abschnitt geregelt. Der Begriff „Berliner Behörden" entspricht – wie schon in § 6 PolZG – der Regelung in § 1 Verwaltungsverfahrensgesetz.

Zu Abs. 4:

Die Vorschrift hat deklaratorische Bedeutung, auch im Hinblick auf die in Abs. 1 genannten besonders wichtigen Aufgaben der Polizei. An sie knüpft aber auch die Regelung an, daß die Polizei bei Erfüllung dieser Aufgaben die Befugnisse nach diesem Gesetz hat, wenn die anderen Gesetze oder Rechtsverordnungen Regelungen darüber nicht enthalten (vgl. § 14 Abs. 2). Sie begründet keine neue Zuständigkeit, verweist vielmehr auf Zuständigkeitsvorschriften in anderen Rechtsvorschriften und weist insoweit beispielhaft auf die besonders wichtigen Aufgaben der Strafverfolgung (vgl. § 163 StPO) und – soweit ihr das übertragen ist –, der Verfolgung von Ordnungswidrigkeiten (vgl. § 53 OWiG) hin.

Anmerkungen

1. Die Zuständigkeit der Polizei ist ferner in folgenden Bestimmungen des ASOG besonders geregelt:

   1. § 14 Abs. 1: Eingriffsmaßnahmen nach allgemeiner Ermächtigung zur Gefahrenabwehr.
   2. § 14 Abs. 2 Satz 2: Soweit spezielle Rechtsvorschriften Befugnisse der Polizei nicht oder nur teilweise regeln, hat die Polizei die Befugnisse nach dem ASOG.
   3. § 15 Abs. 2 Satz 3: Zum Zweck der Identitätsfeststellung kann der Betroffene von der Polizei notfalls zur Dienststelle gebracht und festgehalten werden.
   4. § 16: Erkennungsdienstliche Maßnahmen.
   5. § 17 Abs. 3: Zwangsweise Durchsetzung einer Vorladung.
   6. § 18: Gewahrsam.
   7. § 19: Gewahrsam und richterliche Entscheidung.
   8. § 2o: Behandlung festgehaltener Personen.

9. § 21: Dauer der Freiheitsentziehung.

1o. § 3o Abs. 1, 3 und 4, § 31, § 32: Vollzugshilfe.

2. Bestimmungen der Bundesländer

Baden-Württemberg:	§ 1 Abs. 2, § 2 Polizeigesetz
Bayern:	Art. 2 Abs. 2 - 4, Art. 3 Polizeiaufgabengesetz
Bremen:	§ 1 Abs. 2, § 2, § 58 Polizeigesetz
Hamburg:	§ 3 Abs. 2 Sicherheits- und Ordnungsgesetz
Hessen:	§ 1 Abs. 2, § 3 Sicherheits- und Ordnungsgesetz
Niedersachsen:	§ 2 Sicherheits- und Ordnungsgesetz
Nordrhein-Westfalen:	§ 2 Ordnungsbehördengesetz; § 15 Polizeigesetz
Rheinland-Pfalz:	§ 76 Abs. 3 Polizeiverwaltungsgesetz
Saarland:	§ 14 Abs. 2 Preußisches Polizeiverwaltungsgesetz; § 37 Landesverwaltungsgesetz; § 6 Polizeiorganisationsgesetz
Schleswig-Holstein:	§ 168, § 175 Landesverwaltungsgesetz

3. Musterentwurf: § 1 Abs. 2 - 4

§ 5
Übertragung polizeilicher Befugnisse

(1) Der Senat kann einzelne Angehörige des öffentlichen Dienstes des Landes Berlin oder Gruppen von ihnen mit bestimmten Befugnissen der Polizei ausstatten.

(2) Der Senat kann sonstigen Personen durch Rechtsverordnung bestimmte Befugnisse der Polizei nur übertragen, wenn sie damit einverstanden sind und ihre Heranziehung zu polizeilichen Aufgaben gesetzlich vorgesehen ist.

Zu Abs. 1:

Die Vorschrift entspricht § 2 Abs. 2 PolZG.

Aus sprachlichen Gründen wurde das Wort „Bedienstete" durch „Angehörige des öffentlichen Dienstes" ersetzt.

Zu Abs. 2:

Er entspricht wörtlich § 2 Abs. 3 PolZG und bildet die Rechtsgrundlage für das Gesetz über die Freiwillige Polizei-Reserve (FPRG) vom 25. Mai 1961 (GVBl. S. 671).

Anmerkungen

1. Auf § 5 Abs. 2 beruht die Verordnung zur Übertragung bestimmter Befugnisse der Polizeibehörde auf die Angehörigen der Freiwilligen Polizei-Reserve (FPRVO) vom 1o. Februar 1976 (GVBl. S. 339). Gemäß § 1 Nr. 1 FPRVO handelt es sich um die Befugnisse nach den §§ 14, 15, 18 bis 27 und 29 Abs. 1 ASOG. Gemäß § 1 Nr. 2 FPRVO sind ferner die Befugnisse nach § 6, § 9 Abs. 1 Buchstabe c und Abs. 2, § 12 und § 15 des Verwaltungs-Vollstreckungsgesetzes für die Ausübung des unmittelbaren Zwanges übertragen. Schließlich gibt § 1 Nr. 3 FPRVO das Recht der vorläufigen Festnahme nach § 127 Abs. 1 der Strafprozeßordnung.

2. Beispiele für die Übertragung polizeilicher Befugnisse nach Bundesrecht:

Deichpolizei nach § 1o5 der Ersten Wasserverbandverordnung vom 3. September 1937 (BGBl. III 753-2-1).

Hilfspolizei gemäß §§ 47, 48 des Bundesgrenzschutzgesetzes vom 18. August 1972 (BGBl. III 13-4).

Zivile Wachpersonen nach § 1 Abs. 2 des Gesetzes über die Anwendung unmittelbaren Zwanges und die Ausübung besonderer Befugnisse durch Soldaten der Bundeswehr und zivile Wachpersonen vom 12. August 1965 (BGBl. III 55-6).

3. Bestimmungen der Bundesländer

Baden-Württemberg:	Gesetz über den freiwilligen Polizeidienst vom 18. Juni 1963 (GBl. S. 75)
Bayern:	-
Bremen:	§ 84 Polizeigesetz
Hamburg:	§ 29 Sicherheits- und Ordnungsgesetz
Hessen:	§ 74 Sicherheits- und Ordnungsgesetz
Niedersachsen:	§ 59 Sicherheits- und Ordnungsgesetz
Nordrhein-Westfalen:	§ 11 Polizeigesetz
Rheinland-Pfalz:	§ 93 Polizeiverwaltungsgesetz
Saarland:	§ 17 Abs. 2 Polizeiorganisationsgesetz
Schleswig-Holstein:	§ 14 Polizeiorganisationsgesetz

§ 6
Aufsichtsbehörden

(1) Die Dienst- und Fachaufsicht über die Polizei führt der Senator für Inneres. Die Fachaufsicht über die Polizei in Ordnungsaufgaben führen die Mitglieder des Senats innerhalb ihrer Zuständigkeitsbereiche.

(2) Die den Bezirksämtern zugewiesenen Ordnungsaufgaben sind übertragene Vorbehaltsaufgaben (Artikel 51 Abs. 2 Satz 3 der Verfassung von Berlin). Die Fachaufsicht über die Bezirksämter in Ordnungsangelegenheiten führt das zuständige Mitglied des Senats.

(3) Die Dienst- und Fachaufsicht über die sonstigen nachgeordneten Ordnungsbehörden führt das zuständige Mitglied des Senats.

(4) Die Aufsichtsbehörden können im Bereich ihrer Zuständigkeit Verwaltungsvorschriften erlassen.

Zu § 6

Die Vorschrift entspricht – abgesehen von einer sprachlichen Anpassung in Abs. 1 – wörtlich § 4 PolZG. Die darin getroffene Regelung hat sich voll bewährt und soll beibehalten werden.

Anmerkungen

1. Zu den wichtigsten Aufgaben der vorgesetzten Behörden gehört die Prüfung von Dienstaufsichtsbeschwerden. Dabei handelt es sich um Petitionsangelegenheiten gemäß Art. 17 GG. Insoweit wird auf den Musterbescheid Nr. 6 im Dritten Teil dieser Arbeit hingewiesen.

2. Beispiele für Verwaltungsvorschriften der Aufsichtsbehörden nach § 6 Abs. 4

2.1 Ausführungsvorschriften des Senators für Gesundheit und Umweltschutz vom 28. August 1978 über die Bekämpfung von Ratten (ABl. 1978, 189o / Dienstblatt des Senats von Berlin - DBl. - Teil IV/1979 Nr. 1 S. 7).

2.2 Ausführungsvorschriften desselben Senators vom 28. September 1978 zur Verordnung zum Schutz gegen die Tollwut (ABl. 1978, 1681 / DBl. IV/1978 Nr. 7 S. 76).

2.3 Ausführungsvorschriften desselben Senators vom 1o. Juli 1978 zur Verordnung über die hygienische Behandlung von Lebensmittel (ABl. 1978, 1198 / DBl. IV/1978 Nr. 3 S. 27).

2.4 Pockenalarmplan desselben Senators vom 2. Januar 1976 (ABl. 1976, 75 / DBl. IV/ 1976 Nr. 9 S. 29).

2.5 Ausführungsvorschriften des Senators für Arbeit und Soziales vom 1. Februar 1979 über die Verfolgung und Ahndung von Zuwiderhandlungen gegen das Jugendarbeitsschutzgesetz (ABl. 1979, 22o /DBl. IV/1979 Nr. 3 S. 24).

2.6 Dienstanweisung desselben Senators für das Landesamt für Arbeitsschutz und technische Sicherheit vom 26. Juni 1979 (ABl. 1979, 1181 / DBl. IV/1979 Nr. 8 S. 66).

2.7 Ausführungsvorschriften desselben Senators zum Verbot der Beschäftigung werdender oder stillender Mütter unter schädlicher Lärmeinwirkung vom 13. Juli 1979 (ABl. 1979, 13o8 / DBl. 1979 Nr. 9 S. 71) sowie bei einer Berufserkrankung vom 21. August 1979 (ABl. 1979, 1646 / DBl. IV/ 1979 Nr. 1o S. 77).

2.8 Richtlinien des Senators für Wirtschaft vom 29. Dezember 1978 für die Durchführung des Sehtests bei Bewerbern um eine Fahrerlaubnis (ABl. 1979, 74).

2.9 Erlaß des Senators für Inneres vom 17. Februar 1977 über die Feststellung von Alkohol im Blut bei Straftaten und Ordnungswidrigkeiten (DBl. I/1977 Nr. 7 S. 76).

3. Spezielle Ermächtigungen zum Erlaß von Verwaltungsvorschriften finden sich in vielen anderen Rechtsvorschriften. Solche besonderen Befugnisse gehen der allgemeinen Ermächtigung des § 6 Abs. 4 naturgemäß vor.

3.1 Beispiele für Spezialermächtigungen aus dem Geschäftsbereich des Senators für Bau- und Wohnungswesen:

§ 1o9 Bauordnung;
§ 14 des Wohnungsaufsichtsgesetzes;
§ 28 Abs. 2 des Vermessungsgesetzes;
§ 17 Abs. 2 des Straßengesetzes;
§ 18 des Enttrümmerungsgesetzes.

3.2 Spezialermächtigung des Senators für Inneres zum Erlaß von Verwaltungsvorschriften zur Gefahrenabwehr:
§ 9 Abs. 2 der Verordnung über die Erweiterung des Katastrophenschutzes vom 25. März 1974 (GVBl. S. 683). Vgl. dazu Ausführungsvorschriften vom 7. April 1976 (ABl. 1976, 784, 789, 791 /DBl. I/1976 Nr. 33 - 35 S. 144 - 152).

4. Gemeinsame Anmerkung zu § 6 und § 7 über

Bestimmungen der Bundesländer

Baden-Württemberg:	§§ 49, 5o, 51, 58 ff. Polizeigesetz
Bayern:	Art. 12 Abs. 4 Polizeiorganisationsgesetz
Bremen:	§§ 65, 66 Polizeigesetz
Hamburg:	-
Hessen:	§§ 56, 58 - 61 Sicherheits- und Ordnungsgesetz
Niedersachsen:	§§ 47 - 49, 55 Sicherheits- und Ordnungsgesetz
Nordrhein-Westfalen:	§§ 7 - 11 Ordnungsbehördengesetz; §§ 9, 1o Polizeigesetz
Rheinland-Pfalz:	§§ 79, 8o Polizeiverwaltungsgesetz
Saarland:	§§ 4, 5, 12, 13 Polizeiorganisationsgesetz
Schleswig-Holstein:	§ 8 Polizeiorganisationsgesetz; §§ 14 ff. Landesverwaltungsgesetz

§ 7
Ausübung der Fachaufsicht

(1) Die Fachaufsicht erstreckt sich auf die recht- und ordnungsmäßige Erledigung der Aufgaben der nachgeordneten Ordnungsbehörden und der Polizei und auf die zweckentsprechende Handhabung des Verwaltungsermessens.

(2) In Ausübung der Fachaufsicht kann die Aufsichtsbehörde

1. **Auskünfte, Berichte, die Vorlage der Akten und sonstigen Unterlagen fordern und Prüfungen anordnen (Informationsrecht),**
2. **Einzelweisungen erteilen (Weisungsrecht),**
3. **eine Angelegenheit an sich ziehen, wenn eine erteilte Einzelweisung nicht befolgt wird (Eintrittsrecht).**

(3) Die nachgeordneten Ordnungsbehörden und die Polizei sind verpflichtet, die Aufsichtsbehörden von allen wichtigen Wahrnehmungen zu unterrichten (Informationspflicht).

Zu Abs. 1:

Die Vorschrift entspricht der Definition der Fachaufsicht in § 8 Abs. 2 AZG. Da im AZG nur die Fachaufsicht in Vorbehaltsaufgaben geregelt ist und § 8 Abs. 2 AZG infolgedessen allein für die Bezirksämter gilt, andererseits in § 5 PolZG eine Definition der Fachaufsicht fehlt, mußte bisher § 8 Abs. 2 AZG stets für die anderen nachgeordneten Ordnungsbehörden (vgl. § 1 Abs. 3) und die Polizei entsprechend angewendet werden. Diese Lücke im Recht der Ordnungsbehörden und der Polizei wird nunmehr durch diese mit § 8 Abs. 2 AZG übereinstimmende Vorschrift geschlossen.

Zu Abs. 2:

Die Vorschrift entspricht folgerichtig § 8 Abs. 3 AZG und paßt die Regelung des § 5 Abs. 1 und 2 PolZG, die bisher nur einen Teil der Aufsichtsbefugnisse hervorhob, der Grundregelung des AZG an.

Zu Abs. 3:

Die Vorschrift entspricht § 5 Abs. 3 PolZG.

Anmerkungen und Rechtsprechung

1. Die Aufsichtsbehörde hat kein generelles Eintrittsrecht. In Ausübung der Fachaufsicht darf die Aufsichtsbehörde eine Angelegenheit gemäß § 7 Abs. 2 Nr. 3 erst dann an sich ziehen, wenn die nachgeordnete Behörde eine ihr erteilte Einzelweisung nicht befolgt. Das besondere Eintrittsrecht bei Gefahr im Verzuge nach § 2 Abs. 4 bleibt selbstverständlich unberührt.

Zum Selbsteintrittsrecht der Fachaufsichtsbehörde wird verwiesen auf das Urteil des Oberverwaltungsgerichts Berlin vom 7.1.1977 - 3 B 7/76 -: NJW 1977, 1166 = DVBl. 1977, 868 Nr. 331.

2.1 Landesrechtliches Beispiel für Fachaufsicht außerhalb der Gefahrenabwehr

Gemäß § 8 des Allgemeinen Zuständigkeitsgesetzes hat das betreffende Mitglied des Senats im Rahmen seiner Fachaufsicht gegenüber den Bezirksverwaltungen das Informations-, Weisungs- und Eintrittsrecht. Bedauerlicherweise fehlt hier eine Informationspflicht der Bezirksverwaltungen, wie sie § 7 Abs. 3 ASOG für die nachgeordneten Behörden vorschreibt.

2.2 Bundesrechtliches Beispiel für Fachaufsicht außerhalb der Gefahrenabwehr

Gemäß Art. 85 Abs. 4 GG steht dem Bund die Aufsicht über diejenigen Landesbehörden zu, die in seinem Auftrage Bundesgesetze ausführen.

3. Bestimmungen der Bundesländer

Auf die Anmerkung 4 zu § 6 wird Bezug genommen. Dort sind insoweit § 6 und § 7 gemeinsam behandelt.

Zweiter Abschnitt
Eingriffsmaßnahmen

Erster Unterabschnitt
Allgemeine Vorschriften

§ 8
Grundsatz der Verhältnismäßigkeit

(1) Von mehreren möglichen und geeigneten Maßnahmen ist diejenige zu treffen, die den einzelnen und die Allgemeinheit voraussichtlich am wenigsten beeinträchtigt.

(2) Eine Maßnahme darf nicht zu einem Nachteil führen, der zu dem erstrebten Erfolg erkennbar außer Verhältnis steht.

(3) Eine Maßnahme ist nur so lange zulässig, bis ihr Zweck erreicht ist oder sich zeigt, daß er nicht erreicht werden kann.

Zu § 8

Der Grundsatz der Verhältnismäßigkeit hat Verfassungsrang und ist von besonderer Bedeutung für das Handeln der Ordnungsbehörden und der Polizei. Er steht am Anfang der allgemeinen Vorschriften. Nach der Rechtsprechung des Bundesverfassungsgerichts ist er Ausfluß des Rechtsstaatsprinzips und ergibt sich im Grunde bereits aus dem Wesen der Grundrechte selbst, die von der öffentlichen Gewalt jeweils nur so weit beschränkt werden dürfen, als es zum Schutze öffentlicher Interessen unerläßlich ist (BVerfGE 19, 348).

Zu Abs. 1:

Absatz 1 beinhaltet den Grundsatz des geringstmöglichen Eingriffs, wie er bereits bisher in § 41 Abs. 2 PVG und in einer Reihe von Polizei- und Ordnungsgesetzen enthalten ist.

Zu Abs. 2:

Absatz 2 enthält den Grundsatz der Verhältnismäßigkeit im engeren Sinne, der ebenfalls in den meisten Polizei- und Ordnungsgesetzen bereits geregelt ist.

Zu Abs. 3:

Absatz 3 bringt entsprechend Art. 8 Abs. 3 BayPAG die zeitliche Begrenzung von Maßnahmen als Ausfluß des Verhältnismäßigkeitsgrundsatzes zum Ausdruck.

Anmerkungen und Rechtsprechung

1. Die allgemeinen Bestimmungen der §§ 8 bis 13 sind bei allen Eingriffsmaßnahmen zu prüfen und zu beachten. Dabei hat der Grundsatz der Verhältnismäßigkeit besonderes Gewicht.

2. Hier sagt das Bundesverfassungsgericht in ständiger Rechtsprechung aus:
In der Bundesrepublik Deutschland hat der Grundsatz der Verhältnismäßigkeit verfassungsrechtlichen Rang. Er ergibt sich aus dem Rechtsstaatsprinzip, im Grunde bereits aus dem Wesen der Grundrechte selbst, die als Ausdruck des allgemeinen Freiheitsanspruchs des Bürgers gegenüber dem Staat von der öffentlichen Gewalt jeweils nur so weit beschränkt werden dürfen, als es zum Schutz öffentlicher Interessen unerläßlich ist:
BVerfG, Beschluß vom 15.12.1965 - 1 BvR 513/65 -:
BVerfGE 19, 342 = MDR 1966, 3oo = NJW 1966, 243 = JuS 1966, 164.

Von ebenfalls fundamentaler Bedeutung für die Verwaltungspraxis ist die umfassende Aussage des Gerichts über die "Grundsätze der Verhältnismäßigkeit und des Übermaßverbotes, die sich als übergreifende Leitregeln allen staatlichen Handelns zwingend aus dem Rechtsstaatsprinzip ergeben und deshalb Verfassungsrang haben". Beschluß vom 5.3.1968 - 1 BvR 579/67 -:

BVerfGE 23, 127 = NJW 1968, 979 = DÖV 1968, 244 = MDR 1968, 559 = BayVBl. 1968, 238 = JuS 1968, 333.

3. Das Bundesverwaltungsgericht betont ebenfalls in ständiger Rechtsprechung den Verfassungsrang dieses Grundsatzes.

Beispiele:

Urteil vom 16.11.1973 - 4 C 44/69 -: MDR 1974, 338 = NJW 1974, 815 = DÖV 1974, 2o7 = JR 1974, 256 = DVBl. 1974, 297 = JuS 1974, 532 = VerwRspr. 25, 861;

Urteil vom 25.8.1971 - 4 C 23/69 -: DVBl. 1971, 858 = DÖV 1971, 857 = NJW 1972, 269 = MDR 1972, 76 = JuS 1972, 16o = VerwRspr. 23, 656;

Urteil vom 25.1o.1968 - - 5 C o55/64 -: BVerwGE 3o, 313, 316 = MDR 1969, 25o.

4. Auch in anderen Bestimmungen des ASOG ist der Grundsatz der Verhältnismäßigkeit betroffen.

§ 17 Abs. 2 Satz 2: Vorladung;

§ 2o Abs. 3 Satz 3: Behandlung festgehaltener Personen;

§ 28 Abs. 1 Nr. 2: Verwertung einer sichergestellten Sache;

§ 34 Abs. 1: Inhalt von Verordnungen zur Gefahrenabwehr.

5. Der Grundsatz der Verhältnismäßigkeit ist darüber hinaus in vielen anderen Rechtsvorschriften enthalten.

Beispiele:

§ 4 des Gesetzes über die Anwendung unmittelbaren Zwanges;

§ 9 Abs. 2 des Verwaltungs-Vollstreckungsgesetzes;

§ 11 des Bundesgrenzschutzgesetzes;

§ 9 Abs. 3 des Bundeskriminalamtsgesetzes;

§ 29 des Bundeswasserstraßengesetzes;

§ 24 des Ordnungswidrigkeitengesetzes;

§ 62, § 74 b des Strafgesetzbuches;

§ 111 m Abs. 1, § 112 Abs. 1 Satz 2, § 12o Abs. 1 Satz 1 der Strafprozeßordnung

§ 328 Abs. 2 der Abgabenordnung;

§ 55 Abs. 3, § 56 Abs. 3 des Berliner Schulgesetzes;

§ 1 Nr. 1 der Berliner Freiwillige-Polizei-Reserve-Verordnung.

6. Beispiele aus der Rechtsprechung

6.1 BVerfG, Beschluß vom 24.5.1977 - 2 BvR 988/75 -: BVerfGE 44, 353 = NJW 1977, 1489, 2119 = MDR 1977, 9o3 = DVBl. 1978, 118 L:
rechtswidrige Beschlagnahme von Klientenakten einer Suchtberatungsstelle des Caritasverbandes.

6.2 BVerwG, Urteil vom 1o.2.1978 - 4 C 71/75 -: NJW 1978, 2311 = MDR 1978, 696 = DÖV 1978, 413 = JuS 1978, 716 = ZfW 1978, 371 = DVBl. 1979, 67 = VerwRspr. 3o, 143 = BRS 33 Nr. 191:
rechtswidrige wasserrechtliche Untersagungsverfügung.

6.3 BVerwG, Urteil vom 15.4.1977 - 4 C 1oo/74 -: BVerwGE 52, 237 = DÖV 1977, 822 = NJW 1978, 119 = DVBl. 1978, 282:
Verhältnismäßigkeit bei straßenrechtlichen Planungsentscheidungen.

6.4 BVerwG, Urteil vom 7.6.1977 - 1 C 21/75 -: GewArch 1977, 385, 387 = DÖV 1978, 49:
rechtmäßige gewerbeaufsichtliche Anforderung eines Gutachtens über schädliche Umwelteinwirkungen.

6.5 BVerwG, Urteil vom 16.12.1971 - 1 C 6o/67 -: BVerwGE 39, 19o = NJW 1972, 458= DVBl. 1972, 499 = MDR 1972, 352 = JuS 1972, 287 = LRE 7, 276 = VerwRspr. 24, 189:
rechtmäßige Maßnahmen zur Seuchenverhütung. Verfassungsrang des Grundsatzes der Verhältnismäßigkeit.

7. Bestimmungen der Bundesländer

Baden-Württemberg:	§ 5 Polizeigesetz
Bayern:	Art. 8 Landesstraf- und Verordnungsgesetz; Art. 4 Polizeiaufgabengesetz
Bremen:	§ 3 Polizeigesetz
Hamburg:	§ 4 Sicherheits- und Ordnungsgesetz
Hessen:	§ 5 Sicherheits- und Ordnungsgesetz
Niedersachsen:	§ 3o Abs. 2 Sicherheits- und Ordnungsgesetz
Nordrhein-Westfalen:	§ 15 Ordnungsbehördengesetz; § 21 Polizeigesetz
Rheinland-Pfalz:	§ 2 Polizeiverwaltungsgesetz
Saarland:	§ 41 Abs. 2 Preußisches Polizeiverwaltungsgesetz;
Schleswig-Holstein:	§ 73 Landesverwaltungsgesetz

8. Musterentwurf: § 2

§ 9
Ermessen, Wahl der Mittel

(1) Die zuständige Behörde trifft ihre Maßnahmen nach pflichtgemäßem Ermessen.

(2) Kommen bei einer Maßnahme mehrere Mittel in Betracht, so genügt es, wenn eines davon bestimmt wird. Dem Betroffenen ist auf Antrag zu gestatten, ein anderes ebenso wirksames Mittel anzuwenden, sofern die Allgemeinheit dadurch nicht stärker beeinträchtigt wird. Ist dem Betroffenen eine Frist gesetzt, so ist der Antrag nur bis zum Ablauf dieser Frist zulässig.

Zu Abs. 1:

An dem allgemein für die Gefahrenabwehr geltenden Opportunitätsprinzip (bisher in § 14 Abs. 1 PVG geregelt) wird festgehalten. Rechtsprechung und Literatur haben bisher keine präzisen Vorstellungen dazu entwickelt, wo die Grenzen des Opportunitätsprinzips, insbesondere im Hinblick auf eine Pflicht zum Einschreiten von Polizei und Ordnungsbehörden bei schweren Gefahren für erhebliche Rechtsgüter, liegen. Eine generelle gesetzliche Regelung dieser Frage erscheint z. Z. weder möglich noch erforderlich, zumal es entscheidend auf die Umstände des einzelnen Falles ankommt. Zu diesem Problem wird verwiesen auf Schmaltz, „Die Grenzen des Opportunitätsprinzips im heutigen deutschen Polizeirecht, 1966."

Zu Abs. 2:

Das sog. Austauschmittel ist ein typisches polizei- und ordnungsrechtliches Institut (vgl. § 41 Abs. 2 Satz 1 PVG), das im Entwurf eines Verwaltungsverfahrensgesetzes – BT-Drucksache 7/910 – nicht behandelt wird und daher im Entwurf inhaltlich übereinstimmend mit einer Reihe geltender Polizei- und Ordnungsgesetze zu regeln ist. Unter dem Gesichtspunkt der Verhältnismäßigkeit darf das Austauschmittel allerdings nicht zu einer stärkeren Beeinträchtigung der Allgemeinheit (vgl. die entsprechende Formulierung in § 8 Abs. 1) – wohl aber des Betroffenen – führen.

1. Allgemeines zum pflichtgemäßen Ermessen; Einschränkung des Ermessens auf "Null"

Von grundsätzlicher und weittragender Bedeutung für diese Rechtsfragen ist das Urteil des Bundesverwaltungsgerichts vom 18.8.196o - 1 C 42/59 -: BVerwGE 11, 95 = DVBl. 1961, 125 mit Anmerkung Bachof = NJW 1961, 793 = DÖV 1965, 382. Dabei geht es um den Antrag von Nachbarn bei der Bauaufsicht, wegen Belästigung durch Staub und Geräusch ein Kohlen- und Fuhrgeschäft zu verbieten. Das Gericht führte aus:
Der Grundsatz der Rechtsstaatlichkeit hindert den Gesetzgeber nicht, der Verwaltung Ermessensfreiheit zu geben. Die Ermessensfreiheit der Verwaltungsbehörden ist vielmehr ein legitimer Bestandteil der Rechtsordnung und der verfassungsmäßigen Ordnung. Auch insoweit besteht allerdings die Schranke, daß der Wesensgehalt der Grundrechte unangetastet bleiben muß.

Opportunitätsprinzip und Ermessensfreiheit selbst tragen aber - und eben darum haben sie Platz im Rechtsstaat - gewisse Schranken an sich. Sie geben keine Freiheit der Willkür, sondern decken nur das sogenannte pflichtgemäße Ermessen. Die Behörde muß sich von dem Sinn des Gesetzes leiten lassen, das ihr ein Ermessen einräumt. Andernfalls wird ihre Entschließung ebenso rechtswidrig (Ermessensmißbrauch) wie bei Verkennung der Grenzen des eingeräumten Ermessensspielraums (Ermessensüberschreitung oder Nichtgebrauch des Ermessens). Das polizeiliche (ordnungsbehördliche) Ermessen hat sich nach der leitenden Aufgabe der Polizei (Ordnungsbehörde), der Erhaltung der öffentlichen Sicherheit und Ordnung, zu richten. Soweit die verletzten Vorschriften zugleich dem Nachbarschutz dienen, sind auch die Nachbarn zu berücksichtigen.

Für eine rechtsfehlerfreie Ermessensausübung kann neben anderen Umständen auch das Ausmaß oder die Schwere der Störung oder Gefährdung eine maßgebende Bedeutung haben.

Bei hoher Intensität der Störung oder Gefährdung kann eine Entschließung der Behörde zum Nichteinschreiten unter Umständen sogar als schlechthin ermessensfehlerhaft erscheinen. Praktisch kann dieserhalb die rechtlich gegebene Ermessensfreiheit derart zusammenschrumpfen, daß nur eine einzige ermessensfehlerfreie Entschließung, nämlich die zum Einschreiten denkbar ist und höchstens für das "Wie" des Einschreitens noch ein ausnutzbarer Ermessensspielraum der Behörde offenbleibt.

Unter dieser besonderen Voraussetzung kann der an sich nur auf ermessensfehlerfreie Entschließung der Behörde gehende Rechtsanspruch im praktischen Ergebnis einem strikten Rechtsanspruch auf ein bestimmtes Verwaltungshandeln gleichkommen.

In diesem Sinne spricht man hier in der Praxis von der Einschränkung des Ermessens auf "Null".

2. Opportunitätsprinzip; "Ob" und "Wie" des Einschreitens

Nach dem Opportunitätsprinzip ist die Behörde also selbst dann, wenn eine Gefahr für die öffentliche Sicherheit oder Ordnung gegeben ist, nicht unbedingt zu einem Einschreiten verpflichtet. Vielmehr steht das "Ob" und das "Wie" des Einschreitens in ihrem pflichtgemäßen Ermessen. Nur in besonders schweren Gefahrenfällen kann, wie bereits ausgeführt, ihre Ermessensfreiheit so weit eingeschränkt sein, daß ihr die rechtmäßige Wahrnehmung ihrer Aufgaben keine andere Wahl läßt, als einzuschreiten und dabei eine bestimmte Maßnahme zu treffen:

BVerwG, Urteil vom 25.2.1969 - 1 C 7/68 -: JR 1969, 313 = DVBl. 1969, 586 = DÖV 1969, 465 = GewArch 1969, 128 = VerwRspr. 2o,588.

3. Eine "Ermessensentscheidung" ist fehlerhaft, wenn sich die Behörde des ihr eingeräumten Ermessens gar nicht bewußt gewesen ist und deshalb auch ihr Ermessen nicht ausgeübt hat:
BVerwG, Urteil vom 28.2.1975 - 4 C 3o/73 -: BVerwGE 48, 81, 84 = NJW 1975, 23o9, = DVBl. 1975, 516 = MDR 1975, 69o = JR 1975, 431 = JuS 1975, 815 = BRS 29 Nr. 7o = Verw Rspr. 27, 187;
OVG Berlin, Urteil vom 1.1o.1976 - 2 B 1o6/75 -: OVGE Berlin 14, 24 = BRS Band 3o Nr. 181;

OVG Münster, Urteil vom 26.11.1976 - 7 A 294/75 -: BRS Band 3o Nr. 177.

4. Das so bezeichnete Austauschmittel des § 9 Abs. 2 hat die Behörde dem Antragsteller auch dann einzuräumen, wenn es für ihn unwirtschaftliche Aufwendungen verursacht: OVG Münster, Beschluß vom 29.12.1961 - 7 B 581/61 -: VerwRspr. 14, 444 = DÖV 1962, 617.

Hier kommt es nämlich nur darauf an, daß eine Gefahr durch ein geeignetes Mittel abgewehrt wird.

Das Austauschmittel steht auch rechtmäßig in Anspruch genommen Behörden zu, die polizei- bzw. ordnungspflichtig sind. So hat das Bundesverwaltungsgericht zu Gunsten einer westdeutschen Gemeinde entschieden, die gesundheitsgefährliche Mißstände an ihren Wasserversorgungseinrichtungen (vgl. § 11 des Bundes-Seuchengesetzes) zu beseitigen hatte:
Beschluß vom 1o.8.1955 - 1 B 77/54 -: BVerwGE 2, 192 = DVBl. 1956, 233.

5. Das Gebot pflichtgemäßen Ermessens ist in vielen anderen Rechtsvorschriften ebenfalls Leitlinie amtlichen Handelns.

Beispiele:

§ 22, § 39 Abs. 1 Satz 3, § 4o des Verwaltungsverfahrensgesetzes;

§ 1o, § 12 Abs. 2 des Bundesgrenzschutzgesetzes;

§ 9 Abs. 3 des Bundeskriminalamtsgesetzes;

§ 29 Abs. 2 des Bundeswasserstraßengesetzes;

§ 114 der Verwaltungsgerichtsordnung;

§ 163 des Bundesbaugesetzes;

§ 5 der Abgabenordnung;

§ 3 der Bundesdisziplinarordnung;

§ 3 der Berliner Landesdisziplinarordnung;

§ 1 Nr. 1 der Berliner Freiwillige Polizei-Reserve-Verordnung;

6. Beispiele aus der Rechtsprechung

6.1 BVerfG, Beschluß vom 8.8.1978 - 2 BvL 8/77 -: BVerfGE 49, 89 = NJW 1979, 359 = GewArch 1979, 53 = DÖV 1979, 49 = DVBl. 1979, 45 = JuS 1979, 362 = BayVBl. 1979, 174; dazu VerwArch 7o (1979), 249:
Entscheidungsbefugnis der Regierung nach dem Atomgesetz zum Bau des "Schnellen Brüters".

6.2 BVerfG, Urteil vom 16.1o.1977 - 1 BvQ 5/77 -: BVerfGE 46, 16o = NJW 1977, 2255 = DÖV 1977, 896 = JZ 1977, 75o = MDR 1978, 116 = JuS 1978, 262:
Fall Schleyer. Entscheidungsbefugnis der Regierung im Falle der Entführung eines Bürgers durch Terroristen mit erpresserischer Todesdrohung. Ihre Freiheit in der Wahl der Mittel zum Schutz des Lebens kann sich in besonders gelagerten Fällen auch auf die Wahl eines bestimmten Mittels verengen, wenn ein effektiver Lebensschutz auf andere Weise nicht zu erreichen ist.

6.3 BVerwG, Urteil vom 7.6.1978 - 7 C 5/78 -: BVerwGE 56, 63 = NJW 1978, 1933 = DÖV 1978, 887 = DVBl. 1979, 157:
Sondernutzung. Ermessensentscheidung über die Erlaubnis der Sondernutzung von Straßen für politische Werbung gegen Gebühren.

6.4 BVerwG, Urteil vom 7.6.1978 - 7 C 6/78 -: BVerwGE 56, 56 = NJW 1978, 1937 = DÖV = 1978, 889:
Sondernutzung. Ermessenspraxis der Behörde, Parteien außerhalb des Wahlkampfes die straßenrechtliche Sondernutzungserlaubnis zur Aufstellung von Plakatständern im innerstädtischen Verkehrsraum nicht zu erteilen, ist rechtmäßig.

6.5 BVerwG, Urteil vom 14.12.1977 - 8 C 28/77 -: BVerwGE 55, 135 = NJW 1978, 1o18 = MDR 1978, 6o1 = DVBl. 1978, 645 = JuS 1978, 571 = VerwRspr. 29, 788:
Entscheidungen nach Richtlinien. Ermessensgrenzen und Ermessensbetätigung bei der Erteilung von Abbruchgenehmigungen für zweckgebundenen Wohnraum mit Zahlungsauflagen. Ermessensentscheidung auf der Grundlage von Richtlinien der übergeordneten Behörde.

6.6 BVerwG, Beschluß vom 29.7.1977 - 1 B 137/77 -: NJW = 1977, 2o37 = DÖV 1978, 179 = DVBl. 1979, 698 Nr. 239 L:
Ausweisung. Bei ihrer Ermessensentscheidung ist die Ausländerbehörde, die über eine Ausweisung zu entscheiden hat, an strafrichterliche Feststellung nicht gebunden.

6.7 BVerwG, Urteil vom 23.11.1967 - 1 C 3o/65 -: BVerwGE 28, 233 = NJW 1968, 1442 = DVBl. 1968, 746:
Seuchen. Keine Ermessensschrumpfung auf "Null". Ein Rechtsanspruch gegenüber der Gesundheitsbehörde, seuchenbefallene argentinische Hasen zu vernichten, wird zu Recht abgelehnt.

6.8 BGH, Urteil vom 1o.11.1967 - 4 StR 512/66 -: BGHSt 21, 334 = NJW 1968, 71o = MDR 1968, 337 L = JuS 1968, 292:
Bahnpolizei. Eine Amtshandlung ist rechtmäßig, wenn der Beamte das ihm eingeräumte Ermessen pflichtgemäß ausübt und sein amtliches Handeln nach dem Ergebnis dieser Prüfung einrichtet. Ob dieses Ergebnis richtig oder falsch ist, ist für die Frage der Rechtmäßigkeit ohne Bedeutung, wenn der Beamte auf Grund sorgfältiger Prüfung in der Annahme gehandelt hat, zu der Amtshandlung berechtigt und verpflichtet zu sein.

Die Frage nach deren Erforderlichkeit ist nicht auf Grund der nachträglich ermittelten Sachlage zu beurteilen. Es kommt vielmehr nur darauf an, ob der Beamte im Bewußtsein seiner Verantwortung und unter bestmöglicher pflichtgemäßer Abwägung aller ihm bekannten Umstände die Handlung für nötig und sachlich gerechtfertigt halten durfte.

6.9 VHG Baden-Württemberg (Mannheim), Urteil vom 15.3.1977 - VI 1222/76 -: GewArch 1978, 35:
Sperrzeit; Ermessensspielraum. Die Behörde hat ihr Ermessen dahingehend ausgeübt, daß eine Sperrzeitverkürzung nicht gewährt wird. Diese Entscheidung ist rechtlich nicht zu beanstanden. Eine behördliche Ermessensentscheidung kann vom Gericht nicht darauf überprüft werden, ob sie mit der Entscheidung übereinstimmt, die das Gericht, könnte es anstelle der Behörde nach seinem Ermessen entscheiden, getroffen hätte. Denn die Gerichte sind nicht befugt, die behördliche Ermessensentscheidung durch eine eigene Ermessensentscheidung zu ersetzen. Gerichtlich überprüfbar ist lediglich, ob die Behörde sich bei ihrer Entscheidung an die geltenden Rechtsregeln gehalten, insbesondere die gesetzlichen Grenzen des Ermessens nicht überschritten und ihr Ermessen nicht fehlerhaft gebraucht hat (§ 114 VwGO).

6.1o Bayerischer VHG (München), Beschluß vom 28.4.1978 - Nr. 91 VIII/78 -: NJW 1978, 1939 = DVBl. 1979, 81:
Sondernutzung. Die Behörde erlaubt die Durchführung einer politischen Versammlung unter freiem Himmel. Nach pflichtgemäßem Ermessen lehnt sie aber den weiteren Antrag ab, das Aufstellen von Sitzgelegenheiten zu gestatten. Sie hat ihr Ermessen vertretbar ausgeübt. Deshalb ist es dem Gericht nach § 114 VwGO versagt, sein eigenes Ermessen und seine eigenen Vorstellungen über eine mögliche Lösung an die Stelle des Ermessens der Behörde zu setzen. Ihm ist nach dieser Vorschrift lediglich die Überprüfung erlaubt, ob Ermessensüberschreitung oder Ermessensmißbrauch vorliegt.

6.11 VHG, München, Urteil vom 23.2.1978 - 15 VI/77 -: GewArch 1978, 137 VerwRspr. 29, 8o4:
Ladenschluß. Ermessen der Behörde bei ihrer Entscheidung über die Bewilligung einer Ausnahme nach § 24 Abs. 1 des Ladenschlußgesetzes.

6.12 OVG Berlin, Urteil vom 17.7.1978 - 1 B 157/75 -: DVBl. 1979, 159 = GewArch 1979, 65 = BB 1979, 555:
Immissionsschutz. Begrenzung von Schwefeldioxyd-Emissionen eines Kraftwerks. Der Behörde steht bei der Frage, was als Stand der Technik anzusehen ist, kein Ermessen zu, jedoch im begrenztem Umfang bei der Entscheidung, welche dem Stand der Technik entsprechende Maßnahme zu fordern ist.

6.13 OVG Lüneburg, Beschluß vom 25.4.1978 - 2 B 4o/78 -: NJW 1978, 1939:
Sondernutzung. Die Behörde lehnt den Antrag einer politischen Partei ab, ihr für eine Kundgebung einen bestimmten Platz zur Verfügung zu stellen sowie den Aufbau von Sitzbänken, einer Tribüne und Beleuchtung zu genehmigen. Bei ihren Ermessenserwägungen hat die Behörde das Grundrecht der Versammlungsfreiheit nicht genügend beachtet.

6.14 OVG Lüneburg, Beschluß vom 22.12.1977 - 9 B 46/77 -: GewArch 1978, 98 = DVBl. 1978, 933 Nr. 259 L:
Gaststätte; Gleichbehandlung. Die Behörde vollzieht in Einzelfällen das Gaststättengesetz konsequent. In anderen vergleichbaren Fällen verschont sie aber die Gaststätteninhaber. Deshalb kann nicht nur das unterlassene Einschreiten in den Vergleichsfällen, sondern auch das tatsächliche Einschreiten in Einzelfällen ermessensfehlerhaft sein, solange nicht ein gleichmäßiges Einschreiten in allen Fällen gewährleistet ist.

6.15 VG Schleswig, Urteil vom 11.1.1977 - 1o A 62/76 -: GewArch 1978, 2o1:
Sperrzeit; Gleichbehandlung. Bei der Ausübung ihres Ermessens hat die Behörde auch zu berücksichtigen, welche Entscheidungen über Sperrzeitverkürzungen sie hinsichtlich in vergleichbarer Lage befindlicher Konkurrenzbetriebe getroffen hat.

6.16 OVG Münster, Urteil vom 15.9.1977 - 13 A 1oo8/75 -: GewArch 1978, 28:
Handwerksordnung. Die Untersagungsverfügung zeigt ebenso wie der Widerspruchsbescheid nicht, daß sich die Behörde ihres Ermessens bewußt gewesen ist. Grundsätzlich ist eine Ermessensentscheidung fehlerhaft, wenn sich die Behörde des ihr eingeräumten Ermessens nicht bewußt gewesen ist und deshalb ihr Ermessen nicht ausgeübt hat. Ein solcher Mangel kann auch nicht dadurch geheilt werden, daß die Behörde nachträglich nach Abschluß des Widerspruchsverfahrens während des anhängigen Verwaltungsstreitverfahrens das Ermessen erst bildet und nachzuschieben versucht. Etwas anderes gilt, wenn die Entscheidung der Behörde nicht von einem Ermessen abhängig gewesen ist, weil das Ermessen auf Null reduziert war.

6.17 OVG Münster, Urteil vom 24.3.1971 - 4 A 775/69 -: DVBl. 1971, 828:
Rattenbekämpfung und Grundstückssäuberung. Es liegt im Rahmen des pflichtgemäßen Ermessens der Ordnungsbehörde, zwecks Erfüllung ihrer Aufgabe der Gefahrenabwehr statt des sogenannten Handlungsstörers den Eigentümer eines Grundstücks auf Grund seiner Zustandshaftung als ordnungspflichtig heranzuziehen.

6.18 OVG Münster, Urteil vom 6.1o.197o - 4 A 722/69 -: OVGE Münster 26, 78 = DÖV 1971, 2o8 = GewArch 1971, 92:
Dirnenhaus. Für die Entschließung der Ordnungsbehörde, ob sie einen bordellartigen Betrieb dulden oder gegen ihn einschreiten will, gilt das Opportunitätsprinzip uneingeschränkt. Die behördliche Zusage der Duldung eines solchen, erst projektierten Betriebes ist jedenfalls dann unwirksam, wenn sie nicht den Vorbehalt des Ein-

schreitens nach pflichtgemäßer Ermessensbetätigung enthält.

6.19 OVG Rheinland-Pfalz (Koblenz), Urteil vom 16.6.1976 - 2 A 7/75 -: NJW 1977, 511 = VerwRspr. 28, 7o7:
Ausweisung eines EG-Staatsangehörigen wegen Rauschgifthandels. Die Behörde hat den Ausländer rechtsfehlerfrei ausgewiesen, weil ein Ausweisungstatbestand gegeben ist und ein Ermessensfehlgebrauch nicht vorliegt. Angesichts der besonderen Gemeinschädlichkeit des illegalen Rauschgifthandels und der Schwierigkeit seiner Bekämpfung ist die Ausweisung geboten.

7. Bestimmungen der Bundesländer

Baden-Württemberg:	§ 3 Polizeigesetz
Bayern:	Art. 5 Polizeiaufgabengesetz
Bremen:	§ 1 Abs. 1 Satz 2, § 36 Abs. 2 Polizeigesetz
Hamburg:	§ 3 Abs. 1, § 4, § 6 Sicherheits- und Ordnungsgesetz
Hessen:	§ 1 Abs. 1, § 8 Sicherheits- und Ordnungsgesetz
Niedersachsen:	§§ 1, 3o Sicherheits- und Ordnungsgesetz
Nordrhein-Westfalen:	§ 1 Abs. 2, §§ 2o, 21 Ordnungsbehördengesetz; § 22 Polizeigesetz
Rheinland-Pfalz:	§ 1 Abs. 1, § 2, § 48 Polizeiverwaltungsgesetz
Saarland:	§ 14 Abs. 1, § 41 Abs. 2 Preußisches Polizeiverwaltungsgesetz
Schleswig-Holstein:	§§ 73, 171 Landesverwaltungsgesetz

8. Musterentwurf: § 3

§ 10
Verantwortlichkeit für das Verhalten von Personen

(1) Verursacht eine Person eine Gefahr, so sind die Maßnahmen gegen sie zu richten.

(2) Ist die Person noch nicht 14 Jahre alt, wegen Geisteskrankheit oder Geistesschwäche entmündigt oder unter vorläufige Vormundschaft gestellt, können Maßnahmen auch gegen die Person gerichtet werden, die zur Aufsicht über sie verpflichtet ist.

(3) Verursacht eine Person, die zu einer Verrichtung bestellt ist, die Gefahr in Ausführung der Verrichtung, so können Maßnahmen auch gegen die Person gerichtet werden, die die andere zu der Verrichtung bestellt hat.

Zu Abs. 1:

Die Vorschrift enthält den Grundsatz der sog. Handlungshaftung im Unterschied zur sog. Zustandshaftung (§ 11). Beide entsprechen herkömmlichem Polizei- und Ordnungsrecht (vgl. bisher die §§ 18 bis 20 PVG).

Zu Abs. 2:

Die Vorschrift übernimmt die Regelung des § 19 Abs. 2 PVG inhaltlich und erweitert sie hinsichtlich der Verpflichtung der Sorgeberechtigten. Der Kreis der Sorgeberechtigten wurde bisher als zu eng empfunden. Die neue Regelung stellt auf den größeren Kreis der zur Aufsicht Verpflichteten ab. Aufsichtspflichten können auch durch Vertrag oder tatsächliche Gewährübernahme entstehen. Es ist sinnvoll, diesen Kreis in den der Pflichtigen einzubeziehen, da diese Personen erhebliche Einwirkungsmöglichkeiten auf die jugendlichen und entmündigten Störer haben.

Zu Abs. 3:

Diese Vorschrift ist in allen bisherigen Regelungen enthalten. Sie ist § 831 BGB nachgebildet und entspricht § 19 Abs. 3 PVG. Die Verantwortlichkeit des Geschäftsherrn besteht nur für Handlungen des Gehilfen in Ausführung, nicht bei Gelegenheit einer Verrichtung.

Anmerkungen und Rechtsprechung

1. Das ordnungsbehördliche oder polizeiliche Einschreiten setzt kein schuldhaftes Verhalten des Verantwortlichen voraus:

BVerwG, Urteil vom 26.2.1974 - 1 C 31/72 -: BVerwGE 45, 51, 61 = NJW 1974, 8o7, 81o = DVBl. 1974, 842, 845 = MDR 1974, 513, 515 = JR 1974, 3o1, 3o3 = JuS 1974, 462.

2. Die Auswahl unter verschiedenen für eine Gefahr Verantwortlichen steht im pflichtgemäßen Ermessen der Behörde (Auswahlermessen).

2.1 Regelmäßig wird die Behörde den Verhaltensverantwortlichen vor dem Zustandsverantwortlichen in Anspruch nehmen.

2.2 Nach dem Sinn und Zweck des Auswahlermessens ist die Behörde auch ermächtigt, ihre Maßnahme gegen denjenigen Verantwortlichen zu richten, welcher finanziell am ehesten zur Beseitigung der Gefahr in der Lage ist:
OVG Münster, Urteil vom 17.4.1973 - 11 A 551/7o -: OVGE Münster 29, 44 = DVBl. 1973, 924 = MDR 1974, 258.

3. Der so bezeichnete "Zweckveranlasser" verursacht durch sein Verhalten eine Gefahr, die durch die Mitwirkung anderer Personen verwirklicht wird. Vgl. Muster 11 über Damenmodenschau im Dritten Teil dieser Arbeit.

Er ist also der dafür verantwortliche Veranlasser einer Gefahr für die öffentliche Sicherheit oder Ordnung. Der Zweckveranlasser ist nach § 1o Abs. 1 verantwortlich. Seine Verantwortlichkeit kann sich auch aus § 1o Abs. 3 ergeben. Voraussetzung dafür ist, daß eine weisungsgebundene Person, die der Zweckveranlasser zu einer Verrichtung bestellt hat, die Gefahr in Ausübung der Verrichtung verursacht.

4. Der "Strohmann" ist ebenfalls nach § 1o Abs. 1 verantwortlich. Denn er tritt auf Weisung eines anderen nach außen unter seinem Namen selbständig auf. Als Verrichtungsgehilfe deckt er den "Mann im Hintergrund" ab. Vgl. Muster 13 im Dritten Teil.

5. Durch § 1o Abs. 2 sind insbesondere Erzieher, Ausbilder und Aufsichtspersonen betroffen. Als Beispiel wird auf das Muster 14 im Dritten Teil verwiesen.

6. In § 1o Abs. 3 ist ein Entlastungsbeweis des zusätzlich verantwortlichen Auftraggebers für seinen Verrichtungsgehilfen nicht vorgesehen. Dieser Beweis ist auch nicht zulässig. Eine solche Entlastungsmöglichkeit, ähnlich der Vorschrift des § 831 des Bürgerlichen Gesetzbuchs, gibt es im Ordnungs- und Polizeirecht nicht:
OVG Münster, Urteil vom 3.1o.1963 - 8 A 3o9/62 -: DVBl. 1964, 683 = VersR 1964, 1o3:

Haftung des Kraftfahrzeughalters für den Fahrer seines Tanklastzuges, der auf der Autobahn verunglückt. Durch 1oooo Liter ausgelaufenes Heizöl entsteht die dringende Gefahr der Grundwasserverseuchung. Der Fahrer ist nicht bei Gelegenheit, sondern in Ausführung des ihm erteilten Auftrags ordnungspflichtig geworden. Auf den vom Kraftfahrzeughalter angebotenen Entlastungsbeweis kommt es nicht an. Denn eine solche Entlastungsmöglichkeit kennt das Ordnungsrecht nicht.

Beispiele zu § 1o Abs. 3 aus der Rechtsprechung:

6.1 Gewerbeuntersagungsverfügung gegen den "Strohmann" und den tatsächlich Gewerbetreibenden:
VHG Baden-Württemberg (Mannheim), Beschluß vom 7.11.1973 - VI 1o38/73 -: DÖV 1974, 24o = GewArch 1974, 157.

6.2 Widerruf der Gaststättenerlaubnis und der Stellvertretererlaubnis wegen Unzuverlässigkeit:
VHG Mannheim, Urteil vom 23.3.1977 - VI 1664/76 -: GewArch 1978, 32.

6.3 Verantwortlichkeit der Hundehalterin für das pflichtwidrige Verhalten ihrer Angestellten, denen die Verwahrung eines bissigen Hundes oblag. Der Hund konnte daher entweichen und Menschen beißen:
OVG Berlin, Beschluß vom 3.2.1976 - 1 S 13/76-.

7. In vielen anderen Rechtsvorschriften ist die Verantwortlichkeit für das Verhalten von Personen besonders geregelt. In solchen Fällen gehen selbstverständlich die speziellen Vorschriften den nur allgemeinen Bestimmungen des ASOG vor.

7.1 Beispiele:

Bundesgrenzschutzgesetz: § 13;

Bundeskriminalamtsgesetz: § 9 Abs. 3;

Bundes-Seuchengesetz: §§ 18, 22, 23, 32, 36 - 38, 43, 45, 47, 48;

Bundeswasserstraßengesetz: § 25 Abs. 1 und Abs. 2;

Gaststättengesetz: §§ 4, 5, 9, 12, 21;

Gewerbeordnung: §§ 35, 57, 57 a, 6o c, 62, 69 a, 7o a;

Sprengstoffgesetz: §§ 19 - 26, 33;

Berliner Freiwillige Polizei-Reserve-Verordnung: § 1 Nr. 1;

Berliner Stadtreinigungsgesetz: § 8 Abs. 1, § 11 Abs. 1 und 6.

7.2. Beispiel aus der Rechtsprechung für eine Spezialvorschrift, die dem § 1o Abs. 3 vorgeht:

Gemäß § 21 Abs. 1 des Gaststättengesetzes untersagt die Behörde dem Gaststätteninhaber, eine unzuverlässige Person in seinem Gaststättenbetrieb zu beschäftigen:
OVG Rheinland-Pfalz (Koblenz), Beschluß vom 3o.3.1976 - 2 B 2o/76 -: GewArch 1978, 136.

8. Bestimmungen der Bundesländer

Baden-Württemberg:	§ 6 Polizeigesetz
Bayern:	Art. 9 Abs. 1 Landesstraf- und Verordnungsgesetz; Art. 7 Polizeiaufgabengesetz
Bremen:	§§ 4, 5 Polizeigesetz
Hamburg:	§ 8 Sicherheits- und Ordnungsgesetz
Hessen:	§§ 11 - 13 Sicherheits- und Ordnungsgesetz
Niedersachsen:	§§ 5, 6 Sicherheits- und Ordnungsgesetz
Nordrhein-Westfalen:	§§ 16, 17 Ordnungsbehördengesetz; § 22 Polizeigesetz
Rheinland-Pfalz:	§§ 21 - 23 Polizeiverwaltungsgesetz
Saarland:	§§ 18, 19 Preußisches Polizeiverwaltungsgesetz
Schleswig-Holstein:	§§ 184, 185 Landesverwaltungsgesetz

9. Musterentwurf § 4

§ 11
Verantwortlichkeit für den Zustand von Sachen

(1) Stellt der Zustand einer Sache eine Gefahr dar, so sind die Maßnahmen gegen den Inhaber der tatsächlichen Gewalt zu richten.

(2) Maßnahmen können auch gegen den Eigentümer oder einen anderen Berechtigten gerichtet werden. Das gilt nicht, wenn der Inhaber der tatsächlichen Gewalt diese ohne den Willen des Eigentümers oder Berechtigten ausübt.

Zu Abs. 1:

Die Vorschrift regelt den Fall der sog. Zustandshaftung. Hierzu gehört auch die Verantwortlichkeit für das Verhalten oder den Zustand eines Tieres, was einige Gesetze besonders erwähnen (Art. 10 BY PAG, §§ 6 Abs. 1 HB PG, 18 Abs. 1 NW OBG, 14 Abs. 1 BGSG). Mit Ausnahme Bayerns (Art. 10 BY PAG) und des Bundes (§ 14 BGSG) gehen die bisherigen Regelungen (ebenso § 20 PVG) von der primären Verantwortlichkeit des Eigentümers der störenden Sache aus. Es erscheint jedoch richtiger, wie die genannten Vorschriften in erster Linie den Inhaber der tatsächlichen Gewalt als Verantwortlichen zu bestimmen, da insbesondere für die Polizei die Eigentumsverhältnisse oft nur schwierig zu ermitteln sind und der Inhaber der tatsächlichen Gewalt auch am ehesten die von einer Sache ausgehenden Gefahren beherrschen kann. Auf ein Besitzrecht im Sinne des Bürgerlichen Rechts kommt es nicht an. Ebenso bleiben privatrechtliche Kostentragungspflichten unberührt.

Zu Abs. 2:

Gemäß § 9 Abs. 1 kann nach pflichtgemäßem Ermessen (Auswahlermessen) eine Maßnahme auch gegen den Eigentümer oder einen anderen Berechtigten gerichtet werden. Hierbei ist in erster Linie an dinglich Verfügungsberechtigte gedacht, aber auch eine schuldrechtlich begründete Verfügungsbefugnis kann eine Verantwortlichkeit begründen, wenn nach der Art der Gefahr eine Einwirkungsmöglichkeit besteht. Das Ermessen muß sich in erster Linie daran orientieren, wer die Gefahr mit dem geringsten Aufwand beseitigen kann.

Satz 2 entspricht geltendem Recht (vgl. § 20 Abs. 2 PVG). Maßnahmen sind nur gegen den Inhaber der tatsächlichen Gewalt zu richten, wenn dieser ohne Willen des Eigentümers oder Berechtigten – ein entgegenstehender Wille ist nicht erforderlich – die tatsächliche Gewalt ausübt. Dann ist der Eigentümer tatsächlich nicht in der Lage, auf die Sache ausreichend einzuwirken.

Neben § 11 gibt es besondere Rechtsvorschriften, die nicht polizeilicher oder ordnungsbehördlicher Art zu sein brauchen und die eine abweichende Verantwortlichkeit festlegen. Es ist hierbei etwa an Straßen- oder Wegereinigungspflichten zu denken, wie sie z. B. in dem Berliner Stadtreinigungsgesetz oder auch in dem Berliner Wassergesetz geregelt sind. Diese besonderen Gesetze gehen selbstverständlich diesem allgemeinen Gesetz vor, was nicht besonders hervorgehoben zu werden braucht (so aber noch § 20 Abs. 3 PVG). In diesen Fällen müssen die Maßnahmen gegen die durch Rechtsvorschrift Verpflichteten gerichtet werden.

Die Möglichkeit der vertraglichen Übernahme der Verantwortlichkeit nach Anerkennung durch die zuständige Behörde, wie sie bisher in § 20 Abs. 2 Satz 2 PVG vorgesehen war, sollte Spezialgesetzen überlassen bleiben, z. B. Wegereinigungsgesetzen. Die Anerkennung wäre im übrigen Sache der zuständigen Ordnungsbehörde.

Sind sowohl Verhaltensstörer (§ 10) als auch Zustandsstörer (§ 11) nebeneinander verantwortlich, so ist über die Inanspruchnahme ebenfalls nach pflichtgemäßem Ermessen (Auswahlermessen) nach § 9 zu entscheiden. Art. 10 Abs. 3 BY PAG, wonach Maßnahmen in erster Linie gegen den Verhaltensstörer zu richten sind, wurden in Übereinstimmung mit dem Musterentwurf nicht übernommen. In vielen Fällen wird jedoch das der Maßstab für die Ausübung des Ermessens sein.

Anmerkungen und Rechtsprechung

1. Für das ordnungsbehördliche oder polizeiliche Einschreiten kommt es auch hier nicht auf ein schuldhaftes Verhalten des Verantwortlichen an:
Vgl. OVG Münster, Bescheid vom 8.3.1955 - 7 A 315/54 -: MDR 1955, 762 = BRS Band 4 S. 136.

2. Die Ordnungs- bzw. Polizeipflicht wird durch die wirtschaftliche Leistungsunfähigkeit des Verantwortlichen nicht berührt:
OVG Berlin, Urteil vom 28.6.1957 - 2 B 122/56 -: OVG Berlin 4, 176 = JR 1957, 475.

Wirtschaftliche Leistungsunfähigkeit beruht auf gegenwärtiger Mittellosigkeit. Sie bewirkt, daß der Verantwortliche aus finanziellen Gründen seiner Verpflichtung, eine Gefahr für die öffentliche Sicherheit oder Ordnung zu beseitigen, nicht nachkommen kann. Dem Eigentümer zum Beispiel fehlt das Geld für einen Zaun, mit dem er laut Anordnung des Bauaufsichtsamts sein Grundstück einfrieden muß.

Hier liegt auch erkennbar keine objektive Unmöglichkeit vor. Die Behörde hat nämlich von dem Pflichtigen nur etwas gefordert, was zu tun er subjektiv durchaus in der Lage wäre, wenn er eben das Geld dazu besäße. Zum Beweis der Umkehrschluß: Hätte die Behörde von dem Verantwortlichen etwas Unmögliches verlangt, dann könnte auch sie selbst die Gefahr nicht abwenden. Die Behörde wäre dann insbesondere objektiv nicht in der Lage, die Gefahr auf Kosten des Pflichtigen (hier:) durch Ersatzvornahme nach § 1o VwVG eigenverantwortlich zu beheben. Ein solcher Fall liegt ersichtlich nicht vor. Denn die Behörde hat den Eigentümer um eine vertretbare Handlung, also um etwas Mögliches, ersucht. Sie kann diese vertretbare Handlung an Stelle des wirtschaftlich leistungsunfähigen Pflichtigen durch einen anderen, eine Zaunbaufirma, vornehmen lassen. Die Behörde tut das. Der Zaun wird errichtet. Die Gefahr ist abgewehrt.

Der Ersatzunternehmer erhält seine Vergütung dann von der Behörde, die ihn mit der Ersatzvornahme beauftragt hatte. Geld zur Gefahrenabwehr war also vorhanden, zwar nicht bei dem Verantwortlichen, wohl aber bei der Behörde. Auf diese Weise konnte die Gefahr behoben werden, und darauf kam es hier ja an. Ob die Behörde später vom Schuldner Geldersatz erhalten kann oder nicht, ist für die Gefahrenabwehr unerheblich.

3. Die Verantwortlichkeit des Hausverwalters ergibt sich zunächst aus § 11 Abs. 1: Er ist Inhaber der tatsächlichen Gewalt. Außerdem beruht seine Verantwortlichkeit auf § 11 Abs. 2. Denn er ist auch ein dinglich Berechtigter. Der Verwalter ist also insgesamt nach § 11 verpflichtet, den ordnungsbehördlichen Anordnungen zu entsprechen.

In der Verwaltungspraxis taucht häufig folgende Schwierigkeit auf: Der Hausverwalter trägt der Behörde gegenüber vor, der Hauseigentümer habe ihm untersagt, mehr als einen bestimmten Betrag im Monat für Reparaturen auszugeben. Darum könne er, der Verwalter, zum Beispiel einen Dachschaden nicht beheben. Die Aufwendungen dafür seien zu hoch; sie überstiegen die vom Hauseigentümer bewilligte Summe.

Derartige Einwendungen des Hausverwalters sind rechtlich für die Behörde ohne Bedeutung. Für sie kommt es nur darauf an, daß er als Verwalter nach § 11 ein richtiger, nämlich vom Gesetz vorgesehener Adressat ist. Seine vertragliche finanzielle Beschränkung im Innenverhältnis ist für die Behörde unbeachtlich. Denn auch für den Hausverwalter gilt, daß wirtschaftliche Leistungsunfähigkeit des Verantwortlichen seine Ordnungspflicht nicht aufhebt. Insoweit kann auf das vorstehend in Anmerkung 2 ausgewertete Urteil des Oberverwaltungsgerichts Berlin vom 28.6.1957 hingewiesen werden.

Im Ergebnis können solche Einwendungen des Hausverwalters für ihn und den Hauseigentümer nachteilig, für die Behörden aber Anlaß sein, sich nicht beirren zu lassen (was leider oft geschieht): Diese Umstände lassen nämlich den Schluß zu, daß die notwendigen Mittel zur Gefahrenabwehr vorhanden sind.

Dagegen würde die Behörde das ihr obliegende pflichtgemäße Auswahlermessen rechtlich unheilbar verletzen, wenn sie vom Hausverwalter unvertretbare Eingriffe in die Substanz des Eigentums fordern würde. Das wäre zum Beispiel bei der Anordnung der Bauaufsichtsbehörde der Fall, das Haus abzureißen. Hier ist allein der Eigentümer der richtige Adressat. Der Verwalter kann kraft Gesetzes hier nicht Verantwortlicher sein. Denn seine Aufgabe besteht darin, das Haus zu verwalten, nicht abzureißen. - Ein Extremfall dieser Art berührt naturgemäß nicht den Grundsatz des pflichtgemäßen Auswahlermessens.

4. Maßnahmen gegen Miteigentümer sind gemeinsam oder getrennt zulässig. Der Eingriffsakt muß aber im Zeitpunkt seiner zwangsweisen Durchsetzung gegen alle Mitglieder der Gemeinschaft vollstreckbar sein:
BVerwG, Urteil vom 28.4.1972 - 4 C 42/69 -: BVerwGE 4o, 1o1 = MDR 1972, 974 = JR 1973, 3o = BRS Band 25 Nr. 2o5;
Bayerischer VHG (München), Urteil vom 3o.3.1977 - Nr. 367 II 74 -: BRS Band 32 Nr. 196 = VerwRspr. 29, 81;
VHG München, Urteil vom 17.12.1975 - Nr. 1 II 75 -: BRS Band 3o Nr. 183;
OVG Münster, Urteil vom 5.1.1971 - 7 A 1258/68 -: DÖV 1971, 643 = BRS Band 24 Nr. 194;
OVG Berlin, Urteil vom 14.3.196o - 2 B 54/59 -: OVGE Berlin 6, 113.

5. Bestandsschutz oder Sicherheit des Besitzstandes im Ordnungs- und Polizeirecht bedeutet: Der Betroffene kann sich auf Rechte stützen, die er in der Vergangenheit erworben hat. Er darf diese Rechte auch in einer inzwischen geänderten Umwelt wahrnehmen. Stellt der Zustand der Sache, für die er als Besitzer oder Eigentümer verantwortlich ist, eine Gefahr für die öffentliche Sicherheit oder Ordnung dar, dann ist er grundsätzlich vor einem behördlichen Eingriff sicher.

Der Bestandsschutz wirkt allerdings nicht mehr fort, wenn sich die Gesamtsituation einschließlich der Umgebung so wesentlich geändert hat, daß ein Festhalten am alten Zustand eine unvertretbare Gefahr für die Umgebung darstellen würde. Das ist der Fall, wenn die Behörde nach pflichtgemäßem Ermessen unter Abwägung aller Umstände keine andere Möglichkeit zur Gefahrenabwehr mehr sieht als einzugreifen.

5.1 Beispiele aus der Rechtsprechung:

5.1.1 Zu einem landwirtschaftlichen Betrieb, der im Außengebiet eines Badeortes liegt und seit Jahrzehnten besteht, gehört auch eine Schweinemästerei. Im Laufe der Jahre rückte die Bebauung bis in unmittelbare Nähe des Betriebes heran. Auf wiederholte Beschwerde der Nachbarn verbietet die zuständige Behörde dem Inhaber, die Schweinemästerei weiter zu betreiben. Denn sie bringe für die Umwohnenden gesundheitliche Gefahren infolge übermäßiger Gerüche sowie des Fliegenbefalls und der Rattenplage mit sich:
OVG Münster, Bescheid vom 16.1o.1956 - 7 A 1o71/56 -:
OVGE Münster 11, 25o = MDR 1957, 7o2 = DVBl. 1957, 867 = DÖV 1957, 87o.- Eine Entschädigung wird versagt:
BGH, Urteil vom 2o.1.1966 - 3 ZR 1o9/64 -: BGHZ 45, 23 = NJW 1966, 649 = MDR 1966, 4o2.

5.1.2 Bestandsschutz bei einem Schwertransport- und Kranbetrieb abgelehnt. Die Wohnbebauung hat sich inzwischen verdichtet:
BVerwG, Urteil vom 11.2.1977 - 4 C 8/75 -: MDR 1977, 6o7 = NJW, 1932 = DÖV 1977, 755 L = DVBl. 1978, 222 L = BRS Band 32 Nr. 14o = JuS 1978, 6o = VerwRspr. 29, 2o8.

5.1.3 Bestandsschutz bei Ziegelei aus der Jahrhuntertwende versagt. Immissionsschutz. "Tunnelofen-Fall":
BVerwG, Urteil vom 12.12.1975 - 4 C 71/73 -: BVerwGE 5o, 49 = MDR 1976, 6o7 = DÖV 1976, 387 = BRS Band 29 Nr. 135 = JuS 1976, 599 = VerwRspr. 27, 875.

5.1.4 Bestandsschutz für Fischgroßhandlung wegen Lärmbelästigung von Nachbarn zur Nachtzeit verneint. Notfalls kann die Behörde im Gemeinwohlinteresse sogar Maßnahmen anordnen, die eine Enteignung bedeuten:
BVerwG, Urteil vom 24.6.1971 - 1 C 39/67 -: BVerwGE 38, 2o9 = MDR 1971, 782 = NJW 1971, 1475 = DVBl. 1971, 751 = DÖV 1972, 54 = BayVBl. 1972, 61o = BRS Band 24 Nr. 2o6 = BB 1971, 1o28 = VerwRspr. 23, 366.

5.2 Schulbeispiel aus der Verwaltungspraxis:

Ein Fleischermeister betreibt in Berlin-Tempelhof, Halvorsenstraße 48/49, eine Fleischerei und Räucherei, die er von seinem Vater übernommen hat. Der Betrieb befindet sich in einem einstöckigen Gebäude, das zwischen vierstöckigen Wohnhäusern steht. Einige Mieter, die in den neben der Fleischerei gelegenen Wohnhäusern wohnen, beschweren sich in einem gemeinsamen Schreiben an das Bezirksamt Tempelhof über die von der Fleischerei ausgehenden unangenehmen Gerüche, die - besonders in den Vormittagsstunden - aus den fast immer geöffneten Fensterklappen der Fleischerei in die Wohnungen dringen, sowie über den Rauch, der aus dem 5 Meter zu niedrigen Schornstein bei stärkerer Windbewegung in die Wohnungen getrieben werde. Es sei nur noch abends und nachts möglich, die Fenster zu öffnen, da sonst die ganze Wohnung nach Rauch, geräuchertem Fleisch und zermahlenen Knochen rieche. Die Mieter fordern vom Bezirksamt die unverzügliche Schließung des Fleischereibetriebes.

Das Bezirksamt überprüft die Angaben der Mieter und findet diese bestätigt. Der Fleischermeister erklärt gegenüber dem Bezirksamt, die Fleischerei werde schon seit Jahrzehnten immer in der gleichen Weise betrieben. Die Wohnhäuser seien dagegen erst nach seiner Fleischerei gebaut worden. Die Beschwerden der Mieter seien daher unbegründet, weil noch niemand an Fleischgerüchen Schaden genommen habe.
Außerdem könnten die Mieter tagsüber die Fenster geschlossen halten. Das Bezirksamt dürfe bei dieser Sachlage nicht gegen ihn vorgehen.

Der Fleischermeister ist nach § 11 verantwortlich. Das Bezirksamt darf eingreifen. Denn die inzwischen eingetretenen Veränderungen der Umgebung berechtigen nach pflichtgemäßem Ermessen zum Eingriff. Als notwendige Maßnahmen kommen die sofortige Schließung der Fenster, der Einbau von Entlüftungsanlagen und vor allen Dingen die Erhöhung des Schornsteins um 5 Meter in Betracht. Die Schließung des Betriebes wäre nicht verhältnismäßig; sie verstieße gegen das Übermaßverbot.

6. Gebot der Rücksichtnahme zum Schutz der Nachbarn bedeutet den Ausgleich gegensätzlicher Interessen. Bei der Gefahrenabwehr hat die Bhörde nach dem Grundsatz der Verhältnismäßigkeit diese verschiedenen Interessen pflichtgemäß gegen einander abzuwägen. Dazu wird beispielhaft verwiesen auf:

BVerwG, Urteil vom 14.4.1978 - 4 C 96 und 97/76 -: JuS 1979, 136 = DVBl. 1978, 614 = DÖV 1979, 224 = VerwRspr. 3o, 193 = BRS 33 Nr. 158; BVerwG, Urteil vom 25.2.1977 - 4 C 22/75 -: BVerwGE 52, 122 = DÖV 1977, 752 = DVBl. 1977, 722; 1978, 8o = JuS 1977, 837 = GewArch 1977, 3o7 = NJW 1978, 62 = BRS Band 32 Nr. 155 = BauR 1977, 244 = VerwRspr. 29, 212; dazu VerwArch Band 69 (1978) S. 313.

7. In vielen anderen Rechtsvorschriften ist die Verantwortlichkeit für den Zustand von Sachen besonders geregelt. In solchen Fällen gehen selbstverständlich die speziellen Vorschriften den nur allgemeinen Bestimmungen des ASOG vor.

Beispiele:

Bundesgrenzschutzgesetz: § 14;

Bundeskriminalamtsgesetz: § 9 Abs. 3;

Bundes-Immissionsschutzgesetz: §§ 2o, 25, 26, 27, 31;
Bundes-Seuchengesetz: § 13 Abs. 3 Satz 2;

Bundeswasserstraßengesetz: § 25 Abs. 3;

Gewerbeordnung: § 24 b;

Sprengstoffgesetz: § 19;

Viehseuchengesetz: § 9;

Berliner Freiwillige Polizei-Reserve-Verordnung: § 1 Nr. 1;

Berliner Straßenreinigungsgesetz: § 4, § 5, § 6 Abs. 1, § 8 Abs. 3;

Berliner Wassergesetz: §§ 44, 59.

8. Beispiele zur Verantwortlichkeit für den Zustand von Sachen aus der Rechtsprechung

8.1 Grundsätzliche Feststellungen zur Zustandshaftung (früher § 2o PVG, jetzt § 11 ASOG). Ruinengrundstück. Die vom Gesetz auferlegte Haftung ist eine reine Zustandshaftung. Diese nimmt auf die persönlichen Verhältnisse des Betroffenen keine Rücksicht. Die Zustandshaftung setzt insbesondere kein Verschulden des Pflichtigen voraus. Sie setzt auch keine Verursachung durch den Betroffenen voraus. Dieser haftet deshalb sogar für Naturereignisse und für Zufälle:
OVG Münster, Bescheid vom 8.3.1955 - 7 A 315/54 -: MDR 1955, 762 = BRS Band 4 S. 136.

8.2 Auswahlermessen bei Wanzenbekämpfung: OVG Berlin, Urteil vom 13.6.1951 - 1 B 28 und 29/51 -: OVGE Berlin 1,1.

8.3 Auswahlermessen bei Rattenbekämpfung. Verantwortlichkeit des Grundstückseigentümers für sein Verhalten und den Zustand seines Grundstücks. Mißbrauch der tatsächlichen Gewalt.

Wer es als Eigentümer eines Grundstücks unterläßt, dieses durch zumutbare Maßnahmen gegen zu erwartende ordnungsstörende Einflüsse Dritter zu schützen, kann von der Ordnungsbehörde unter Umständen auch als verhaltensverantwortlich für eingetretene Störungen in Anspruch genommen werden.

Es liegt im Rahmen des pflichtgemäßen Ermessens der Ordnungsbehörde, zwecks Erfüllung ihrer Aufgabe der Gefahrenabwehr statt des sog. Handlungsstörers den Eigentümer eines Grundstücks auf Grund seiner Zustandshaftung als ordnungspflichtig heranzuziehen.

Die Ordnungsbehörde muß jedoch ihre Maßnahmen gegen den Inhaber der tatsächlichen Gewalt richten, wenn er diese auf einem Grundstück oder einem Teil eines Grundstücks unter Ausschluß der tatsächlichen Gewalt des Eigentümers gegen dessen Willen ausübt:
OVG Münster, Urteil vom 24.3.1971 - 4 A 775/69 -: DVBl. 1971, 828.

8.4 Abbruchverfügung gegen einen nicht rechtsfähigen Verein. Der nicht rechtsfähige Verein kann als Inhaber der tatsächlichen Gewalt über eine zum Vereinsvermögen gehörende Fischerhütte in Anspruch genommen werden. Er ist insoweit fähig, am Verwaltungsverfahren beteiligt zu sein:
OVG Lüneburg, Urteil vom 16.3.1978 - 1 A 111/76 -: NJW 1979, 735 = JuS 1979, 451 = BauR 1978, 47o = BRS 33 Nr. 18o.

8.5 Immissionsschutz. Hühnerhaltung größeren Umfangs. Unerträgliche Geruchsbelästigung. Behörde lehnt Genehmigungsantrag ab und ordnet gleichzeitig die Stilllegung einiger Teile der Anlage an: BVerwG, Urteil vom 11.2.1977 - 4 C 9/75 -: DVBl. 1977, 77o = GewArch 1977, 168 = DÖV 1977, 834 L = NJW 1978, 64 = BRS Band 32 Nr. 134 = JuS 1977, 695 = VerwRspr. 29, 111.

8.6 Gefahr geht von zwei aneinandergebauten Grundstücken aus. Verschiedene Eigentümer. Zur Abwehr der bestehenden Gefahren für Leben und Gesundheit muß zunächst jeder Grundstückseigentümer an seinem eigenen Haus die ihm auf Grund der Zustandshaftung obliegenden Maßnahmen vornehmen lassen. Erst danach kann er allenfalls von der Behörde verlangen, daß diese seinen Grundstücksnachbarn zur Behebung der vorhandenen baulichen Mängel anhält: VGH München, Urteil vom 15.4.1975 - Nr. 91 I 71 -: BayVBl. 1976, 175 = DVBl. 1977, 431 Mr. 1o2 L.

8.7 Tatsächliche Gewalt. Pächter. Von dem Pächter eines Geländes kann nicht der Abriß eines ungenehmigten Gebäudes verlangt werden, das er nicht selbst errichtet hat: OVG Münster, Urteil vom 13.5.1976 - 1o A 1o76 / 74 -: OVGE Münster,32, 44 = DVBl. 1977, 257 = DÖV 1977, 532 = BRS Band 3o Nr. 164.

9. Bestimmungen der Bundesländer

Baden-Württemberg:	§ 7 Polizeigesetz
Bayern:	Art. 9 Abs. 2 Landesstraf- und Verordnungsgesetz; Art. 8 Polizeiaufgabengesetz
Bremen:	§§ 4, 6 Polizeigesetz
Hamburg:	§ 9 Sicherheits- und Ordnungsgesetz
Hessen:	§§ 11, 14 Sicherheits- und Ordnungsgesetz
Niedersachsen:	§§ 5, 7 Sicherheits- und Ordnungsgesetz
Nordrhein-Westfalen:	§§ 16, 18 Ordnungsbehördengesetz; § 22 Polizeigesetz
Rheinland-Pfalz:	§§ 21, 24 Polizeiverwaltungsgesetz
Saarland:	§§ 18, 2o Preußisches Polizeiverwaltungsgesetz
Schleswig-Holstein:	§§ 184, 186 Landesverwaltungsgesetz

1o. Musterentwurf: § 5

§ 12
Unmittelbare Ausführung einer Maßnahme

(1) Die zuständige Behörde kann eine Maßnahme selbst oder durch einen Beauftragten unmittelbar ausführen, wenn der Zweck der Maßnahme durch Inanspruchnahme der nach den §§ 10 oder 11 Verantwortlichen nicht oder nicht rechtzeitig erreicht werden kann. Der von der Maßnahme Betroffene ist unverzüglich zu unterrichten.

(2) Entstehen der zuständigen Behörde durch die unmittelbare Ausführung einer Maßnahme Kosten, so sind die nach den §§ 10 oder 11 Verantwortlichen zum Ersatz verpflichtet. Sind mehrere Personen nebeneinander verantwortlich, so haften sie als Gesamtschuldner. Die Kosten können im Verwaltungszwangsverfahren beigetrieben werden.

(3) Wird eine Maßnahme durch einen Beauftragten ausgeführt, so bestehen die Kosten in dem Betrag, den die Behörde an den Beauftragten zu zahlen hat. Wird eine Maßnahme durch die zuständige Behörde selbst ausgeführt, so bestehen die Kosten in ihren durch die Maßnahme unmittelbar entstehenden zusätzlichen personellen und sächlichen Aufwendungen.

Zu Abs. 1:

Bereits das Preußische Polizeiverwaltungsgesetz kannte den Begriff der „unmittelbaren Ausführung einer polizeilichen Maßnahme" (§ 44 Abs. 1 Satz 2). In der Absicht, unter dem damals geltenden Enumerationsprinzip auch für diesen Fall gerichtlichen Rechtsschutz zu eröffnen, wertete das Gesetz auch die unmittelbare Ausführung als „polizeiliche Verfügung".

Die unmittelbare Ausführung ist z. Z. in Baden-Württemberg (§ 8 PG), Bayern (Art. 11 PAG unter dem Begriff der Ersatzvornahme), Berlin (§ 44 Abs. 1 Satz 2 PVG), Bremen (§ 7 PG unter dem Begriff Ersatzvornahme), Hamburg (§ 7 SOG), Niedersachsen (§ 34 SOG), Rheinland-Pfalz (§ 24 PVG unter dem Begriff Ersatzvornahme), Saarland (§ 44 Abs. 1 Satz 2 PVG) und im Bund (§ 15 BGSG) erwähnt. In Schleswig-Holstein ist die unmittelbare Ausführung ebenfalls geregelt (§ 174 LVwG), wird aber dort ausdrücklich als Unterfall des sofortigen Vollzuges (§ 196 VwVG) bei der Zwangsanwendung in Form der Ersatzvornahme oder des unmittelbaren Zwanges gewertet (vgl. von der Groeben/Knack, Landesverwaltungsgesetz, Anm. 4 zu § 174).

In Nordrhein-Westfalen wird die unmittelbare Ausführung ebenfalls als Anwendung von Zwang im Wege des sofortigen Vollzuges angesehen (§ 55 Abs. 2 VwVG der mit § 6 Abs. 2 VwVG des Bundes übereinstimmt). Das Ordnungsbehördengesetz und das Polizeigesetz NW verzichten daher auf eine Regelung der „unmittelbaren Ausführung".

Auch in Berlin wird die unmittelbare Ausführung als Anwendung von Zwang im Wege des sofortigen Vollzuges angesehen. § 44 Abs. 1 S. 2 PVG regelt nicht die Voraussetzungen, unter denen eine Maßnahme unmittelbar durch die zuständige Behörde ausgeführt werden darf. Es wird daher stets auf § 16 Abs. 2 Verwaltungsverfahrensgesetz i. V. m. § 6 Abs. 2 Verwaltungsvollstreckungsgesetz zurückgegriffen und gesagt, daß die unmittelbare Ausführung in das System des Verwaltungsvollstreckungsgesetzes eingeordnet sei und entweder in der Form des Zwangsmittels der Ersatzvornahme oder des unmittelbaren Zwanges erfolgt (vgl. Sadler, Das Verwaltungszwangsverfahren im Bereich des Gesundheitswesens, Inaug. Dissertation Marburg 1974, S. 83 ff.).

In der Tat bereitet die Abgrenzung der „unmittelbaren Ausführung" vom „sofortigen Vollzug" Schwierigkeiten, die mit der unterschiedlichen Vorstellung vom Wesen des Verwaltungszwangs zusammenhängen. Setzt man beim Zwang begrifflich immer einen entgegenstehenden Willen des Betroffenen voraus, so kann man dann nicht von Zwang sprechen, wenn der Betroffene nicht gegenwärtig ist und daher ein entgegenstehender Wille zumindest nicht festgestellt werden kann, z. B. bei Beseitigung eines Baumes, der infolge Sturmes vom Hausgrundstück auf die Straße gefallen ist oder bei der Erschießung eines wildgewordenen Haustieres. Problematisch ist bei dieser Auffassung allerdings, daß – wenn kein Zwang vorliegt – z. B. die Bestimmungen über die Art und Weise unmittelbaren Zwanges nicht anwendbar sind. Die Folge wird vermieden, wenn man in den genannten Beispielen das Handeln der zuständigen Behörde zumindest dann, wenn sie ohne erkennbaren Willen des Betroffenen handelt, als Zwangsanwendung im Wege des „sofortigen Vollzuges" ansieht.

Der Musterentwurf sieht angesichts der unterschiedlichen Ausgangslage in Bund und Ländern sowohl die unmittelbare Ausführung (§ 6 ME) als auch die Regelung des „sofortigen Vollzugs" (§ 28 Abs. 2 ME) vor.

Der Entwurf des ASOG folgt auch insoweit dem Musterentwurf. Gegenüber § 44 Abs. 1 Satz 2 PVG sind jetzt ausdrücklich die Voraussetzungen geregelt, unter denen die zuständige Behörde eine Maßnahme unmittelbar selbst oder durch einen Beauftragten ausführen kann. Hierbei dürfte das Tatbestandsmerkmal des § 12 Abs. 1 Satz 1 („der Verantwortliche ist nicht oder nicht rechtzeitig zu erreichen") der Voraussetzung für den sofortigen Vollzug in § 6 Abs. 2 Verwaltungsvollstreckungsgesetz („zur Verhinderung strafbarer Handlungen oder zur Abwendung einer drohenden Gefahr notwendig") inhaltlich entsprechen. Auch künftig ist für Berlin davon auszugehen, daß die unmittelbare Ausführung nach § 12 als Anwendung von Zwang im Wege des sofortigen Vollzuges nach § 6 Abs. 2 Verwaltungsvollstreckungsgesetz in der Form der Ersatzvornahme oder des unmittelbaren Zwanges anzusehen ist.

Zu Abs. 2:

Wo die zuständige Behörde nach Absatz 1 für den Verantwortlichen handelt, ist eine Erstattungspflicht hinsichtlich der Kosten begründet.

Zu Abs. 3:

Die Vorschrift konkretisiert den Begriff der Kosten aus Absatz 2. Erstattungsfähig sind nur die durch die Maßnahme unmittelbar entstehenden notwendigen zusätzlichen Aufwendungen der Behörde. In diesem Rahmen kann bei der Selbstvornahme Erstattung sowohl der sächlichen (Gestellung von Material) als auch der persönlichen Aufwendungen (Berechnung der Arbeitszeit) verlangt werden. Darüber hinaus kommt eine Erstattung insbesondere der reinen Kosten der Verwaltungstätigkeit nicht in Betracht.

Anmerkungen

1. Die Ermächtigung zur unmittelbaren Ausführung einer Maßnahme ist die Rechtsgrundlage für behördliche Noteingriffe ohne vorausgehenden Verwaltungsakt durch sofortigen Vollzug.

2. Für das Vollstreckungsverfahren der Behörden Berlins gilt nach § 5 Abs. 2 des Gesetzes über das Verfahren der Berliner Verwaltung vom 8. Dezember 1976 (GVBl. S. 2735) ausschließlich das Verwaltungs-Vollstreckungsgesetz. Das hat zur Folge, daß die unmittelbare Ausführung vollstreckungsrechtlich sofortiger Vollzug gemäß § 6 Abs. 2 VwVG ist. Die unmittelbare Ausführung ist also in das System des Verwaltungszwangsverfahrens nach dem VwVG eingeordnet.

Gäbe es die Bestimmung des § 12 ASOG nicht, wäre demnach die unmittelbare Ausführung einer Maßnahme durch Anwendung des Verwaltungszwanges auch allein nach § 6 Abs. 2 VwVG zulässig. Für den sofortigen Vollzug schlage ich folgende Definition vor:

> "Der Verwaltungszwang, der auf die Herausgabe einer Sache oder auf die Vornahme einer Handlung oder auf Duldung oder Unterlassung gerichtet ist, kann ohne vorausgehenden Verwaltungsakt mit den Zwangsmitteln der Ersatzvornahme oder des unmittelbaren Zwanges angewendet werden (sofortiger Vollzug). Der sofortige Vollzug ist nur zulässig, wenn er zur Verhinderung einer rechtswidrigen Tat, die einen Straf- oder Bußgeldtatbestand verwirklicht, oder zur Abwendung einer drohenden Gefahr notwendig ist und die Behörde hierbei innerhalb ihrer gesetzlichen Befugnisse handelt."

3. Wird ein Zwangsmittel ohne vorausgehenden Verwaltungsakt angewendet, so sind gemäß § 18 Abs. 2 VwVG hiergegen die Rechtsmittel zulässig, die gegen Verwaltungsakte allgemein gegeben sind. Die Rechtsbehelfe gegen Verwaltungsakte sind der Widerspruch (§ 69 VwGO) und die Anfechtungsklage (§ 42, §§ 68 ff. VwGO).

Folgerichtig gewähren danach die Vorschriften der §§ 68 ff. VwGO, die zunächst unmittelbar nur Verwaltungsakte betreffen, auch dann gleichwertigen Rechtsschutz, wenn der Verwaltungszwang ohne vorausgehenden Verwaltungsakt angewendet worden ist.

4. Zum Aufbau eines Bescheides nach § 12 und zum gesetzlichen Rechtsschutz des Betroffenen wird auf das Muster 2o im Dritten Teil dieser Arbeit verwiesen.

5. Beispiele aus der Rechtsprechung

Hier wird auf die Rechtsprechung zu § 6 Abs. 2 des Verwaltungs-Vollstreckungsgesetzes im Zweiten Teil Nr. 19o Bezug genommen. Denn die unmittelbare Ausführung einer Maßnahme ist, wie bereits erörtert, vollstreckungsrechtlich sofortiger Vollzug gemäß § 6 Abs. 2 VwVG.

6. Die unmittelbare Ausführung einer Maßnahme ist auch in verschiedenen anderen Rechtsvorschriften zugelassen.

Beispiele:

§ 15 des Bundesgrenzschutzgesetzes;

§ 9 Abs. 3 des Bundeskriminalamtsgesetzes;

§ 1o Abs. 7 Satz 1 des Bundes-Seuchengesetzes;

§ 28 Abs. 3, § 3o des Bundeswasserstraßengesetzes;

§ 22 des Fernmeldeanlagengesetzes;

§§ 7, 8 des Fleischbeschaugesetzes;

§ 25 der Strandungsordnung;

§ 39 des Viehseuchengesetzes;

§ 1 Nr. 1 der Berliner Freiwillige Polizei-Reserve-Verordnung.

7. Bestimmungen der Bundesländer

Baden-Württemberg:	§ 8 Polizeigesetz
Bayern:	Art. 7 Abs. 3 Landesstraf- und Verordnungsgesetz; Art. 9 Polizeiaufgabengesetz
Bremen:	§ 7, § 39 Abs. 1 Satz 3 Polizeigesetz
Hamburg:	§ 7 Sicherheits- und Ordnungsgesetz

Hessen:	§ 72 Verwaltungsvollstreckungsgesetz
Niedersachsen:	§ 34 Sicherheits- und Ordnungsgesetz
Nordrhein-Westfalen:	§ 55 Abs. 2 Verwaltungsvollstreckungsgesetz
Rheinland-Pfalz:	§ 25, § 51 Abs. 1 Satz 2 Polizeiverwaltungsgesetz
Saarland:	§ 44 Abs. 1 Satz 2 Preußisches Polizeiverwaltungsgesetz
Schleswig-Holstein:	§ 174 Landesverwaltungsgesetz

8. Musterentwurf: § 5 a, § 28

§ 13
Inanspruchnahme nicht verantwortlicher Personen

(1) Die zuständige Behörde kann Maßnahmen gegen andere Personen als die nach den §§ 10 oder 11 Verantwortlichen richten, wenn

1. **eine gegenwärtige erhebliche Gefahr abzuwehren ist,**
2. **Maßnahmen gegen die nach den §§ 10 oder 11 Verantwortlichen nicht oder nicht rechtzeitig möglich sind,**
3. **sie die Gefahr nicht selbst oder durch Beauftragte abwehren kann und**
4. **die Personen ohne erhebliche eigene Gefährdung und ohne Verletzung höherwertiger Pflichten in Anspruch genommen werden können.**

(2) Die Maßnahmen nach Absatz 1 dürfen nur aufrechterhalten werden, solange die Abwehr der Gefahr nicht auf andere Weise möglich ist.

Zu § 13

Die Inanspruchnahme der sogenannten Nichtstörer ist nach § 13 wie bisher nach § 21 PVG nur unter sehr eingeschränkten Bedingungen zulässig (polizeilicher oder ordnungsbehördlicher Notstand).

Nr. 1 setzt außer der gegenwärtigen Gefahr – wie sie bisher alle Polizeigesetze verlangen –, die „erhebliche" Gefahr voraus. Dies entspricht Art. 12 BY PAG und § 16 BGSG (wegen der Gefahrbegriffe vgl. Nr. 7 der Allgem. Begründung).

Die Voraussetzungen der Nr. 2 liegen insbesondere vor, wenn entweder Verantwortliche gar nicht vorhanden sind, z. B. bei Naturkatastrophen, oder wenn sie nicht oder nicht schnell genug greifbar sind.

Die Inanspruchnahme setzt nach Nr. 3 ferner voraus, daß die zuständige Behörde die Gefahr nicht selbst oder durch Beauftragte beseitigen kann (vgl. § 12 und die Begründung dazu).

Nr. 4 enthält die nach dem geltenden Polizeirecht bekannte, in § 21 PVG allerdings nicht hervorgehobene „Opfergrenze", die die Möglichkeit der Inanspruchnahme des Nichtstörers weiter einschränkt.

Zu Abs. 2:

Absatz 2 beschränkt die zulässigen Maßnahmen auf das zeitlich und sachlich unbedingt Notwendige, wie dies § 21 Satz 2 PVG und die meisten Polizeigesetze bereits bisher vorsehen und ist eine Ausformung des Grundsatzes der Verhältnismäßigkeit (§ 10).

Wegen des Schadensausgleichs für die Inanspruchnahme Nichtverantwortlicher vgl. § 37 Abs. 1 Nr. 1.

Anmerkungen und Rechtsprechung

1. Nicht verantwortliche Personen dürfen nur dann in Anspruch genommen werden, wenn alle in § 13 Abs. 1 Nr. 1 bis 4 geforderten Voraussetzungen vorliegen. Derartige so bezeichnete Notstandsmaßnahmen sind also nur zulässig, wenn wirklich alle diese Voraussetzungen (insgesamt, kumulativ) gegeben sind. Der Praktiker verbindet daher vorsorglich die Nummern 1 bis 4 durch das Wort "und" miteinander.

2. Bei der Inanspruchnahme nicht verantwortlicher Personen wird es sich überwiegend um Zwangsmaßnahmen ohne vorausgehenden Verwaltungsakt durch sofortigen Vollzug gemäß § 6 Abs. 2 VwVG handeln (vgl. Muster Nr. 21 zu § 13 im Dritten Teil dieser Arbeit).

3. Auch bei Notstandsfällen ist der Grundsatz der Verhältnismäßigkeit zu beachten. Darum dürfen nicht verantwortliche Personen nur in Anspruch genommen werden, wenn es für die zuständige Behörde keinen Ausweg gibt. Nach Möglichkeit wird die Behörde zunächst an die Hilfsbereitschaft und den Opfersinn des betroffenen Bürgers appellieren. So wird zum Beispiel ein Amtsarzt im Seuchenfall dringend benötigte Medikamente in einer Apotheke nur beschlagnahmen, falls der Apotheker diese nicht freiwillig herausgibt. Auch der Amtstierarzt wird bei einem nicht verantwortlichen Dritten Stacheldraht und Pfähle, die er zum Absperren seuchenbefallener Kühe auf einer Wiese braucht, erst dann mit Zwang wegnehmen, wenn dieser uneinsichtig ist.

4. Die Weigerung einer nicht verantwortlichen Person, die Anordnung der zuständigen Behörde zu befolgen, kann unterlassene Hilfeleistung nach § 33o c des Strafgestzbuchs sein. Das wäre zum Beispiel der Fall, wenn ein Autofahrer der zumutbaren Aufforderung des Polizeibeamten am Unfallort nicht nachkommen würde, seinen Wagen zum Transport eines Schwerverletzten zur Verfügung zu stellen. Insbesondere ist bei einem solchen Notstand der Einwand unbeachtlich, daß der Wagen durch Blut des Verletzten beschädigt werde. Im übrigen hat der Autofahrer gemäß § 37 Abs. 1 Nr. 1 einen Anspruch auf angemessenen Ausgleich seines Schadens.

5. Beispiel für Notstand aus der Rechtsprechung

Die Polizei verbietet die rechtmäßige Versammlung einer politischen Partei. Der Notstand ist durch ungesetzliche, teilweise sogar gemeingefährliche und strafbare Aktionen Dritter entstanden. Die Polizei kann ihre Aufgabe, die gefährdete Versammlung zu schützen, nicht mehr erfüllen: OVG Saarlouis, Beschluß vom 16.11.1969 - 1 W 29/69 -: DÖV 197o, 53 = JZ 197o, 283.

Ein derartiges Vorgehen gegen nicht verantwortliche Personen muß eine zwingende Ausnahme bleiben. Die Polizei muß eine ge-

nehmigte Versammlung und den Versammlungsort vor rechtswidrigen Angriffen Dritter schützen. "Würde man ein solches Verhalten billigen, so würde dies letztlich dazu führen, daß sich die Gewährung von Rechten nicht nach Recht und Gesetz richten würde, sondern von dem Verhalten von Rechtsbrechern abhängig wäre, ein Ergebnis, das rechtsstaatlichen Grundsätzen ins Gesicht schlagen würde."
So VGH Mannheim, Urteil vom 1o.11.1967 - II 756/67 -: DÖV 1968, 179.

6. Die Inanspruchnahme nicht verantwortlicher Personen ist auch in verschiedenen anderen Rechtsvorschriften zugelassen.

Beispiele:

§ 16 des Bundesgrenzschutzgesetzes;

§ 9 Abs. 3 des Bundeskriminalamtsgesetzes;

§ 26 des Bundeswasserstraßengesetzes;

§ 4 Abs. 3 des Tierkörperbeseitigungsgesetzes;

§ 15 des Versammlungsgesetzes;

§ 1o6 der Ersten Wasserverbandverordnung;

§ 12 Abs. 1 des Berliner Feuerwehrgesetzes;

§ 1 Nr. 1 der Berliner Freiwillige Polizei-Reserve-Verordnung;

§ 73 des Berliner Wassergesetzes.

7. Der "Nothelfer" gehört nicht zu dem zwangsweise betroffenen Personenkreis des § 13. Nothelfer ist, wer mit behördlicher Zustimmung bei der Gefahrenabwehr freiwillig mitwirkt oder Sachen zur Verfügung stellt.

Beispiel:

Räuber haben eine Bank überfallen und flüchten mit ihrer Beute in einem Personenkraftwagen. Der aufmerksame Fahrer eines Lastkraftwagens blockiert damit mit Zustimmung der Polizei eine Straßenkreuzung und bringt sich anschließend in Sicherheit. Das Auto der Verbrecher prallt bei einem Ausweichmanöver gegen den Lastwagen. Dieser dient zugleich Polizeibeamten als Dekkung und Kugelfang bei einem Feuergefecht. - Dem Nothelfer ist ein Schadensausgleich nach § 37 Abs. 3 zu gewähren.

8. Bestimmungen der Bundesländer

Baden-Württemberg:	§ 9 Polizeigesetz
Bayern:	Art. 9 Abs. 3 Landesstraf- und Verordnungsgesetz; Art. 1o Polizeiaufgabengesetz
Bremen:	§ 8 Polizeigesetz
Hamburg:	§ 1o Sicherheits- und Ordnungsgesetz
Hessen:	§ 15 Sicherheits- und Ordnungsgesetz
Niedersachsen:	§ 8 Sicherheits- und Ordnungsgesetz
Nordrhein-Westfalen	§ 19 Ordnungsbehördengesetz; § 22 Polizeigesetz
Rheinland-Pfalz:	§ 26 Polizeiverwaltungsgesetz
Saarland:	§ 21 Preußisches Polizeiverwaltungsgesetz
Schleswig-Holstein:	§ 187 Landesverwaltungsgesetz

9. Musterentwurf: § 6

Zweiter Unterabschnitt

Befugnisse

§ 14

Allgemeine Befugnisse

(1) Die zuständige Behörde kann die notwendigen Maßnahmen treffen, um eine im einzelnen Falle bestehende Gefahr für die öffentliche Sicherheit oder Ordnung (Gefahr) abzuwehren, soweit nicht die §§ 15 bis 29 ihre Befugnisse besonders regeln.

(2) Zur Erfüllung der Aufgaben, die der Polizei durch andere Rechtsvorschriften zugewiesen sind (§ 4 Abs. 4), hat sie die dort vorgesehenen Befugnisse. Soweit solche Rechtsvorschriften Befugnisse der Polizei nicht regeln, hat sie die Befugnisse, die ihr nach diesem Gesetz zustehen. Das gilt auch für Ordnungsbehörden bei der Erfüllung von Aufgaben der Gefahrenabwehr.

Zu § 14

Vergleichbar der Allgemeinen Aufgabenklausel in § 1 Abs. 1 steht am Anfang der Vorschriften über Eingriffsermächtigungen von Ordnungsbehörden und Polizei in die Rechte natürlicher oder juristischer Personen die Allgemeine Befugnisklausel. Sie tritt an die Stelle von § 14 Abs. 1 PVG und der in allen Polizei- und Ordnungsgesetzen – mit Ausnahme Bayerns – enthaltenen herkömmlichen Generalklausel (vgl. dazu Nr. 6.2 der Allgemeinen Begründung).

Im Bereich schlicht-hoheitlicher Verwaltung (z. B. allgemeine Warnungen, Streifenfahrten, allgemeine Verkehrsüberwachung) kann die zuständige Behörde unmittelbar auf Grund von § 1 Abs. 1 tätig werden und ist daher insoweit an das Vorliegen einer konkreten Gefahr nicht gebunden.

Die Vorschrift ist gegenüber den nachfolgenden Regeln der §§ 15 bis 29 subsidiär. Die Einzelermächtigungen regeln den betreffenden Sachverhalt abschließend. Auf § 14 darf daher nur zurückgegriffen werden, soweit keine besondere Ermächtigung vorliegt. Die Generalklausel hat damit viel von ihrer ursprünglichen Bedeutung verloren.

Zu Abs. 1:

Die zuständige Behörde darf in Rechte natürlicher oder juristischer Personen grundsätzlich nur bei Vorliegen einer im „einzelnen Falle bestehenden Gefahr", d. h. bei einer konkreten Gefahr eingreifen. Ausnahmen in besonderen Ermächtigungsgrundlagen (z. B. § 24 Abs. 3 des Entwurfs, § 98 BauO Bln, § 14 FwG, § 36 Abs. 5 StVO) bleiben unberührt.

Zur Abwehr einer Gefahr in diesem Sinne gehört auch die Beseitigung einer bereits eingetretenen Störung, die in einigen Polizeigesetzen (vgl. auch § 41 PVG) besonders erwähnt wird. Eine Störung ist nämlich unter dem Gesichtspunkt präventiven Handelns nur relevant, wenn von ihr eine in die Zukunft wirkende Gefährdung ausgeht. Dann liegt aber eine Gefahr im Sinne von § 14 Abs. 1 vor, so daß die „Beseitigung einer bereits eingetretenen Störung" nicht besonders erwähnt zu werden braucht.

Eine solche Gefahr im Sinne einer bereits eingetretenen Störung ist auch dann gegeben, wenn gegen Vorschriften, die abstrakte Gefahrentatbestände regeln (Verordnungen zur Gefahrenabwehr, Straßenverkehrsordnung) oder gegen Strafgesetze verstoßen wird (vgl. Götz, Allgemeines Polizei- und Ordnungsrecht, 2. Auflage 1973). Es braucht dann keine konkrete Gefährdung vorzuliegen. Die Legaldefinition der „Gefahr" in Abs. 1 gilt für alle nachfolgenden Vorschriften mit Ausnahme von § 24 Abs. 3 und 4, § 33 und § 37 Abs. 3. Damit entspricht § 14 Abs. 1 – ergänzt durch § 9 Abs. 1 – inhaltlich der in § 14 Abs. 1 i. V. m. § 41 PVG enthaltenen Eingriffsgeneralklausel für „polizeiliche Verfügungen".

Zu Abs. 2:

Ebenso wie § 4 Abs. 4 auf die durch besondere Rechtsvorschriften übertragenen Aufgaben hinweist, enthält dieser Absatz eine entsprechende Regelung für die Befugnisse der Polizei. Grundsätzlich hat die Polizei in diesem Aufgabenbereich nur die in den Spezialgesetzen, z. B. des Straßenverkehrsrechts oder des Unterbringungsrechts genannten Befugnisse. Nur wenn und soweit diese Vorschriften keine oder nur eine teilweise Regelung enthalten, also keine abschließende Regelung darstellen, greifen § 14 oder die folgenden Vorschriften ein. Auch hier gilt der Grundsatz, daß die Befugnisse nach den §§ 15 ff. der allgemeinen Befugnis nach § 14 vorgehen. Die Vorschrift entspricht Art. 4 Abs. 2 BY PAG.

Absatz 2 Satz 1 und 2 gelten entsprechend für die Ordnungsbehörden bei der Erfüllung von Aufgaben der Gefahrenabwehr, worauf bisweilen in den Spezialgesetzen auch ausdrücklich hingewiesen wird (z. B. § 101 BauO Bln).

Anmerkungen und Rechtsprechung

1. § 14 Abs. 1 enthält die allgemeine Befugnis für notwendige Maßnahmen zur Abwehr einer konkreten Gefahr. Diese ist "eine im einzelnen Falle bestehende Gefahr für die öffentliche Sicherheit oder Ordnung".

2. Die Begriffe "notwendige Maßnahmen" sowie "Gefahr für die öffentliche Sicherheit oder Ordnung" sind unbestimmte Rechtsbegriffe. Das Wesen des unbestimmten Rechts- oder Gesetzesbegriffs ist im Ersten Teil unter Anm. 4 zu § 1 erklärt.

3. Die allgemeine Befugnis zu Eingriffsmaßnahmen wird "Generalklausel" oder "Generalbefugnisklausel" genannt.

4. § 14 Abs. 1 ist die allgemeine Eingriffsermächtigung zur Gefahrenabwehr. Eine ausreichende gesetzliche Ermächtigungsgrundlage muß bei jeder Eingriffsmaßnahme vorhanden sein. Dazu sagt das Bundesverwaltungsgericht in seinem Grundsatzurteil vom 2o.5.1955 - 4 C 14/55 -: BVerwGE 2, 114 = DVBl. 1955, 77o (mit Anmerkung Ule) = NJW 1955, 1693 = DÖV 1955, 635 = VerwRspr. 8, 157:

"Die in Art. 19, 2o, 28 des Grundgesetzes enthaltenen Grundsätze des Rechtsstaates erfordern, daß die den Verwaltungsbehörden erteilte Ermächtigung zu belastenden Verwaltungsakten so begrenzt und bestimmt ist, daß vorausgesehen werden kann, in welchen Fällen und mit welchem Sinn und Zweck von der Ermächtigung Gebrauch gemacht werden wird und welchen Inhalt die auf Grund der Ermächtigung getroffenen Maßnahmen haben werden."

5. § 14 Abs. 1 ASOG ist ebenso wie die Generalklausel des § 14 PVG eine ordnungsgemäße gesetzliche Ermächtigungsgrundlage. Das ergibt sich auch aus der Rechtsprechung des Bundesverwaltungsgerichts:
Urteil vom 23.2.196o - 1 C 24o/58 -: BVerwGE 1o, 164 = DÖV 196o, 426 = NJW 196o, 14o7 = DVBl. 196o, 482 = MDR 196o, 6o5 = VerwRspr. 12, 1oo5;
Urteil vom 26.2.197o - 1 C 11/69 -: DVBl. 197o, 5o4 = MDR 197o, 613 = GewArch 197o, 189 = JuS 197o, 538 = VerwRspr. 22, 58 (Trauerfall Altbundespräsident Theodor Heuß).

6. Zu Entschließungsermessen, Auswahlermessen, Opportunitätsprinzip, "Ob" und "Wie" des Einschreitens sowie Einschränkung des Ermessens auf "Null" wird auf die Anmerkungen 1, 2 und 6 zu § 9 im Ersten Teil Bezug genommen.

7. Aus rechtsstaatlichen Gründen ist die Generalbefugnisklausel des § 14 Abs. 1 wesentlich eingeschränkt. Soweit nämlich die §§ 15 bis 29 ASOG die Befugnisse der zuständigen Behörden besonders regeln, gehen diese Spezialbestimmungen der allgemeinen Eingriffsermächtigung des § 14 Abs. 1 vor. Im praktischen Fall kann sich die Eingriffsbefugnis auf § 14 Abs. 1 und gleichzeitig zusätzlich auch auf Spezialvorschriften in den §§ 15 bis 29 ASOG stützen.

8. In Verwaltungsakten gemäß §§ 14 bis 29 ist die Aufgabenklausel des § 1 Abs. 1 nicht zu nennen. Denn sie beschreibt nur generell die umfassenden Aufgaben der Gefahrenabwehr und enthält selbst keine Befugnisse zu Eingriffsmaßnahmen. Solche Befugnisse sind erst in den §§ 14 bis 29 für die Fälle der konkreten Gefahr geregelt. Sollte aber in einem Bescheid neben Eingriffsbestimmungen nach §§ 14 - 29 auch noch § 1 Abs. 1 als Rechtsgrundlage aufgeführt sein, so wäre das rechtlich unschädlich.

9. "Anscheinsgefahr" bedeutet: Im Zeitpunkt des Eingriffs trifft die Behörde bei verständiger Würdigung des Sachverhalts nach pflichtgemäßem Ermessen eine als notwendig erachtete Maßnahme, um eine konkrete Gefahr für die öffentliche Sicherheit oder Ordnung abzuwehren. In Wirklichkeit liegt objektiv eine Gefahr nicht vor. Das stellt sich aber erst nachträglich heraus und berührt daher nicht die Rechtmäßigkeit des früheren Eingriffs. Denn die Erforderlichkeit einer Maßnahme ist nicht danach zu beurteilen, wie sich die Sachlage später - vielleicht nach eingehender Beweisaufnahme - darstellt, sondern nach Maßgabe der im Zeitpunkt des Eingriffs bestehenden Verhältnisse. Wenn also zum Beispiel gestern objektiv die konkrete Gefahr angenommen werden mußte, Lebensmittel seien vergiftet, dann war ihre Sicherstellung am gestrigen Tage auch dann rechtmäßig, wenn sich heute herausstellt, daß sie in Wirklichkeit nicht vergiftet waren. Beweis

durch Umkehrschluß: Man stelle sich vor, die Lebensmittel seien wirklich vergiftet gewesen, und die Behörde hätte einen objektiv begründeten dringenden Verdacht nicht ernst genommen!

In diesem Sinne herrscht in der höchstrichterlichen Rechtsprechung bereits seit langer Zeit Übereinstimmung; hier sei nur hingewiesen auf
BGH, Urteil vom 14.2.1952 - 3 ZR 233/51 -: BGHZ 5, 144 = NJW 1952, 586;
BVerwG, Urteil vom 16.12.1971 - 1 C 6o/67 -: BVerwGE 39, 19o = JuS 1972, 287 = NJW 1972, 458 = DVBl. 1972, 499 = MDR 1972, 352 = LRE 7, 276 = VerwRspr. 24, 189;
BVerwG, Urteil vom 26.2.1974 - 1 C 31/72 -: BVerwGE 45, 51 = NJW 1974, 8o7 = DVBl. 1974, 842 = MDR 1974, 513 = JR 1974, 3o1 = DÖV 1974, 637 = JuS 1974, 462.

1o. Allgemeinverfügung ist im Bereich der Eingriffsmaßnahmen ein Verwaltungsakt, der sich an einen nach allgemeinen Merkmalen bestimmten oder bestimmbaren Personenkreis richtet. Die vollständige Begriffsbestimmung der Allgemeinverfügung ist in § 35 Satz 2 VwVfG zu finden.

Allgemeinverfügungen können schriftlich, mündlich, durch Zeichen oder durch technische Mittel erlassen werden (§ 37 Abs. 2 Satz 1 VwVfG): Veröffentlichung im Amtsblatt, in Zeitungen, durch Plakate, Anschläge und Handzettel, über Rundfunk und Fernsehen, durch Ausrufen, Megaphon und Lautsprecherwagen, mit Sirenen, Glockenläuten, Pfiffen, Feuerzeichen, Laternen, Warnzeichen, Leuchtpatronen, Raketen, Handzeichen und dergleichen sowie durch Verkehrszeichen, Ampeln und Signale.

Auf die Muster 46 und 47 zu § 14 im Ersten Teil wird verwiesen.

Beispiele für Allgemeinverfügungen:

1o.1 Am 18.1.1953 verbot der Stuttgarter Oberbürgermeister durch Weisungen über Rundfunk, Fernsehen und Presse den Verkauf von Endiviensalat ("Endiviensalatfall"). Denn der Genuß dieses Lebensmittels war mit größter Wahrscheinlichkeit die Ursache für epidemische Erkrankungen an Typhus (BVerwG, Urteil vom 28.2.1961 - 1 C 54/57 -: BVerwGE 12, 87 = DVBl. 1961, 444 = MDR 1961, 621 = NJW 1961, 2o77 = VerwRspr. 13, 797).

1o.2 Öffentliche Anordnungen über alle Kommunikationsmittel an Flugpassagiere aus einem asiatischen Infektionsgebiet und ihre Kontaktpersonen, sich sofort der amtsärztlichen Untersuchung bzw. der Quarantäne zu unterziehen. Dieses Beispiel betrifft den Pockeneinbruch 1969/197o in Meschede/Westfalen.

1o.3 Am 2o.7.1972 wurde im Rheinland öffentlich Giftalarm ausgelöst und jeglicher Vertrieb der Milchprodukte einer Kölner Molkerei verboten. Bei Abfüllen war Salpetersäure in die Milch geraten.

1o.4 Ein Veterinäramt ordnete nach Ausbruch der Maul- und Klauenseuche über Rundfunk und Fernsehen für ein bestimmtes Gebiet einen Sperrbezirk an.

1o.5 Besonders detaillierte und fallbezogene Allgemeinverfügungen schreibt § 34 des Bundes-Seuchengesetzes vor: Beim Auftreten einer meldepflichtigen übertragbaren Krankheit in epidemischer Form kann die zuständige Behörde Ansammlungen einer größeren Anzahl von Menschen beschränken oder verbieten. Das gilt insbesondere für Veranstaltungen in Theatern, Filmtheatern, Versammlungsräumen, Vergnügungs- oder Gaststätten und ähnlichen Einrichtungen, sowie die Abhaltung von Märkten, Messen, Tagungen, Volksfesten und Sportveranstaltungen. Ferner ist die Schließung von Badeanstalten vorgesehen; auch dabei können Allgemeinverfügungen notwendig werden (Lautsprecherdurchsagen an die Badegäste).

1o.6 Durch Aufstellen von Verkehrszeichen getroffene Anordnungen (BVerwG, Urteil vom 9.6.1967 - 7 C 18/66 -: BVerwGE 27, 181 = DÖV 1967, 682 = DVBl. 1967, 773 = MDR 1967, 78o = NJW 1967, 1627 = JuS 1967, 577 = BB 1967, 1o64 = JZ 1967, 633).

1o.7 Vorschrift, bei zeitlich begrenztem Parken eine Parkscheibe zu verwenden. (BVerwG, Urteil vom 2o.6.1969 - 7 C 166/66-: BVerwGE 32, 2o4 = DÖV 1969, 72o = MDR 1969, 87o = NJW 1969, 1684 = DVBl. 197o, 118 = DAR 1969, 3o6 = JZ 1969, 797 = JuS 197o, 44).

1o.8 Allgemeine strompolizeiliche Verfügungen, die mündlich, schriftlich oder durch Zeichen erlassen werden (§ 28 des Bundeswasserstraßengesetzes).

1o.9 Verbot der Benutzung von Kraftfahrzeugen für Privatfahrten bei Schneekatastrophen (in Schleswig-Holstein im Winter 1978/1979).

1o.1o. Die Berliner Smog-Verordnung vom 24.1o.1977 (GVBl. 1978 S. 393) enthält in § 4 folgende spezielle Verfahrensregelungen für die Bekanntgabe notwendiger Allgemeinverfügungen:

> "(1) Der Beginn und das Ende einer austauscharmen Wetterlage sowie der Alarmstufen werden durch Rundfunk (Hörfunk, Fernsehen), Presse oder in anderer Weise öffentlich bekanntgegeben.
>
> (2) Eine Bekanntgabe im Rundfunk (Hörfunk, Fernsehen) wird mit der ersten Durchsage, eine Bekanntgabe in der Presse zwei Stunden nach Auslieferung der an dem betreffenden Tag erscheinenden Berliner Tageszeitungen und Tageszeitungen mit Berliner Teil bewirkt."

Im Alarmfall können gemäß §§ 8 bis 11 der Smog-Verordnung die Benutzung von Kraftfahrzeugen sowie der Betrieb von Anlagen im Sinne des § 3 Abs. 5 des Bundes-Immissionsschutzgesetzes eingeschränkt werden.

11. Auskunftsverlangen der Behörde / Auskunftspflicht des Betroffenen

Für notwendige Maßnahmen zur Gefahrenabwehr benötigt die zuständige Behörde mitunter dringend Auskünfte von Bürgern. Betroffener wird regelmäßig der Verantwortliche für das Verhalten von Personen (§ 1o) oder den Zustand von Sachen (§ 11) sein. Unter den Voraussetzungen des Notstandes (§ 13) kann sich das Auskunftsverlangen der Behörde aber auch an eine nicht verantwortliche Person richten. Unberührt davon bleibt das Recht der Behörde, jeden Bürger um mithelfende Auskunft zu bitten und ihm sachdienliche Fragen zu stellen.

11.1 Allgemeines Auskunftsverlangen / Allgemeine Auskunftspflicht

Eine Rechtsvorschrift, welche die Behörde ausdrücklich allgemein ermächtigen würde, zur Gefahrenabwehr notwendige Auskünfte einzuholen, gibt es nicht. Ebenso fehlt eine entsprechende Auskunftspflicht des Bürgers. Beides wird gegenwärtig auf die ordnungsbehördliche bzw. polizeiliche Generalklausel (§ 14 Abs. 1) gestützt.

Beispiele:

11.1.1 Der behandelnde Arzt muß einen uneinsichtigen Geschlechtskranken namentlich dem Gesundheitsamt melden (§ 12 des Geschlechtskrankheitengesetzes). Das Gesundheitsamt verlangt von dem Betroffenen Angaben über die Ansteckungsquelle und über die durch ihn gefährdeten Personen. Rechtsgrundlage dafür ist § 14 Abs. 1; denn im Geschlechtskrankheitengesetz fehlt eine solche.

11.1.2 Eine Waffe ist abhanden gekommen. Die Polizei ersucht um Auskunft über die näheren Umstände und die möglichen Gefahren des Mißbrauchs durch Dritte.

11.1.3 Vergrabene Munition muß geborgen werden. Die Polizei ist auf Angaben des Grundstückseigentümers über den Ort der Lagerung angewiesen.

11.1.4 Ein ungenehmigter unterirdischer Lagerbehälter mit wassergefährdender Flüssigkeit ist undicht geworden. Die Behörde muß schleunigst den genauen Standort ermitteln. Sie befragt den Grundstückseigentümer und jeden, der für sachdienliche Angaben in Frage kommen kann.

11.1.5 Ein Kind wird vermißt. Es ist wahrscheinlich verunglückt und braucht dringend Hilfe. Also: Fragen und nochmals Fragen!

11.1.6 Gefährliche Giftschlangen kann man (fast) so leicht kaufen wie harmlose Kaninchen. Eine entwichene Schlange hat einen Menschen gebissen. Es entsteht Lebensgefahr, wenn nicht alsbald das entsprechende Serum gespritzt werden kann. Auskunftsersuchen und Auskunftspflicht sind hier erkennbar zwingend und auch im wahren Sinne des Wortes lebensnah.

11.1.7 Ein Kneipenbesucher ist in angetrunkenem Zustand mit seinem Auto davongefahren. Der Gastwirt kennt ihn mit Namen und Adresse. Er hat sich aber bei dem vergeblichen Versuch, die Fahrt zu verhindern, in seiner Aufregung das polizeiliche Kennzeichen des Wagens nicht einprägen können. Er alarmiert über Notruf die Polizei. Diese verlangt und erhält schließlich telefonisch von der Ehefrau des Fahrers die benötigten Auskünfte. Der Fahrer kann dadurch noch rechtzeitig angehalten werden. Ein Unglück wurde verhindert.

11.1.8 In einer Silvesternacht wollen junge Leute einen "zünftigen Budenzauber" veranstalten. Den Höhepunkt soll um Mitternacht die Zündung von Feuerwerkskörpern, die als harmlos angesehen werden, in der Wohnung eines Miethauses bilden. Darunter ist aber die höchst gefährliche Rakete "Himmelfahrt" die (nur!) im Freien steigen darf, aus Versehen aber die verdruckte gegensätzliche Anweisung trägt: Nicht (!) im Freien zünden. Die Polizei erfährt das. Sie weiß jedoch nicht, in welcher Wohnung des Hauses sich die beschriebenen Personen befinden. Deshalb klingelt der Einsatzleiter den Hausmeister heraus und befragt ihn - mit Erfolg. Auch in diesem Fall konnte ein Unglück verhindert werden.

11.2 Besonderes Auskunftsverlangen / Besondere Auskunftspflicht

Die Generalklausel kommt als Rechtsgrundlage dann nicht mehr in Betracht, wenn das Auskunftsrecht durch andere Rechtsvorschriften besonders geregelt ist.

11.2.1 Spezielle Auskunftsregelungen sind, um nur einige Beispiele zu nennen, in folgenden Gesetzen enthalten:
Abfallbeseitigungsgesetz: § 11 Abs. 4;
Bundes-Immissionsschutzgesetz: § 52 Abs. 2;
Bundes-Seuchengesetz: § 1o Abs. 2, § 12 Abs. 1, § 32 Abs. 2, § 36 Abs. 2;
Gewerbeordnung: § 24 b;
Lebensmittel- und Bedarfsgegenständegesetz: § 41 Abs. 3 Nr. 4;
Viehseuchengesetz, § 73 Abs. 2;
Wasserhaushaltsgesetz: § 21 Abs. 1 und Abs. 2.

11.2.2 Es gibt schätzungsweise zweihundert bundesrechtlich verbindliche besondere Auskunftsregelungen. In den meisten Fällen ist das Auskunftsrecht der Behörde mit ihrem Recht des Betretens, der Durchsuchung, Nachschau, Besichtigung, Betriebsprüfung oder Kontrolle gekoppelt. Bei den vorstehend beispielhaft aufgeführten Gesetzen ist das nachzulesen. Deshalb ist zu empfehlen, auf diesen Zusammenhang zu achten. Im übrigen sind diese Rechte der Behörden bzw. Pflichten der Betroffenen regelmäßig auch in den jeweiligen Bestimmungen über Ordnungswidrigkeiten zu finden. Demzufolge kann der Praktiker jedes Gesetz wesentlich gründlicher untersuchen, wenn er die dazugehörigen Bußgeldvorschriften in seine Prüfung einbezieht.

Die Auskunftspflicht des Betroffenen gilt aber nicht unbegrenzt. Droht ihm oder einem Angehörigen die Gefahr strafgerichtlicher Verfolgung oder ein Bußgeldverfahren, kann er die Auskunft häufig kraft Gesetzes verweigern.

1.2.3 Besonderes Auskunftsrecht der Behörden und besondere Auskunftspflicht der Betroffenen sollen für die Praxis hier veranschaulicht werden. Nachstehend dient dazu als Beispiel das Viehseuchengesetz.

In § 73 Abs. 2 des Gesetzes ist bestimmt:

> "Natürliche und juristische Personen und nicht rechtsfähige Personenvereinigungen haben den zuständigen Behörden auf Verlangen die Auskünfte zu erteilen, die zur Durchführung der den Behörden durch dieses Gesetz oder auf Grund dieses Gesetzes übertragenen Aufgaben erforderlich sind."

Dazu enthält, wie viele andere Gesetze auch, § 73 Abs. 6 des Gesetzes folgende Einschränkung:

> "Der Auskunftspflichtige kann die Auskunft auf solche Fragen verweigern, deren Beantwortung ihn selbst oder einen der in § 383 Abs. 1 Nr. 1 - 3 der Zivilprozeßordnung bezeichneten Angehörigen der Gefahr strafgerichtlicher Verfolgung oder eines Verfahrens nach dem Gesetz über Ordnungswidrigkeiten aussetzen würde."

Aus § 73 Abs. 3 des Viehseuchengesetzes ergibt sich dann für die Behörde auch das besondere Eingriffsrecht des Betretens und der Durchsuchung. Das Grundrecht der Unverletzlichkeit der Wohnung (Artikel 13 des Grundgesetzes) wird insoweit eingeschränkt.

Nach § 76 Abs. 1 Nr. 13 schließlich handelt der Betroffene ordnungswidrig, wenn er seine genannten Auskunfts- bzw. Duldungspflichten verletzt.

11.2.4 Zusammenfassendes Beispiel:

Das Veterinäramt muß einen bissigen Hund einziehen. Der Halter verbringt ihn an einen anderen Ort. Der Amtstierarzt verlangt Auskunft von ihm. Rechtsgrundlage dafür ist die Generalklausel (§ 14 Abs. 1).
Ist der Hund dagegen tollwutverdächtig, sind das Auskunftsverlangen und die Auskunftspflicht spezialgesetzlich durch § 73 Abs. 2 des Viehseuchengesetzes in Verbindung mit § 39 dieses Gesetzes und § 11 der Tollwut-Verordnung geregelt.

12. Bei Eingriffsmaßnahmen nach § 14 Abs. 1 kommen die nachstehenden Variationen in Betracht. Diese entsprechen nach Zahl, Reihenfolge und Inhaltsangabe den im Dritten Teil zu § 14 Abs. 1 ASOG angebotenen Mustern 22 bis 32:

12.1 Die Befugnis zu einer Eingriffsmaßnahme ergibt sich allein aus der Generalklausel. Diese füllt den Rahmen der gesetzlichen Ermächtigung vollauf aus.
Schutzgut ist die öffentliche Sicherheit.

12.2 Die Eingriffsbefugnis beruht ebenso ausschließlich auf der allgemeinen Ermächtigung.
Schutzgut ist die öffentliche Ordnung.

12.3 Eingriffsermächtigung ist auch hier nur die Generalklausel.
Die konkrete Gefahr besteht darin, daß der Verantwortliche gegen ein Gebot in einem Gesetz zur Gefahrenabwehr verstößt.

12.4 Die Eingriffsbefugnis stützt sich hier ebenfalls auf die allgemeine Ermächtigung.
Eine konkrete Gefahr besteht, weil der Verantwortliche gegen ein Verbot in einem Gesetz verstößt, welches der Gefahrenabwehr dient.

12.5 Die Eingriffsbefugnis ergibt sich gleichermaßen aus der Generalklausel.
Die konkrete Gefahr besteht darin, daß der Verantwortliche gegen ein Gebot in einer Rechtsverordnung zur Gefahrenabwehr verstößt.

12.6 Die Eingriffsbefugnis leitet sich gleichfalls aus der Generalklausel her.
Eine konkrete Gefahr besteht, weil der Verantwortliche gegen ein Verbot in einer Rechtsverordnung verstößt, die zum Zweck der Gefahrenabwehr erlassen worden ist.

12.7 Auch in diesem Fall ist die Behörde zum Eingriff auf Grund der allgemeinen Ermächtigung befugt.
Die konkrete Gefahr besteht darin, daß der Verantworliche gegen ein Strafgesetz verstößt.

12.8 In diesem Fall ist die Behörde ebenso nach der allgemeinen Ermächtigung befugt, notwendige Eingriffsmaßnahmen zu treffen.
Eine konkrete Gefahr besteht, weil der Verantwortliche eine Ordnungswidrigkeit begeht.

12.9 Hier war die Behörde in gleicher Weise nach der allgemeinen Eingriffsermächtigung berechtigt, tätig zu werden. Die Besonderheit des Falles liegt darin, daß von Anfang an keine Gefahr bestanden hat: "Anscheinsgefahr". Das hat sich allerdings erst nachträglich herausgestellt und berührt daher bekanntlich nicht die Rechtmäßigkeit des früheren Eingriffs.

12.1o Auch im vorliegenden Fall war die Behörde nach der Generalklausel zum Eingriff befugt.
Die Besonderheit besteht darin, daß es sich um Verwaltungszwang ohne vorausgehen-

den Verwaltungsakt durch sofortigen Vollzug gemäß § 6 Abs. 2 VwVG handelt.

Mit den vorstehend aufgezeigten zehn Variationen dürften die hier wesentlichen Eingriffsmöglichkeiten nach der Generalklausel genannt sein. Soweit erfaßbar, ist damit für den Praktiker der Rahmen der allgemeinen Ermächtigung ausgefüllt.

12.11 Im letzten Fall wird die allgemeine Eingriffsbefugnis des § 14 Abs. 1 durch die besondere Eingriffsbefugnis des § 26 Nr. 1 und Nr. 3 ASOG ergänzt. Beide Vorschriften bilden nun zusammen die Ermächtigung zum Eingriff. Man kann es auch anders erklären: Die allgemeine Eingriffsbefugnis nach der "Generalklausel" wird insoweit eingeschränkt, als neben ihr gleichzeitig besondere Eingriffsbefugnisse gemäß §§ 15 bis 29 ASOG gegeben sind.

13. Die Behörde wendet § 14 Abs. 1 überhaupt nicht an, wenn ihre Eingriffsbefugnisse in den §§ 15 bis 29 besonders geregelt sind. Denn damit ist die nur subsidiäre allgemeine Ermächtigung des § 14 Abs. 1 ausgeschlossen.

14. § 14 Abs. 2 verweist die Polizei (Satz 1) und die Ordnungsbehörden (Satz 3) auf ihre besonderen Eingriffsbefugnisse nach anderen Rechtsvorschriften. Das sind solche, die außerhalb des ASOG vorgefunden werden. Insoweit wird auf den Zweiten Teil Bezug genommen.

Sowohl für die Polizei (Satz 2) als auch für die Ordnungsbehörden (Satz 2 und 3) enthält § 14 Abs. 2 eine Auffangsbestimmung. Danach hat die zuständige Behörde notfalls die Eingriffsbefugnisse nach dem ASOG. Eine sichere gesetzliche Ermächtigung für notwendige Maßnahmen zur Gefahrenabwehr ist also immer vorhanden.

§ 14 Abs. 2 besagt:

Zur Erfüllung der Aufgaben, die den zuständigen Behörden durch andere Rechtsvorschriften zugewiesen sind, haben sie die dort vorgesehenen Befugnisse. Soweit solche Rechtsvorschriften Befugnisse nicht oder nur teilweise regeln, haben die zuständigen Behörden die Befugnisse nach dem ASOG.

Wenn also Spezialvorschriften außerhalb des ASOG die Eingriffsbefugnisse ganz (vollständig, allein, ausschließlich, insgesamt, lückenlos, abschließend) regeln, dann muß die Behörde diese Spezialvorschriften in vollem Umfang anwenden. Das allgemeine, subsidiäre und entsprechend nachrangige ASOG kommt demzufolge als Rechtsgrundlage nicht in Betracht.

Beispiele: Maßnahmen zum Jugendarbeitsschutz mit dem Recht des Betretens und der Durchsuchung sind insgesamt spezialgesetzlich in § 27, § 28 Abs. 3, § 51 Abs. 2 des Jugendarbeitsschutzgesetzes geregelt.

Soweit Spezialvorschriften außerhalb des ASOG die Eingriffsbefugnisse nur teilweise regeln, muß die Behörde zunächst diese Spezialvorschriften im zulässigen Umfang anwenden. Der verbleibende offene Teil des Rahmens der Eingriffsermächtigung wird dann vom ASOG ausgefüllt. Rechtsgrundlagen sind hier also zum einen besondere Rechtsvorschriften außerhalb des ASOG und zum anderen als Auffangbestimmung das ASOG selbst.

Beispiel: Gemäß § 4 Abs. 2 des Geschlechtskrankheitengesetzes ist das Gesundheitsamt spezialgesetzlich befugt, die notwendige ärztliche Untersuchung anzuordnen. Die besondere Befugnis, die Identität einer Prostituierten festzustellen oder ein Bordell zu betreten, hat das Gesundheitsamt aber nach diesem Gesetz nicht, obwohl das gewiß zweckmäßig wäre. Das Gesundheitsamt kann sich hier (nur) auf die allgemeinen Befugnisse des § 15 Abs. 1 Nr. 3 und des § 24 Abs. 3 ASOG stützen.

Beispiele für Eingriffsmaßnahmen nach § 14 Abs. 2 mit folgenden Variationen, die nach Zahl, Reihenfolge und Inhaltsangabe den im Dritten Teil zu § 14 Abs. 2 ASOG angebotenen Mustern 33 bis 47 entsprechen:

14.1 Die Polizei trifft strafprozessuale Maßnahmen zur Verfolgung einer strafbaren Handlung (Ermittlungen wegen Hausfriedensbruchs). Der Verwaltungsrechtsweg ist nicht gegeben.

14.2 Rechtsgrundlage für die Maßnahme der Behörde ist in vollem Umfang eine spezialgesetzliche Eingriffsbefugnis. In dem besonderen Gesetz zur Gefahrenabwehr sind auch bereits Zwangsmittel zur Durchsetzung des Verwaltungsakts enthalten.

14.3 Die Eingriffsbefugnis ist ausschließlich spezialgesetzlich geregelt. Das besondere Gesetz schreibt gleichzeitig vor, daß Widerspruch und Anfechtungsklage gegen den Verwaltungsakt keine aufschiebende Wirkung haben.

14.4 Die Behörde ist zum Eingriff spezialgesetzlich befugt. In dem besonderen Gesetz ist gleichzeitig der unmittelbare Zwang für die Durchsetzung des Verwaltungsakts bestimmt.

14.5 Die Behörde trifft eine Eingriffsmaßnahme nach mehreren Spezialvorschriften eines Gesetzes. Eine Besonderheit besteht darin, daß es sich um Verwaltungszwang ohne vorausgehenden Verwaltungsakt durch sofortigen Vollzug gemäß § 6 Abs. 2 VwVG handelt.

14.6 Die Behörde ist zu Eingriffsmaßnahmen nach verschiedenartigen Spezialvorschriften eines Gesetzes befugt. Gleichzeitig ist in dem besonderen Gesetz für die Durchsetzung dieser Maßnahmen der unmittelbare Zwang bestimmt.

14.7 Die Eingriffsbefugnisse der Behörde regeln sich teilweise nach einer Spezialvorschrift und für den verbliebenen offenen Teil des Rahmens nach der Generalklausel des § 14 Abs. 1.

14.8 Auch in diesem Fall ergeben sich die Eingriffsbefugnisse teilweise aus einer Spezialvorschrift und zum restlichen Teil aus der Generalklausel des § 14 Abs. 1. Dazu kommt gleichzeitig die notwendige Drohung mit einer besonderen Maßnahme (Standardmaßnahme) nach dem ASOG.

14.9 Hier ist die Behörde ebenfalls nach einer Spezialvorschrift und zugleich gemäß § 14 Abs. 1 zum Eingriff befugt. Eine äußerst seltene Besonderheit des Falles liegt darin, daß das Oberverwaltungsgericht Berlin zur Entscheidung im ersten Rechtszug zuständig ist. Ferner besteht die Besonderheit, daß Widerspruch und Anfechtungsklage keine aufschiebende Wirkung haben.

14.1o Rechtsgrundlagen des Eingriffs sind ein Spezialgesetz, die Generalbefugnisklausel des § 14 Abs. 1 und eine Standardmaßnahme nach dem ASOG.

14.11 Hier handelt es sich um einen Eingriff auf Grund einer Spezialvorschrift und um eine Standardmaßnahme nach dem ASOG. Er geschieht durch unmittelbare Ausführung im Wege des sofortigen Vollzuges gemäß § 6 Abs. 2 VwVG.

14.12 In diesem Fall geht es um einen Eingriff gemäß Spezialvorschrift und um mehrere Standardmaßnahmen nach dem ASOG.

14.13 Die Behörde traf Maßnahmen, die sie nach einer Spezialvorschrift zur Gefahrenabwehr für notwendig halten mußte. Es bestand aber nur eine "Anscheinsgefahr". Sie handelte also dennoch rechtmäßig.

14.14 Die Behörde ist nach Spezialvorschriften zum Eingriff befugt. Die Besonderheit besteht darin, daß sie eine Allgemeinverfügung durch mündliche Anordnungen trifft.

14.15 In diesem Fall handelt die Behörde auf Grund einer Spezialvorschrift durch Allgemeinverfügung. Diese wird im Amtsblatt veröffentlicht.

15. Auswahl von Generalklauseln

15.1 § 1o Teil II Titel 17 des Preußischen Allgemeinen Landrechts von 1794:

"Die nöthigen Anstalten zur Erhaltung der öffentlichen Ruhe, Sicherheit und Ordnung, und zur Abwendung der dem Publico oder einzelnen Mitgliedern desselben bevorstehenden Gefahr zu treffen, ist das Amt der Polizey."

15.2 § 14 Abs. 1 des Preußischen Polizeiverwaltungsgesetzes - PVG - vom 1. Juni 1931:

"Die Polizeibehörden haben im Rahmen der geltenden Gesetze die nach pflichtmäßigem gem Ermessen notwenigen Maßnahmen zu treffen, um von der Allgemeinheit oder dem einzelnen Gefahren abzuwehren, durch die die öffentliche Sicherheit oder Ordnung bedroht wird."

15.3 § 1o des Bundesgrenzschutzgesetzes:

"1. Der Bundesgrenzschutz kann zur Erfüllung seiner Aufgaben nach den §§ 1 bis 6 die nach pflichtgemäßem Ermessen notwendigen Maßnahmen treffen. Insbesondere hat er die sich aus diesem Abschnitt ergebenden Befugnisse.

2. Zur Erfüllung der Aufgaben, die sich aus anderen Rechtsvorschriften des Bundes ergeben, hat der Bundesgrenzschutz die Befugnisse nach diesem Gesetz, soweit die anderen Rechtsvorschriften nicht inhaltsgleiche oder entgegenstehende Bestimmungen enthalten.

3. In den Fällen des § 9 richten sich die Befugnisse des Bundesgrenzschutzes nach dem Recht des Landes, in dem er verwendet wird."

15.4 § 9 Abs. 3 des Bundeskriminalamtsgesetzes:

Dem Bundeskriminalamt stehen die Befugnisse entsprechend § 1o des Bundesgrenzschutzgesetzes zu (vgl. dort den Text).

15.5 § 1o Abs. 1 des Bundes-Seuchengesetzes:

"Werden Tatsachen festgestgestellt, die zum Auftreten einer übertragbaren Krankeit führen können oder ist anzunehmen, daß solche Tatsachen vorliegen, so trifft die zuständige Behörde die notwendigen Maßnahmen zur Abwendung der dem einzelnen oder der Allgemeinheit hierdurch drohenden Gefahren."

15.6 § 13 Abs. 1 des Bundes-Seuchengesetzes:

"Wenn tierische Schädlinge festgestellt werden und die Gefahr begründet ist, daß durch sie Krankheitserreger verbreitet werden können, so hat die zuständige Behörde zu ihrer Bekämpfung die erforderlichen Maßnahmen anzuordnen."

15.7 § 55 Abs. 1 der Eisenbahn- Bau- und Betriebsordnung:

"Wird die öffentliche Sicherheit oder Ordnung bedroht, so hat die Bahnpolizei im Rahmen des geltenden Rechts die nach pflichtgemäßem Ermessen notwendigen Maßnahmen zu treffen, um

1. von den Anlagen und dem Betrieb der Bahn oder ihren Benutzern Gefahren abzuwehren,
2. von der Allgemeinheit oder dem einzelnen Gefahren abzuwehren, die beim Betrieb der Bahn entstehen oder von den Bahnanlagen ausgehen."

15.8 § 24 a der Gewerbeordnung:

"Die zuständige Behörde kann im Einzelfall die erforderlichen Maßnahmen zur Durchführung der durch Rechtsverordnung nach § 24 auferlegten Pflichten anordnen."

Weitere Generalklauseln der Gewerbeordnung:

§ 1o5 j, § 12o d Abs. 1 Satz 1 und Abs. 4, § 12o f, § 139 b Abs. 1 Satz 2, § 139 g Abs. 1, § 139 i, § 139 m.

15.9 § 28 Abs. 3 des Jugendarbeitsschutzgesetzes:

"Die Aufsichtsbehörde kann in Einzelfällen anordnen, welche Vorkehrungen und Maßnahmen zur Durchführung des Absatzes 1 oder einer vom Bundesminister für Arbeit und Sozialordnung gemäß Absatz 2 erlassenen Verordnung zu treffen sind."
(Vgl. auch die ähnliche Generalklausel in § 27 Abs. 1 Satz 2 des Jugendarbeitsschutzgesetzes.)

15.1o § 29 Abs. 3 des Luftverkehrsgesetzes:

"Der verantwortliche Luftfahrzeugführer hat während des Fluges oder bei Start und Landung die geeigneten Maßnahmen zur Aufrechterhaltung der Sicherheit und Ordnung an Bord zu treffen. Alle an Bord befindlichen Personen haben den hierzu notwendigen Anordnungen Folge zu leisten."

15.11 § 24 Abs. 1 des Bundeswasserstraßengesetzes:

"Die Behörden der Wasser- und Schiffahrtsverwaltung des Bundes haben die Aufgabe, zur Gefahrenabwehr Maßnahmen zu treffen, die nötig sind, um die Bundeswasserstraßen in einem für die Schiffahrt erforderlichen Zustand zu erhalten (Strompolizei)."

15.12 § 4 des Gesetzes über die Aufgaben des Bundes auf dem Gebiet der Binnenschiffahrt:

"Die Behörden der Wasser- und Schiffahrtsverwaltung des Bundes haben im Rahmen des § 1 Abs. 1 Nr. 1 nach pflichtgemäßem Ermessen die notwendigen Maßnahmen zur Gefahrenabwehr auf den Bundeswasserstraßen zu treffen;..."

15.13 § 3 Abs. 1 des Gesetzes über die Aufgaben des Bundes auf dem Gebiet der Seeschiffahrt:

"Die Behörden der Wasser- und Schiffahrtsverwaltung des Bundes haben im Rahmen des § 1 Nr. 2 nach pflichtgemäßem Ermessen die notwendigen Maßnahmen zur Abwehr von Gefahren und schädlichen Umwelteinwirkungen auf den Seewasserstraßen, den nach § 9 Abs. 1 Nr. 1 begrenzten Binnenwasserstraßen und in den an ihnen gelegenen bundeseigenen Häfen zu treffen;..."

15.14 § 56 Abs. 1 der Seeschiffahrtsstraßen-Ordnung:

"Die Strom- und Schiffahrtspolizeibehörden können zur Erfüllung der Aufgaben nach § 3 des Gesetzes über die Aufgaben des Bundes auf dem Gebiet der Seeschiffahrt Anordnungen erlassen, die an bestimmte Personen oder an einen bestimmten Personenkreis gerichtet sind und ein Gebot oder Verbot enthalten (Schiffahrtspolizeiliche Verfügungen)."

15.15 § 1o6 Abs. 2 des Seemannsgesetzes:

"Der Kapitän hat für die Erhaltung der Ordnung und Sicherheit an Bord zu sorgen und ist im Rahmen der nachfolgenden Vorschriften und der sonst geltenden Gesetze berechtigt, die dazu notwendigen Maßnahmen zu treffen."

15.16 § 25 Abs. 1 der Strandungsordnung:

"Wird die Schiffahrt in einem Fahrwasser, auf einer Reede oder in einem Hafen durch hilflos treibende, gestrandete oder gesunkene Seeschiffe oder Wracks von Seeschiffen einschließlich der in oder auf diesen befindlichen Gegenstände oder durch Zubehör von Seeschiffen beeinträchtigt, so kann die zuständige Behörde das Hindernis beseitigen, wenn ein sofortiges Einschreiten erforderlich ist und wenn zu besorgen ist, daß das Hindernis nicht oder nicht wirksam auf andere Weise beseitigt wird."

15.17 § 2 Abs. 2 des Tierschutzgesetzes:

"Die zuständige Behörde ist befugt, im Einzelfall Maßnahmen anzuordnen, die zur Erfüllung der in Absatz 1 genannten Anforderungen erforderlich sind."

15.18 § 1o4 Abs. 1 Satz 1 der Ersten Wasserverbandverordnung:

"Für die Deichpolizei und die erweiterte Deichpolizei der Aufsichtsbehörde des Wasser- und Bodenverbandes gelten die allgemeinen Vorschriften des Polizeirechts entsprechend."
Danach gilt auch hier die Generalklausel.

15.19 § 1o1 der Bauordnung für Berlin:

"Die Vorschriften des Allgemeinen Sicherheits- und Ordnungsgesetzes vom 11. Februar 1975 (GVBl. S. 688) bleiben unberührt."
Durch diese Bestimmung wird die Generalklausel des § 14 Abs. 1 zur baurechtlichen Generalklausel.

15.2o § 1 Abs. 1 des Berliner Feuerwehrgesetzes:

"Die Feuerwehr hat Gefahren für die öffentliche Sicherheit oder Ordnung abzuwehren, die durch Brände, Explosionen, Überschwemmungen, Unfälle und ähnliche Ereignisse entstehen (§1 Abs. 1, § 3 Abs. 1 des Allgemeinen Sicherheits- und Ordnungsgesetzes)."

15.21 § 1 Nr. 1 a) der Berliner Freiweillige Polizei-Reserve-Verordnung:

"Den Angehörigen der Freiwilligen Polizei-Reserve werden auch die polizeilichen Befugnisse des § 14 ASOG übertragen."

15.22 Nr. 1 der Anordnung der Berliner Alliierten Kommandantur vom 1. Oktober 1965 (GVBl. S. 1432):
"In Berlin sind alle notwendigen Maßnahmen vorzubereiten und durchzuführen, mit denen Leben und Gesundheit der Zivilbevölkerung, ihre Wohnungen, Arbeitsstätten und die für die Befriedigung ihrer Lebensbedürfnisse wichtigen Einrichtungen und Güter vor den Wirkungen bewaffneter Angriffe geschützt werden können."
Dazu hat der Senat von Berlin mit Zustimmung der Alliierten Kommandantur die Verordnung über die Erweiterung des Katastrophenschutzes vom 25. März 1974 (GVBl. S. 683) erlassen.

16. Bestimmungen der Bundesländer:

Baden-Württemberg:	§ 1 Abs. 1, § 3 Polizeigesetz
Bayern:	Art. 7 Landesstraf- und Verordnungsgesetz; Art. 11, Art. 15 Polizeiaufgabengesetz
Bremen:	§ 1 Abs. 1, § 36 Abs. 1 Polizeigesetz
Hamburg:	§ 3 Sicherheits- und Ordnungsgesetz
Hessen:	§ 1 Abs. 1, § 44 Sicherheits- und Ordnungsgesetz
Niedersachsen:	§ 1 Abs. 1, §§ 29, 3o Sicherheits- und Ordnungsgesetz
Nordrhein-Westfalen:	§ 14 Ordnungsbehördengesetz; § 2o Polizeigesetz
Rheinland-Pfalz:	§§ 1, 47, 48 Polizeiverwaltungsgesetz
Saarland:	§§ 14, 41 Preußisches Polizeiverwaltungsgesetz
Schleswig-Holstein:	§§ 171, 173 Landesverwaltungsgesetz

17. Musterentwurf: § 8 (Generalklausel); § 12 (Platzverweisung)

§ 15
Identitätsfeststellung und Prüfung von Berechtigungsscheinen

(1) Die zuständige Behörde kann die Identität einer Person feststellen,

1. **zur Abwehr einer Gefahr,**
2. **zur Aufklärung einer Straftat oder Ordnungswidrigkeit,**
3. **an Orten, an denen erfahrungsgemäß Personen Straftaten verabreden, vorbereiten oder verüben, sich Personen ohne erforderliche Aufenthaltserlaubnis treffen, Straftäter sich verstecken oder an denen Personen der Prostitution nachgehen, oder**
4. **wenn sie sich in oder in unmittelbarer Nähe von Verkehrs- oder Versorgungsanlagen, Verkehrs- oder Versorgungseinrichtungen, öffentlichen Verkehrsmitteln, Amtsgebäuden, Vertretungen anderer Staaten oder anderen besonders gefährdeten Objekten aufhält und Tatsachen die Annahme rechtfertigen, daß in oder an Objekten dieser Art Straftaten begangen werden sollen.**

(2) Die zuständige Behörde kann zur Feststellung der Identität die erforderlichen Maßnahmen treffen. Sie kann den Betroffenen insbesondere anhalten und verlangen, daß er mitgeführte Ausweispapiere vorzeigt und aushändigt. Der Betroffene kann von der Polizei zur Dienststelle gebracht und festgehalten werden, wenn die Identität auf andere Weise nicht oder nur unter erheblichen Schwierigkeiten festgestellt werden kann.

(3) Die zuständige Behörde kann verlangen, daß ein Berechtigungsschein vorgezeigt und ausgehändigt wird, wenn der Betroffene auf Grund einer Rechtsvorschrift verpflichtet ist, diesen Berechtigungsschein mitzuführen.

Zu Abs. 1:

Die Möglichkeit, die Personalien einer Person zur Klärung ihrer Identität festzustellen, ist vielfach Voraussetzung dafür, daß überhaupt behördliche Maßnahmen eingeleitet werden können. Die Identitätsfeststellung hat entweder den Zweck, die Personalien einer unbekannten Person festzustellen oder zu prüfen, ob eine Person mit einer gesuchten Person identisch ist. In den Polizeigesetzen wird diese Maßnahme teils als Personalienfeststellung, Personenfeststellung oder Identitätsfeststellung (auch Anhalterecht) bezeichnet. Der Musterentwurf verwendet einheitlich den Begriff Identitätsfeststellung. Im PVG fehlt diese Spezialermächtigung.

Die geltenden Polizeigesetze – mit Ausnahme Bayerns – beschränken sich darauf, die Identitätsfeststellung zuzulassen, soweit das zur Erfüllung polizeilicher Aufgaben erforderlich ist. Das PVG regelt die Identitätsfeststellung nicht ausdrücklich. Sie wird gegenwärtig auf die Generalklausel (§§ 14, 41 PVG) gestützt und ist infolgedessen nur bei konkreter Gefahr zulässig. Das erscheint jedoch im Hinblick auf die Nr. 2 des Entwurfs einerseits und die Nrn. 3 und 4 des Entwurfs andererseits nicht ausreichend. Der Entwurf umschreibt daher in Abs. 1 umfassend die Voraussetzungen, unter denen diese Maßnahmen künftig zulässig sein sollen. Nr. 1 setzt eine konkrete Gefahr im Sinne des § 14 Abs. 1 voraus. Die Identität darf also nicht willkürlich festgestellt werden. Unter Nr. 1 fallen auch Identitätsfeststellungen durch die Polizei zur Sicherung zivilrechtlicher Ansprüche, soweit das ihrer Aufgabe entsprechend unaufschiebbar notwendig erscheint, um die Rechtsverfolgung vor dem zuständgien Gericht zu ermöglichen (vgl. § 4 Abs. 2).

Nr. 2 ist ein Anwendungsfall des § 14 Abs. 2 Satz 2. Für bestimmte notwendige Identitätsfeststellungen, z. B. bei Zeugen, sieht weder die Strafprozeßordnung noch das Ordnungswidrigkeitengesetz entsprechende Befugnisse vor.

Nr. 3 soll eine eindeutige Rechtsgrundlage für die sogenannte Razzia bilden, bei der unter den genannten Voraussetzungen ein konkreter Verdacht gegen die zu überprüfende Person nicht vorzuliegen braucht. Das Betreten von Wohnungen ist nur unter den Voraussetzungen des § 24 zulässig, „Personen ohne erforderliche Aufenthaltserlaubnis" sind solche, die sich ausländerrechtlichen Vorschriften zuwider in der Bundesrepublik aufhalten. Unter „Straftätern" sind wie in § 13 UZwG rechtskräftig verurteilte Personen zu verstehen.

Nr. 4 lehnt sich an Art. 14 Nr. 7 BY PAG an und soll die Identitätsfeststellung auch dann ermöglichen, wenn gegen den Betroffenen selbst ein konkreter Verdacht nicht besteht. Die Vorschrift rechtfertigt sich aus der Entwicklung der Sicherheitslage in jüngster Zeit. Unter den gleichen Voraussetzungen soll nach dem Entwurf die Durchsuchung von Personen und Sachen zulässig sein (vgl. § 22 Abs. 1 Nr. 4 und § 23 Abs. 1 Nrn. 1 und 4).

Zu Abs. 2:

Die Feststellung der Identität ist auf vielerlei Weise möglich. Abs. 2 bezeichnet die verschiedenen Mittel, die zur Identitätsfeststellung zulässig sind und zählt die wichtigsten beispielhaft auf. Gegenüber den geltenden Polizeigesetzen ist diese systematische Aufteilung in Maßnahmen und Mitteln weitgehend neu. Die Pflicht zur Vorlage und Aushändigung mitgeführter Ausweispapiere ist allerdings bereits in § 17 Abs. 1 Satz 2 BGSG normiert. Die Verpflichtung erleichtert die Identitätsfeststellung nicht zuletzt auch im Interesse des Betroffenen, da sich u. U. ein Mitnehmen zur Wache erübrigt. Die Vorschrift gilt nur für tatsächlich mitgeführte Ausweispapiere, ohne Rücksicht darauf, ob in anderen Rechtsvorschriften eine Verpflichtung zum Mitführen begründet ist.

Zu den zulässigen Mitteln gehört es auch, erforderliche Erkundigungen über eine Person einzuziehen. Die erkennungsdienstliche Behandlung als letztes Mittel der Identitätsfeststellung ist in § 16 gesondert geregelt. Das Anhalten nach Satz 2 ist noch keine Freiheitsentziehung im Sinne von Art. 104 Abs. 2 GG, wohl aber das Verbringen zur Wache und das Festhalten nach Satz 3. Daher gelten für das Verbringen zur Wache und das Festhalten die §§ 19 bis 23.

Zu Abs. 3:

Hier handelt es sich nicht um Personalausweispapiere, sondern um bestimmte Berechtigungsscheine für die Ausübung besonders geregelter Tätigkeiten (Jagdschein, Waffenschein, Reisegewerbekarte, Führerschein). Die einschlägigen Gesetze sehen zwar durchweg vor, daß diese Papiere zuständigen Personen auf Verlangen auszuhändigen sind. Die Vorschrift stellt zweifelsfrei klar, daß die Polizei oder die Ordnungsbehörde solche zuständigen Stellen sind.

Anmerkungen

1. Die Befugnis zur Identitätsfeststellung sowie zur Prüfung von Berechtigungsscheinen steht sowohl den Ordnungsbhörden als auch der Polizei zu. Denn im Einzelfall ist die "zuständige Behörde" dazu berechtigt.

2. Jedoch ist streng darauf zu achten, daß gemäß § 15 Abs. 2 Satz 3 der Betroffene nur von der Polizei zur Dienststelle gebracht und festgehalten werden darf, wenn seine Identität auf andere Weise nicht oder nur unter erheblichen Schwierigkeiten festgestellt werden kann.

3. Zu den Personalien gehören: Vornamen, insbesondere Rufname; Familiennamen, dazu eventuelle Künstler- und Decknamen; Doppelnamen; Geburtsnamen; Geburtstag; Geburtsort; Familienstand; Beruf; Wohnort mit genauer Adresse; Staatsangehörigkeit.

Wer insoweit schuldhaft unrichtige Angaben macht oder die Angabe verweigert, begeht eine Ordnungswidrigkeit nach § 111 des Ordnungswidrigkeitengesetzes.

4. Spezialbefugnisse
Die Identitätsfeststellung ist in § 17 des Bundesgrenzschutzgesetzes und in § 9 Abs. 3 des Bundeskriminalamtsgesetzes besonders geregelt.

Ferner ist die Befugnis dazu in § 1 Nr. 1 der Berliner Freiwillige Polizei-Reserve-Verordnung enthalten.

Zum Vergleich wird der Vollständigkeit halber auch auf §§ 4, 5 des Gesetzes über die Anwendung unmittelbaren Zwanges und die Ausübung besonderer Befugnisse durch Soldaten der Bundeswehr und zivile Wachpersonen hingewiesen. (Dieses Gesetz enthält ferner die Befugnis zur Festnahme, Durchsuchung und Beschlagnahme.)

5. Bestimmungen der Bundesländer

Baden-Württemberg:	§ 2o Polizeigesetz
Bayern:	Art. 12 Polizeiaufgabengesetz
Bremen:	§ 9 Polizeigesetz
Hamburg:	§ 12 Sicherheits- und Ordnungsgesetz
Hessen:	§ 16, § 45 Sicherheits- und Ordnungsgesetz
Niedersachsen:	-
Nordrhein-Westfalen:	§ 26 Ordnungsbehördengesetz; § 23 Polizeigesetz
Rheinland-Pfalz:	§§ 3, 4 Polizeiverwaltungsgesetz
Saarland:	-
Schleswig-Holstein:	§ 176 Landesverwaltungsgesetz

6. Musterentwurf: § 9

§ 16
Erkennungsdienstliche Maßnahmen

(1) Die Polizei kann erkennungsdienstliche Maßnahmen vornehmen, wenn

1. die Identität des Betroffenen auf andere Weise nicht oder nur mit unverhältnismäßig großem Aufwand festgestellt werden kann,
2. der Betroffene ohne festen Wohnsitz oder Aufenthalt umherzieht oder
3. das zur Verhütung von Straftaten erforderlich ist.

(2) Sind die Voraussetzungen nach Absatz 1 entfallen, sind die erkennungsdienstlichen Unterlagen auf Antrag zu vernichten.

(3) Erkennungsdienstliche Maßnahmen sind insbesondere

1. die Abnahme von Finger- und Handflächenabdrücken,
2. die Aufnahme von Lichtbildern,
3. die Feststellung äußerer körperlicher Merkmale,
4. Messungen.

Zu Abs. 1:

Erkennungsdienstliche Maßnahmen sind geboten, wenn andere Möglichkeiten der Identitätsfeststellung mit zumutbarem Aufwand nicht bestehen (Nr. 1) oder bei Personen ohne festen Wohnsitz oder Aufenthalt, weil bei ihnen die Identitätsfeststellung allgemein besonders schwierig ist (Nr. 2).

Die Zulässigkeit erkennungsdienstlicher Maßnahmen für Zwecke der Strafverfolgung und die Verfolgung von Ordnungswidrigkeiten ist in § 81 b StPO 1. Alternative (§ 46 Abs. 1 OWiG) abschließend geregelt. Die der Gefahrenabwehr dienende Ermächtigungsgrundlage des § 81 b 2. Alternative („für die Zwecke des Erkennungsdienstes") ist jedoch nicht ausreichend, weil § 81 b an den Begriff des Beschuldigten anknüpft. Nr. 3 enthält die notwendige Ergänzung in Anlehnung an bereits bestehende Regelungen (vgl. unten). Die Frage ist vor allem von Bedeutung für die erkennungsdienstliche Behandlung von rechtskräftig Verurteilten (z. B. vor Entlassung aus der Strafhaft), wenn insoweit die Eigenschaft als „Beschuldigter" verneint wird (vgl. Kleinknecht, StPO, Anm. 1 B zu § 81 b; a. A. Löwe-Rosenberg, StPO, Anm. 3 zu § 81 b) und für die erkennungsdienstliche Behandlung Strafunmündiger, die aus diesem Grunde nicht „Beschuldigte" sein können (vgl. Kleinknecht, Anm. 1 C zu § 81 b).

„Verhütung von Straftaten“ ist ein Unterfall der Gefahrenabwehr im Sinne des § 1 Abs. 1. Eine konkrete Gefahr im Sinne von § 14 ist nicht erforderlich. Die Formulierung entspricht § 19 BGSG. Die in geltenden Ländergesetzen enthaltene Formulierung „zur vorbeugenden Verbrechensbekämpfung“ (§ 23 HB PG, § 45 HE SOG, § 3 RP PVG, § 178 SH LWvG) erscheint zu unbestimmt, besagt aber inhaltlich nichts Abweichendes.

Im PVG fehlt eine entsprechende Spezialermächtigung. Als Eingriffsnorm kommen derzeit bei konkreter Gefahr die §§ 14, 41 PVG in Betracht.

Zu Abs. 2:

Die Vorschrift entspricht der Rechtsprechung zu § 81 b StPO.

Zu Abs. 3:

Die Aufzählung ist nicht abschließend, um auch neue Methoden verwenden zu können.

Anmerkungen

1. Die Befugnis, erkennungsdienstliche Maßnahmen vorzunehmen, steht allein der Polizei zu.

2. Spezialregelungen enthalten:
§ 3 Abs. 1 Satz 3 des Ausländergesetzes;
§ 19 des Bundesgrenzschutzgesetzes;
§ 9 Abs. 3 des Bundeskriminalamtsgesetzes.

3. Bestimmungen der Bundesländer

Baden-Württemberg:	§ 3o Polizeigesetz
Bayern:	Art. 13 Polizeiaufgabengesetz
Bremen:	§ 23 Polizeigesetz
Hamburg:	-
Hessen:	§ 45 a Sicherheits- und Ordnungsgesetz
Niedersachsen:	-
Nordrhein-Westfalen:	§ 23 Abs. 3 Polizeigesetz
Rheinland-Pfalz:	§ 3 Abs. 3 Polizeiverwaltungsgesetz
Saarland:	-
Schleswig-Holstein:	§ 178 Landesverwaltungsgesetz

4. Musterentwurf: § 1o

§ 17
Vorladung

(1) Die zuständige Behörde kann eine Person schriftlich oder mündlich vorladen, wenn

1. Tatsachen die Annahme rechtfertigen, daß die Person sachdienliche Angaben machen kann, die für die Erfüllung einer bestimmten ordnungsbehördlichen oder polizeilichen Aufgabe erforderlich sind, oder
2. das zur Durchführung erkennungsdienstlicher Maßnahmen erforderlich ist.

(2) Bei der Vorladung soll deren Grund angegeben werden. Bei der Festsetzung des Zeitpunktes soll auf den Beruf und die sonstigen Lebensverhältnisse des Betroffenen Rücksicht genommen werden.

(3) Leistet ein Betroffener der Vorladung ohne hinreichenden Grund keine Folge, so kann sie von der Polizei zwangsweise durchgesetzt werden,

1. wenn die Angaben zur Abwehr einer Gefahr für Leib, Leben oder Freiheit einer Person erforderlich sind, oder
2. zur Durchführung erkennungsdienstlicher Maßnahmen.

(4) Personen, die auf Vorladung als Zeugen erscheinen oder die als Sachverständige herangezogen werden, erhalten eine Entschädigung in entsprechender Anwendung des Gesetzes über die Entschädigung von Zeugen und Sachverständigen.

Zu § 17

Diese Spezialermächtigung soll die umstrittene Regelung des § 17 PVG ersetzen; sie geht den Vorschriften des Verwaltungsverfahrensgesetzes (vgl. z. B. § 22 VwVerfG) vor.

Zu Abs. 1:

Nr. 1 legt die Voraussetzungen in der Weise fest, daß eine Vorladung zum Zwecke der Ausforschung unzulässig ist. Erkennungsdienstliche Maßnahmen (z. B. nach § 3 Abs. 1 Satz 3 des Ausländergesetzes) lassen sich sachgerecht nur auf der Dienststelle durchführen (Nr. 2).

Zu Abs. 2:

Abs. 2 schützt Interessen des Betroffenen. Es handelt sich allerdings nur um eine Sollvorschrift, weil das öffentliche Interesse Abweichungen erforderlich machen kann, so z. B. in den Fällen des Abs. 3 Nr. 1.

Zu Abs. 3:

Die zwangsweise Durchsetzung der Vorladung (Vorführung) ist in Bund ud Ländern sehr unterschiedlich geregelt.

Niedersachsen (§ 4 SOG), Schleswig-Holstein (§ 177 LVwG) und der Bund (§ 18 BGSG) bestimmen ausdrücklich, daß Zwang zur Durchsetzung der Vorladung nicht angewendet werden darf. Baden-Württemberg (§ 21 Abs. 3 PG) und Bayern (Art. 15 PAG) lassen die Vorführung nur zu, wenn hierfür eine besondere gesetzliche Grundlage besteht. In Berlin (§ 17 PVG) und dem Saarland (§ 17 PVG) wird die Vorführung in Übereinstimmung mit § 17 prPVG nur zugelassen, wenn die Maßnahme der Aufklärung eines Verbrechens oder Vergehens dient. Nordrhein-Westfalen (§ 24 PolG) und Rheinland-Pfalz (§ 5 PVG) sehen eine Vorführung nur zur Durchführung erkennungsdienstlicher Maßnahmen vor.

Die bisher bereits rechtlich umstrittene Vorführung nach § 17 PVG zur Vernehmung, wenn es sich um die Aufklärung eines Verbrechens oder Vergehens handelt (vgl. BGH NJW 1962, S. 1020), ist ebenso wie im Musterentwurf nicht vorgesehen. Sie erscheint vor allem deswegen nicht mehr zulässig, weil der Entwurf eines „Ersten Gesetzes zur Reform des Strafverfahrensrechts“ (BT-Drucksache 7/551) ausdrücklich nur die Vorführung vor den Staatsanwalt und nicht für die Polizei vorsieht und ein Antrag des Innenausschusses des Bundesrats, die Polizei der Staatsanwaltschaft insoweit gleichzustellen, nicht die Billigung des Bundesrates gefunden hat.

Die zwangsweise Durchsetzung der Vorladung muß jedoch zulässig sein (Nr. 1), wenn die Angaben zur Abwehr einer Gefahr für die genannten wesentlichen Rechtsgüter erforderlich sind. Damit wird auch klargestellt, daß insoweit eine Auskunftspflicht gegenüber der Polizei besteht.

Nr. 2 trägt wiederum der Tatsache Rechnung, daß erkennungsdienstliche Maßnahmen sachgerecht nur auf der Dienststelle durchgeführt werden können.

Der Entwurf verzichtet bewußt auf den Begriff der „Vorführung“. Die Durchführung ist nur ein Fall der zwangsweisen Durchsetzung der Vorladung, nämlich mit unmittelbarem Zwang. Als Zwangsmittel kommt aber auch das Zwangsgeld in Betracht, vor allem zur Durchführung erkennungsdienstlicher Maßnahmen. Für die Erzwingung von

Angaben nach Abs. 3 Nr. 1 kommt nur das Zwangsgeld in Betracht.

Zu Abs. 4:

Im Hinblick auf die Bedeutung der Polizei als Ermittlungsorgan erscheint es notwendig, insbesondere auch für ihren Bereich hinsichtlich der Entschädigung von Zeugen und Sachverständigen die gleiche Regelung zu treffen wie bei den Gerichten und der Staatsanwaltschaft. Dadurch kann die Bereitschaft der Bevölkerung zur Mitwirkung bei der Aufklärung von Straftaten und Ordnungswidrigkeiten gefördert werden. Die Vorschrift entspricht § 24 Abs. 3 NW PolG und § 5 Abs. 4 RP PVG.

Abs. 4 gilt allerdings nicht nur für Ermittlungsverfahren der Polizei, sondern allgemein auch für die Ordnungsbehörden im Bereich der Gefahrenabwehr. Er entspricht insoweit § 22 Abs. 3 des Entwurfs eines Verwaltungsverfahrensgesetzes (BT-Drucksache 7/910).

Anmerkungen

1. Die Befugnis zur Vorladung steht der "zuständigen Behörde" zu. Also sind die Ordnungsbehörden und die Polizei dazu berechtigt.

2. Jedoch ist streng darauf zu achten, daß gemäß § 17 Abs. 3 die Vorladung nur von der Polizei zwangsweise durchgesetzt werden kann, wenn ein Betroffener ihr ohne hinreichenden Grund keine Folge leistet.

3. In § 17 Abs. 2 Satz 2 finden wir den Grundsatz der Verhältnismäßigkeit: abwägende Rücksichtnahme auf den Betroffenen.

4. Besondere Regelungen enthalten:
§ 21 Abs. 2 Satz 2 des Ausländergesetzes;
§ 18 des Bundesgrenzschutzgesetzes;
§ 9 Abs. 3 des Bundeskriminalamtsgesetzes;
§ 32 Abs. 2 Satz 1, § 36 Abs. 2 Satz 2 des Bundes-Seuchengesetzes;
§ 18 Abs. 1 des Geschlechtskrankheitengesetzes.

5. Bestimmungen der Bundesländer

Baden-Württemberg:	§§ 21, 29 Polizeigesetz
Bayern:	Art. 14 Polizeiaufgabengesetz
Bremen:	§ 1o Polizeigesetz
Hamburg:	§ 11 Sicherheits- und Ordnungsgesetz
Hessen:	§ 17 Sicherheits- und Ordnungsgesetz
Niedersachsen:	§ 4 Sicherheits- und Ordnungsgesetz
Nordrhein-Westfalen:	§ 26 Ordnungsbehördengesetz; § 24 Polizeigesetz
Rheinland-Pfalz:	§ 5 Polizeiverwaltungsgesetz
Saarland:	§ 17 Preußisches Polizeiverwaltungsgesetz
Schleswig-Holstein:	§§ 177, 213 Landesverwaltungsgesetz

6. Musterentwurf: § 11

§ 18
Gewahrsam

Die Polizei kann eine Person in Gewahrsam nehmen, wenn

1. auf andere Weise eine gegenwärtige erhebliche Gefahr nicht abgewehrt werden kann oder
2. das zum Schutz der Person gegen eine Gefahr für Leib oder Leben erforderlich ist, insbesondere weil die Person sich erkennbar in einem die freie Willensbestimmung ausschließenden Zustand oder sonst in hilfloser Lage befindet.

Zu § 18

Zahlreiche Maßnahmen berühren das Grundrecht der Freiheit der Person, so z. B. das Anhalten bei der Identitätsfeststellung (§ 15 Abs. 2) und die Durchsuchung einer Person (§ 22). In diesen Fällen handelt es sich jedoch nur um Nebenwirkungen einer anderen Maßnahme. Beim Gewahrsam ist dagegen der Entzug der Freiheit selbst das eigentliche Mittel zur Gefahrenabwehr.

Der Gewahrsam ist im Gegensatz zu den genannten Nebenwirkungen, die nur eine Freiheitsbeschränkung im Sinne des Art. 104 Abs. 1 GG darstellen, eine Freiheitsentziehung im Sinne von Art. 104 Abs. 2 GG mit allen sich daraus ergebenden Folgerungen und erfordert insbesondere grundsätzlich die Beteiligung des Richters (vgl. § 19). Im Ergebnis lassen alle geltenden Polizeigesetze den in Nr. 1 geregelten Gewahrsam zur Beseitigung einer bereits eingetretenen Störung oder zur Abwehr einer gegenwärtigen Gefahr zu, wie es bereits in § 15 PrPVG geregelt war. Bayern (Art. 18 PAG), Hessen (§ 46 Abs. 1 Nr. 2 SOG) und Rheinland-Pfalz (§ 6 Abs. 2 PVG) beschränken die Zulässigkeit in unterschiedlicher Abstufung auf die Verhütung oder Unterbindung von Straftaten und Ordnungswidrigkeiten. Der Gesamtsystematik folgend (vgl. insbesondere Nr. 6.24 der Allgemeinen Begründung) stellt der Entwurf auf die Abwehr einer Gefahr im Sinne des § 14 ab, die auch die Verhütung und Unterbindung von Zuwiderhandlungen umfaßt. Wegen der Schwere des Eingriffs wird jedoch eine gegenwärtige erhebliche Gefahr vorausgesetzt (vgl. § 20 Abs. 1 Nr. 2 BGSG und Nr. 7 der Allgemeinen Begründung). Damit wird die von der Berliner Rechtsprechung bereits jetzt zu § 15 Abs. 1 Buchst. b) PVG vorgenommene Einschränkung durch den Grundsatz der Verhältnismäßigkeit auch gesetzlich normiert.

Nr. 2 regelt – inhaltlich im wesentlichen übereinstimmend mit dem geltenden Recht (vgl. § 15 Abs. 1 Buchst. a PVG) – den sogenannten Schutzgewahrsam. Abweichend von einigen Polizeigesetzen erfaßt der Entwurf jedoch nicht den Schutzgewahrsam auf eigenes Verlangen, da es sich hierbei nicht um einen Eingriff in das Freiheitsgrundrecht handelt. Der in den bisherigen Regelungen meist aufgeführte Schutz vor Selbsttötung ist nicht ausdrücklich in den Entwurf aufgenommen worden. Man kann die Gefahr einer Selbsttötung als „Gefahr für das Leben" verstehen; auf jeden Fall liegt hierin eine erhebliche Gefahr für die öffentliche Ordnung.

Ein Gewahrsam zur Feststellung der Personalien einer Person ist im Entwurf im Gegensatz zu einigen Polizeigesetzen (BW § 2 Abs. 1 Nr. 3 PG, § 20 Abs. 1 Nr. 3 BGSG) nicht vorgesehen. Die Befugnis nach § 15 Abs. 2 Satz 3 (Mitnahme zur Dienststelle mit der Möglichkeit des Festhaltens) erscheint ausreichend, zumal die dem Schutz des Bürgers dienenden Vorschriften der §§ 19 bis 21 auch für diesen Fall gelten. Der Begriff des „Gewahrsams" ist zu unterscheiden von dem des „amtlichen Gewahrsam", der jede Verwahrung bei Gerichten oder Behörden umfaßt (z. B. § 14 UZwG).

Der in § 15 Abs. 4 PVG enthaltene Hinweis auf das Unterbringungsgesetz konnte im Hinblick auf § 14 Abs. 2 entfallen.

Anmerkungen und Rechtsprechung

1. Die Befugnis, eine Person in Gewahrsam zu nehmen, hat allein die Polizei.

2. Beispiele aus der Rechtsprechung

Die Polizei ist befugt, eine Person in Gewahrsam zu nehmen, um sie an der unmittelbar bevorstehenden Begehung einer mit Strafe bedrohten Handlung zu hindern:
BVerwG, Urteil vom 26.2.1974 - 1 C 31/72 -: BVerwGE 45, 51, 56 = DVBl. 1974, 842 = MDR 1974, 513 = JR 1974, 3o1 = NJW 1974, 8o7 = DÖV 1974, 673 = JuS 1974, 462.

Unrechtmäßige polizeiliche Festnahme zur Gefahrenabwehr beim Kleben politischer Plakate für eine Demonstration:
OVG Berlin, Urteil vom 11.11.197o - 1 B 34/7o -: DÖV 1971, 2o5 = JR 1971, 259 = DVBl. 1971, 279 = NJW 1971, 637 = JuS 1971, 322.

Eine gegenwärtige Anscheinsgefahr kann auch die polizeiliche Ingewahrsamnahme rechtfertigen:
OVG Münster, Urteil vom 7.6.1978 - 4 A 33o/77 -: DVBl. 1979, 733.

3. Besondere Rechtsvorschriften

§ 16, § 18 Abs. 3 des Ausländergesetzes;
§§ 1o ff. des Auslieferungsgesetzes;
§§ 2o,22 des Bundesgrenzschutzgesetzes;
§ 9 Abs. 3 des Bundeskriminalamtsgesetzes;
§ 37 des Bundes-Seuchengesetzes;
§ 13 Abs. 1 des Freiheitsentziehungsgesetzes;
§ 18 des Geschlechtskrankheitengesetzes;
§ 1 Abs. 2 des Jugendschutzgesetzes;
Art. 5 Abs. 1 der Menschenrechts-Konvention;
§ 1o6 Abs. 4 des Seemannsgesetzes;
§ 164 der Strafprozeßordnung;
§ 1 Nr. 1 der Freiwillige Polizei-Reserve-Verordnung;
§ 15 des Berliner Unterbringungsgesetzes.

4. Bestimmungen der Bundesländer

Baden-Württemberg:	§ 22 Abs. 1 Polizeigesetz
Bayern:	Art. 16 Polizeiaufgabengesetz
Bremen:	§ 11 Polizeigesetz
Hamburg:	§ 13 Sicherheits- und Ordnungsgesetz
Hessen:	§ 46 Sicherheits- und Ordnungsgesetz
Niedersachsen:	§ 9 Sicherheits- und Ordnungsgesetz
Nordrhein-Westfalen:	§ 26 Ordnungsbehördengesetz; § 25 Polizeigesetz
Rheinland-Pfalz:	§ 6 Polizeiverwaltungsgesetz
Saarland:	§ 15 Preußisches Polizeiverwaltungsgesetz
Schleswig-Holstein:	§ 18o Landesverwaltungsgesetz

5. Musterentwurf: § 13

§ 19
Richterliche Entscheidung

(1) Wird eine Person auf Grund von § 15 Abs. 2 Satz 3, § 17 Abs. 3 oder § 18 nicht nur kurzfristig festgehalten, hat die Polizei unverzüglich eine richterliche Entscheidung über Zulässigkeit und Fortdauer der Freiheitsentziehung herbeizuführen. Der Richter darf eine Freiheitsentziehung auf Grund von § 15 Abs. 2 Satz 3, § 17 Abs. 3 oder § 18 längstens bis zum Ende des Tages nach dem Ergreifen anordnen.

(2) Für die Entscheidung nach Absatz 1 ist das Amtsgericht zuständig, in dessen Bezirk sich der Festgehaltene befindet. Der Senat wird ermächtigt, durch Rechtsverordnung die Zuständigkeit einem Amtsgericht für die Bezirke mehrerer Amtsgerichte zuzuweisen, sofern die Zusammenlegung für die sachliche Förderung oder schnellere Erledigung der Verfahren zweckmäßig ist; der Senat kann die Ermächtigung auf den Senator für Justiz übertragen. Das Verfahren richtet sich nach den Vorschriften des Gesetzes über das gerichtliche Verfahren bei Freiheitsentziehungen.

Zu § 19

Die Bestimmung ist aus verfassungsrechtlichen Gründen erforderlich (Art. 104 Abs. 2 GG). Auch die Polizei muß wie jede andere Verwaltungsbehörde unverzüglich bei Freiheitsentziehungen eine richterliche Entscheidung herbeiführen. Die Regelung in Art. 104 Abs. 2 Satz 3 GG, nach der die Polizei aus eigener Machtvollkommenheit niemanden länger als bis zum Ende des Tages nach dem Ergreifen in eigenem Gewahrsam halten darf, stellt nur eine zeitliche Obergrenze dar, befreit aber nicht von der Verpflichtung des Art. 104 Abs. 2 Satz 2 GG, daß bei jeder nicht auf richterliche Anordnung beruhenden Freiheitsentziehung unverzüglich eine richterliche Entscheidung herbeizuführen ist (a. A. Koschwitz, Die kurzfristige polizeiliche Freiheitsentziehung, 1969). Unverzüglich heißt nach der Rechtsprechung des Bundesverwaltungsgerichtes (BVerwG NJW 1974/807 ff), daß „die richterliche Entscheidung ohne jede Verzögerung, die sich nicht aus sachlichen (tatsächlichen oder rechtlichen) Gründen rechtfertigen lasse, nachgeholt werden müsse." Dementsprechend sieht eine Reihe von Polizeigesetzen die Beteiligung des Richters bereits vor, wenn auch in unterschiedlicher Ausgestaltung im einzelnen (vgl. BW § 22 PG, HB § 11 PG, § 46 HE SOG, § 26 Abs. 2 NW PolG, SH § 180 Abs. 4 i. V. m. § 176 Abs. 4 LVwG, § 20 Abs. 2 BGSG). Auch § 15 Abs. 3 PVG schreibt unter Verweisung auf § 13 Abs. 1 des Gesetzes über das gerichtliche Verfahren bei Freiheitsentziehungen (FreihEntzG) die Beteiligung des Richters bereits vor.

Nach § 19 Abs. 1 soll der Richter dann nicht angerufen werden, wenn der Betroffene „nur kurzfristig" festgehalten wird. Darin sieht der Entwurf keine Einschränkung von Art. 104 Abs. 2 Satz 2 GG, sondern die verfassungskonforme Regelung für die Fälle, in denen eine Anrufung des Richters zu einer Verlängerung des Gewahrsams führen würde, die vom sachlichen Anlaß her nicht geboten ist, z. B. die Mitnahme eines an einer Schlägerei Beteiligten zur Wache, um die Auseinandersetzung allein durch die räumliche Trennung zu unterbinden. In diesen Fällen erscheint es mit dem Schutz des Freiheitsgrundrechts nach Art. 2 Abs. 2 Satz 2 GG nicht vereinbar, um der formellen Garantie des Art. 104 Abs. 2 Satz 2 GG wegen eine Verlängerung des Eingriffs in Kauf zu nehmen. Kurzfristig in diesem Sinne dürften angesichts des normalen Geschäftsganges Freiheitsentziehungen bis zu etwa 2 Stunden sein. Eine ähnliche Regelung findet sich z. Z. in § 26 NW PolG. § 11 Abs. 2 HB PG geht davon aus, daß nicht jeder Gewahrsam eine Freiheitsentziehung ist.

Wegen des Begriffs „festhalten" vgl. Nr. 7.4 der Allgemeinen Begründung.

§ 15 PVG und auch die §§ 14 und 16 Musterentwurf lassen nicht zweifelsfrei erkennen, ob der Richter eine Freiheitsentziehung unmittelbar auf den mit § 18 übereinstimmenden § 13 des Musterentwurfs stützen kann. § 19 Abs. 1 Satz 2 dieses Entwurfs soll hier jeden Zweifel ausschalten. Hinsichtlich der Dauer der Freiheitsentziehung geht der Entwurf wie in § 21 davon aus, daß die vorgesehene Höchstdauer nach Polizeirecht ausreicht. Die Befugnisse des Richters, eine Freiheitsentziehung auf eine Ermächtigung in einem anderen Gesetz (z. B. der StPO) zu stützen, bleibt dadurch unberührt (vgl. die Einzelbegründung zu § 21).

Zu Abs. 2:

Artikel 104 fordert nicht die Entscheidung eines bestimmten Richters, insbesondere nicht der ordentlichen Gerichtsbarkeit. Die Zuständigkeit eines Verwaltungsrichters, der ebenso richterliche Unabhängigkeit genießt, wäre vom Grundgesetz her durchaus möglich. Dennoch hat sich auch in anderen Ländern die Regelung des § 15 Abs. 3 PVG i. V. m. § 3 FreihEntzG als zweckmäßig erwiesen, den Amtsrichter für zuständig zu erklären, da dieser auch über Freiheitsentziehungen nach anderen gesetzlichen Bestimmungen zu entscheiden hat und ortsnäher ist als die Verwaltungsgerichte.

Nach § 40 Abs. 1 Satz 2 VwGO kann auch der Landesgesetzgeber das Amtsgericht für zuständig erklären.

Gemäß § 4 der Ersten Verordnung über Konzentration der örtlichen Zuständigkeit auf das Amtsgericht Tiergarten vom 14. Dezember 1972 (GVBl. S. 2303) ist derzeit das Amtsgericht Tiergarten in Berlin allein zuständig. Eine gesetzliche Fixierung dieser Zuständigkeit in diesem Entwurf ist nicht zweckmäßig; eine anderweitige Zuständigkeitsbestimmung soll aus organisatorischen Gründen dem Verordnungsgeber überlassen bleiben. Der Entwurf verwendet daher die Formulierung des Musterentwurfs. Um die derzeit auch weiterhin für zweckmäßig erachtete alleinige Zuständigkeit des Amtsgerichts Tiergarten zweifelsfrei erhalten zu können, wurde eine eigenständige Ermächtigung zum Erlaß einer Verordnung in den §§ 19 Abs. 2 und 24 Abs. 2 aufgenommen; es ist anzunehmen, daß das ASOG ein Zurückgreifen auf die derzeitigen Ermächtigungen in § 4 der bezeichneten Verordnung und dem zugrundeliegenden § 1 des Gesetzes über das Gerichtswesen in Berlin vom 1. Juni 1933 (RGBl. I S. 329) nicht mehr zulassen wird.

Anmerkungen und Rechtsprechung

1. § 19 betrifft nur den Bereich der Polizei.

2. Beispiele aus der Rechtsprechung

Die Ausländerbehörde hat auch kurzfristige Freiheitsentziehungen aus eigener Machtvollkommenheit ohne vorherige oder unverzüglich danach herbeigeführte richterliche Entscheidung zum Zweck der Abschiebung zu unterlassen:
OVG Berlin, Urteil vom 27.7.1973 - 1 B 48/73 -: OVGE Berlin 12, 185 = DVBl. 1973, 7o1 = NJW 1973, 2172 = JR 1973, 518.

Die Verwahrung ist von dem Zeitpunkt an rechtswidrig, in dem eine richterliche Entscheidung über die Freiheitsentziehung herbeizuführen gewesen wäre, aber nicht herbeigeführt worden ist:
OVG Berlin, Urteil vom 11.11.197o - 1 B 2o/7o -: JR 1971, 392.

Dieses Urteil behandelt außer der Freiheitsentziehung auch die Personenfeststellung und die erkennungsdienstliche Behandlung.

3. Spezialvorschriften

§ 16, § 18 Abs. 3 des Ausländergesetzes;
§ 2o Abs. 2 Satz 2 des Bundesgrenzschutzgesetzes;
§ 9 Abs. 3 des Bundeskriminalamtsgesetzes;
§ 37 Abs. 2 Satz 2 des Bundes-Seuchengesetzes;
§ 18 Abs. 2 Satz 3 des Geschlechtskrankheitengesetzes;
§ 13 Abs. 1 des Feiheitsentziehungsgesetzes;
Art. 5 Abs. 3 Satz 1 der Menschenrechts-Konvention;
§ 1 Nr. 1 der Berliner Freiwillige Polizei-Reserve-Verordnung;
§ 15 Abs. 4 des Berliner Unterbringunsgesetzes.

4. Der Senat von Berlin hat von der Ermächtigung des § 19 Abs. 2 Satz 2 Gebrauch gemacht: Gemäß Rechtsverordnung des Senats vom 14.7.1975 (GVBl. S. 1735) in Verbindung mit der Verordnung des Senators für Justiz vom 3o.7.1975 (GVBl. 1838) ist für die richterliche Entscheidung nach § 19 Abs. 1 (ebenso wie für die Entscheidungen nach § 24 Abs. 2 Satz 1) das Amtsgericht Tiergarten zentral zuständig.

5. Bestimmungen der Bundesländer

Baden-Württemberg:	§ 22 Abs. 3 und 4 Polizeigesetz
Bayern:	Art. 17 Polizeiaufgabengesetz
Bremen:	§ 11 Polizeigesetz
Hamburg:	§ 13 Sicherheits- und Ordnungsgesetz
Hessen:	§ 47 Sicherheits- und Ordnungsgesetz
Niedersachsen:	§§ 9, 12 Sicherheits- und Ordnungsgesetz
Nordrhein-Westfalen:	§ 26 Ordnungsbehördengesetz; § 26 Polizeigesetz
Rheinland-Pfalz:	§ 7 Polizeiverwaltungsgesetz;
Saarland:	-
Schleswig-Holstein:	§ 18o Landesverwaltungsgesetz

6. Musterentwurf: § 14

§ 20
Behandlung festgehaltener Personen

(1) Wird eine Person auf Grund von § 15 Abs. 2 Satz 3, § 17 Abs. 3 oder § 18 festgehalten, ist ihr unverzüglich der Grund bekanntzugeben. Wird eine Person nicht nur kurzfristig festgehalten, ist sie darüber zu belehren, daß sie eine richterliche Entscheidung nach § 13 des Gesetzes über das gerichtliche Verfahren bei Freiheitsentziehungen verlangen kann.

(2) Der festgehaltenen Person ist unverzüglich Gelegenheit zu geben, einen Angehörigen oder eine Person ihres

Vertrauens zu benachrichtigen, soweit dadurch der Zweck der Freiheitsentziehung nicht gefährdet wird. Die Polizei soll die Benachrichtigung übernehmen, wenn die festgehaltene Person nicht dazu in der Lage ist, von dem Recht nach Satz 1 Gebrauch zu machen und die Benachrichtigung ihrem mutmaßlichen Willen nicht widerspricht. Ist die festgehaltene Person minderjährig, entmündigt oder unter vorläufige Vormundschaft gestellt, so ist in jedem Falle derjenige zu benachrichtigen, dem die Sorge für die Person obliegt.

(3) Die festgehaltene Person soll gesondert, insbesondere ohne ihre Einwilligung nicht in demselben Raum mit Straf- und Untersuchungsgefangenen untergebracht werden. Männer und Frauen sollen getrennt untergebracht werden. Der festgehaltenen Person dürfen nur solche Beschränkungen auferlegt werden, die der Zweck der Freiheitsentziehung oder die Ordnung im Gewahrsam erfordert.

Zu Abs. 1:

Nach Art. 5 MRK muß jeder „Festgenommene" unverzüglich über die Gründe seiner „Festnahme" unterrichtet werden. Dem trägt Abs. 1 Rechnung. Darüber hinaus erscheint bei nicht nur kurzfristigen Freiheitsentziehungen eine Belehrung angebracht, daß nach § 13 Freiheitsentziehungsgesetz eine Entscheidung des Richters verlangt werden kann. Wegen des Begriffs „festhalten" vgl. Nr. 7 der Allgemeinen Begründung.

Zu Abs. 2:

Art. 104 Abs. 4 GG gilt dem Wortlaut nach nicht für Freiheitsentziehungen durch die Polizei, sondern nur für solche durch den Richter. Dennoch wurde aus rechtsstaatlichen Gründen eine vergleichbare Bestimmung in den Entwurf aufgenommen. Es muß nur Gelegenheit zur Benachrichtigung gegeben werden, die Polizei selbst hat keine derartige Pflicht. Dies entspricht weitgehend der bisherigen Praxis. Die Polizei trifft allerdings dann eine Benachrichtigungspflicht, wenn die festgehaltene Person dies nicht selbst tun kann und die Benachrichtigung nicht ihrem maßgeblichen Willen widerspricht. Bei Minderjährigen und Entmündigten ist in jedem Falle die Benachrichtigung des Sorgeberechtigten erforderlich.

Zu Abs. 3:

Satz 1 enthält eine Sollvorschrift, deren Verwirklichung sich nach den tatsächlichen Möglichkeiten bemißt. Nach Möglichkeit sollen auch Minderjährige, Kranke und Süchtige gesondert untergebracht werden. Satz 3 entspricht herkömmlicher Regelung in Anlehnung an § 119 Abs. 3 StPO.

Anmerkungen und Rechtsprechung

1. § 2o betrifft nur den Bereich der Polizei.

2. Spezialvorschriften

§ 21 des Bundesgrenzschutzgesetzes;
§ 9 Abs. 3 des Bundeskriminalamtsgesetzes;
§ 37 Abs. 3 des Bundes-Seuchengesetzes;
Art. 5 der Menschenrechts-Konvention;
§ 1 Nr. 1 der Berliner Freiwillige Polizei-Reserve-Verordnung.

3. Beispiel aus der Rechtsprechung über die Behandlung festgehaltener Personen nach der Menschenrechts-Konvention:

Europäischer Gerichtshof für Menschenrechte, Urteil vom 18.1.1978: Zeitschrift für Europäische Grundrechte 1979, 149 = NJW 1979, 1o89.

4. Bestimmungen der Bundesländer

Baden-Württemberg:	§ 22 Abs. 2 Polizeigesetz
Bayern:	Art. 18 Polizeiaufgabengesetz
Bremen:	§§ 11, 12 Polizeigesetz
Hamburg:	§ 13 Sicherheits- und Ordnungsgesetz
Hessen:	§ 49 Sicherheits- und Ordnungsgesetz
Niedersachsen:	-
Nordrhein-Westfalen:	§ 26 Ordnungsbehördengesetz; § 27 Polizeigesetz
Rheinland-Pfalz:	§ 8 Polizeiverwaltungsgesetz
Saarland:	-
Schleswig-Holstein:	§ 212 Landesverwaltungsgesetz

5. Musterentwurf: § 15

§ 21
Dauer der Freiheitsentziehung

Die Polizei hat eine festgehaltene Person zu entlassen,
1. sobald der Grund für die Maßnahme weggefallen ist,
2. wenn die Fortdauer der Freiheitsentziehung durch richterliche Entscheidung für unzulässig erklärt wird,
3. in jedem Falle spätestens bis zum Ende des Tages nach dem Eingreifen, wenn nicht vorher die Fortdauer der Freiheitsentziehung auf Grund eines anderen Gesetzes durch richterliche Entscheidung angeordnet ist.

Zu § 21

Nr. 1 enthält den an sich selbstverständlichen Grundsatz, daß der Betroffene nach Wegfall des Grundes für die Freiheitsentziehung zu entlassen ist (vgl. auch § 8 Abs. 3).

Nr. 2 hat seinen Grund in der Entscheidungsgewalt des Richters (vgl. § 19).

Nr. 3 enthält die materielle Regelung über die Höchstdauer des Gewahrsams nach Polizeirecht. Ein Gewahrsam zum Zwecke der Gefahrenabwehr darf somit höchstens bis zum Ende des Tages nach dem Ergreifen andauern. An diese Frist ist auch der Richter gebunden, worauf § 19 Abs. 1 Satz 2 ausdrücklich hinweist. Länger dauernde Freiheitsentziehungen können vom Richter nur auf Grund besonderer gesetzlicher Vorschriften, etwa nach der Strafprozeßordnung (Untersuchungshaft) angeordnet werden. Die in Nr. 3 vorgesehene zeitliche Beschränkung des Gewahrsams gilt z. Z. nach dem BGSG und in den Bundesländern mit Ausnahme von Baden-Württemberg, Berlin, Bremen und Hamburg. In Baden-Württemberg (§ 22 Abs. 3 PG) kann der Gewahrsam bis zu zwei Wochen betragen; in Berlin (§ 15 PVG), Bremen (§ 11 PG) und Hamburg (§ 13 SOG) ist die Dauer des Gewahrsams nicht begrenzt. Die Verweisung in § 15 Abs. 3 PVG auf § 13 Abs. 1 Satz 2 FreihEntzG regelt nur die Verpflichtung der Polizei, unverzüglich eine richterliche Entscheidung herbeizuholen, ermöglicht es aber dem Richter, eine längere Ingewahrsamnahme nach § 15 PVG anzuordnen.

Durch Art. 104 Abs. 2 Satz 3 GG ist die in Nr. 3 vorgesehene Begrenzung nicht geboten, da dort lediglich die Entlassung bis zum Ende des Tages nach dem Ergreifen vorgeschrieben wird, wenn vorher kein Richter entscheiden kann. Mit richterlicher Entscheidung ist verfassungsrechtlich auch ein längerer Gewahrsam zulässig. Der Entwurf geht jedoch mit dem Musterentwurf und der Mehrzahl der bisher geltenden Regelungen davon aus, daß die vorgesehene Höchstdauer des Gewahrsams für die Gefahrenabwehr ausreicht.

Anmerkungen

1. § 21 betrifft nur den Bereich der Polizei.

2. Spezialvorschriften enthalten:

§ 2o Abs. 3 des Bundezgrenzschutzgesetzes;
§ 9 Abs. 3 des Bundeskriminalamtsgesetzes;
§ 18 Abs. 2 Satz 3, § 19 des Geschlechtskrankheitengesetzes;
§ 13 Abs. 1 des Freiheitsentziehungsgesetzes;
Art. 5 Abs. 4 der Menschenrechts-Konvention;
§ 1 Nr. 1 der Berliner Freiwillige Polizei-Reserve-Verordnung;
§ 15 Abs. 4 des Berliner Unterbringungsgesetzes;

3. Bestimmungen der Bundesländer

Baden-Württemberg:	§ 22 Abs. 3 Polizeigesetz
Bayern:	Art. 19 Polizeiaufgabengesetz
Bremen:	§ 11 Polizeigesetz
Hamburg:	§ 13 Sicherheits- und Ordnungsgesetz
Hessen:	§ 48 Sicherheits- und Ordnungsgesetz
Niedersachsen:	§ 9 Abs. 2 Sicherheits- und Ordnungsgesetz
Nordrhein-Westfalen:	§ 26 Ordnungsbehördengesetz; § 26 Polizeigesetz
Rheinland-Pfalz:	§ 7 Polizeiverwaltungsgesetz
Saarland:	§ 15 Preußisches Polizeiverwaltungsgesetz
Schleswig-Holstein:	§ 18o Landesverwaltungsgesetz

5. Musterentwurf: § 16

§ 22

Durchsuchung von Personen

(1) Die zuständige Behörde kann eine Person durchsuchen, wenn

1. **sie nach diesem Gesetz oder anderen Rechtsvorschriften festgehalten werden kann,**
2. **Tatsachen die Annahme rechtfertigen, daß sie Sachen mit sich führt, die sichergestellt werden dürfen,**
3. **das zur Feststellung ihrer Identität erforderlich ist und die Person sich erkennbar in einem die freie Willensbestimmung ausschließenden Zustand oder sonst in hilfloser Lage befindet,**
4. **sie sich an einem der in § 15 Abs. 1 Nr. 3 genannten Orte aufhält oder**
5. **sie sich in oder in unmittelbarer Nähe von Objekten im Sinne des § 15 Abs. 1 Nr. 4 aufhält und Tatsachen die Annahme rechtfertigen, daß in oder an Objekten dieser Art Straftaten begangen werden sollen.**

(2) Personen dürfen nur von Personen gleichen Geschlechts oder Ärzten durchsucht werden; das gilt nicht, wenn die sofortige Durchsuchung zum Schutz gegen eine Gefahr für Leib oder Leben erforderlich erscheint.

§ 22

Eine entsprechende Vorschrift ist im PVG nicht enthalten. Die Befugnis zur Durchsuchung von Personen muß derzeit aus der Generalklausel hergeleitet werden (vgl. §§ 14, 41 PVG). Das ist jedoch unbefriedigend. Aus rechtsstaatlichen Gründen sollten die Voraussetzungen und die Art und Weise der Durchsuchung eingehend geregelt werden. Der Entwurf sieht daher in Übereinstimmung mit dem Musterentwurf eine differenzierte Regelung vor.

Zu Abs. 1:

Die Nrn. 1 bis 3 entsprechen weitgehend dem geltenden Polizei- und Ordnungsrecht in Bund und Ländern.

Nr. 1 dient dem Schutz des Betroffenen (Selbsttötung oder Selbstverletzung) und der Eigensicherung der Beamten. Die Regelung gilt für alle Fälle des „Festhaltens" (wegen des Begriffs vgl. Nr. 7 der Allgemeinen Begründung) und nicht nur für den Gewahrsam im Sinne des § 18. Im Interesse des Schutzes der Beamten vor Überraschungsangriffen genügt es, wenn die Voraussetzungen für das „Festhalten" (Gewahrsam, Festnahme) vorliegen; die Durchsuchung ist also nicht erst zulässig, wenn der Betroffene in Verwahrung genommen worden ist.

Nr. 2 betrifft nicht die strafprozessuale Sicherstellung. Nach Nr. 3 ist eine Durchsuchung zur Indentitätsfeststellung nur bei Personen, die sich in hilfloser Lage befinden, möglich. Sie liegt in erster Linie im Interesse des Betroffenen, um z. B. Angehörige benachrichten zu können.

Nr. 4 läßt im Sicherheitsinteresse die Durchsuchung an den gleichen Orten zu, an denen nach § 15 Abs. 1 Nr. 3 die Personenfeststellung bei der Razzia zulässig ist.

Nr. 5 entspricht weitgehend Art. 34 a BY PAG und steht in engem Zusammenhang mit § 15 Abs. 1 Nr. 4 und § 23 Abs. 1 Nr. 4. Die Vorschrift ermöglicht die Durchsuchung bei demjenigen, der sich in der Nähe dieser Objekte aufhält. Die Notwendigkeit ergibt sich aus der Entwicklung der Sicherheitslage in der jüngsten Zeit. Voraussetzung ist aber, daß bestimmte Tatsachen, (z. B. Drohungen) die Annahme rechtfertigen, daß Straftaten an den genannten gefährdeten Objekten begangen werden sollen.

Zu Abs. 2:

Inhaltlich liegt keine Änderung gegenüber geltendem Recht vor. Die Einbeziehung von Ärzten ist neu. Die Ausnahmeregelung trägt der Notwehrsituation Rechnung.

Anmerkungen:

1. Die Befugnis steht den Ordnungsbehörden und der Polizei zu.

2. Besondere Rechtsvorschriften

§ 23 des Bundesgrenzschutzgesetzes;
§ 9 Abs. 3 des Bundeskriminalamtsgesetzes;
§ 4 Abs. 4 des Vereinsgesetzes;
§ 71, § 73 des Zollgesetzes;
§ 1 Nr. 1 der Berliner Freiwillige Polizei-Reserve-Verordnung.

3. Bestimmungen der Bundesländer

Baden-Württemberg:	§ 23 Polizeigesetz
Bayern:	Art. 2o Polizeiaufgabengesetz
Bremen:	§ 13 Polizeigesetz

Hamburg:	§ 15 Sicherheits- und Ordnungsgesetz
Hessen:	§§ 5o, 51 Sicherheits- und Ordnungsgesetz
Niedersachsen:	-
Nordrhein-Westfalen:	§ 26 Ordnungsbehördengesetz; § 28 Polizeigesetz
Rheinland-Pfalz:	§§ 17, 18 Polizeiverwaltungsgesetz
Saarland:	-
Schleswig-Holstein:	§§ 179, 211 Landesverwaltungsgesetz

4. Musterantwurf: § 17

§ 23
Durchsuchung von Sachen

(1) Die zuständige Behörde kann eine Sache durchsuchen, wenn

1. **sie von einer Person mitgeführt wird, die nach § 22 Abs. 1 durchsucht werden darf,**
2. **Tatsachen die Annahme rechtfertigen, daß sich eine Person, die in Gewahrsam genommen werden darf, in der Sache befindet,**
3. **Tatsachen die Annahme rechtfertigen, daß sich in ihr eine andere Sache befindet, die sichergestellt werden darf oder**
4. **sich die Sache in oder in unmittelbarer Nähe von Objekten im Sinne des § 15 Abs. 1 Nr. 4 befindet und Tatsachen die Annahme rechtfertigen, daß in oder an Objekten dieser Art Straftaten begangen werden sollen.**

(2) Bei der Durchsuchung von Sachen ist dem Inhaber der tatsächlichen Gewalt zu gestatten, anwesend zu sein, sofern die Durchsuchung dadurch nicht gestört wird. Ist er nicht anwesend, so soll sein Vertreter oder ein anderer Zeuge hinzugezogen werden. Dem Inhaber der tatsächlichen Gewalt ist auf Verlangen eine Bescheinigung über die Durchsuchung und ihren Grund zu erteilen.

Zu § 23

Diese Eingriffsermächtigung fehlt im PVG ebenfalls. Auch die Befugnis zur Durchsuchung von Sachen muß derzeit aus der Generalklausel hergeleitet werden (§§ 14/41 PVG). Ähnlich der Regelung des § 22 sieht der Entwurf in Übereinstimmung mit dem Musterentwurf eine differenzierte Regelung der Befugnis und des Verfahrens vor.

Zu Abs. 1:

Mit Ausnahme der Nr. 4 entspricht Absatz 1 inhaltlich weitgehend geltendem Recht in Bund und Ländern.

Abweichend von eingen Regelungen (vgl. § 34 BY PAG, § 29 NW PolZG) können – Nr. 1 naturgemäß ausgenommen – nicht nur bewegliche Sachen, sondern auch Grundstücke durchsucht werden. Soweit Grundstücke befriedetes Besitztum und damit „Wohnung" im Sinne des § 24 sind, gilt diese Vorschrift, soweit nicht Sonderregelungen bestehen (z. B. § 14 FwG).

Nr. 4 ist in Verbindung zu sehen mit § 15 Abs. 1 Nr. 4 und § 22 Abs. 1 Nr. 4 (vgl. die Begründung dazu). Vorbild ist die Regelung in Art. 34 a BY PAG.

Zu Abs. 2:

Satz 1 soll die Interessen des Betroffenen wahren, dient aber auch dem Schutz der Beamten, weil ungerechtfertigten Vorwürfen besser begegnet werden kann.

Anmerkungen

1. Die Befugnis steht den Ordnungsbehörden und der Polizei zu.

2. Besondere Rechtsvorschriften

§ 24 des Bundesgrenzschutzgesetzes;
§ 9 Abs. 3 des Bundeskriminalamtsgesetzes;
§ 4 Abs. 4 des Vereinsgesetzes;
§ 71 des Zollgesetzes;
§ 1 Nr. 1 der Berliner Freiwillige Polizei-Reserve-Verordnung.

3. Bestimmungen der Bundesländer

Baden-Württemberg:	§ 24 Polizeigesetz
Bayern:	Art. 21 Polizeiaufgabengesetz
Bremen:	§ 14 Polizeigesetz
Hamburg:	§ 15 Sicherheits- und Ordnungsgesetz
Hessen:	§ 5o Sicherheits- und Ordnungsgesetz
Niedersachsen:	-
Nordrhein-Westfalen:	§ 26 Ordnungsbehördengesetz; § 29 Polizeigesetz
Rheinland-Pfalz:	§ 17 Polizeiverwaltungsgesetz
Saarland:	-
Schleswig-Holstein:	§ 181, § 2o9 Landesverwaltungsgesetz

4. Musterentwurf: § 18

§ 24
Betreten und Durchsuchung von Wohnungen

(1) Die zuständige Behörde kann eine Wohnung ohne Einwilligung des Inhabers nur zur Abwehr einer gegenwärtigen erheblichen Gefahr betreten und durchsuchen. Die Wohnung umfaßt die Wohn- und Nebenräume, Arbeits-, Betriebs- und Geschäftsräume sowie anderes befriedetes Besitztum.

(2) Außer bei Gefahr im Verzuge darf eine Durchsuchung nur durch das Amtsgericht angeordnet werden, in dessen Bezirk die Wohnung liegt. Der Senat wird ermächtigt, durch Rechtsverordnung die Zuständigkeit einem Amtsgericht für die Bezirke mehrerer Amtsgerichte zuzuweisen, sofern die Zusammenlegung für die sachliche Förderung oder schnellere Erledigung der Verfahren zweckmäßig ist; der Senat kann die Ermächtigung auf den Senator für Justiz übertragen. Für das Verfahren gelten die Vorschriften des Gesetzes über die Angelegenheiten der freiwilligen Gerichtsbarkeit entsprechend.

(3) Wohnungen, in denen erfahrungsgemäß Personen Straftaten verabreden, vorbereiten oder verüben, sich Personen ohne erforderliche Aufenthaltserlaubnis treffen oder Straftäter sich verstecken, oder Wohnungen, die der Prostitution dienen, dürfen zum Zwecke der Gefahrenabwehr (§ 1 Abs. 1) jederzeit betreten werden.

(4) Arbeits-, Betriebs- und Geschäftsräume sowie andere Räume und Grundstücke, die der Öffentlichkeit zugänglich sind oder den Anwesenden zum weiteren Aufenthalt zur Verfügung stehen, dürfen zum Zwecke der Gefah-

renabwehr (§ 1 Abs. 1) während der Arbeits-, Geschäfts- oder Aufenthaltszeit betreten werden.

Zu Abs. 1:

Für das Betreten und Durchsuchen von Wohnungen bestehen in den geltenden Polizei- und Ordnungsgesetzen der Länder unterschiedliche Vorschriften.

Teilweise werden die Voraussetzungen des Betretens und die des Durchsuchens getrennt und sachlich verschieden geregelt. In Berlin bezieht sich der Wortlaut des § 16 PVG nur auf Durchsuchungen zur Nachtzeit. Für Durchsuchungen am Tage muß auf die Generalklausel (§§ 14, 41 PVG) zurückgegriffen werden, soweit man nicht diese Befugnis im Wege des Gegenschlusses ebenfalls aus § 16 PVG herleiten will; diese Rechtsfrage ist vom Bundesverwaltungsgericht noch nicht entschieden. Das Betreten wird ebenfalls auf die Generalklausel (§§ 14, 41 PVG) gestützt.

Die unterschiedliche Regelung des Betretens und Durchsuchens in den Ländern ist eine Folge des Meinungsstreites, ob der Begriff „Eingriffe und Beschränkungen" i. S. von Art. 13 Abs. 3 GG nur für das Betreten oder auch für das Durchsuchen gilt. Das Bundesverwaltungsgericht ist der Auffassung, daß Art. 13 Abs. 3 GG nicht für Durchsuchungen gilt (vgl. BVerwG NJW 1968, S. 563), allerdings unter Widerspruch in der Rechtslehre (vgl. Knemeyer, Unmittelbare Anwendung des Art. 13 Abs. 2 GG nur für eine Übergangszeit, DÖV 1968, S. 790). Der Entwurf geht im Anschluß an die Regelung in Nordrhein-Westfalen (§ 30 PolG) und Hessen (§ 53 SOG) von der engeren, dem Bürger günstigeren Auffassung aus, daß die Voraussetzungen des Art. 13 Abs. 3 GG auch bei Durchsuchungen vorliegen müssen. Dem liegt auch die Erwägung zugrunde, daß ein Durchsuchen immer erst nach einem Betreten möglich ist und eine Durchsuchung der Sache nach der stärkere Eingriff ist und vom Bürger auch so empfunden wird. Abs. 1 setzt eine gegenwärtige erhebliche Gefahr voraus. Dieser Begriff ist identisch mit dem der „dringenden" Gefahr in Art. 13 Abs. 3 GG vgl. Nr. 7 der Allgem. Begründung). Die in Art. 13 Abs. 3 GG ferner genannte „Gemeingefahr" und die „Lebensgefahr für einzelne Personen" erwähnt der Entwurf nicht ausdrücklich, begreift sie vielmehr als Fälle einer gegenwärtigen erhebliche Gefahr. Damit wird eine Entlastung des Gesetzestextes und eine Übereinstimmung mit de Voraussetzungen anderer schwerwiegender Eingriffe erreicht (vgl. § 18 – Gewahrsam; zu der eingeschränkten Generalklausel vgl. Nr. 6.24 der Allgem. Begründung).

Auch der Begriff der Wohnung war lange umstritten. Die Einbeziehung der Arbeits-, Betriebs- und Geschäftsräume sowie des anderen befriedeten Besitztums entspricht der Entscheidung des Bundesverfassungsgerichtes vom 13. 10. 1971 (BVerfGE 32, 54 = DVBl. 1971, S. 892 ff).

Angesichts der engen Eingriffsvoraussetzungen ist auf eine weitere Einschränkung für die Nachtzeit (vgl. § 16 Abs. 1 PVG) verzichtet worden, zumal sie verfassungsrechtlich nicht geboten ist.

Der Entwurf regelt somit die Voraussetzungen für das Betreten und Durchsuchen von Wohnungen weitgehend neu verfassungsrechtlich unbedenklich. Bestehende Spezilaregelungen (z. B. § 14 Feuerwehrgesetz, § 98 BauO Bln) gehen selbstverständlich vor.

Zu Abs. 2:

Der Entwurf folgt in der Streitfrage, ob auch bei der präventiven Durchsuchung die Anordnung nach Art. 13 Abs. 2 GG dem Richter vorbehalten ist, dem Bundesverwaltungsgericht (NJW 1968, S. 563). Die Bedenken, die auch insoweit gegen die Fassung des § 16 PVG erhoben werden, der eine richterliche Entscheidung nicht vorsieht, sind damit ausgeräumt. Aus den gleichen Überlegungen wie beim Gewahrsam (vgl. § 19 Abs. 2 und die Begründung dazu) wird der Amtsrichter und nicht das Verwaltungsgericht für zuständig erklärt.

Die zuständige Behörde kann selbst nur bei Gefahr im Verzug eine Durchsuchung anordnen (wegen des Begriffs „Gefahr im Verzug" vgl. Nr. 7.3 der Allgem. Begründung). Die Anordnungsbefugnis ist aber nicht auf Hilfsbeamte der Staatsanwaltschaft beschränkt, da es sich um Gefahrenabwehr und nicht um Strafverfolgung handelt.

Zu Abs. 3:

Die genannten Orte entsprechen denen des § 15 Abs. 1 Nr. 3. Diese Regelung gilt nur für das Betreten, nicht für die Durchsuchung.

Es genügt, daß die Maßnahme dem Zwecke der Gefahrenabwehr im Sinne des § 1 Abs. 1 dient; eine „konkrete" Gefahr nach § 14 Abs. 1 braucht nicht vorzuliegen.

Diese erleichterten Voraussetzungen für das Betreten der genannten Räume, die bisher nur in Bayern (Art. 37 Abs. 2 PAG) und Nordrhein-Westfalen (§ 30 Abs. 3 PolG) geregelt sind, erscheinen verfassungsrechtlich zulässig. In der Entscheidung des Bundesverfassungsgerichts vom 13. Oktober 1971 (vgl. die Begründung zu Abs. 1) ist dargelegt worden, daß die Erstreckung des Wohnungsbegriffes auf Arbeits- und Geschäftsräume und befriedetes Besitztum rechtfertigt, in diesem Bereich den Begriff „Eingriffe und Beschränkungen" (Art. 13 Abs. 3 GG) einschränkend auszulegen und bestimmte Betretungsrechte nicht dazu rechnen.

Es scheint gerechtfertigt, diese Überlegungen auch auf die in Abs. 3 genannten „gefährlichen" und der Prostitution dienenden Wohnungen in der Weise zu übertragen, daß das Betreten zum Zwecke der Gefahrenabwehr nicht den einengenden Voraussetzungen des Art. 13 Abs. 3 GG unterliegt.

Personen ohne erforderliche Aufenthaltserlaubnis sind solche, die sich den ausländerrechtlichen Vorschriften zuwider in der Bundesrepublik aufhalten (vgl. die Begründung zu § 15 Abs. 1 Nr. 3).

Im Hinblick auf Wohnungen, die der Prostitution dienen, versucht der Entwurf dem Entschließungsantrag des Deutschen Bundestages zu entsprechen, den dieser bei der Verabschiedung des Vierten Gesetzes zur Reform des Strafrechts am 7. 6. 1973 angenommen hat (zu Drucksache 441/73). Der Bundestag empfiehlt darin u. a. den Landesgesetzgebern, im Rahmen des Rechts der öffentlichen Sicherheit und Ordnung (Polizeirecht) – falls noch nicht vorhanden, Bestimmungen vorzusehen, die den Ordnungs- und Polizeibehörden den Zutritt zu den genannten Gebäuden ermöglichen, soweit dies nach Art. 13 GG zulässig ist.

Zu Abs. 4:

Der Absatz enthält auf der Grundlage der zu Abs. 3 näher erläuterten Entscheidung des Bundesverfassungsgerichts vom 13. 10. 1971 eine Erweiterung der Befugnisse der zuständigen Behörde als Folge der weiten Auslegung des Begriffs „Wohnung". Der Begriff der Gefahrenabwehr ergibt sich aus § 1 Abs. 1. Eine konkrete Gefahr im Sinne des § 14 Abs. 1 braucht nicht vorzuliegen.

Anmerkungen und Rechtsprechung

1. Die Befugnis steht den Ordnungsbehörden und der Polizei zu.

2. Der Berliner Gesetzgeber hat bei der Fassung des § 24 die höchstrichterliche Rechtsprechung zu den strittigen Rechtsfragen des Betretens und Durchsuchens vollauf berücksichtigt:

2.1 BerfG, Beschluß vom 13.1o.1971 - 1 BvR 28o/66 -: BVerfGE 32, 54 = NJW 1971,

2299 = DVBl. 1972, 892 = MDR 1972, 117 = DÖV 1972, 51 = JR 1972, 192 = JuS 1972, 98.

2.2 BVerwG, Urteil vom 12.12.1967 - 1 C 112/64 -: BVerwGE 28, 285 = DVBl. 1968, 752 mit Anmerkungen = NJW 1968, 563 = DÖV 1968, 246 = MDR 1968, 439 = JuS 1968, 286.

2.3 BVerwG, Urteil vom 6.9.1974 - 1 C 17/73 -: BVerwGE 47, 31 = DVBl. 1974, 846 = NJW 1975, 13o = DÖV 1975, 172 = JR 1975, 168 = MDR 1975, 77 = JuS 1975, 184 = JZ 1974, 754.

3. Nach dem Inhalt des § 24 können für die Verwaltungspraxis folgende Leitsätze aufgestellt werden:

3.1 Betreten und Durchsuchen sind gleichermaßen zu jeder Tages- und Nachtzeit zulässig. Erschwerende Voraussetzungen für die Nachtzeit gibt es in Berlin nicht mehr; sie sind verfassungsrechtlich auch nicht geboten.

3.2 Das Betreten ist im Vergleich zur Durchsuchung die weniger einschneidende Maßnahme. Sie ist der mildere Eingriff. "Betreten" bedeutet nur das Eintreten bzw. Eindringen. Der Vollzugsbeamte betritt Räume oder anderes befriedetes Besitztum, um zu sehen, zu hören oder zu riechen: Er sieht die zum Selbstmord entschlossene Person, hört das mißhandelte Tier winseln, riecht das ausströmende Gas.

3.3 Die Durchsuchung ist der schärfere Eingriff. "Durchsuchung" bedeutet, nach etwas zu "suchen", was nicht sogleich beim Betreten wahrgenommen werden kann. Der Vollzugsbeamte muß also nach dem Betreten zusätzliche Handlungen vornehmen. Er muß zum Beispiel den qualvollen Lauten des mißhandelten Tieres vom Raum zu Raum nachgehen und einen lichtlosen Verschlag aufbrechen oder die versteckte Waffe suchen.

3.4 Die zuständige Behörde darf aber eine Wohnung ohne Einwilligung des Inhabers nur zur Abwehr einer gegenwärtigen erheblichen Gefahr betreten und durchsuchen (§ 24 Abs. 1). Eine solche besondere konkrete Gefahr muß sowohl bei dem Betreten als auch (erst recht!) bei der Durchsuchung anzunehmen sein. Auch die "Anscheinsgefahr" ist eine derartige Gefahr.

3.5 Bei Gefahr im Verzuge kann die zuständige Behörde die Durchsuchung selbst anordnen (§ 24 Abs. 2 Satz 1).

3.6 Ebenso kann der Vollzugsbeamte eine Wohnung, die er betreten hat, anschließend auch gleich durchsuchen, wenn nach seinen Wahrnehmungen Gefahr im Verzuge ist. Er sieht zum Beispiel das gequälte Tier nicht, hört es aber und muß daher nach ihm suchen, um es in Verwahrung nehmen zu können.

3.7 In allen anderen Fällen darf eine Durchsuchung nur durch das zuständige Amtsgericht angeordnet werden (§ 24 Abs. 2 Satz 1).

3.8 Der Senat von Berlin hat von der Ermächtigung des § 24 Abs. 2 Satz 2 Gebrauch gemacht: Gemäß Rechtsverordnung des Senats vom 14.7.1975 (GVBl. S. 1735) in Verbindung mit der Verordnung des Senators für Justiz vom 3o.7.1975 (GVBl. S. 1838) ist für Entscheidungen nach § 24 Abs. 2 Satz 1 (ebenso wie für die Entscheidung nach § 19 Abs. 1) das Amtsgericht Tiergarten zentral zuständig.

3.9 Allgemein gefährliche Wohnungen dürfen gemäß § 24 Abs. 3 zum Zweck der Gefahrenabwehr jederzeit betreten werden. Der in dieser Vorschrift enthaltene Hinweis auf die Aufgabengeneralklausel des § 1 Abs. 1 bedeutet, daß das Betreten auch dann zulässig ist, wenn keine konkrete Gefahr vorliegt. Hier tritt die Staatsgewalt warnend in Erscheinung. § 24 Abs. 3 enthält aber keine erleichterte Regelung für die Durchsuchung. Für diese gelten die normalen Voraussetzungen.

3.1o Öffentlich zugängliches Besitztum darf nach § 24 Abs. 4 zum Zweck der Gefahrenabwehr während der Arbeits-, Geschäfts- oder Aufenthaltszeit betreten werden. Für die Nachtzeit ist keine Beschränkung vorgesehen. Hier muß ebenso wie in Absatz 3 keine konkrete Gefahr vorliegen. Öffentlich zugängliches Besitztum muß selbstverständlich auch von Beauftragten der zuständigen Behörde betreten werden können. § 24 Abs. 4 enthält gleichfalls keine erleichterte Regelung für die Durchsuchung. Für diese gelten somit auch hier die normalen Voraussetzungen.

4. Für die Durchsuchung eines Sportstadions bei Bombendrohung gilt nicht § 24. Die Befugnis dazu ergibt sich vielmehr aus der Generalklausel des § 14 Abs. 1. Denn das Sportstadion ist keine Wohnung und kein befriedetes Besitztum im Sinne des Gesetzes.

5. Besondere Vorschriften

Die speziell geregelten Befugnisse des Betretens und der Durchsuchung sind kaum zu übersehen. Es gibt im Bundesrecht schätzungsweise zweihundert Spezialbefugnisse. Der größte Teil davon ist im Zweiten Teil dieser Arbeit genannt.

6. Für den Bereich des Strafrechts wird bei "Gefahr im Verzuge" auf § 98 Abs. 1 und § 1o5 Abs. 1 der Strafprozeßordnung vergleichend hingewiesen.

7. Auf die strengen Grundsätze des Durchsuchungsrechts im Strafprozeß weisen im übrigen folgende Entscheidungen des Bundesverfassungsgerichts hin, die allgemeine Bedeutung haben:

Beschluß vom 26.5.1976 - 2 BvR 294/76 -: BVerfGE 42, 212 = NJW 1976, 1735 = MDR 1977, 113 = JuS 1976, 753 = JZ 1976, 532; Beschluß vom 11.1o.1978 - 2 BvR 1o55/76 -: BVerfGE 49, 329 = MDR 1979, 27 = NJW 1979, 154 = DÖV 1979, 56 = Die Polizei 1979, 165 L (Fall Peter Lorenz).

8. Auch bei der Zwangsvollstreckung gemäß § 758 ZPO erfordert Art. 13 Abs. 2 GG, außer bei Gefahr im Verzuge, eine - besondere - richterliche Anordnung für die Durchsuchung der Wohnung des Schuldners zum Zweck der Pfändung beweglicher Sachen: BVerfG, Beschluß vom 3.4.1979 - 1 BvR 994/76 -: NJW 1979, 1539 = DVBl. 1979, 664 = JZ 1979, 637 = BB 1979, 954 = GrundE 1979, 549.

9. Bestimmungen der Bundesländer

Baden-Württemberg:	§ 25 Polizeigesetz
Bayern:	Art. 22, Art. 28 Polizeiaufgabengesetz
Bremen:	§ 15 Polizeigesetz
Hamburg:	§ 16 Sicherheits- und Ordnungsgesetz
Hessen:	§ 52 Sicherheits- und Ordnungsgesetz
Niedersachsen:	§ 3 Sicherheits- und Ordnungsgesetz
Nordrhein-Westfalen:	§ 26 Ordnungsbehördengesetz; § 3d Polizeigesetz
Rheinland-Pfalz:	§ 19 Polizeiverwaltungsgesetz
Saarland:	§ 16 Preußisches Polizeiverwaltungsgesetz
Schleswig-Holstein:	§ 182 Landesverwaltungsgesetz

1o. Musterentwurf: § 19

§ 25
Verfahren bei der Durchsuchung von Wohnungen

(1) Bei der Durchsuchung einer Wohnung hat der Wohnungsinhaber das Recht, anwesend zu sein. Ist er abwesend, so ist, wenn möglich, sein Vertreter oder ein erwachsener Angehöriger, Hausgenosse oder Nachbar zuzuziehen.

(2) Dem Wohnungsinhaber oder seinem Vertreter ist der Grund der Durchsuchung unverzüglich bekanntzugeben, soweit dadurch der Zweck der Maßnahme nicht gefährdet wird.

(3) Über die Durchsuchung ist eine Niederschrift zu fertigen. Sie muß die verantwortliche Diensstelle, Grund, Zeit und Ort der Durchsuchung und das Ergebnis der Durchsuchung enthalten. Die Niederschrift ist von einem durchsuchenden Beamten und dem Wohnungsinhaber oder der zugezogenen Person zu unterzeichnen. Wird die Unterschrift verweigert, so ist hierüber ein Vermerk aufzunehmen. Dem Wohnungsinhaber oder seinem Vertreter ist auf Verlangen eine Abschrift der Niederschrift auszuhändigen.

(4) Ist die Anfertigung der Niederschrift oder die Aushändigung einer Abschrift nach den besonderen Umständen des Falles nicht möglich oder würde sie den Zweck der Durchsuchung gefährden, so sind dem Betroffenen lediglich die Durchsuchung unter Angabe der verantwortlichen Dienststelle sowie Zeit und Ort der Durchsuchung schriftlich zu bestätigen.

Zu § 25

Das PVG enthält hierüber keine Vorschriften. Sie mußten daher in analoger Anwendung den Bestimmungen der StPO entnommen werden. Der Entwurf kommt mit der Regelung den Vorstellungen des Art. 13 GG nach

§ 25 enthält in Anlehnung an das geltende Recht die notwendigen rechtsstaatlichen Garantien für das Verfahren bei der Durchsuchung.

Zu Abs. 1:

Die Vorschrift entspricht § 106 Abs. 1 StPO.

Zu Abs. 2:

Die Vorschrift entspricht weitgehend § 106 Abs. 2 StPO.

Zu Abs. 3:

Der vorgeschriebene Inhalt der Niederschrift ist der Mindestinhalt.

Zu Abs. 4:

Es ist aus Gründen dringender Gefahrenabwehr denkbar, daß von der Aufnahme einer Niederschrift oder der Aushändigung der Zweitschrift abgesehen werden muß. Dann muß dem Betroffenen die Durchsuchung schriftlich bestätigt werden.

Anmerkungen

1. Besondere Vorschriften enthalten:

§ 26 des Bundesgrenzschutzgesetzes;
§ 9 Abs. 3 des Bundeskriminalamtsgesetzes;
§ 1 Nr. 1 der Berliner Freiwillige Polizei-Reserve-Verordnung.

2. Bestimmungen der Bundesländer

Baden-Württemberg:	§ 25 Polizeigesetz
Bayern:	Art. 23 Polizeiaufgabengesetz
Bremen:	§ 16 Polizeigesetz
Hamburg:	§ 16 Abs. 2 Sicherheits- und Ordnungsgesetz
Hessen:	§ 53 Sicherheits- und Ordnungsgesetz
Niedersachsen:	-
Nordrhein-Westfalen:	§ 26 Ordnungsbehördengesetz; § 31 Polizeigesetz
Rheinland-Pfalz:	§ 2o Polizeiverwaltungsgesetz
Saarland:	-
Schleswig-Holstein:	§ 21o Landesverwaltungsgesetz

3. Musterentwurf: § 2o

§ 26
Sicherstellung

Die zuständige Behörde kann eine Sache sicherstellen,

1. um eine gegenwärtige Gefahr abzuwehren,
2. wenn eine mißbräuchliche Verwendung durch eine Person, die nach diesem Gesetz oder anderen Rechtsvorschriften festgehalten wird, nicht ausgeschlossen werden kann, oder
3. um den Eigentümer oder den rechtmäßigen Inhaber der tatsächlichen Gewalt vor Verlust oder Beschädigung einer Sache zu schützen.

Zu § 26

Das PVG enthält keine Spezialermächtigung. Die Befugnis muß bei konkreter Gefahr aus der Generalklausel (§§ 14, 41 PVG) hergeleitet werden. Aus rechtsstaatlichen Gründen sollten die Voraussetzungen und das Verfahren eingehend geregelt werden. Dem tragen die §§ 26 bis 29 Rechnung.

§ 26 wurde im Wortlaut gegenüber bisherigen Formulierungen der Gesetze des Bundes und der Länder gestrafft, enthält aber keine westenlich vom bisherigen Recht abweichenden Regelungen. Anders als in einigen Gesetzen wird nicht zwischen Beschlagnahme und Sicherstellung unterschieden (vgl. §§ 26, 27, BW PG, §§ 27, 28 BGSG). Im Entwurf wird davon ausgegangen, daß die Beschlagnahme die Durchführung der Sicherstellung durch Zwang (unmittelbarer Zwang) ist. Die Sicherstellung im Sinne der genannten Polizeigesetze ist in Nr. 3 enthalten.

Grundlegende Bestimmung ist die eingeschränkte Generalklausel in Nr. 1 (vgl. Nr. 6.24 der Allgem. Begründung).

Nr. 2 dient ähnlich wie § 22 Abs. 1 Nr. 1 sowohl der Eigensicherung der Beamten als auch dem Schutz der festgehaltenen (z. B. vor Selbsttötung) und der Ordnung im Gewahrsam. Wegen des Begriffs „festgehalten" vgl. Nr. 7.4 der Allgem. Begründung und die Begründung zu § 22 Abs. 1 Nr. 1.

Nr. 3 ist ein Anwendungsfall der unaufschiebbaren Gefahrenabwehr zum Schutz privater Rechte im Sinne des § 4 Abs. 2. Zur Klarstellung erschien jedoch eine besondere Regelung zweckmäßig, zumal dieser Fall in den oben genannten Gesetzen eigenständig unter dem Begriff der Sicherstellung geregelt wird.

Anmerkungen und Rechtsprechung

1. Die Befugnis steht den Ordnungsbehörden und der Polizei zu.

2. Beispiele aus der Rechtsprechung

2.1 "Minispione". Die Polizei ist berechtigt, in einem Ladengeschäft angebotene Mikro-Abhörgeräte - "Minispione" - wegen drohender Verletzung von Recht und Ordnung zu beschlagnahmen und einzuziehen:
VGH Mannheim, Urteil vom 15.12.1971 - I 242/71 -: DVBl. 1972, 5o3 = NJW 1972, 971 = GewArch 1972, 166 = JuS 1972, 478 = BB 1972, 681 = VerwRspr. 24, 455.

2.2 Straßenverkauf von Eintrittskarten zu einer Sportveranstaltung. Das öffentliche Anbieten einer größeren Zahl von Eintrittskarten für eine Sportveranstaltung (zu einem überhöhten Preis) kann als unerlaubte Ausübung des Reisegewerbes zur polizeilichen Beschlagnahme dieser Karten führen:
VGH München, Urteil vom 14.2.1978 - Nr. 315 VII 75 -: MDR 1979, 17o = Die Polizei 1979, 24 = VerwRspr. 3o, 23o.

2.3 Abschleppen eines Autos. Die Polizei kann einen während einer Opernveranstaltung verbotswidrig neben dem Seiteneingang eines Opernhauses parkenden Personenkraftwagen auf Kosten des Fahrzeughalters abschleppen lassen:
OVG Münster, Urteil vom 13.11.1974 - 4 A 1o71/73 -: DVBl. 1975, 588.

2.4 Abschleppen eines Autos. Ein auf einer Verkehrsfläche unverschlossen und verkehrsuntüchtig aufgefundenes, von dem nicht erreichbaren Halter stehengelassenes Kraftfahrzeug bedeutet eine gegenwärtige Gefahr für Dritte, die zu einer polizeilichen Sicherstellung berechtigt:
OVG Münster, Urteil vom 21.5.1973 4 A 1oo4/72 -: DVBl. 1973, 922 = MDR 1974, 17o,= DÖV 1974, 248 Nr. 87 = VerwRspr. 25, 583.

3. Besondere Rechtsvorschriften

§§ 27, 28 des Bundesgrenzschutzgesetzes;
§ 9 Abs. 3 des Bundeskriminalamtsgesetzes;
§ 37 Abs. 3 des Bundes-Seuchengesetzes;
§ 22 Abs. 2 des Fernmeldeanlagengesetzes;
§§ 7, 8 desFleischbeschaugesetzes;
§ 26 des Geflügelfleischhygienegesetzes;
§ 111 Abs. 3 des Seemannsgesetzes;
§ 32 Abs. 5 des Sprengstoffgesetzes;
§ 2 Abs. 3 des Tierschutzgesetzes;
§ 3 Abs. 1 Satz 2, § 4, § 1o, § 12 Abs. 2, § 16 Abs. 4 des Vereinsgesetzes;
dazu § 3, § 4, § 12, § 14 der DVO-Vereins-Gesetz;
§ 63 des Viehseuchengesetzes;
§ 4o Abs. 2, § 48 Abs. 2 des Waffengesetzes;
§ 58 Abs. 1 Nr. 4 des Weingesetzes;
§ 2o des Zollgesetzes;
§ 96 Abs. 2 der Bauordnung für Berlin;
§ 1 Nr. 1 der Berliner Freiwillige Polizei-Reserve-Verordnung;
§ 6 Abs. 2 der Berliner Verordnung (zur Durchführung alliierter Vorschriften) über Waffenkontrolle vom 3o.8.1978 (GVBl. S. 19o6).

4. Bestimmungen der Bundesländer

Baden-Württemberg:	§§ 26, 27 Polizeigesetz
Bayern:	Art. 24 Polizeiaufgabengesetz
Bremen:	§ 17 Polizeigesetz
Hamburg:	§ 14 Sicherheits- und Ordnungsgesetz
Hessen:	§ 18 Sicherheits- und Ordnungsgesetz
Niedersachsen:	-
Nordrhein-Westfalen:	§ 26 Ordnungsbehördengesetz; § 32 Polizeigesetz
Rheinland-Pfalz:	§ 9 Polizeiverwaltungsgesetz
Saarland:	-

Schleswig-Holstein:	§ 183 Landesverwaltungsgesetz

5. Musterentwurf: § 21

§ 27
Verwahrung

(1) Sichergestellte Sachen sind in amtliche Verwahrung zu nehmen. Läßt die Beschaffenheit der Sachen das nicht zu oder erscheint die amtliche Verwahrung unzweckmäßig, sind die Sachen auf andere geeignete Weise aufzubewahren oder zu sichern. In diesem Falle kann die Verwahrung auch einem Dritten übertragen werden.

(2) Dem Betroffenen ist eine Bescheinigung auszustellen, die den Grund der Sicherstellung erkennen läßt und die sichergestellten Sachen bezeichnet. Kann nach den Umständen des Falles eine Bescheinigung nicht ausgestellt werden, so ist über die Sicherstellung eine Niederschrift aufzunehmen, die auch erkennen läßt, warum eine Bescheinigung nicht ausgestellt worden ist. Der Eigentümer oder der rechtmäßige Inhaber der tatsächlichen Gewalt ist unverzüglich zu unterrichten.

(3) Wird eine sichergestellte Sache amtlich oder durch einen Dritten in amtlichem Auftrag verwahrt, so ist nach Möglichkeit Wertminderungen vorzubeugen. Das gilt nicht, wenn die Sache durch den Dritten auf Verlangen eines Berechtigten verwahrt wird.

(4) Die verwahrten Sachen sind zu verzeichnen und so zu kennzeichnen, daß Verwechslungen vermieden werden.

Zu Abs. 1:

Abs. 1 entspricht im wesentlichen dem bisherigen Recht. Wichtig ist die Möglichkeit, daß die Verwahrung auch Dritten übertragen werden kann. Für die Sicherstellung von Kraftfahrzeugen ist eine ähnliche Regelung im Entwurf des Gesetzes zur Ausführung des Gesetzes über die Beseitigung von Abfällen (Landesabfallgesetz – LAbfG) – Drucksache des Abgeordnetenhauses 6/1129) vom 16. 11. 1973 enthalten; das PVG enthält keine Regelung.

Zu Abs. 2:

Die Vorschrift dient sowohl dem Schutz des Betroffenen als auch dem Interesse der zuständigen Behörde.

Zu Abs. 3:

Die Verpflichtung nach Satz 1 folgt aus dem öffentlichrechtlichen Verwahrungsverhältnis, das durch die Sicherstellung zwischen der Behörde (Land Berlin) und dem Berechtigten entstanden ist. Vorbeugen bedeutet nicht unbedingt Schadensverhinderung, erfordert aber die den Umständen angemessene Sorgfalt. Die Kosten dürften nicht außer Verhältnis zum Wert der Sache stehen. Satz 2 trägt der Überlegung Rechnung, daß die Behörde in diesen Fällen auf die Aufbewahrung keinen Einfluß nehmen kann.

Zu Abs. 4:

Die Vorschrift dient dem Schutz des Berechtigten vor Verlusten und schützt die Behörde vor ungerechtfertigten Vorwürfen und Ersatzforderungen.

Anmerkungen

1. Die Vorschrift betrifft den Bereich der Ordnungsbehörden und der Polizei.

2. Spezielle Regelungen

§ 27 Abs. 3, § 29 des Bundesgrenzschutzgesetzes;
§ 9 Abs. 3 des Bundeskriminalamtsgesetzes;
§ 37 Abs. 3 des Bundes-Seuchengesetzes;
§ 22 Abs. 2 des Fernmeldeanlagengesetzes;
§ 111 Abs. 3 des Seemannsgesetzes;
§ 2 Abs. 3 des Tierschutzgesetzes;
§ 63 des Viehseuchengesetzes;
§ 96 Abs. 2 der Bauordnung für Berlin;
§ 1 Nr. 1 der Berliner Freiwillige Polizei-Reserve-Verordnung

3. Bestimmungen der Bundesländer

Baden-Württemberg:	§§ 26, 27 Polizeigesetz
Bayern:	Art. 25 Polizeiaufgabengesetz
Bremen:	§ 18 Polizeigesetz
Hamburg:	§ 14 Sicherheits- und Ordnungsgesetz
Hessen:	§§ 19, 2o Sicherheits- und Ordnungsgesetz
Niedersachsen:	-
Nordrhein-Westfalen:	§ 26 Ordnungsbehördengesetz; §§ 33, 34 Polizeigesetz
Rheinland-Pfalz:	§§ 1o, 11 Polizeiverwaltungsgesetz
Saarland:	-
Schleswig-Holstein:	§§ 183, 217 Landesverwaltungsgesetz

4. Musterentwurf: § 22

§ 28
Verwertung, Vernichtung

(1) Die Verwertung einer sichergestellten Sache ist zulässig, wenn

1. ihr Verderb oder eine wesentliche Wertminderung droht,
2. ihre Verwahrung, Pflege oder Erhaltung mit unverhältnismäßig hohen Kosten oder Schwierigkeiten verbunden ist,
3. sie infolge ihrer Beschaffenheit nicht so verwahrt werden kann, daß weitere Gefahren für die öffentliche Sicherheit oder Ordnung ausgeschlossen sind,
4. sie nach einer Frist von einem Jahr nicht an einen Berechtigten herausgegeben werden kann, ohne daß die Voraussetzungen der Sicherstellung erneut eintreten würden, oder
5. der Berechtigte sie nicht innerhalb einer ausreichend bemessenen Frist abholt, obwohl ihm eine Mitteilung über die Frist mit dem Hinweis zugestellt worden ist, daß die Sache verwertet wird, wenn sie nicht innerhalb der Frist abgeholt wird.

(2) Der Betroffene, der Eigentümer und andere Personen, denen ein Recht an der Sache zusteht, sollen vor der Verwertung gehört werden. Die Anordnung sowie Zeit und Ort der Verwertung sind ihnen mitzuteilen, soweit die Umstände und der Zweck der Maßnahmen es erlauben.

(3) Die Verwertung erfolgt durch Versteigerung nach § 979 Abs. 1 in Verbindung mit § 383 Abs. 3 des Bürgerlichen Gesetzbuches. Bleibt die Versteigerung erfolglos, erscheint sie von vornherein aussichtslos oder würden die Kosten der Versteigerung voraussichtlich den zu erwartenden Erlös übersteigen, so kann die Sache freihändig verkauft werden. Der Erlös tritt an die Stelle der verwerteten Sache. Läßt sich innerhalb angemessener Frist kein Käufer finden, so kann die Sache einem gemeinnützigen Zweck zugeführt werden.

(4) Sichergestellte Sachen können unbrauchbar gemacht oder vernichtet werden, wenn

1. im Falle einer Verwertung die Gründe, die zu ihrer Sicherstellung berechtigten, fortbestehen oder Sicherstellungsgründe erneut entstehen würden, oder
2. die Verwertung aus anderen Gründen nicht möglich ist.

Absatz 2 gilt sinngemäß.

Zu Abs. 1

Die Vorschrift entspricht weitgehend geltendem Recht. Verwertung bedeutet die wertmäßige Umsetzung einer Sache in einen entsprechenden Geldbetrag. Sie ist von der Vernichtung oder Unbrauchbarmachung zu unterscheiden (Abs. 4).

Zu Abs. 2:

Die Anhörung kann nicht in jedem Fall durchgeführt werden, z. B. dann nicht, wenn die genannten Personen nicht oder nur mit unangemessenem Aufwand ermittelt werden können.

Zu Abs. 3

Die Versteigerung nach den §§ 979, 383 BGB (öffentliche Versteigerung von Fundsachen) gewährleistet am ehesten eine sachgerechte Verwertung. Von der Versteigerung kann nur unter den in Satz 2 und Satz 4 genannten Voraussetzungen abgesehen werden.

Zu Abs. 4:

Die Vorschrift entspricht geltendem Recht. Die Vernichtung oder Unbrauchbarmachung setzt in jedem Fall das Vorliegen eines der Verwertungsgründe (Abs. 1) voraus.

Anmerkungen

1. Die Vorschrift betrifft den Bereich der Ordnungsbehörden und der Polizei.

2. Besondere Regelungen

§§ 3o, 31 des Bundesgrenzschutzgesetzes;
§ 9 Abs. 3 des Bundeskriminalamtsgesetzes;
§ 3o des Bundeswasserstraßengesetzes;
§ 111 Abs. 3 des Seemannsgesetzes.

3. Bestimmungen der Bundesländer

Baden-Württemberg:	§ 28 Polizeigesetz
Bayern:	Art. 26 Polizeiaufgabengesetz
Bremen:	§§ 19, 2o Polizeigesetz
Hamburg:	§ 14 Sicherheits- und Ordnungsgesetz
Hessen:	§§ 21, 22 Sicherheits- und Ordnungsgesetz
Niedersachsen:	-
Nordrhein-Westfalen:	§ 26 Ordnungsbehördengesetz; §§ 35, 36 Polizeigesetz
Rheinland-Pfalz:	§§ 12 - 15 Polizeiverwaltungsgesetz
Saarland:	-
Schleswig-Holstein:	§ 218 Landesverwaltungsgesetz

4. Musterentwurf: § 23

§ 29

Herausgabe sichergestellter Sachen oder des Erlöses, Kosten

(1) Sobald die Voraussetzungen für die Sicherstellung weggefallen sind, sind die Sachen an denjenigen herauszugeben, bei dem sie sichergestellt worden sind. Ist die Herausgabe an ihn nicht möglich, ohne daß erneut die Voraussetzungen für eine Sicherstellung eintreten würden, können sie an einen anderen herausgegeben werden, der seine Berechtigung glaubhaft macht.

(2) Sind die Sachen verwertet worden, ist der Erlös herauszugeben. Ist ein Berechtigter nicht vorhanden oder nicht zu ermitteln, ist der Erlös nach den Vorschriften des Bürgerlichen Gesetzbuches zu hinterlegen.

(3) Die Kosten der Sicherstellung fallen den nach den §§ 10 oder 11 Verantwortlichen zur Last. Sind mehrere Personen nebeneinander verantwortlich, so haften sie als Gesamtschuldner. Die Herausgabe der Sache kann von der Zahlung der Kosten abhängig gemacht werden. Ist eine Sache verwertet worden, können die Kosten aus dem Erlös gedeckt werden. Die Kosten können im Verwaltungszwangsverfahren beigetrieben werden. Der Anspruch auf Herausgabe des Erlöses erlischt drei Jahre nach Ablauf des Jahres, in dem die Sache verwertet worden ist.

(4) § 983 des Bürgerlichen Gesetzbuches bleibt unberührt.

Zu Abs. 1:

Die Sicherstellung ist nur gerechtfertigt, solange ihre Gründe vorliegen. Da der Behörde nicht zugemutet werden kann, die Berechtigung (Eigentum, Besitz) an der Sache zu prüfen, ist sie grundsätzlich an denjenigen herauszugeben, bei dem sie sichergestellt worden ist. Für die ausnahmsweise zulässige Herausgabe an einen anderen Berechtigten nach Satz 2 genügt die Glaubhaftmachung seiner Berechtigung.

Zu Abs. 3:

Kosten der Sicherstellung sind alle bei der Sicherstellung und ihrer Durchführung sowie der etwaigen Verwertung anfallenden Kosten.

Zu Abs. 4:

Die Vorschrift trifft für den Sall Vorsorge, daß der Berechtigte oder sein Aufenthalt unbekannt ist (vgl. Art. 29 Abs. 4 BYPAG, § 37 Abs. 3 NW PolG). Dann ist eine Versteigerung nach den §§ 979 bis 982 BGB zulässig.

Anmerkungen und Rechtsprechung

1. Die Vorschrift betrifft den Bereich der Ordnungsbehörden und der Polizei.

2. Beispiel aus der Rechtsprechung

Abschleppen eines Autos war rechtswidrig. Kein Kostenersatz. Läßt die Polizei einen auf einem öffentlichen Parkplatz abgestellten gestohlenen Personenkraftwagen im Wege der Ersatzvornahme sofort auf ein Sicherstellungsgelände abschleppen, kann sie vom Eigentümer des Kraftfahrzeugs keinen Kostenersatz verlangen, wenn der sofortige Vollzug nicht notwendig war:
OVG Münster, Urteil vom 13.9.1977 - 4 A 474/76 -: NJW 1978, 72o = DÖV 1978, 59 = MDR 1978, 344.

3. Spezialbestimmungen

§ 28 Abs. 2, § 32 des Bundesgrenzschutzgesetzes;
§ 9 Abs. 3 des Bundeskriminalamtsgesetzes;

§ 2 Abs. 3 des Tierschutzgesetzes;
§ 1 Nr. 1 der Berliner Freiwillige Polizei-Reserve-Verordnung.

4. Bestimmungen der Bundesländer

Baden-Württemberg:	§§ 26 - 28 Polizeigesetz
Bayern:	Art. 27 Polizeiaufgabengesetz
Bremen:	§ 21 Polizeigesetz
Hamburg:	§ 14 Sicherheits- und Ordnungsgesetz
Hessen:	§§ 18, 21 Sicherheits- und Ordnungsgesetz
Niedersachsen:	-
Nordrhein-Westfalen:	§ 26 Ordnungsbehördengesetz; § 37 Polizeigesetz
Rheinland-Pfalz:	§ 16 Polizeiverwaltungsgesetz
Saarland:	-
Schleswig-Holstein:	§ 183 Landesverwaltungsgesetz

5. Musterentwurf: § 24

Dritter Abschnitt

Vollzugshilfe

§ 30

Begriff und Voraussetzungen der Vollzugshilfe

(1) Die Polizei leistet anderen Berliner Behörden auf Ersuchen Vollzugshilfe, wenn unmittelbarer Zwang gegen Personen anzuwenden ist und die anderen Behörden über keine oder nicht genug dazu befugte Dienstkräfte verfügen oder ihre Maßnahmen nicht auf andere Weise selbst durchsetzen können.

(2) Die Berliner Feuerwehr leistet nach Absatz 1 Vollzugshilfe, soweit diese im Zusammenhang mit den ihr obliegenden Aufgaben steht.

(3) Die Polizei und die Berliner Feuerwehr sind nur für die Art und Weise der Durchführung verantwortlich.

(4) Im übrigen gelten die Grundsätze der Amtshilfe entsprechend.

Zu Abs. 1:

Bestimmungen über die Vollzugshilfe für andere Behörden durch die Polizei isnd erforderlich wegen der in § 4 Abs. 3 getroffenen Aufgabenzuweisung (vgl. wegen des Grundsätzlichen Nr. 6.1.2 der Allgemeinen Begründung).

Die Abgrenzung zwischen Amts- und Vollzughilfe ist umstritten.Während die überwiegende Meinung die Vollzugshilfe als Unterfall der Amtshilfe betrachtet, hält eine Mindermeinung sie für ein aliud gegenüber der Amtshilfe. Auch der Ihalt des Begriffs „Vollzugshilfe" ist nicht einheitlich, ob sie nur Maßnahmen unmittelbaren Zwanges betrifft oder auch begleitende Tätigkeiten bei Vollstreckungen, letztlich, ob Vollzugshilfe nur im Rahmen der Gefahrenabwehr oder auch zu anderen Verwaltungszwekken möglich ist.

In Berlin (§ 6 PolZG) werden unter der Überschrift „Amtshilfe" in Abs. 1 polizeilicher Schutz generell bei Vollstreckungshandlungen anderer Behörden, in Abs. 2 zur Durchsetzung von Handlungen, Duldungen, Unterlassungen durch unmittelbaren Zwang geregelt.

In Bremen (§ 58 Abs. 2 PG), Hessen (§ 87 SOG i. V. m. § 2 SOG und Rheinland-Pfalz (§ 94 Abs. 1 PVG) ist der Polizeivollzugsdienst anderen Verwaltungsbehörden gegenüber zur Vollzugshilfe verpflichtet, soweit diese Behörden keine eigenen Vollzugskräfte besitzen. In Schleswig-Holstein muß die Polizei Vollzugsmaßnahmen auf Ersuchen der Ordnungsbehörden durchführen.

Eine besondere Regelung besteht in Bayern, die sich weitgehend aus der abweichenden Polizeiorganisation dieses Bundeslandes erklärt. Danach ist im Regelfall „die Überwachung des Vollzugs von Verwaltungsakten (Art. 9 Abs. 2: 24 Abs. 1 POG)" nicht auf „Ersuchen", sondern auf „Weisung" durchzuführen.

Im Interesse einer Entlastung der Polizei von polizeifremden Aufgaben (vgl. die Forderung des „Sicherheitsprogramms der Innenminister" unter I. Nr. 1.) faßt der Entwurf den Begriff der Vollzugshilfe ähnlich § 6 Abs. 2 PolZG, beschränkt ihn dann aber auf die Hilfe bei der Anwendung unmittelbaren Zwanges und grenzt ihn damit eigenständig gegen die Amtshilfe ab, unter die alle übrigen Ersuchen um Unterstützung zu rechnen sind, die nicht in Rechte Dritter eingreifen. Für diese Amtshilfeersuchen gelten die allgemeinen Regeln über die Amtshilfe (vgl. §§ 4 ff. des Entwurfs eines Verwaltungsverfahrensgesetzes – VwVfG – BT – Drucksache 7/910). Für die Vollzugshilfe im Sinne des Entwurfs gelten die Vorschriften über die Amtshilfe nur entsprechend, soweit der Entwurf also keine Regelung trifft (Abs. 4 sowie die §§ 31 und 32).

Die Regeln der Vollzughilfe sind im Verhältnis zu den Ordnungsbehörden auch auf die Fälle anzuwenden, in denen dieser Entwurf die Durchführung bestimmter Befugnisse allein der Polizei vorbehält.

§ 4 Abs. 3 und die §§ 30 ff. betreffen nicht die Fälle, in denen der Polizei besondere Hilfs- oder Unterstützungsmaßnahmen zugewiesen sind (z. B. nach § 758 Abs. 3 ZPO, § 33 Abs. 2 Satz 2 FGG oder nach § 335 Abs. 3 der Abgabenordnung). Diese Spezialvorschriften gehen vor; die Verpflichtung und die Befugnisse der Polizei richte sich nach diesen Sondervorschriften (vgl. §§ 4 Abs. 4 Satz 1; 14 Abs. 2).

Zu Abs. 2:

Ähnlich der Polizei kann auch die Berliner Feuerwehr bei der Erfüllung ihrer Aufgaben in die Lage geraten, bei der Hilfe für andere Behörden unmittelbaren Zwang anwenden zu müssen (z. B. beim Transport von Geisteskranken). Auch das ist Vollzugshilfe. Eine Berechtigung besteht nur bei entsprechender gesetzlicher Ermächtigung, die jedoch bisher fehlte. Abs. 2 ist daher wegen § 3 Abs. 2 ebenso erforderlich wie Abs. 1 wegen § 4 Abs. 3. Im übrigen gilt für die Vollzugshilfe der Berliner Feuerwehr das gleiche wie für die Vollzugshilfe der Polizei.

Zu Abs. 3:

Die Polizei und die Berliner Feuerwehr sollen nicht verpflichtet sein, die rechtlichen und tatsächlichen Voraussetzungen einer Maßnahme zu überprüfen. Insoweit können sie Verantwortung nicht übernehmen.

Zu Abs. 4:

Vgl. die Begründung zu Abs. 1.

Anmerkungen

1. Die Vollzugshilfe betrifft hier die Polizei und die Feuerwehr.

2. Nach § 2 Abs. 1 des Gesetzes über die Anwendung unmittelbaren Zwanges handelt es sich bei diesem Zwangsmittel um die "Einwirkung auf Personen oder Sachen durch körperliche Gewalt, durch Hilfsmittel der körperlichen Gewalt und durch Waffen". Die Vollzugshilfe gemäß § 3o erstreckt sich aber nur auf den unmittelbaren Zwang gegen Personen, nicht gegen Sachen.

3. Vollzugshilfe sollte als Unterfall der Amtshilfe betrachtet werden. Dafür spricht vornehmlich Art. 35 Abs. 1 GG: "Alle Behörden des Bundes und der Länder leisten sich gegenseitig Rechts- und Amtshilfe." Hiernach kann die Amtshilfe als Oberbegriff gewertet werden. Dazu kommt, daß es verhältnismäßig viele Sondervorschriften über die Amtshilfe, aber nur wenige über die Vollzugshilfe gibt.

4. Besondere Regelungen in anderen Vorschriften.

§ 287 Abs. 3 der Abgabenordnung;
§ 9 Abs. 1 des Bundesgrenzschutzgesetzes;
§ 33 Abs. 2 Satz 2 des Gesetzes über die Angelegenheiten der freiwilligen Gerichtsbarkeit;
§ 18 Abs. 1, § 19 des Geschlechtskrankheitengesetzes;
§ 11 der Sportbootführerscheinverordnung;
§ 8, § 15 Abs. 2 Satz 2 des Verwaltungs-Vollstreckungsgesetzes;
§ 758 Abs. 3 der Zivilprozeßordnung.

5. Bestimmungen der Bundesländer

Baden-Württemberg:	§§ 2, 46 Polizeigesetz
Bayern:	Art. 29 Polizeiaufgabengesetz
Bremen:	§ 58 Abs. 3 Polizeigesetz
Hamburg:	-
Hessen:	§ 44 Abs. 3 Sicherheits- und Ordnungsgesetz
Niedersachsen:	§ 2 Abs. 1 Satz 2 Sicherheits- und Ordnungsgesetz
Nordrhein-Westfalen:	§ 2 Satz 3 Ordnungsbehördengesetz; § 16 Abs. 2 Polizeigesetz
Rheinland-Pfalz:	§ 94 Polizeiverwaltungsgesetz
Saarland:	§ 6 Polizeiorganisationsgesetz
Schleswig-Holstein:	§ 168 Landesverwaltungsgesetz

6. Musterentwurf: § 25

§ 31
Verfahren

(1) Vollzugshilfeersuchen sind schriftlich zu stellen; sie haben den Grund und die Rechtsgrundlage der Maßnahme anzugeben.

(2) In Eilfällen kann das Ersuchen formlos gestellt werden. Es ist jedoch auf Verlangen unverzüglich schriftlich zu bestätigen.

(3) Die ersuchende Behörde ist von der Ausführung des Ersuchens zu verständigen.

Zu Abs. 1:

Die Vorschrift soll der Polizei und der Berliner Feuerwehr eine zweifelsfrei Grundlage für ihr Handeln geben. Sie kann auch helfen, voreilige und unbegründete Ersuchen zu vermeiden.

Zu Abs. 2:

Die Ausnahmeregelung ist für dringende Fälle notwendig. Im Grundsatz wird aber auch bei derartigen Vollzugshilfeersuchen schriftliche Form verlangt.

Zu Abs. 3:

Die Regelung dient der notwendigen Zusammenarbeit.

Anmerkungen

1. Im Regelfall hat die hilfsbedürftige Behörde ihr Ersuchen um Vollzugshilfe schriftlich zu stellen. Das formlose Ersuchen muß die Ausnahme sein. Die Schriftform zwingt die ersuchende Behörde zu gehöriger Überlegung und Begründung. Dadurch können übereilte Handlungen vermieden werden. Die ersuchte Polizei oder Feuerwehr wiederum kann ihre Maßnahmen entsprechend vorbereiten.

2. Bestimmung in Bayern: Art. 3o Polizeiaufgabengesetz

3. Musterentwurf: § 26

§ 32
Freiheitsentziehung

(1) Hat das Vollzugshilfeersuchen eine Freiheitsentziehung zum Inhalt, ist auch die richterliche Entscheidung über die Zulässigkeit der Freiheitsentziehung vorzulegen oder in dem Ersuchen zu bezeichnen.

(2) Ist eine vorherige richterliche Entscheidung nicht ergangen, ist die festgehaltene Person zu entlassen, wenn die ersuchende Behörde diese nicht übernimmt oder die richterliche Entscheidung nicht unverzüglich nachträglich beantragt.

(3) Die §§ 20 und 21 gelten entsprechend.

Zu Abs. 1:

Die in Vollzugshilfe durchgeführte Freiheitsentziehung ist als Maßnahme der ersuchenden Behörde anzusehen. Folglich begeht nicht die ersuchte Behörde sondern die ersuchende Behörde einen Grundrechtseingriff. Um Art. 104 GG Genüge zu tun, muß deshalb in diesen Fällen bei Stellung des Ersuchens (§ 31) zusätzlich die richterliche Entscheidung vorgelegt oder bezeichnet werden. Das Problem der Abgrenzung von Freiheitsentziehung und Freiheitsbeschränkung tritt auch hier auf, allerdings abgewandelt dadurch, daß die ersuchte Behörde nur ein eingeschränktes Prüfungsrecht hat.

Dennoch ist die Verantwortlichkeit der ersuchten Behörde bei der Freiheitsentziehung besonders groß, da die Dauer der Freiheitsentziehung, die als Art der Durchführung anzusehen ist, unter besonderem grundrechtlichen Schutz steht und die ersuchte Behörde für die Art der Durchführung voll verantwortlich ist.

Zu Abs. 2:

Durch die Vorschrift soll einerseits möglichst eine Umgehung des Art. 104 GG vermieden und die ersuchende Behörde gezwungen werden, alles Notwendige zu tun; andererseits soll die ersuchte Behörde von übermäßigen Verpflichtungen gegenüber der festgehaltenen Person freigestellt werden.

Zu Abs. 3:

Die Bestimmungen zum Schutze der festgehaltenen Person gelten auch bei Freiheitsentziehungen im Rahmen der Vollzugshilfe

Anmerkungen

1. Diese Bestimmung trägt der in Art. 1o4 Abs. 2 GG enthaltenen Rechtsgarantie bei Freiheitsentziehungen Rechnung. Danach hat über die Zulässigkeit und Fortdauer einer Freiheitsentziehung nur der Richter zu entscheiden.

2. Bestimmung in Bayern: Art. 31 Polizeiaufgabengesetz

3. Musterentwurf: § 27

Vierter Abschnitt
Verordnungen zur Gefahrenabwehr

§ 33
Ermächtigung

Der Senat kann Rechtsverordnungen zur Abwehr von Gefahren für die öffentliche Sicherheit oder Ordnung (§ 1 Abs. 1) erlassen.

Zu § 33

Die Vorschrift enthält die bisher in den §§ 14 und 24 PVG geregelte Ermächtigung zum Erlaß von Verordnungen zur Gefahrenabwehr und entspricht ähnlichen Regelungen in entsprechenden ähnlichen Landesgesetzen (z. B. § 29 OBG NW). Als Generalklausel genügt sie nach ständiger Rechtsprechung dem verfassungsrechtlichen Bestimmtheitsgebot für Verordnungsermächtigungen. Die in ihr enthaltenen Begriffe haben durch jahrzehntelange Rechtssprechung hinreichend scharfe Konturen erhalten.

Der Gefahrbegriff entspricht dem des § 1 Abs. 1; nach herkömmlichen Polizei- und Ordnungsrecht ist daher nicht eine im Einzelfall bevorstehende Gefahr (konkrete Gefahr, vgl. § 14) erforderlich, es genügt, wenn eine abstrakte Gefahr gegeben ist, d. h. eine Situation, die nach der Lebenserfahrung typischerweise gefährlich ist (vgl. auch Nr. 7.1 der Allgemeinen Begründung).

Der Entwurf übernimmt die Regelung des PVG, wonach im Gegensatz zu den Flächenstaaten das Verordnungsrecht weder der Polizei, noch den Ordnungsbehörden, noch dem zuständigen Senatsmitglied, sondern allein dem Senat zusteht.

Auch für das Verordnungsrecht gilt der hier nicht ausdrücklich hervorgehobene Grundsatz der Subsidiarität (vgl. für Einzeleingriffe § 14 Abs. 2), wonach die Ordnungsbehörden in erster Linie ihre Aufgaben nach den hierfür erlassenen besonderen Gesetzen und Verordnungen durchzuführen haben. Danach ist für Verordnungen auf Grund von § 33 nur Raum, soweit der Regelungsgegenstand durch die Spezialnorm nicht abschließend geregelt ist.

Der Entwurf enthält in Übereinstimmung mit dem PVG keine Vorschriften über die Form einer Verordnung zur Gefahrenabwehr, wie dies in vielen Länderregelungen der Fall ist. Das ist für Berlin nicht erforderlich, da hier Verordnungen zur Gefahrenabwehr vom Senat – und nicht wie in anderen Ländern von den regionalen Polizeibehörden – erlassen werden. Es gelten daher in Berlin die allgemeinen Rechtsgrundsätze für den Erlaß von Rechtsverordnungen unmittelbar auch für die Verordnungen zur Gefahrenabwehr (vgl. z. B. das Gesetz über die Verkündung von Gesetzen und Rechtsverordnungen vom 29. Januar 1953 (GVBl. S. 106).

Anmerkungen

1. Die Befugnis, derartige Rechtsverordnungen zu erlassen, steht nur dem Senat zu. Gemäß § 5o Abs. 3 gelten Rechtsverordnungen, die nach den §§ 14, 24 des außer Kraft getretenen Polizeiverwaltungsgesetzes – PVG – erlassen sind, fort.

2. Beispiele für Berliner Rechtsverordnungen zur Gefahrenabwehr:

2.1 Verordnung über Regelung und Beaufsichtigung des Verkehrs mit Arzneimitteln, Giften und giftigen Pflanzenschutzmitteln außerhalb der Apotheken vom 13.6.1972 (GVBl. S. 1o61). Sie tritt am 31.3.1982 außer Kraft.

2.2 Verordnung über das öffentliche Baden vom 14.1o.1976 (GVBl. S. 2482). Sie tritt am 31.1o.1986 außer Kraft.

2.3 Verordnung über die Brandsicherheitsschau und die Betriebsüberwachung vom 17.5.1976 (GVBl. S. 1o77). Sie tritt am 31.5.1986 außer Kraft.

2.4 Verordnung über technische Bühnenvorstände vom 11.1.1972 (GVBl. S. 126). Sie tritt am 31.1.1982 außer Kraft.

2.5 Verordnung über die Durchführung von Kehrarbeiten, Überprüfungen und Messungen durch Schornsteinfeger in Berlin vom 16.12.1975 (GVBl. S. 3o22). Sie tritt am 31.12.1985 außer Kraft.

2.6 Verordnung über die Bekämpfung des Lärms vom 2.7.1974 (GVBl. S. 1511). Sie tritt am 31.7.1984 außer Kraft.

2.7 Verordnung über die Reinhaltung oberirdischer Gewässer vom 11.12.1973 (GVBl. S. 21o5). Sie tritt am 31.12.1983 außer Kraft.

3. § 33 ist stets dann die allgemeine und alleinige Ermächtigungsgrundlage für den Erlaß von Rechtsverordnungen zur Gefahrenabwehr, wenn sich die Ermächtigung dazu nicht aus besonderen anderen Gesetzen ergibt.

4. Wird der Senat zunächst teilweise durch ein anderes Gesetz dazu ermächtigt, dann ist er zur Regelung des verbleibenden offenen Inhalts der Rechtsverordnung durch § 33 befugt.

Beispiel: Die vorstehend unter Anm. 2.5 genannte Kehr- und Überprüfungsordnung hat der Senat zunächst auf Grund des § 1 Abs. 2 des Bundes-Schornsteinfegergesetzes und im übrigen auch auf Grund des § 33 ASOG erlassen.

5. Regelt jedoch ein anderes Gesetz die Ermächtigung des Senats vollauf besonders, dann ist nur dieses andere Gesetz zu Grunde zu legen. Wegen der Subsidiarität des ASOG kommt § 33 hier als Ermächtigungsgrundlage nicht in Betracht.

Beispiel: Der Senat hat die Verordnung zur Verhinderung schädlicher Umwelteinwirkungen bei austauscharmen Wetterlagen (Smog-Verordnung) vom 24.1o.1977 (GVBl. 1978 S. 393) insgesamt auf Grund der §§ 4o und 49 Abs. 2 des Bundes-Immissionsschutzgesetzes erlassen.

6. Ermächtigungsgrundlage für den Senat kann auch eine Vorschrift der westalliierten Schutzmächte sein:

Beispiel: Verordnung über Waffenkontrolle vom 3o.8.1978 (GVBl. S. 19o6).

7. Der Musterentwurf eines einheitlichen Polizeigesetzes enthält keine Regelungen über Rechtsverordnungen zur Gefahrenabwehr.

Die §§ 33 bis 36 entsprechen grundsätzlich dem gewachsenen, anerkannten und in den Ländern geltenden Recht. Auf die Einzelheiten des jeweiligen Landesrechts wird verwiesen.

8. Grundbestimmungen der anderen Bundesländer

Baden-Württemberg:	§§ 1o ff. Polizeigesetz
Bayern:	Art. 42 ff. Landesstraf- und Verordnungsgesetz
Bremen:	§§ 25 ff. Polizeigesetz
Hamburg:	§§ 1, 2 Sicherheits- und Ordnungsgesetz
Hessen:	§§ 34 ff. Sicherheits- und Ordnungsgesetz
Niedersachsen:	§§ 15 ff. Sicherheits- und Ordnungsgesetz
Nordrhein-Westfalen:	§§ 27 ff. Ordnungsbehördengesetz
Rheinland-Pfalz:	§§ 27 ff. Polizeiverwaltungsgesetz
Saarland:	§§ 24 ff. Preußisches Polizeiverwaltungsgesetz; § 36 Landesverwaltungsgesetz
Schleswig-Holstein:	§§ 53 ff., § 172 Landesverwaltungsgesetz

§ 34
Inhalt

(1) Verordnungen zur Gefahrenabwehr dürfen nicht lediglich den Zweck haben, die der zuständigen Behörde obliegende Aufsicht zu erleichtern. Von mehreren möglichen und geeigneten allgemeinen Geboten oder Verboten sind diejenigen zu wählen, die den einzelnen oder die Allgemeinheit am wenigsten beeinträchtigen. Eine Verordnung zur Gefahrenabwehr darf nicht zu einem Nachteil führen, der zu dem angestrebten Erfolg erkennbar außer Verhältnis steht.

(2) Verordnungen zur Gefahrenabwehr müssen in ihrem Inhalt bestimmt sein. Hinweise auf Anordnungen außerhalb von Verordnungen zur Gefahrenabwehr sind unzulässig, soweit diese Anordnungen Gebote oder Verbote von unbeschränkter Dauer enthalten. In Verordnungen zur Gefahrenabwehr, die überwachungsbedürftige oder sonstige Anlagen betreffen, an die bestimmte technische Anforderungen zu stellen sind, kann hinsichtlich der technischen Vorschriften auf Bekanntmachungen besonderer sachverständiger Stellen unter Angabe der Fundstelle verwiesen werden.

Zu Abs. 1:

Satz 1 entspricht herkömmlichem Recht (vgl. § 31 Abs. 1 PVG) und ist eine Ausformung des Verhältnismäßigkeitsgrundsatzes. Satz 2 und Satz 3 konkretisieren ebenfalls diesen verfassungsrechtlichen Grundsatz im Hinblick auf Verordnungen zur Gefahrenabwehr (für Einzelmaßnahmen vgl. § 8)

Zu Abs. 2:

Diese Vorschrift enthält kein spezielles Ordnungsrecht sondern gibt lediglich die allgemein für Rechtsvorschriften geltenden Grundsätze wieder.

Satz 1 enthält den Bestimmtheitsgrundsatz (vgl. § 31 Abs. 2 Satz 1 PVG). Satz 2 konkretisiert diesen Grundsatz, indem er zusätzlich den Grundsatz der Vollständigkeit aufstellt. Danach dürfen ordnungsbehördliche Verordnungen nicht bloßen Rahmencharakter haben, sondern müssen alle für den Zusammenhang und das Verhältnis wesentlichen Teile umfassen. Unzulässig ist es daher z. B., in der Verordnung zu bestimmen, daß das Waschen von Kraftfahrzeugen an solchen Stellen verboten ist, an denen eine Verbotstafel steht; vielmehr müssen diese Stellen in der Verordnung selbst örtlich genau bezeichnet werden (vgl. z. B. Erste Verordnung zum Schutz der öffentlichen Wasserversorgung Berlins – 1. Wasserschutzverordnung – vom 27. 2. 1973 (GVBl. S. 477).

Für Anordnungen von beschränkter Dauer, die allerdings kundgetan werden müssen, besteht jedoch eine Ausnahme von dem Grundsatz der Vollsändigkeit, wenn sie nur ergänzende Tatbestandsmerkmale enthalten, die zu dem in der Verordnung enthaltenen grundsätzlichen Gebot oder Verbot lediglich Einzelheiten, insbesodere im Hinblick auf Ort, Zeit, Maß, Zahl und Art der vorzunehmenden oder zu unterlassenen Handlung, bestimmten (z. B. Rattenbekämpfung zu bestimmten Zeiten); vgl. hierzu PrOVG 105/138, 144; Drews-Wacke S. 392, Satz 1 und 2 entspricht § 31 Abs. 2 PVG.

Wie bereits § 31 Abs. 3 PVG enthält Satz 3 eine weitere Ausnahme von dem Vollständigkeitsgrundsatz für überwachungsbedürftige und sonstige Anlagen, also nicht nur für Anlagen im Sinne des § 24 Gewerbeordnung. Die technischen Anforderungen sind zwar als „technischer Hintergrund“ zum Verständnis der Anordnung wichtig, bilden aber keinen Bestandteil der Verordnung selbst (z. B. DIN-Normen des Deutschen Normenausschusses; VDE-Vorschriften des Verbandes Deutscher Elektrotechniker). Sie brauchen deshalb nicht als Anlage zu der Verordnung im Gesetz- und Verordnungsblatt abgedruckt zu werden. Jedoch ist zu fordern, daß sie jedermann zugänglich sind. Deshalb ist in der Verordnung auf die Fundstelle hinzuweisen. Ändert sich die technische Vorschrift oder die Fundstelle, ist auch eine Änderung der Verordnung erforderlich. Die Formulierung des § 31 Abs. 3 PVG wurde § 31 Abs. 2 Satz . OBG NW angepaßt und als zweite Ausnahme von dem Vollständigkeitsgrundsatz als Satz 3 angefügt.

Anmerkungen

1. § 34 Abs. 1 schreibt vor, daß der Senat in seinen Verordnungen zur Gefahrenabwehr den Grundsatz der Verhältnismäßigkeit zu beachten hat.

2. § 34 Abs. 2 gebietet die inhaltlich möglichst klare, bestimmte und vollständige Abfassung einer solchen Rechtsverordnung.

§ 35
Bußgeldvorschriften

In Verordnungen zur Gefahrenabwehr können für den Fall einer Nichtbefolgung Geldbuße und Einziehung nach Maßgabe des Gesetzes über Ordnungswidrigkeiten angedroht werden.

Zu § 35

Die Vorschrift enthält einen herkömmlichen Grundsatz des Polizei- und Ordnungsrechts, wie er in allen entsprechenden Landesgesetzen als notwendig angesehen wird (vgl. § 33 Satz 1 PVG).

§ 33 Satz 2 PVG konnte im Hinblick auf die Verordnung über sachliche Zuständigkeiten für die Verfolgung und Ahndung von Ordnungswidrigkeiten (Zuständigkeitsverordnung OWiG) vom 17. März 1971 (GVBl. S. 514) gestrichen werden.

Anmerkungen

1. Derartige Bußgeldvorschriften, welche das Ordnungs- und Polizeirecht verschärfend ergänzen, sind seit langem üblich.

2. Auf die Verordnung über sachliche Zuständigkeiten für die Verfolgung und Ahndung von Ordnungswidrigkeiten vom 26.9.1978 (GVBl. S. 1956) wird hingewiesen.

§ 36
Geltungsdauer

Verordnungen zur Gefahrenabwehr sollen eine Beschränkung hinsichtlich ihrer Geltungsdauer enthalten. Die Geltung darf nicht über zehn Jahre hinaus erstreckt werden. Verordnungen zur Gefahrenabwehr, die keine Beschränkung der Geltungsdauer enthalten, treten zehn Jahre nach ihrem Erlaß außer Kraft. Eine Verlängerung lediglich der Geltungsdauer ist unzulässig.

Zu § 36

Um sicherzustellen, daß überholte Verordnungen nicht unbeschränkt weiter in Kraft bleiben, sollen Verordnungen zur Gefahrenabwehr nach der bewährten Regelung des § 34 PVG spätestens nach 10 Jahren außer Kraft treten. Die Verwaltung soll auf diese Weise gezwungen werden, derartige Verordnungen regelmäßig auf ihre sachliche Berechtigung zu überprüfen.

Um Zweifel auszuräumen, wurde Satz 4 angefügt; hiermit soll verhindert werden, daß die Geltungsdauer einer Verordnung ohne Überprüfung der sachlichen Berechtigung verlängert wird. Nach Ablauf der Frist kann eine Verordnung zur Gefahrenabwehr neu erlassen werden.

Anmerkung

Die Bestimmung bringt insoweit neues Recht, als es nunmehr verboten ist, eine Verordnung über ihre zulässige Geltungsdauer hinaus lediglich zu verlängern. Es bleibt aber weiterhin zulässig, eine außer Kraft tretende Verordnung nach inhaltlicher Prüfung neu zu erlassen.

Fünfter Abschnitt
Schadensausgleich, Erstattungs- und Ersatzansprüche

§ 37
Zum Schadensausgleich verpflichtende Tatbestände

(1) Erleidet jemand
1. infolge einer rechtmäßigen Inanspruchnahme nach § 13,
2. als unbeteiligter Dritter durch eine rechtmäßige Maßnahme der Ordnungsbehörde oder der Polizei oder
3. bei der Erfüllung einer ihm nach § 330 c des Strafgesetzbuches obliegenden Verpflichtung zur Hilfeleistung

einen Schaden, ist ihm ein angemessener Ausgleich zu gewähren.

(2) Das gleiche gilt, wenn jemand durch eine rechtswidrige Maßnahme der zuständigen Behörde einen Schaden erleidet.

(3) Der Ausgleich ist auch Personen zu gewähren, die mit Zustimmung der zuständigen Behörde bei der Gefahrenabwehr (§ 1 Abs. 1), mit Zustimmung der Polizei oder der Berliner Feuerwehr auch bei der Erfüllung von Aufgaben, die diesen Behörden nach anderen Rechtsvorschriften obliegen (§ 2 Abs. 5 und § 4 Abs. 4), freiwillig mitgewirkt oder Sachen zur Verfügung gestellt haben und dadurch einen Schaden erlitten haben.

(4) Weitergehende Ersatzansprüche, insbesondere aus Amtspflichtverletzung, bleiben unberührt.

Zu § 37

Wegen der grundsätzlichen Ausführungen zum 5. Abschnitt vgl. Nr. 6.5 der Allgemeinen Begründung.

Zu Abs. 1:

Abs. 1 gewährt in Nr. 1 den in allen Ländergesetzen nach dem Vorbild des § 70 PVG enthaltenen Anspruch dessen, der nach § 13 in Anspruch genommen wird, obwohl er nicht nach den §§ 10 oder 11 verantwortlich ist, in Nr. 2 den bereits in § 51 Abs. 2 BY PAG, § 189 SH LVwG und § 34 Abs. 2 Nr. 2 BGSG anerkannten, in den übrigen Ländern in entsprechender Anwendung der Regelungen über die Entschädigung des Nichtstörers (für Berlin analog § 70 PVG) gewährten Anspruch des von einer Maßnahme der zuständigen Behörde betroffenen unbeteiligten Dritten und in Nr. 3 den Anspruch des bereits nach § 330 c StGB zur Hilfeleistung Verpflichteten. Während die Ländergesetze bei der Regelung entsprechend Nr. 1 entweder ausdrücklich (so § 30 Abs. 1 Satz 2 HE SOG) oder stillschweigend die (schuldlos) rechtswidrige Inanspruchnahme einbeziehen, soll die Aufteilung der Abs. 1 und 2 und der Wortlaut des Abs. 1 Nr. 2 die klare Trennung zwischen rechtmäßigen Maßnahmen deutlich machen. Nr. 2 ist ein Sonderfall, da der bei dem Dritten eingetretene Erfolg rechtswidrig ist; die Maßnahme selbst wird dadurch jedoch in ihrer Rechtmäßigkeit nicht berührt.

Während der Musterentwurf in Übereinstimmung mit anderen Länderregelungen den Ausgleichsanspruch nur für die Nrn. 1 und 2 vorsieht, gewährt dieser Entwurf auch demjenigen ein Anspruch, der gemäß § 330 c StGB bei Unglücksfällen oder gemeiner Gefahr oder Not unaufgefordert Hilfe geleistet und dabei einen Schaden erlitten hat (Nr. 3). Eine entsprechende Regelung besteht schon für die Hilfeleistung ohne Aufforderung bei umfangreichen Waldbränden und Katastrophen (§ 12 Abs. 3 und 4 i. V. m. § 9 FwG). Sie kann jedoch aus Gründen der Gleichbehandlung nicht auf die Hilfeleistung bei der Erfüllung von Feuerwehraufgaben beschränkt bleiben, sondern muß für den Aufgabenbereich sämtlicher Ordnungsbehörden gelten. Es erscheint gerechtfertigt, auch denjenigen, der bei der ihm obliegenden Hilfe in einem individuellen Unglücksfall einen Schaden erleidet, so zu behandeln, wie den bei der Hilfe in einem Katastrophenfall Geschädigten; in beiden Fällen helfen die Betroffenen auch dem Staat bei der Erfüllung von

Aufgaben des Staates. Nr. 3 bezieht sich daher auf alle Fälle der Hilfeleistung nach § 330 c StGB. Mit Erlaß des ASOG ist deshalb § 12 Abs. 3 und 4 Feuerwehrgesetz zu streichen (vgl. § 48 Abs. 3); das ist ferner geboten, um Überschneidungen mit § 37 Abs. 3 dieses Entwurfs zu verhindern.

Unter Schaden sind auch Aufwendungen des Betroffenen zu verstehen. Die Vorschrift gewährt einen angemessenen Ausgleich. Damit ist klargestellt, daß nicht voller Schadensersatz und auch nicht nur eine „billige Entschädigung in Geld", sondern eine Regelung des Inhalts gemeint ist, wie sie die Rechtsprechung zur Enteignung und zum enteignungsgleichen Eingriff entwickelt hat (vgl. im einzelnen § 38).

Zu Abs. 2:

Abs. 2 gewährt wie § 51 Abs. 1 Buchst. b HB PG, § 41 Abs. 1 Buchst. b NW OBG und § 34 Abs. 2 Nr. 1 BGSG den Ausgleichsanspruch bei allen rechtswidrigen Maßnahmen der zuständigen Behörde. Abs. 2 könnte in einem Staatshaftungsgesetz aufgehoben werden, ohne daß wesentliche Folgeänderungen notwendig würden.

Zu Abs. 3:

Abs. 3 regelt die Entschädigung des freiwilligen Nothelfers (vgl. Nr. 6.5 der Allg. Begründung), der mit Einwilligung oder Genehmigung der zuständigen Behörde tätig wird.

Die Vorschrift übernimmt die Vorschläge des Musterentwurfs vollständig für die Polizei und die Berliner Feuerwehr. Bei der sonst in diesem Entwurf vorgenommenen Erstreckung der Vorschläge des Musterentwurfs auch auf die Ordnungsbehörden würde jedoch der Anspruch nicht nur bei der Hilfe in Erfüllung von Aufgaben der Gefahrenabwehr gewährt werden, sondern auch bei der Erfüllung anderer Aufgaben (z. B. bei der Leistungsverwaltung) gegeben sein. Das ist jedoch nicht vertretbar und daher in diesem Entwurf ausgeschlossen worden. Hiervon besteht lediglich für die Polizei und die Berliner Feuerwehr eine Ausnahme (z. B. Erfüllung der Aufgaben der Polizei nach der Strafprozeßordnung; Erfüllung der Aufgaben der Berliner Feuerwehr in der Leistungsverwaltung beim Krankentransport).

Anmerkungen

1. Der rechtsgeschichtlich bedeutsame Ursprung dieser Bestimmung ist das Preußische Allgemeine Landrecht von 1794. In § 74 seiner Einleitung steht zunächst das Gebot: "Einzelne Rechte und Vorteile der Mitglieder des Staates müssen den Rechten und Pflichten zur Beförderung des gemeinschaftlichen Wohls, wenn zwischen beiden ein wirklicher Widerspruch (Kollision) eintritt, nachstehen." Sodann enthält § 75 die Entschädigungspflicht des Staates: "Dagegen ist der Staat denjenigen, welcher seine besonderen Rechte und Vorteile dem Wohle des gemeinen Wesens aufzuopfern genötigt wird, zu entschädigen gehalten."

2. Es gibt in vielen anderen Rechtsvorschriften besondere Entschädigungsregelungen.

Beispiele nach Bundesrecht:

2.1 Bundesfernstraßengesetz: §§ 8a, 9, 9a, 11, 16a, 17, 18f;

2.2 Bundesgrenzschutzgesetz: §§ 34 bis 41;

2.3 Bundeskriminalamtsgesetz: § 9 Abs. 4;

2.4 Bundes-Immissionsschutzgesetz: § 14;

2.5 Bundes-Seuchengesetz: §§ 49 bis 61;

2.6 Bundeswasserstraßengesetz: §§ 11, 15, 26, 32, 36 bis 39;

2.7 Luftverkehrsgesetz: §§ 11, 19;

2.8 Personenbeförderungsgesetz: § 35;

2.9 Pflanzenschutzgesetz: §§ 15 bis 17;

2.1o Reblausgesetz: §§ 6, 7

2.11 Strandungsordnung: § 9;

2.12 Viehseuchengesetz: §§ 66 bis 72b;

2.13 Erste Wasserverbandverordnung: § 1o6

Beispiele nach Berliner Landesrecht:

2.14 Ausgrabungsgesetz: §§ 8, 21;

2.15 Datenschutzgesetz: § 15;

2.16 Denkmalschutzgesetz: § 13;

2.17 Feuerwehrgesetz: § 13;

2.18 Landeswaldgesetz: § 16;

2.19 Naturschutzgesetz: §§ 47, 48;

2.2o Straßengesetz: § 12;

2.21 Vermessungsgesetz: § 6;

2.22 Viehseuchengesetz, Gesetz zur Ausführung des -: §§ 6 bis 13;

2.23 Wassergesetz: §§ 12, 21, 48, 51, 52 57, 6o, 8o, 84;

2.24 Wasserschutzgebietsverordnung Kladow: § 1o;

2.25 Wasserschutzgebietsverordnung Tiefwerder: § 1o.

3. Bestimmungen der Bundesländer

Baden-Württemberg:	§ 41 Polizeigesetz
Bayern:	Art. 11 Landesstraf- und Verordnungsgesetz; Art. 49 Abs. 1 und 2 Polizeiaufgabengesetz
Bremen:	§§ 52, 53 Abs. 6 Polizeigesetz
Hamburg:	§ 1o Abs. 3 und 5 Sicherheits- und Ordnungsgesetz
Hessen:	§ 3o Sicherheits- und Ordnungsgesetz
Niedersachsen:	§ 4o Sicherheits- und Ordnungsgesetz
Nordrhein-Westfalen:	§ 41 Ordnungsbehördengesetz; § 39 Polizeigesetz

Rheinland-Pfalz: § 67 Polizeiverwaltungsgesetz

Saarland: § 7o Preußisches Polizeiverwaltungsgesetz

Schleswig-Holstein: §§ 188, 189 Landesverwaltungsgesetz

4. Musterentwurf: § 45

§ 38
Inhalt, Art und Umfang des Schadensausgleichs

(1) Der Ausgleich nach § 37 wird grundsätzlich nur für Vermögensschäden gewährt. Für entgangenen Gewinn, der über den Ausfall des gewöhnlichen Verdienstes oder Nutzungsentgeltes hinausgeht, und für Nachteile, die nicht in unmittelbarem Zusammenhang mit der Maßnahme der zuständigen Behörde stehen, ist ein Ausgleich nur zu gewähren, wenn und soweit das zur Abwendung unbilliger Härten geboten erscheint.

(2) Bei einer Verletzung des Körpers oder der Gesundheit oder bei einer Freiheitsentziehung ist auch der Schaden, der nicht Vermögensschaden ist, angemessen auszugleichen; dieser Anspruch ist nicht übertragbar und nicht vererblich, es sei denn, daß er rechtshängig geworden oder durch Vertrag anerkannt worden ist.

(3) Der Ausgleich wird in Geld gewährt. Hat die zum Ausgleich verpflichtende Maßnahme die Aufhebung oder Minderung der Erwerbsfähigkeit oder eine Vermehrung der Bedürfnisse oder den Verlust oder die Beeinträchtigung eines Rechts auf Unterhalt zur Folge, so ist der Ausgleich durch Entrichtung einer Rente zu gewähren. § 760 des Bürgerlichen Gesetzbuches ist anzuwenden. Statt der Rente kann eine Abfindung in Kapital verlangt werden, wenn ein wichtiger Grund vorliegt. Der Anspruch wird nicht dadurch ausgeschlossen, daß ein anderer dem Verletzten Unterhalt zu gewähren hat.

(4) Stehen dem Ausgleichsberechtigten auf Grund der Maßnahme, auf der die Verpflichtung zum Ausgleich beruht, Ansprüche gegen Dritte zu, so ist, soweit diese Ansprüche nach Inhalt und Umfang dem Ausgleichsanspruch entsprechen, der Ausgleich nur gegen Abtretung dieser Ansprüche zu gewähren.

(5) Bei der Bemessung des Ausgleichs sind alle Umstände zu berücksichtigen, insbesondere Art und Vorhersehbarkeit des Schadens und ob der Betroffene oder sein Vermögen durch die Maßnahme der zuständigen Behörde geschützt worden ist. Haben Umstände, die der Geschädigte zu vertreten hat, auf die Entstehung oder Verschlimmerung des Schadens eingewirkt, so hängen die Verpflichtung zum Ausgleich sowie der Umfang des Ausgleichs insbesondere davon ab, inwieweit der Schaden vorwiegend von dem Geschädigten oder durch die zuständige Behörde verursacht worden ist.

(6) Verursacht jemand bei der Erfüllung einer ihm nach § 330 c des Strafgesetzbuches obliegenden Verpflichtung zur Hilfeleistung oder infolge einer Inanspruchnahme nach § 13 oder in den Fällen des § 37 Abs. 3 einen Schaden, so trifft die Verantwortlichkeit das Land Berlin. Bei Vorsatz oder grober Fahrlässigkeit bleibt der Rückgriff vorbehalten. Bei Vorliegen grober Fahrlässigkeit kann von dem Rückgriff ganz oder teilweise abgesehen werden, wenn besondere Umstände des Einzelfalles beim Eintritt des Schadens oder die besonderen persönlichen Verhältnisse des Ersatzpflichtigen das angezeigt erscheinen lassen. Der Rückgriff entfällt, wenn der Verpflichtete nach Weisung gehandelt hat.

Zu Abs. 1:

Dem bisher geltenden Recht – mit Ausnahme von § 34 Abs. 1 BGSG – entsprechend soll ein Ausgleich grundsätzlich nur für Vermögensschäden gewährt werden (Ausnahme siehe Abs. 2). Ersatz wird nicht nur bei Verletzung absolut geschützter Rechtsgüter, sondern auch bei sonstigen Vermögensschäden, etwa für den Verlust schuldrechtlicher Forderungen, geleistet. Satz 2 entspricht § 53 Abs. 1 HB PG, § 42 Abs. 1 Satz 2 NW OBG und § 190 Abs. 1 Satz 2 SH LVwG.

Zu Abs. 2:

Die Ausdehnung der Ausgleichspflicht auf bestimmte immaterielle Schäden ist für das Polizei- und Ordnungsrecht der Länder neu. Mit der Regelung in § 34 Abs. 1 BGSG hat sich jedoch eine Wende angebahnt, der der Entwurf ebenfalls Rechnung trägt. Auch der Entwurf eines Staatshaftungsgesetzes sieht in § 1 den Ausgleich für Nichtvermögensschaden vor. § 38 dieses Entwurfs beschränkt den Ausgleich allerdings auf die Fälle der Verletzung des Körpers, der Gesundheit und auf Freiheitsentziehungen, regelt also nicht den einer schweren anderen Verletzung der Persönlichkeit (§ 9 Staatshaftungsgesetz-E) oder die Verletzung der Ehre (§ 34 Abs. 1 BGSG), da diese Ausdehnung problematisch erscheint. Die eingeschränkte Übertragbarkeit des Anspruchs ist § 847 Abs. 1 Satz 2 BGB nachgebildet.

Zu Abs. 3:

Abs. 3 entspricht der ausdrücklichen oder stillschweigenden Regelung der Ländergesetze und des BGSG. Satz 2 ist § 843 BGB nachgebidlet (vgl. auch § 8 Staatshaftungsgesetz-E). Satz 5 will verhindern, daß der Schaden indirekt einem unbeteiligten Dritten aufgebürdet wird, der kraft Gesetzes oder vertraglich dem Geschädigten unterhaltspflichtig ist. Das PVG enthält auch hierzu keine Regelung.

Zu Abs. 4:

Hierdurch soll erreicht werden, daß in den Fällen, in denen ein Dritter den Schaden verantwortlich verursacht hat, die ersatzpflichtige Behörde auf diesen zurückgreifen kann.

Zu Abs. 5:

Den Umfang des Ausgleichs soll eine umfassende Interessenabwägung mit Berücksichtigung von gegenseitiger Verursachung, Verschulden und sonstiger zurechenbarer Umstände bestimmen. Diese Regelung geht über den zivilrechtlichen Mitverursachungs- und Mitverschuldensgrundsatz hinaus (vgl. auch § 2 Staatshaftungsgesetz-E.).

Zu Abs. 6:

Die Vorschrift geht davon aus, daß die nach § 13 in Anspruch genommenen Personen, freiwillige Helfer, die mit Zustimmung der Behörde helfen und die nach § 330 c StGB Verpflichteten letztlich Aufgaben des Staates wahrnehmen. Es ist daher gerecht, daß der durch eine Maßnahme dieser Personen Geschädigte einen Ersatzanspruch gegen den Staat erhält. Im Innenverhältnis bleibt der Rückgriff entsprechend § 13 FPRG und § 8 Abs. 2 FwG vorbehalten.

Anmerkungen

1. Besondere Beachtung verdient § 38 Abs. 2, wonach der Staat neuerdings auch ein Schmerzensgeld zu zahlen hat. Auf die entsprechende Bestimmung des § 847 Abs. 1 des Bürgerlichen Gesetzbuches wird hingewiesen.

2. Die gleiche und noch umfassendere Regelung enthält § 34 Abs. 1 des Bundesgrenzschutzgesetzes.

33.Wichtig ist ferner, die Vorschrift des § 38 Abs. 6, daß die vom Staat zum Zweck der Gefahrenabwehr in Anspruch genommenen Personen als Vollzugsbeamte des Staates handeln.

4. Bestimmungen der Bundesländer

Baden-Württemberg:	§ 41 Polizeigesetz
Bayern:	Art. 11 Landesstraf- und Verordnungsgesetz; Art. 49 Abs. 7 Polizeiaufgabengesetz
Bremen:	§ 53 Polizeigesetz
Hamburg:	§ 1o Abs. 3 und 5 Sicherheits- und Ordnungsgesetz
Hessen:	§ 3o Sicherheits- und Ordnungsgesetz
Niedersachsen:	§ 4o Sicherheits- und Ordnungsgesetz
Nordrhein-Westfalen:	§ 42 Ordnungsbehördengesetz; § 39 Polizeigesetz
Rheinland-Pfalz:	§ 67 Polizeiverwaltungsgesetz
Saarland:	-
Schleswig-Holstein:	§ 19o Landesverwaltungsgesetz

5. Musterentwurf: § 46

§ 39

Ansprüche mittelbar Geschädigter

(1) Im Falle der Tötung sind im Rahmen des § 38 Abs. 5 die Kosten der Bestattung demjenigen auszugleichen, dem die Verpflichtung obliegt, diese Kosten zu tragen.

(2) Stand der Getötete zur Zeit der Verletzung zu einem Dritten in einem Verhältnis, auf Grund dessen er diesem gegenüber kraft Gesetzes unterhaltspflichtig war oder unterhaltspflichtig werden konnte, und ist dem Dritten infolge der Tötung das Recht auf den Unterhalt entzogen, so kann der Dritte im Rahmen des § 38 Abs. 5 insoweit einen angemessenen Ausgleich verlangen, als der Getötete während der mutmaßlichen Dauer seines Lebens zur Gewährung des Unterhalts verpflichtet gewesen wäre. § 38 Abs. 3 Satz 3 bis 5 ist entsprechend anzuwenden. Der Ausgleich kann auch dann verlangt werden, wenn der Dritte zur Zeit der Verletzung erzeugt, aber noch nicht geboren war.

Zu § 39

Die Vorschrift begründet Ansprüche mittelbar Geschädigter bei Tötung. Sie schließt sich an § 36 BGSG an. Die Verpflichtung zur Zahlung an unterhaltsberechtigte Hinterbliebene entspricht § 844 Abs. 2 BGB. Der Schadensausgleich richtet sich nach Art und Umfang nach § 38 Abs. 5, da die Hinterbliebenen keine weitergehenden Ansprüche haben können, als der Betroffene zu Lebzeiten gehabt hätte. Das PVG hat keine entsprechende Regelung.

Anmerkungen

1. Hier ist auf die entsprechende Regelung in § 844 des Bürgerlichen Gesetzbuches hinzuweisen.

2. Regelung in Bayern: Art. 11 Abs. 1 Landesstraf- und Verordnungsgesetz in Verbindung mit Art. 49 Abs. 3 Polizeiaufgabengesetz

3. Musterentwurf: § 47

§ 40

Verjährung des Ausgleichsanspruchs

Der Anspruch auf Ausgleich verjährt in drei Jahren von dem Zeitpunkt an, in welchem der Verletzte, im Falle des § 39 der Anspruchsberechtigte, von dem Schaden und dem zum Ausgleich Verpflichteten Kenntnis erlangt, ohne Rücksicht auf diese Kenntnis in dreißig Jahren von dem Eintritt des schädigenden Ereignisses an.

Zu § 40

Eine dreijährige Verjährungsfrist ist ausreichend (ebenso § 53 Abs. 5 HB PG, § 43 NW OBG und § 38 BGSG). Die Vorschrift stimmt mit § 852 BGB überein und ist auch deshalb zweckmäßig, weil streitig sein kann, ob gleichzeitig eine Amtspflichtverletzung vorliegt. Verletzter ist sowohl der Geschädigte als auch ein nach § 39 Ausgleichsberechtigter. Das PVG enthält keine Regelung.

Anmerkungen

1. Die Vorschrift entspricht der früheren Fassung des § 852 des Bürgerlichen Gesetzbuches - BGB -. Inzwischen ist § 852 BGB durch Gesetz vom 16.8.1977 mit Wirkung vom 1.1.1978 geändert worden (BGBl. I S. 1577 / GVBl. S. 1826, 1828, 1829). Es wurde ein neuer Absatz 2 eingefügt, der wie folgt lautet:

> "Schweben zwischen dem Ersatzpflichtigen und dem Ersatzberechtigten Verhandlungen über den zu leistenden Schadensersatz, so ist die Verjährung gehemmt, bis der eine oder andere Teil die Fortsetzung der Verhandlungen verweigert."

Im Fall einer Amtspflichtverletzung nach § 839 BGB geht § 852 BGB auf jeden Fall der Bestimmung des § 4o ASOG vor. Im übrigen dürfte sich aus dem Rechtsgrundsatz von Treu und Glauben ergeben, daß § 852 Abs. 2 BGB auch bei § 4o ASOG entsprechend anzuwenden ist.

2. Bestimmungen in Bundesländern

Bremen:	§ 53 Abs. 5 Polizeigesetz
Nordrhein-Westfalen:	§ 43 Ordnungsbehördengesetz; § 39 Polizeigesetz
Rheinland-Pfalz:	§ 68 Satz 2 Polizeiverwaltungsgesetz
Schleswig-Holstein:	§ 19o Abs. 5 Landesverwaltungsgesetz; Achtung: Hier beträgt die Verjährungsfrist nur ein Jahr!

3. Musterentwurf: § 48

§ 41

Ausgleichspflichtiger, Erstattungsansprüche

(1) Ausgleichspflichtig ist das Land Berlin.

(2) Hat ein Beamter des Landes Berlin für eine andere Körperschaft des Landes gehandelt, so ist diese ausgleichspflichtig.

(3) Ist in den Fällen des Absatzes 2 ein Ausgleich nur wegen der Art und Weise der Durchführung der Maßnahme zu gewähren, so kann die ausgleichspflichtige Körperschaft vom Land Berlin Erstattung ihrer Aufwendungen verlangen, es sei denn, daß sie selbst die Verantwortung für die Art und Weise der Durchführung trägt.

Zu Abs. 1:

Ausgleichspflichtig kann angesichts der Berliner Verwaltungsorganisation nur das Land Berlin sein.

Zu Abs. 2:

Nur in den Fällen, in denen zulässigerweise Maßnahmen für die Behörde einer anderen Körperschaft getroffen werden (auf Grund Organisationsrecht, Amts- und Vollzugshilfe), soll die Körperschaft, für die die Maßnahme getroffen wird, den Ausgleich gewähren.

Zu Abs. 3:

Abs. 3 sieht den notwendigen Erstattungsanspruch vor, wenn ein Ausgleich nur wegen der Art und Weise der Durchführung zu gewähren ist. Da diese Frage in vielen Fällen streitig sein kann, erscheint es nicht gerechtfertigt, sie durch den Bürger bei der Suche nach dem Ausgleichspflichtigen klären zu lassen.

Anmerkungen

1. Wegen der staatsrechtlichen Ordnung Berlins als Stadtstaat kann nur das Land Berlin ausgleichspflichtig sein.

2. Hat ein Beamter des Landes Berlin im Wege der Amts- oder Vollzugshilfe für eine andere Körperschaft des Landes gehandelt, so ist diese (ersuchende) Körperschaft ausgleichspflichtig.

3. Bestimmungen der Bundesländer

Baden-Württemberg:	§ 42 Polizeigesetz
Bayern:	Art. 11 Landesstraf- und Verordnungsgesetz; Art. 49 Abs. 6, Art. 5o Polizeiaufgabengesetz
Bremen:	§ 54 Polizeigesetz
Hamburg:	§ 1o Sicherheits- und Ordnungsgesetz
Hessen:	§ 31 Sicherheits- und Ordnungsgesetz
Niedersachsen:	§ 41 Sicherheits- und Ordnungsgesetz
Nordrhein-Westfalen:	§ 45 Ordnungsbehördengesetz; § 39 Polizeigesetz
Rheinland-Pfalz:	§ 68 Polizeiverwaltungsgesetz
Saarland:	§ 71 Preußisches Polizeiverwaltungsgesetz
Schleswig-Holstein:	§ 191 Abs. 1 Landesverwaltungsgesetz

4. Musterentwurf: § 49

§ 42
Rückgriff gegen den Verantwortlichen

(1) Die nach § 41 ausgleichspflichtige Körperschaft kann von den nach den §§ 10 oder 11 Verantwortlichen Ersatz ihrer Aufwendungen verlangen, wenn sie auf Grund des § 37 Abs. 1 oder 3 einen Ausgleich gewährt hat.

(2) Sind mehrere Personen nebeneinander verantwortlich, so haften sie als Gesamtschuldner.

Zu § 42

Die Vorschrift übernimmt die schon bisher geltende Regelung des § 72 PVG, wonach der Ausgleichspflichtige beim Störer wegen seiner notwendigen Aufwendungen Rückgriff nehmen kann. Der Hinweis auf § 37 Abs. 1 und 3 stellt klar, daß ein Rückgriff dann nicht möglich sein soll, wenn der Ausgleich wegen der Rechtswidrigkeit einer Maßnahme zu gewähren ist.

Anmerkungen

1. Ein Rückgriff ist nur bei rechtmäßigen Maßnahmen zulässig. Denn § 37 Abs. 2, der den Schadensausgleich für rechtswidrige Maßnahmen der zuständigen Behörde vorschreibt, ist hier in § 42 nicht enthalten.

2. Bestimmungen der Bundesländer

Baden-Württemberg:	§ 43 Polizeigesetz
Bayern:	Art. 51 Polizeiaufgabengesetz
Bremen:	§ 54 Polizeigesetz
Hamburg:	§ 1o Abs. 3 und 4 Sicherheits- und Ordnungsgesetz
Hessen:	§ 32 Sicherheits- und Ordnungsgesetz
Niedersachsen:	§ 42 Sicherheits- und Ordnungsgesetz
Nordrhein-Westfalen:	§ 45 Abs. 2 Ordnungsbehördengesetz; § 39 Polizeigesetz
Rheinland-Pfalz:	§ 69 Polizeiverwaltungsgesetz
Saarland:	§ 72 Preußisches Polizeiverwaltungsgesetz
Schleswig-Holstein:	§ 191 Abs. 2 Landesverwaltungsgesetz

3. Musterentwurf: § 5o

§ 43
Rechtsweg

Für Ansprüche auf Schadensausgleich ist der ordentliche Rechtsweg, für Ansprüche auf Erstattung und Ersatz von Aufwendungen nach § 41 Abs. 3 oder § 42 der Verwaltungsrechtsweg gegeben.

Zu § 43

Für die Verfolgung bestimmter Ansprüche auf Schadensausgleich legt § 40 Abs. 2 Satz 1 VwGO bundesrechtlich den ordentlichen Rechtsweg fest, der auch verfassungsrechtlich geboten ist (Art. 14 GG). Demgegenüber liegt bei öffentlich-rechtlichen Erstattungs-, Rückgriffs- und Ersatzansprüchen keine einheitliche Regelung vor. Im Hinblick auf deren öffentlich-rechtliche Natur ist es zweckmäßig, derartige Streitigkeiten den Verwaltungsgerichten zuzuweisen. Die Regelung des § 73 PVG dürfte überholt sein.

Anmerkungen

1. § 43 entspricht der Neufassung des § 4o VwGO, wie sie durch § 97 VwVfG vorgenommen wurde.

2. Bestimmungen der Bundesländer

Baden-Württemberg:	§ 44 Polizeigesetz
Bayern:	Art. 11 Landesstraf- und Verordnungsgesetz; Art. 52 Polizeiaufgabengesetz
Bremen:	§ 55 Polizeigesetz
Hamburg:	-
Hessen:	§ 33 Sicherheits- und Ordnungsgesetz
Niedersachsen:	§ 43 Sicherheits- und Ordnungsgesetz
Nordrhein-Westfalen:	§ 46 Ordnungsbehördengesetz; § 39 Polizeigesetz
Rheinland-Pfalz:	§ 7o Polizeiverwaltungsgesetz
Saarland:	§ 73 Preußisches Polizeiverwaltungsgesetz
Schleswig-Holstein:	§ 192 Landesverwaltungsgesetz

3. Musterentwurf: § 51

Sechster Abschnitt

Übergangs- und Schlußbestimmungen

§ 44
Zuständigkeit zum Erlaß von Widerspruchsentscheidungen

Das zuständige Mitglied des Senats entscheidet über den Widerspruch gegen einen der Anfechtung nach den §§ 68 ff der Verwaltungsgerichtsordnung unterliegenden Verwaltungsakt einer nachgeordneten Ordnungsbehörde oder der Polizei.

Zu § 44

Die Vorschrift entspricht inhaltlich § 7 Abs. 3 PolZG. Sie ist erforderlich, um die Zuständigkeit der Aufsichtsbehörden zur Entscheidung über den Widerspruch gegen Maßnahmen nachgeordneten Ordnungsbehörden und der Polizei zu ermöglichen, der nach § 73 Abs. 1 Satz 2 Nr. 2 VwGO ausgeschlossen ist. Die Befugnis zur Sonderregelung durch das Land Berlin ergibt sich aus § 185 Abs. 2 VwGO.

Die Absätze 1 und 2 des § 7 PolZG konnten mit Rücksicht auf Art. 31 GG gestrichen werden, weil sich deren Regelungsinhalt bereits aus § 68 Abs. 1 VwGO ergibt.

Anmerkungen und Rechtsprechung

1. Widerspruchsbehörde ist das zuständige Mitglied des Senats. Die Ermächtigung zu dieser besonderen Regelung ergibt sich für das Land Berlin (ebenso wie für die Länder Bremen, Hamburg, Saarland und Schleswig-Holstein) aus § 185 Abs. 2 VwGO.

2. Das Widerspruchsverfahren ist in den §§ 79, 8o VwVfG in Verbindung mit den §§ 68 bis 8o VwGO geregelt.

3. Bei dem isolierten Widerspruchsverfahren, das ohne anschließende Klageerhebung endet, ist die Kostenregelung des § 8o VwVfG zu beachten. Dazu gibt es in Berlin ein Rundschreiben des Senators für Inneres vom 26.2.1979 (DBl. I/1979 Nr. 5 S. 31-34).

4. Die Schlechterstellung des Widersprechenden durch die Widerspruchsbehörde im Widerspruchsbescheid sollte unterbleiben. Sie gewinnt leicht den Anschein der Bestrafung. Im übrigen ist die Schlechterstellung rechtlich kompliziert. Das soll durch die folgenden Urteile verdeutlicht werden.

4.1 Ob im Widerspruchsverfahren die Schlechterstellung ("reformatio in peius") zulässig ist, ist nicht in der Verwaltungsgerichtsordnung geregelt, sondern richtet sich nach dem jeweils anzuwendenden Bundes- oder Landesrecht. Ihre Zulässigkeit ist bundesrechtlich begrenzt durch den Kernbestand der Grundsätze des Vertrauensschutzes und von Treu und Glauben:
BVerwG, Urteil vom 12.11.1976 - 4 C 34/75 -: BVerwGE 51, 31o = NJW 1977, 1894 = DÖV 1977, 371 = BayVBl. 1977, 4o9 = JuS 1977, 692 = VerwRspr. 29, 123.

4.2 § 68 Abs. 1 Satz 1 VwGO gewährt der Widerspruchsbehörde nicht die Befugnis, über die Bestätigung oder Änderung des angefochtenen Verwaltungsakts hinaus einen hiervon rechtlich unabhängigen zusätzlichen Eingriffsakt gegenüber dem Widersprechenden zu erlassen.
Aus dem Weisungsrecht der Aufsichtsbehörde gegenüber einer nachgeordneten Behörde (hier § 7 Abs. 2 Nr. 2 des Berliner ASOG) folgt kein allgemeines Recht zum Selbsteintritt:
OVG Berlin, Urteil vom 7.1.1977 - 3 B 7/76 -: NJW 1977, 1166 = DVBl. 1977, 868 Nr. 331.

4.3 Die Widerspruchsbehörde ist nicht befugt, eine teilweise Fahrerlaubnisentziehung (hier Klasse 3) durch eine weitere Teilentziehung (hier Klasse 1) zu erweitern:
Bayerischer VGH (München), Urteil vom 7.6.1977 - Nr. 99 XI 75 -: MDR 1978, 8o = BayVBl. 1978, 16 = NJW 1978, 443 = DÖV 1978, 42 = DVBl. 1978, 452 L.

§ 45
Überleitung von Zuständigkeiten

Werden in Gesetzen oder Verordnungen die Polizei oder Polizeibehörden zur Durchführung von Aufgaben, die nach Inkrafttreten dieses Gesetzes den Ordnungsbehörden obliegen, als zuständig bezeichnet, so nehmen die Ordnungsbehörden im Rahmen ihres jeweiligen Aufgabenbereiches diese Aufgaben wahr.

Zu § 45

Die Vorschrift vollzieht den Gedanken der Entpolizeilichung des § 2 und dehnt ihn für die restlichen, noch in Reichsvorschriften enthaltenen Zuständigkeitszuweisungen an die „Polizeibehörde" aus (z. B. §§ 1559 RVO: Unfalluntersuchung für die Berufsgenossenschaften). Sie könnte jedoch im Einzelfall auch bei künftigen Zuständigkeitsbestimmungen Bedeutung erlangen. Eine vergleichbare Vorschrift enthält § 50 OBG NW.

Beispiel: Für die Durchführung von Unfalluntersuchungen nach §§ 1559 ff. der Reichsversicherungsordnung sind in Berlin an Stelle der "Ortspolizeibehörde" gemäß § 12 Nr. 2 DVO-ASOG die Abteilungen Sozialwesen der Bezirksämter zuständig.

§ 46
Zuständigkeit zum Erlaß von Verwaltungsvorschriften

Die Verwaltungsvorschriften zur Ausführung dieses Gesetzes erläßt der Senator für Inneres im Einvernehmen mit den zuständigen Mitgliedern des Senats, wenn die Vorschriften den Geschäftsbereich mehrerer Mitglieder des Senats betreffen. Die Verwaltungsvorschriften zur Ausführung dieses Gesetzes erläßt das zuständige Mitglied des Senats im Einvernehmen mit dem Senator für Inneres, wenn die Vorschriften nur den Geschäftsbereich des Mitglieds des Senats betreffen.

Zu § 46

Die Vorschrift entspricht wörtlich § 9 Abs. 2 PolZG. Die bewährte Regelung gilt nunmehr auch für die materiellen Vorschriften (2. bis 5. Abschnitt).

§ 9 Abs. 1 PolZG, der den Senat als allein zuständige Stelle zum Erlaß von Rechtsverordnungen bezeichnet, brauchte nicht übernommen zu werden, da diese Regelung bereits in § 2 Abs. 2, § 5 und § 33 enthalten ist.

§ 47
Einschränkung von Grundrechten

Durch dieses Gesetz werden die Grundrechte auf

Freiheit der Person (Artikel 2 Abs. 2 Satz 2 des Grundgesetzes, Artikel 9 Abs. 1 Satz 1 der Verfassung von Berlin) und auf

Unverletzlichkeit der Wohnung (Artikel 13 des Grundgesetzes, Artikel 19 Abs. 2 Satz 1 der Verfassung von Berlin)

eingeschränkt.

Zu § 47

Die Vorschrift ist nach Art. 19 Abs. 1 Satz 2 des Grundgesetzes erforderlich.

Anmerkungen

1. Die ausdrückliche gesetzliche Einschränkung von Grundrechten ist durch Art. 19 Abs. 1 GG zwingend vorgeschrieben: "Soweit nach diesem Grundgesetz ein Grundrecht durch Gesetz oder auf Grund eines Gesetzes eingeschränkt werden kann, muß das Gesetz allgemein und nicht nur für den Einzelfall gelten. Außerdem muß das Gesetz das Grundrecht unter Angabe des Artikels nennen."

2. Es gibt schätzungsweise zweihundert bundesrechtliche Einschränkungen von Grundrechten. Ein großer Teil davon ist in den im Zweiten Teil dieser Arbeit aufgeführten Rechtsvorschriften enthalten.

3. Bestimmungen der Bundesländer

Baden-Württemberg:	§ 4 Polizeigesetz
Bayern:	Art. 58 Landesstraf- und Verordnungsgesetz; Art. 53 Polizeiaufgabengesetz
Bremen:	§ 51 Polizeigesetz
Hamburg:	§ 31 Sicherheits- und Ordnungsgesetz
Hessen:	§ 4 Sicherheits- und Ordnungsgesetz
Niedersachsen:	§ 1 Abs. 2 Sicherheits- und Ordnungsgesetz
Nordrhein-Westfalen:	§ 47 Ordnungsbehördengesetz; § 38 Polizeigesetz
Rheinland-Pfalz:	§ 66 Polizeiverwaltungsgesetz
Saarland:	§ 3 Gesetz über die Anwendung unmittelbaren Zwanges
Schleswig-Holstein:	§§ 193, 222, 238 Landesverwaltungsgesetz

4. Musterentwurf: § 7

5. Konvention zum Schutze der Menschenrechte und Grundfreiheiten vom 4. November 195o (BGBl. 1952 II S. 686): Art. 5

§ 48
Änderung von Rechtsvorschriften

(1) Das Gesetz über das Verfahren der Berliner Verwaltung (Verwaltungsverfahrensgesetz – VwVerfG) vom 2. Oktober 1958 (GVBl. S. 951)

Zu § 48

Zu Abs 1:

Die Vorschrift ist erforderlich, um hervorzuheben, daß das ASOG einige Sonderregelungen enthält und um die durch den Wegfall des PVG überholte Fassung des Verwaltungsverfahrensgesetzes anzupassen.

Anmerkung

Das Berliner Verwaltungsverfahrensgesetz vom 2.1o.1958 ist am 1.1.1977 durch das neue Gesetz über das Verfahren der Berliner Verwaltung vom 8.12.1976 (GVBl. S. 2735) abgelöst worden.

§ 49
Bekanntmachung der Neufassung des Feuerwehrgesetzes

Anmerkung

Das Feuerwehrgesetz gilt jetzt in der Fassung vom 26.9.1975 (GVBl. S. 2522).

§ 50
Inkrafttreten, Aufhebung entgegenstehender Vorschriften

(1) Dieses Gesetz tritt am 1. September 1975, in Kraft.

(2) Gleichzeitig treten außer Kraft:

1. **Polizeiverwaltungsgesetz in der Fassung vom 2. Oktober 1958 (GVBl. S. 961), zuletzt geändert durch Gesetz vom 26. November 1974 (GVBl. S. 2746);**
2. **Gesetz über die Zuständigkeit der Berliner Polizei- und Ordnungsbehörden (Polizeizuständigkeitsgesetz – PolZG) vom 2. Oktober 1958 (GVBl. S. 959), zuletzt**

geändert durch Gesetz vom 26. November 1974 (GVBl. S. 2746).

(3) Rechtsverordnungen, die auf Grund der nach Absatz 2 aufgehobenen Gesetze erlassen sind, gelten fort.

(4) Enthalten geltende Vorschriften eine Verweisung auf nach Absatz 2 aufgehobene Vorschriften, so tritt an ihre Stelle eine Verweisung auf die entsprechenden Vorschriften dieses Gesetzes.

Zu Abs. 1 und Abs. 2:

Die Vorschrift regelt das Inkrafttreten dieses Entwurfs und das Außerkrafttreten der derzeitigen Regelung des PolZG und PVG.

Zu Abs. 3:

Die Vorschrift betrifft insbesondere die DVO-PolZG, FPR-VO und alle Verordnungen zur Gefahrenabwehr.

Zu Abs. 4:

Die Vorschrift enthält den selbstverständlichen Grundsatz, daß Verweisungen auf aufgehobene Vorschriften nunmehr als Verweisung auf die an deren Stellen getretenen Vorschriften gelten.

Anmerkung

Die nach Absatz 3 fortgeltenden Rechtsverordnungen sind in Anm. 2 zu § 33 mit aufgeführt.

Zweiter Teil

Eingriffsbefugnisse nach anderen Rechtsvorschriften

Eingriffsbefugnisse nach anderen Rechtsvorschriften

Hinweise zur Auswertung der Spezialbestimmungen in der Verwaltungspraxis

Das ASOG ist ein allgemeines und folglich subsidiäres Gesetz zur Gefahrenabwehr. Wenn also die Befugnisse der Ordnungsbehörden und der Polizei bereits vorrangig durch andere Rechtsvorschriften (Gesetze oder Rechtsverordnungen) besonders geregelt worden sind, dann finden nur diese Anwendung. Das ASOG kommt in solchen Fällen als Rechtsgrundlage eines Eingriffes nicht in Betracht.

Regeln jedoch andere Rechtsvorschriften die Befugnisse der zuständigen Behörde nur teilweise, so ist zusätzlich das ASOG anzuwenden.

Deshalb müssen Spezialvorschriften jeweils genau auf Inhalt und Umfang ihrer besonderen Befugnisse überprüft werden. Wie notwendig und entscheidungserheblich das ist, soll am Tierschutzgesetz (laufende Nummer 181) veranschaulicht werden.

Beispiele aus dem Tierschutzgesetz

a) Gemäß § 2 Abs. 2 ist die zuständige Behörde "befugt, im Einzelfall Maßnahmen anzuordnen", die zur Erfüllung der im Tierschutzgesetz genannten Anforderungen an eine ordnungsgemäße Tierhaltung notwendig sind. -

Die Eingriffsbefugnis zur Gefahrenabwehr ist hier eindeutig spezialgesetzlich geregelt. Also kommt die nur allgemeine Eingriffsermächtigung des § 14 Abs. 1 ASOG nicht in Betracht.

b) Nach § 2 Abs. 3 können erheblich vernachlässigte Tiere "von der zuständigen Behörde dem Halter fortgenommen und .... auf dessen Kosten anderweitig pfleglich untergebracht werden". - Diese Spezialbestimmungen gehen den allgemeinen Befugnissen des ASOG vor. Also finden dessen § 26 (Sicherstellung), § 27 (Verwahrung) und § 29 (Kosten) keine Anwendung.

c) Gemäß § 16 Abs. 2 dürfen die zuständigen Behörden zur Sicherung des Tierschutzes von Jedermann "die erforderlichen Auskünfte verlangen". -

Das Auskunftsrecht der Behörde ist hier also auf diese Spezialermächtigung und nicht auf die Generalklausel des § 14 Abs. 1 ASOG zu stützen.

d) Einrichtungen für Tierversuche und Tierhandel können im Rahmen des § 16 Abs. 3 betreten und durchsucht werden. Artikel 13 des Grundgesetzes ist insoweit eingeschränkt. -

Diese Spezialbefugnis hat gegenüber dem ASOG Vorrang. Also gelten hier nicht die strengen allgemeinen Bestimmungen des § 24 ASOG.

e) Diese begünstigende Spezialvorschrift des § 16 Abs. 3 trifft aber ausdrücklich nur auf Einrichtungen für Tierversuche und Tierhandel zu. -

Andere Wohnungen einschließlich der dazugehörigen Räume dürfen also nur unter den verschärften Voraussetzungen des § 24 ASOG betreten und durchsucht werden.

f) Aus diesen Gründen haben bei sonstiger Tierquälerei etwa der Amtstierarzt, der Vollzugsbeamte des Veterinäramtes oder der Polizeivollzugsbeamte zu beachten:

Gemäß § 24 Abs. 1 ASOG darf eine Wohnung gegen den Willen des Inhabers nur dann betreten und durchsucht werden, wenn eine gegenwärtige erhebliche Gefahr für das Tier abgewehrt werden soll. Eine solche besondere konkrete Gefahr kann sofort bejaht und bekämpft werden, wenn die alarmierten Vollzugsbeamten das gequälte Tier schreien, winseln oder stöhnen hören. -
Gegenüber Einrichtungen für Tierversuche und Tierhandel sind die Eingriffsvoraussetzungen also verschärft. Allerdings schreibt § 24 Abs. 1 ASOG noch nicht die Einschaltung des Richters vor.

Diese richterliche Mitwirkung ist erst in § 24 Abs. 2 ASOG vorgesehen. Sie gilt aber auch nur für die Durchsuchung. Sie ist nicht bereits für den weniger einschneidenden Fall vorgesehen, daß die Wohnung lediglich zur Feststellung des Sachverhalts betreten werden muß, ohne daß sich eine Durchsuchung, nämlich ein "Suchen", anschließt. Kann zum Beispiel der Vollzugsbeamte das Tier nach Betreten der Wohnung gleich sehen, ohne erst nach ihm suchen und etwa eine Kammer, einen Boden- oder Kellerraum oder ein Behältnis durchsuchen zu müssen, dann handelt es sich auch nur um ein Betreten, nicht jedoch um eine Durchsuchung. Eine solche wäre nach § 24 Abs. 2 Satz 1 ASOG im übrigen bei Gefahr im Verzuge auch ohne Anordnung des Amtsgerichts zulässig. Denn der Gerichtsbeschluß käme zu spät! Zuständig für die Anordnung einer Durchsuchung ist in Berlin zentral das Amtsgericht Tiergarten.

Es empfiehlt sich, jede Rechtsvorschrift in der Weise, wie es hier bei dem Tierschutzgesetz geschehen ist, entsprechend zu überprüfen. Die nachstehend aufgeführten Spezialbestimmungen aus allen Bereichen der Gefahrenabwehr mögen dazu dienen, diese Prüfung zu erleichtern.

I. Bundesrecht

1. Abfallbeseitigungsgesetz

Beschränkung und Untersagung von Abfallbeseitigungsanlagen: § 9 Abs. 2;
Überwachung der Beseitigung von Abfall: § 11;
Betreten / Durchsuchung: § 11 Abs. 4

Rechtsprechung:

VGH Kassel, Beschluß vom 28.4.1978 - V TH 4/78 -: NJW 1979, 178:
Vorläufiger Rechtsschutz gegen die Genehmigung einer Mülldeponie.

OVG Koblenz, Beschluß vom 31.5.1976 - 1 B 2/76 -: NJW 1977, 595 = DVBl. 1977, 939 Nr. 367 (L) = BRS Band 3o Nr. 152:
Vorläufiger Rechtsschutz gegen eine Mülldeponie.

OLG Frankfurt, Beschluß vom 16.1.1979 - 3 Ws (B) 124/78 OWiG -: NJW 1979, 1468:
Autowrack als Abfall.

2. Acetylenverordnung

Beschränkung, Versagung, Rücknahme und Widerruf der Betriebserlaubnis für eine Acetylenanlage: § 7 Abs. 4 und Abs. 5;
Beschränkung, Versagung, Rücknahme und Widerruf der Bauartzulassung: § 11 Abs. 2 und Abs. 5;
Anordnung außerordentlicher Prüfungen: § 15;
Verbot der Beschäftigung ungeeigneter Personen für die Bedienung von Anlagen: § 27 Abs. 2

3. Altölgesetz

Betriebsprüfung: §§ 5, 6;
Betreten / Durchsuchung: § 5 Abs. 2, § 6 Abs. 4

4. Amateurfunkgesetz

Widerruf der Genehmigung: § 4

5. Apothekenbetriebsordnung

Rücknahme und Widerruf der Erlaubnis für Rezeptannahmestelle: § 11 Abs. 5

Rechtsprechung:

BVerwG, Urteil vom 25.7.1978 - 1 C 35/76 -: NJW 1979, 611 = MDR 1979, 34o = Arztrecht 1979, 74.
Die Regelung über Rezeptannahmestellen von Apotheken ist verfassungsmäßig. Der Betrieb einer Rezeptannahmestelle ist ohne Erlaubnis nicht zulässig.

BVerwG, Urteil vom 9.7.1974 - 1 C 24/73 -: BVerwGE 45, 331 = NJW 1974, 2o65 = MDR 1975, 251:
Die Regelung über Rezeptannahmestellen von Apotheken ist verfassungsmäßig. - Ein Ort oder Ortsteil ist "abgelegen", und die Arzneimittelversorgung ist dort nicht ordnungsgemäß, wenn die Entfernung zur Apotheke mehr als ungefähr 6 km beträgt und werktäglich während der Öffnungszeit der Apotheke nicht mindestens je einmal vormittags sowie nachmittags die Möglichkeit besteht, den Weg zur Apotheke und zurück mit öffentlichen Verkehrsmitteln innerhalb etwa einer Stunde zurückzulegen.

BGH, Urteil vom 23.1.1961 - 3 ZR 8/6o -: BGHZ 34, 188 = NJW 1961, 968 = MDR 1961, 393:
Ein entschädigungspflichtiger Eingriff in einen eingerichteten und ausgeübten Gewerbebetrieb liegt nicht vor, wenn dem Inhaber einer Stadtapotheke die Genehmigung zur Einrichtung einer Rezeptsammelstelle auf dem Lande versagt wird.

6. Apothekengesetz

Rücknahme und Widerruf einer Betriebserlaubnis: § 4, § 9 Abs. 4, § 13 Abs. 2, § 14 Abs. 3, § 16 Abs. 2;
Schließung einer Apotheke: § 5

7. Apothekeranwärter, Gesetz über die Rechtsstellung vorgeprüfter -

Untersagung der Befugnis zur Führung der Berufsbezeichnung "Apothekerassistent(in)" und zur Ausübung pharmazeutischer Tätigkeiten: § 2 Abs. 1

8. Arbeitnehmerüberlassungsgesetz

Versagung, Rücknahme und Widerruf einer Erlaubnis: §§ 3 - 5;
Untersagung des ungenehmigten Überlassens und Verwaltungszwang: § 6;
Betreten / Durchsuchung: § 7

Rechtsprechung:

BAG, Urteil vom 8.11.1978 - 5 AZR 261/77 -: MDR 1979, 7o3 = JuS 1979, 525 = GewArch 1979, 244, sowie
BayObLG, Beschluß vom 2o.2.1979 - 3 Ob OWi 242/78 -: GewArch 1979, 246:
Rechtsnatur des Arbeitnehmerüberlassungsvertrages.

9. Arbeitsmittel, Gesetz über technische -

Untersagung des Inverkehrbringens eines gefährlichen technischen Arbeitsmittels: § 5;
Betriebsprüfung: § 7;
Betreten / Durchsuchung: § 7 Abs. 2

Rechtsprechung:

OVG Münster, Urteil vom 26.1o.1978 - 13 A 881/76 -: GewArch 1979, 343:
Verbot des Inverkehrbringens eines gefährlichen Arbeitsmittels.

1o. Arbeitssicherheit, Gesetz über Betriebsärzte, Sicherheitsingenieure und andere Fachkräfte für -

Behördliche Anordnungen: § 12;
Betriebsprüfung: § 13
Betreten / Durchsuchung: § 13 Abs. 3

11. Arbeitsstättenverordnung

Anordnungen zum Schutz der Arbeitnehmer vor Gefahren: § 3 Abs. 3, § 56 Abs. 2; Betreten / Durchsuchung: § 3 Abs. 3

12. Arbeitsstoffverordnung

Anordnungen zum Schutz der Arbeitnehmer vor Gefahren: § 16

13. Arbeitszeitordnung

Zwangsmaßnahmen, Anordnung der Einstellung des Betriebes: § 25a;
Aufsichtsmaßnahmen; Betriebsprüfung: § 27;
Betreten / Durchsuchung: § 27 Abs. 3

Anmerkung mit Hinweis auf Rechtsprechung:

Gemäß § 1 Abs. 3 Satz 1 der Arbeitszeitordnung gilt für Bäckereien und Konditoreien das besondere Gesetz über die Arbeitszeit in Bäckereien und Konditoreien. In § 5 dieses Gesetzes ist ein Nachtback- und Ausfahrverbot enthalten. Jedes dieser Verbote ist mit dem Grundgesetz vereinbar: 26/73, BvR 326/73:
BVerfGE 41, 36o = NJW 1976, 2119 = DVBl. 1976, 679 = GewArch 1976, 19o.

14. Arzneimittelgesetz

Gesundheitsaufsichtliche Anordnungen und Maßnahmen: § 18, § 25, § 28, § 3o, § 39, §§ 64 - 66, § 69;
Maßnahmen von Zolldienststellen: § 74;
Betreten / Durchsuchung: § 64 Abs. 4

15. Atomgesetz

Ablehnung des Antrags auf Genehmigung einer Anlage: § 7 Abs. 2 in Verbindung mit § 15 Abs. 2 der Verordnung über das Verfahren bei der Genehmigung von Anlagen nach § 7 des Atomgesetzes;
Anordnungen und Schutzmaßnahmen: §§ 17, 19;
Betreten / Durchsuchung: § 19 Abs. 2

Rechtsprechung

BVerfG, Beschluß vom 8.8.1978 - 2 BvL 8/77 -:
BVerfGE 49, 89 = NJW 1979, 359 = GewArch 1979, 53 = DÖV 1979, 49 = DVBl. 1979, 45 = JuS 1979, 362 = JZ 1979, 178 = BayVBl. 1979, 174, dazu VerwArch Band 7o (1979) S. 249 ff.:
Verfassungsmäßigkeit des Baues von Atomanlagen des Typs "Schneller Brüter". Ermessen der Regierung. Politische Verantwortlichkeit des Gesetzgebers.
VGH Baden-Württemberg, Beschluß vom 26.2.1979 - X 39o8/78 -: DÖV 1979, 521:
Sofortige Vollziehung eines atomrechtlichen Vorbescheides.

VGH Baden-Württemberg, Beschluß vom 8.1o.1975 - X 531/75 -: DÖV 1975, 744 = GewArch 1976, 33 = DVBl. 1976, 539:
Vorläufiger Rechtsschutz bei Genehmigung eines Kernkraftwerkes.

16. Aufzugsverordnung

Beschränkung, Versagung, Rücknahme und Widerruf der Erlaubnis zum Betrieb eines Aufzugs: § 8 Abs. 3 und Abs. 4;
Betriebsprüfungen: §§ 11 - 14;
Verbot der Beschäftigung ungeeigneter Aufzugswärter und Aufzugsführer: § 22 Abs. 3 und § 23 Abs. 2;
nachträgliche Anordnungen: § 27 Abs. 3

Rechtsprechung

BVerwG, Urteil vom 11.4.1978 - 1 C 38/75 -: GewArch 1978, 33o:
Anordnung zum Einbau von Fahrkorbtüren in Personenaufzugsanlagen.

BVerwG, Urteil vom 11.4.1978 - 1 C 32/76 - / - 1 C 34/76 -: GewArch 1978, 332:
Anordnung zum Einbau von Fahrkorbtüren in Personenaufzüge.

BVerwG, Urteil vom 12.7.1973 - 1 C 23/72 -: DVBl. 1973, 857 = GewArch 1973, 265 = DÖV 1973, 828 L = MDR 1974, 165 = BayVBl. 1974, 11o:
Anordnung zum Einbau von Fahrkorbtüren in Personenaufzüge.

OVG Münster, Urteil vom 17.5.1977 - 8 A 645/76 -: GewArch 1977, 33o = BB 1977, 1279:
Anordnung zum Einbau von Fahrkorbtüren in Personenaufzüge.

OVG Hamburg, Urteil vom 6.8.1977 - Bf. I 56/76 -: VerwRspr. 29, 1oo6:
Nachträgliche Anforderung von Aufzugsanlagen.

OVG Berlin, Urteil vom 12.12.1975 - 2 B 82/73 -: OVGE Berlin 13, 182:
Anordnung zum Einbau von Fahrkorbtüren in Personenaufzüge.

OVG Berlin, Urteil vom 17.1o.1975 - 2 B 35/73 -: OVGE Berlin 13, 172:
Anordnung zum Einbau von Fahrkorbtüren in Personenaufzüge.

17. Ausländergesetz

Erkennungsdienstliche Maßnahmen: § 3 Abs. 1 Satz 3;
Entziehung des Fremdenpasses: § 4 Abs. 2;
Bestimmung des Sichtvermerks als Aufenthaltserlaubnis: § 5 Abs. 2;
Ungültigkeitserklärung einer Aufenthaltserlaubnis: § 5 Abs. 4;
Verbot der politischen Betätigung von Ausländern: § 6 Abs. 2;
Beschränkung der Aufenthaltserlaubnis: § 7 Abs. 4;
Ausweisung und Abschiebung: §§ 1o - 18, 52;
Abschiebungshaft: § 16, § 18 Abs. 3;
Ausreiseverbot: § 19;
Auskunfts- und Erscheinungspflicht: § 21 Abs. 2 Satz 2;
Bestimmung des Lagers für den Aufenthalt eines Asylbewerbers: §§ 39, 4o Abs. 1

Rechtsprechung:
BVerfG, Beschluß vom 17.1.1979 - 1 BvR 241/77 -: NJW 1979, 11oo = MDR 1979, 468 = DÖV 1979, 29o = DVBl. 698 Nr. 234 L: Ausweisung aus generalpräventiven Gründen.

BVerfG, Beschluß vom 26.9.1978 - 1 BvR 525/77 -: BVerfGE 49, 168 = NJW 1978, 2446 = DVBl. 1978, 881 = DÖV 1978, 918; 1979, 37o = VerwRspr. 3o, 265: Vertrauensschutz bei der Ermessensentscheidung über die Ablehnung einer Aufenthaltserlaubnis nach wiederholter Verlängerung.

BVerfG, Beschluß vom 25.1.1977 - 1 BvR 1o22/76 -: BVerfGE 43, 212 = NJW 1977, 671: Einstweilige Anordnung des Bundesverfassungsgerichts zur Verhinderung der drohenden Abschiebung.

BVerfG, Urteil vom 16.7.1974 - 1 BvR 75/74 -: BVerfGE 38, 52 = NJW 1974, 18o9 mit Anm. Franz: Ausweisung wegen strafgerichtlicher Verurteilung. Einstweiliger Rechtsschutz.

BVerfG, Beschluß vom 18.7.1973 - 1 BvR 23 und 155/73 -: BVerfGE 35, 382 = NJW 1974, 227, 1o43, 1o44 = DÖV 1974, 58 = DVBl. 1974, 79 JuS 1974, 251 = BayVBl. 1974, 19o = VerwRspr. 26, 641; dazu

Menger VerwArch Band 65 (1974) S. 329 ff.: Grundrechtsschutz bei sofort vollziehbarer Ausweisung eines Ausländers mit deutschem Egegatten.

BVerwG, Beschluß vom 2.2.1979 - 1 B 238/78 -: DVBl. 1979, 592 = DÖV 1979, 375: Abschreckungseffekt der Ausweisung.

BVerwG, Urteil vom 3o.1.1979 - 1 C 56/77 -: GewArch 1979, 348 = BayVBl. 1979, 341 = DVBl. 1979, 697 Nr. 23o L: Öffentliches Interesse an der Einhaltung des Aufenthaltsrechts einschließlich der Einreisevorschriften.

BVerwG, Beschluß vom 1o.11.1978 - 1 B 246/77 -: DÖV 1979, 294: Ermessensentscheidung über Aufenthaltserlaubnis zu Ausbildungszwecken.

BVerwG, Beschluß vom 7.11.1978 - 1 B 31/77 -: DÖV 1979, 292: Befristung der Ausweisung.

BVerwG, Beschluß vom 27.9.1978 - 1 C 79/76 -: BVerwGE 56, 246 = DVBl. 1979, 286 = DÖV 1979, 293 = MDR 1979, 342: Schutz von Ehe und Familie bei der Entscheidung über die Aufenthaltserlaubnis.

BVerwG, Urteil 27.9. 1978 - 1 C 48/77 -: BVerwGE 56, 254 = DÖV 1979, 371 = NJW 1979, 1112 = MDR 1979, 428 GewArch 1979, 17o = DVBl. 1979, 697 Nr. 226: Aufenthaltserlaubnis für Griechen, aber Verbot selbständiger Erwerbstätigkeit (ebenso DÖV 1979, 374 und DVBl. 1979, 585).

BVerwG, Urteil vom 27.9.1978 - 1 C 22/76 -: BVerwGE 56, 273 = GewArch 1979, 174: Aufenthaltserlaubnis für Spanier, aber Verbot selbständiger Erwerbstätigkeit.

BVerwG, Beschluß vom 14.7.1978 - 1 ER 3o1/78 -: DÖV 1979, 6o = NJW 1979, 5o5 = DVBl. 1978, 888: Wiedereinreise eines Ausländers zulässig, nachdem Gericht die aufschiebende Wirkung des Widerspruchs gegen die Versagung der Aufenthaltserlaubnis angeordnet hatte.

BVerwG, Beschluß vom 9.3.1978 - 1 B 38/78 -: DVBl. 1978, 886 = NJW 1978, 2464 = DÖV 1978, 452 L = MDR 1978, 786 L: Versagung weiterer Aufenthaltserlaubnis für Studenten aus Entwicklungsländern.
BVerwG, Urteil vom 16.8.1977 - 1 C 15/76 -: NJW 1978, 5o7 = DVBl. 1978, 217 = DÖV 1978, 18o = MDR 1978, 34o L = Verwaltungsrundschau 1979, 68: Aufenthaltserlaubnis für die Dauer des Asylverfahrens.

BVerwG, Beschluß vom 29.7.1977 - 1 B 137/77 -: NJW 1977, 2o37 = DÖV 1978, 179 = DVBl. 1979, 698 Nr. 239 L: Ausländerbehörde ist bei Ausweisung an strafrichterliche Feststellungen nicht gebunden.

BVerwG, Urteil vom 7.1o.1975 - 1 C 46/69 -: BVerwGE 49, 2o2 = DÖV 1976, 92 = NJW 1976, 49o = MDR 1976, 252 = DVBl. 1976, 5oo: Asylrecht.

BVerwG, Urteil vom 7.1o.1975 - 1 C 24/72 -: BVerwGE 49, 211 = DÖV 1976, 94 = NJW 1976, 2o86 = MDR 1976, 254: Asylrecht.

BVerwG, Urteil vom 1.7.1975 - 1 C 35/7o -: BVerwGE 49, 36 = NJW 1975, 2158 = DÖV 1975, 751 = JR 1976, 124 = DVBl. 1976, 587 Nr. 19o = VerwRspr. 27, 466: Demonstrationsverbot und Aufenthaltsbeschränkung für Ausländer.

BVerwG, Urteil vom 3.5.1973 - 1 C 2o/7o -: BVerwGE 42, 141 = BayVBl. 1973, 645 = NJW 1973, 2o77 = DÖV 1973, 859 = MDR 1974, 71 = JuS 1974, 12o = VerwRspr. 25, 337: Gegen die Ausweisung eines Ausländers ist auch dessen deutscher Ehegatte klagebefugt.

BVerwG, Urteil vom 18.12.1969 - 1 C 5/69 -: BVerwGE 34, 325 = NJW 197o, 396 = DÖV 197o, 343 = DVBl. 197o, 628 = MDR 197o, 353 = VerwRspr. 21, 341: Vorläufiger Rechtsschutz durch Anordnung der aufschiebenden Wirkung des Rechtsmittels bei Verweigerung der Aufenthaltserlaubnis.

18. Ausländer, Aufenthaltsgesetz / EWG

Nachträgliche Beschränkung der Aufenthaltserlaubnis:
§ 3 Abs. 4, § 4 Abs. 3, § 5 Abs. 3, § 6 Abs. 3, § 7 Abs. 5, § 15;
Einschränkungen der Freizügigkeit: § 12, § 15

Rechtsprechung:

BVerwG, Urteil vom 27.1o.1978 - 1 C 91/76 -: DVBl. 1979, 288 = DÖV 1979, 291 = NJW 1979, 5o6 = MDR 1979, 343: Ausweisung von Angehörigen der EG-Staaten nach strafrichterlicher Verurteilung.

OVG Koblenz, Urteil vom 16.6.1976 - 2 A 7/75 -: NJW 1977, 511 = VerwRspr. 28, 7o7: Ausweisung eines EG-Staatsangehörigen wegen Rauschgifthandels; Generalprävention.

19. Ausländer, Gesetz über die Rechtsstellung heimatloser Ausländer

Ausweisung: § 23 Abs. 1

2o. Ausländer, Verordnung über die Ausübung des Reisegewerbes durch -

Versagung und Entziehung der Reisegewerbekarte: §§ 3, 6

21. Auslieferungsgesetz

Auslieferung eines Ausländer: § 1

22. Auswandererschutzgesetz

Versagung, Beschränkung, Rücknahme und Widerruf der Erlaubnis zur geschäftsmäßigen Auswandererberatung: § 1 Abs. 1 und Abs. 4

23. Beförderung gefährlicher Güter, Gesetz über die -

Sofortmaßnahmen: § 7;
Sicherungsmaßnahmen und Zurückweisen von Gefahrguttransporten: § 8;
Betriebsprüfung: § 9;
Betreten / Durchsuchung: § 9

24. Benzinbleigesetz

Überwachung von Kraftstoffanlagen: § 5;
Betreten / Durchsuchung: § 5 Abs. 3

Rechtsprechung:

BVerfG, Beschluß vom 25.4.1979 - 1 BvR 1o12/76 -: GewArch 1979, 227: Mindestanforderungen für die Qualitätsauszeichnung von Ottokraftstoffen.

OVG Münster, Urteil vom 18.1o.1978 - 7 A 257/78 -: DVBl. 1979, 32o = GewArch 1979, 2o5:
§ 5 Abs. 3 des Benzinbleigesetzes ermächtigt die zuständige Behörde, im Rahmen ihrer Überwachungsbefugnisse an den Tankstellen Stichproben von Kraftstoffen zu entnehmen.

25. Berufsbildungsgesetz

Untersagung des Einstellens und Ausbildens: § 24
Überwachung; Betriebsprüfungen: § 45, § 72;
Besichtigen / Betreten: § 45 Abs. 1, § 72 Abs. 1

26. Beschäftigungs- und Arbeitstherapeutengesetz

Rücknahme und Widerruf der Berufserlaubnis: § 3

27. Betäubungsmittelgesetz

Kontrollmaßnahmen: §§ 2 - 5;
Betreten / Durchsuchung: § 2 Abs, 2

Rechtsprechung:

VGH Mannheim, Beschluß vom 2o.8.1971 - IV 756/71 -: NJW 1971, 2277: Schulausschluß wegen Rauschgiftgenusses.

28. Bewachungsgewerbe, Verordnung über das -

Betriebsprüfung: § 12;
Betreten / Durchsuchung: § 12 Abs. 2

29. Bienen-Einfuhrverordnung

Tötung von Bienen: § 2 Abs. 2 Nr. 2 und Nr. 3

3o. Bienen-Seuchenverordnung

Anordnung von Aufsichtsmaßnahmen: §§ 2, 3;
Schutzmaßregeln: §§ 8 - 11, 14, 15, 16 b, 16 c, 16 d;
Betreten: § 4

31. Binnenschiffahrt, Verordnung über Befähigungszeugnisse in der -

Entziehung des Befähigungszeugnisses: § 7

32. Binnenschiffahrt, Gesetz über die Aufgaben des Bundes auf dem Gebiet der -

Allgemeine Ermächtigung zur Gefahrenabwehr: § 4

33. Binnenschiffsverkehr, Gesetz über den gewerblichen -

Widerruf einer Genehmigung: § 2 Abs. 2

34. Blindenwarenvertriebsgesetz

Betriebsprüfung: § 7;
Betreten / Durchsuchung: § 7 Abs. 2

35. Bodennutzungs- und Ernteerhebung, Gesetz über -

Betreten: § 16 Abs. 1

36. Brennbare Flüssigkeiten, Verordnung über -

Anordnungen zur Abwendung besonderer Gefahren: § 6 a;
Versagung der Erlaubnis für eine Anlage: § 9 Abs. 3;
Beschränkung, Rücknahme und Widerruf der Zulassung für die Bauart einer Anlage: § 11 a Abs. 2 und Abs. 5;
Anordnung besonderer Prüfungen von Anlagen: § 15

37. Brucellose-Verordnung

Schutzmaßregeln: §§ 2 - 16;
Betreten: § 11 Abs. 1 Nr. 9

38. Bundes-Apothekenordnung

Rücknahme, Widerruf und Anordnung des Ruhens der Approbation: §§ 6 - 8

Rechtsprechung:

BVerfG, Urteil vom 11.6.1958 - 1 BvR 596/56 -: BVerfGE 7, 377 = NJW 1958, 1o35 = DVBl. 1958, 5oo = DÖV 1958, 538 = MDR 1958, 573 = VerwRspr. 1o, 781: "Apothekenurteil"; Berufsfreiheit nach Art. 12 GG.

39. Bundesärzteordnung

Rücknahme, Widerruf und Anordnung des Ruhens der Approbation: § 5, § 6 Abs. 1

4o. Bundesbaugesetz

Anordnungen zur Erforschung des Sachverhalts: § 15o
Eingriffsrechte bei Vorarbeiten auf Grundstücken: § 151;
Betreten / Durchsuchung: § 151

41. Bundesdatenschutzgesetz

Überwachungsmaßnahmen: §§ 3o, 4o;
Betreten / Durchsuchung: § 3o Abs. 3 und § 4o Abs. 2

42. Bundesfernstraßengesetz

Maßnahme gegen unzulässige Sondernutzungen: § 8 Abs. 2 und Abs. 7 a;
Schutzmaßnahmen zur Verkehrssicherheit: § 11;
Duldungsverfügungen bei Umleitungen: § 14;
Duldungsverfügungen für Vorarbeiten zum Straßenbau: § 16 a;
Maßnahmen der Straßenaufsicht: § 2o;
Betreten / Durchsuchung: § 16 a Abs. 1

43. Bundesgrenzschutzgesetz

Allgemeine Eingriffsermächtigung: § 1o;
Unmittelbare Ausführung: § 15;
Inanspruchnahme nicht verantwortlicher Personen: § 16;
Anhalterecht: § 17;
Vorladung: § 18;
Erkennungsdienstliche Maßnahmen: § 19;
Gewahrsam: §§ 2o - 22;
Durchsuchung von Personen: § 23;
Durchsuchung von Sachen: § 24;
Betreten / Durchsuchung: §§ 25, 26, 33;
"Gefahr im Verzuge": § 25 Abs. 2;
Sicherstellung von Sachen: § 27;
Bschlagnahme von Sachen: §§ 28 - 3o;
Verwertung von Sachen: §§ 31, 32

44. Bundes-Immissionsschutzgesetz

Anordnungen zur Gefahrenabwehr: § 12, § 17, § 24, §§ 26 - 29, § 31, § 52;
Untersagung, Stillegung und Beseitigung einer Anlage: § 2o;
Widerruf einer Genehmigung: § 21;
Untersagung des Betriebes einer Anlage: § 25;
Betreten / Durchsuchung: § 52 Abs. 2, 3 und 6

Rechtsprechung:

BVerwG, Urteil vom 2.12.1977 - 4 C 75/75 -: BVerwGE 55, 118 = DVBl. 1978, 71o = MDR 1978, 43o = GewArch 1978, 1o1 = DÖV 1978, 4o6 = JR 1978, 148 = BRS 32 Nr. 178: Anordnung gegen Umweltverschmutzung - Kabelabbrennungen -.

BVerwG, Urteil vom 7.6.1977 - 1 C 21/75 -: GewArch 1977, 385, 387 = DÖV 1978, 49: Lärmbekämpfung Schrottplatz.

BVerwG, Urteil vom 11.2.1977 - 4 C 9/75 -: DVBl. 1977, 77o = JuS 1977, 695 = GewArch 1977, 168 = NJW 1978, 64 = BRS Band 32 Nr. 134 = VerwRspr. 29, 111: Unzumutbare Belästigung durch Emissionen einer Hühnerhaltung größeren Umfangs.

BVerwG, Urteil vom 12.12.1975 - 4 C 71/73 -: BVerwGE 5o, 49 = MDR 1976, 6o7 = Jus 1976, 599 = DÖV 1976, 387 = BRS Band 29 Nr. 135 = VerwRspr. 27, 857: Versagung der Genehmigung zum Ersatzbau eines Tunnelofens in einer Ziegelei wegen schädlicher Umwelteinwirkungen.

BVerwG, Urteil vom 21.6.1974 - 4 C 14/74 -: DVBl. 1974, 777 = DÖV 1974, 812: §§ 22, 5o BImSchG können einen Anspruch auf Beseitigung oder Schließung eines Kinderspielplatzes nicht begründen. Spielplätze herkömmlicher Art müssen in reinen Wohngebieten hingenommen werden, **selbst** wenn sie mitunter zu Mißhelligkeiten für die Anlieger führen.

VGH Baden-Württemberg, Beschluß vom 9.3.1977 - X 1346/76 -: GewArch. 1977, 238 = DÖV 1977, 572 Nr. 99 = DVBl. 1978, 159 Nr. 75: Vorläufiger Rechtsschutz des Nachbarn.

OVG Berlin, Urteil vom 17.7.1978 - 1 B 157/75 -: GewArch 1979, 65 = DVBl. 1979, 159 = BB 1979, 555: Maßnahme zur Emissionsbegrenzung von Schwefeldioxyd bei Kraftwerk

OVG Münster, Urteil vom 12.4.1978 - 7 A 632/77 -: GewArch 1978, 393 = DVBl. 1979, 315: Verbot der Benutzung von Lastkraftwagen auf einem Betriebsgrundstück während der Nachtstunden von 22.oo bis 6.oo Uhr; Lärmbekämpfung.

45. Bundesjagdgesetz

Versagung des Jagdscheins: § 17
Ungültigerklärung und Einziehung des Jagdscheins: § 18;
Jagdschutz: § 23;
Bekämpfung von Wildseuchen: § 24;
Anordnungen zur Verhinderung übermäßigen Wildschadens: § 27

46. Bundeskriminalamtsgesetz

Besondere Eingriffsbefugnisse: § 9 Abs. 3;
Betreten / Durchsuchung: § 9 Abs. 3 (mit Befugnis bei "Gefahr im Verzuge")

47. Bundesnaturschutzgesetz

Maßnahmen des Naturschutzes und der Landschaftspflege: § 8 Abs. 2

48. Bundes-Seuchengesetz

Maßnahmen zur Verhütung übertragbarer Krankheiten: §§ 1o - 13, § 18 Abs. 2 und 5, § 22 Abs. 1, § 23;
Maßnahmen zur Bekämpfung übertragbarer Krankheiten: §§ 31, 32, § 34, §§ 36 - 38, § 46, § 47 Abs. 4, § 48;
Betreten / Durchsuchung: §§ 1o - 13, § 25, § 32, § 36 Abs. 2

Rechtsprechung:

BVerwG, Urteil vom 16.12.1971 - 1 C 6o/67 -: BVerwGE 39, 19o = JuS 1972, 287 = LRE 7, 276 = NJW 1972, 458 = DVBl. 1972, 499 = MDR 1972, 352 = VerwRspr. 24, 189:
Seuchenverhütung.

BVerwG, Urteil vom 23.11.1967 - 1 C 3o/65 -: BVerwGE 28, 233 = NJW 1968, 1442 = DVBl. 1968, 746:
Schutzmaßnahmen.

BVerwG, Urteil vom 28.2.1961 - 1 C 54/57 -: BVerwGE 12, 87 = NJW 1961, 2o77 = DVBl. 1961, 444 = MDR 1961, 621 = VerwRspr. 13, 797:
Anordnung seuchenbehördlicher Maßnahmen zur Bekämpfung von Typhus durch eine oberste Landesbehörde als Allgemeinverfügung (Stuttgarter Endiviensalatfall).

BGH, Urteil vom 3.3.1969 - 3 ZR 1o4/67 -: NJW 1969, 2282 = MDR 1969, 913 = BB 1969, 111o:
Behördlich angeordnete Vernichtung von Sachen; Entschädigung.

49. Bundes-Tierärzteordnung

Rücknahme, Widerruf und Anordnung des Ruhens der Approbation: §§ 6, 7, 8 Abs. 1

5o. Bundeswaldgesetz

Widerruf der Anerkennung einer Forstbetriebsgemeinschaft: § 2o

51. Bundeswasserstraßengesetz

Strompolizeiliche Überwachungsmaßnahmen: § 24, § 28, §§ 31 - 33, § 34 Abs. 2;
Betreten / Durchsuchung: §§ 11, 16, 33

Rechtsprechung:

BVerwG, Urteil vom 22.8.1975 - 4 C 52/72 -: DÖV 1976, 1oo = VerwRspr. 27, 392:
Strompolizei; Beseitigung eines Hindernisses.

BGH, Urteil vom 15.12.1975 - 2 ZR 54/74 -: BGHZ 65, 384 = VersR 1976, 287 = NJW 1976, 748 = MDR 1976, 293 = JuS 1976, 6o2:
Gefahrenbeseitigung durch Strompolizei.

52. Butterverordnung

Betriebsprüfungen: §§ 12, 16, 26
Widerruf der Genehmigung: § 13 Abs. 2

53. Dampfkesselverordnung

Besondere Anordnungen zur Gefahrenabwehr: § 7;
Beschränkung, Versagung, Rücknahme und Widerruf der Betriebserlaubnis für eine Dampfkesselanlage: § 7, § 1o Abs. 4 und Abs. 6;
Beschränkung, Versagung, Rücknahme und Widerruf der Bauartzulassung: § 14 Abs. 2 und Abs. 5;
Anordnung außerordentlicher Prüfungen: § 21;
Verbot der Beschäftigung ungeeigneter Kesselwärter: § 27 Abs. 3;
Beschränkung, Versagung, Rücknahme und Widerruf der Zulassung von Kesselsteinmitteln: § 28 Abs. 3 und Abs. 6

Rechtsprechung:

Bayerischer VGH München, Urteil vom 9.11.1978 - 2o7 VI 77 -: GewArch 1979, 17:
Anordnung der Stillegung einer ungenehmigten Dampfkesselanlage.

54. Dasselfliege, Gesetz zur Bekämpfung der -

Schutzmaßnahme: § 6;
Betreten / Durchsuchung: § 6 Abs. 2

55. Diätassistentengesetz

Rücknahme und Widerruf der Erlaubnis zur Führung der Berufsbezeichnung: § 3

56. Druckgasverordnung

Besondere Anordnungen zur Gefahrenabwehr: § 4;
Beschränkung, Versagung, Rücknahme und Widerruf der Bauartzulassung: § 14 Abs. 2, Abs. 5 und Abs. 6;
Beschränkung, Versagung, Rücknahme und Widerruf der Erlaubnis für Füllanlagen: § 17 Abs. 4 und Abs. 5; § 18 Satz 3, § 19;
Verbot der Beschäftigung ungeeigneter Per-

sonen für die Bedienung von Füllanlagen: § 21 Abs. 2;
Anordnungen zur außerordentlichen Prüfung von Druckgasbehältern und Füllanlagen: § 22

57. Druckluftverordnung

außerordentliche Prüfung von Arbeitskammern: § 7 Abs 4

58. Düngemittelgesetz

Betriebsprüfung: § 8;
Betreten / Durchsuchung: § 8 Abs. 3

59. Eichgesetz

Beschränkung, Versagung, Rücknahme und Widerruf der öffentlichen Bestellung: § 21 Abs. 1 und Abs. 2, § 25 Abs. 1;
Betriebsuntersagung: § 25 Abs. 2;
Betriebsprüfung: §§ 32, 33;
Betreten / Durchsuchung: § 32 Abs. 2, § 33

6o. Einhufer-Einfuhrverordnung

Amtstierärztliche Untersuchung: § 4 Satz 1

61. Einhufer, Verordnung zum Schutz gegen die ansteckende Blutarmut der -

Schutzmaßregeln: §§ 2 - 11

62. Einzelhandel, Gesetz über die Berufsausübung im -

Versagung der Erlaubnis: § 3

63. Eiprodukte-Verordnung

Rücknahme und Widerruf der Betriebsgenehmigung: § 5 Abs. 3, § 5 a Abs. 3;
bakteriologische Untersuchung bei der zollamtlichen Abfertigung: § 8 Abs. 2

64. Eisenbahngesetz, Allgemeines -

Beaufsichtigung von Eisenbahnen, die nicht zum Netz der Deutschen Bundesbahn gehören: § 5;
Betreten / Durchsuchung: § 6 f

65. Eisenbahn - Bau- und Betriebsordnung

Bahnpolizei: §§ 55 - 59

Rechtsprechung:

BGH, Urteil vom 1o.11.1967 - 4 StR 512/66 -: BGHSt 21, 334 = NJW 1968, 71o = MDR 1968, 337 (L) = JuS 1968, 292:
Widerstand gegen Bahnpolizeibeamten ist nach § 113 StGB strafbar.

66. Elektrische Anlagen, Verordnung über elektrische Anlagen in explosionsgefährdeten Räumen

Beschränkung, Versagung, Rücknahme und Widerruf der Bauartzulassung: § 5;
Anordnung außerordentlicher Prüfungen: § 11

67. Energiesicherungsgesetz 1975

Betriebsprüfung: § 1o;
Betreten / Durchsuchung: § 1o Abs. 2

68. Energiewirtschaftsgesetz

Untersagung des Betriebs eines Energieversorgungsunternehmens: §§ 4, 8;
Anordnungen und Zwangsmaßnahmen gegen Unternehmen: §§ 13, 15

69. Erdöl, Gesetz über Mindestvorräte an Erdölerzeugnissen

Betriebsprüfung: § 11;
Betreten / Durchsuchung: § 11 Abs. 2 und Abs. 4

7o. Erdölbevorratungsgesetz

Aufsichtsmaßnahmen: § 23;
Betriebsprüfung: § 33;
Betreten / Durchsuchung: § 33 Abs. 3 und Abs. 5

71. EWG-Richtlinie Frisches Fleisch, Durchführungsgesetz

Betriebsprüfung: § 5;
Rücknahme und Widerruf einer Betriebserlaubnis: § 6;
Betreten / Durchsuchung: § 5 Abs. 2

72. Fährenverordnung

Betriebsprüfung: § 4

73. Fahrlehrergesetz

Widerruf und Entziehung einer Erlaubnis: §§ 8, 21, 29, 31 Abs. 3;
Betreten / Durchsuchung: § 33 Abs. 2

74. Fahrpersonalgesetz

Betriebsprüfung: § 4;
Verbot, die Fahrt fortzusetzen: § 5;
Betreten / Durchsuchung: § 4 Abs. 5

75. Fernmeldeanlagengesetz

Beseitigung und Außerbetriebsetzung von Fernmeldeanlagen: § 22;
amtliche Verwahrung und Sicherstellung: § 22 Abs. 2;
Betreten / Durchsuchung: § 21

Rechtsprechung:

VGH Baden-Württemberg, Urteil vom 15.12.1971 - I 242/71 -: VerwRspr. 24, 455 = JuS 1972, 478 = BB 1972, 681 = DVBl. 1972, 5o3 = NJW 1972, 971 = GewArch 1972, 166:
Mikro-Abhörgeräte "Mini-Spione".

VG Sigmaringen, Urteil vom 24.5.1976 - I 814/75 -: DÖV 1976, 57o:
Beschlagnahme eines Minisenders.

Hinweis auf
BVerfG, Beschluß vom 12.1o.1977 - 1 BvR 216/217/75 -: BVerfGE 46, 12o = GewArch 1978, 121 = NJW 1978, 313 = DÖV 1978, 698 L = JuS 1978, 265:
Der Begriff Fernmeldeanlage umfaßt nicht nur die bei der Entstehung des Fernmeldeanlagengesetzes bekannten Arten der Nachrichtenübermittlung, sondern auch neuartige Übertragungstechniken, sofern es sich um körperlose Übertragung von Nachrichten in der Weise handelt, daß diese am Empfangsort "wiedergegeben" werden. Demgemäß gehört zum "Fernmeldewesen" auch die digitale Nachrichtenübermittlung.

76. Fernmeldeordnung

Sperre und fristlose Aufhebung von Teilnehmereinrichtungen durch die Deutsche Bundespost: § 2o Abs. 1

Rechtsprechung:

BVerwG, Beschluß vom 12.5.1975 - 7 C 22/74 -: DÖV 1976, 569 = MDR 1975, 694:
Aufhebung einer Fernsprechteilnehmereinrichtung wegen Mißbrauchs. Häufiges unbegründetes Anrufen der Polizei.

77. Fernunterrichtsschutzgesetz

Versagung, Beschränkung, Rücknahme und Widerruf eines Fernlehrgangs: § 12 Abs. 1 und Abs. 4, § 13 Abs. 1, § 14, § 15 Abs. 3 und Abs. 4;
Betriebsprüfung: § 2o;
Betreten / Durchsuchung: § 2o Abs. 1

78. Festlandsockelgesetz

Sofort vollziehbare Eingriffsmaßnahmen zum Schutz des Festlandsockels: §§ 3 - 6;
Betreten / Durchsuchung: § 4 Abs. 2

79. Fischgesetz

Betriebsprüfung: § 11

8o. Fleischbeschaugesetz

Untersuchung und Beschlagnahme von Fleisch: § 7, § 8, § 9 Abs. 5, § 1o, § 13, § 14 Abs. 1, § 16

81. Flurbereinigungsgesetz

Flurbereinigungsmaßnahmen: § 35;
Betreten / Durchsuchung: § 35 Abs. 1;
Entschädigung: § 35 Abs. 2

82. Forstliches Saat- und Pflanzgut, Gesetz über -

Widerruf der Zulassung: § 8 Abs. 3;
Untersagung der Fortführung des Betriebs: § 18 Abs. 4;
Betriebsprüfung: § 2o;
Betreten / Durchsuchung: § 2o Abs. 4

83. Forstschäden-Ausgleichsgesetz

Prüfungen: § 9;
Betreten / Durchsuchung: § 9 Abs. 2

84. Freibankfleisch-Verordnung

Einschränkung und Rücknahme der Erlaubnis: § 2 Abs. 3, § 3, § 9 Abs. 2 und Abs. 3

85. Freiheitsentziehungsgesetz

Freiheitsentziehung durch Verwaltungsmaßnahme: § 13

Rechtsprechung:

BVerwG, Urteil vom 8.5.197o - 1 C 2o/68 -: NJW 197o, 199o = DVBl. 197o, 576 = DÖV 197o, 642 = JR 1971, 432:
Berichtigung eines amtsärztlichen Gutachtens.

OVG Berlin, Urteil vom 5.1o.1976 - 4 B 62/74 -: OVGE Berlin, 14, 28:
Angehörige des Sozialpsychiatrischen Dienstes der Abteilung Gesundheitswesen der Bezirksämter sind als Vollzugsbeamte im Sinne von § 3 Nr. 7 des Gesetzes über die Anwendung unmittelbaren Zwanges bei der Unterbringung von Geisteskranken und Süchtigen auch zur Anwendung unmittelbaren Zwanges berechtigt und erforderlichenfalls sogar verpflichtet.

OLG Hamm, Beschluß vom 8.3.1966 - 15 W 7o/66 -: NJW 1966, 1168 = MDR 1966, 683:
Die unmittelbar bevorstehende Gefahr eines Selbstmordes rechtfertigt stets die Unterbringung eines psychisch Kranken in einer geschlossenen Anstalt.

86. Futtermittelgesetz

Betriebsprüfung: § 19;
Betreten / Durchsuchung: § 19 Abs. 3

87. Futtermittelbehandlungs-Verordnung

Schutzmaßnahmen zur Seuchenverhütung einschließlich Vernichtung der Futtermittel: § 6

88. Gashochdruckleitungen, Verordnung über -

Untersagung des Betriebs der Gashochdruckleitung: § 6 Abs. 4, § 7 Abs. 1;
Anordnung von Überwachungsmaßnahmen: § 8 Abs. 3;
Anordnung von besonderen Prüfungen: § 1o;
Betreten / Durchsuchung: § 8 Abs. 2

89. Gaststättengesetz

Versagung der Gaststättengewerbeerlaubnis: § 4 Abs. 1;
Schutzauflagen: § 5, § 12 Abs. 3, § 23 Abs. 2;
Versagung der Stellvertretererlaubnis: § 9 Abs. 2;
Rücknahme und Widerruf einer Erlaubnis: § 15;
Betriebsuntersagung: §§ 16, 17, § 23 Abs. 2;
Verbot des Ausschanks alkoholischer Getränke: § 19, § 23;
Verbot der Beschäftigung unzuverlässiger Personen: § 21 Abs. 1;

Betriebsprüfung: § 22 Abs. 2, § 23 Abs. 2;
Maßnahmen nach den Vorschriften der Gewerbeordnung: § 31;
Sperrzeit nach Landesrecht: § 18;
Betreten / Durchsuchung: § 22 Abs. 2

Rechtsprechung:

BVerwG, Urteil vom 28.7.1978 - 1 C 43/75 -: BVerwGE 56, 2o5 = MDR 1978, 1o47 = GewArch 1978, 34o = NJW 1979, 772:
Lehnt der Gewerbetreibende, in dessen Gaststätte Betäubungsmittel gehandelt und eingenommen werden, eine ihm zumutbare, nicht offensichtlich ungeeignete Zusammenarbeit mit der Polizei zur Bekämpfung des Mißbrauchs der Betäubungsmittel ab, so ist die Erlaubnis zum Betrieb des Gaststättengewerbes wegen Unzuverlässigkeit des Gewerbetreibenden zu widerrufen.

BVerwG, Urteil vom 3o.9.1976 - 1 C 29/75 -: DÖV 1977, 4o6 = GewArch 1977, 22 = Verw Rspr. 28, 997:
Widerruf der Gaststättenerlaubnis wegen Unzuverlässigkeit.

BVerwG, Urteil vom 16.9.1975 - 1 C 27/74 -: BVerwGE 49, 154 = GewArch 1975, 388 = MDR 1976, 341 = JR 1976, 211 = VerwRspr. 27, 631:
Versagung einer Gaststättenerlaubnis wegen Dirnenunterkunft im selben Hause.

BVerwG, Urteil vom 16.9.1975 - 1 C 44/74 -: BVerwGE 49, 16o = GewArch 1975, 385 = NJW 1976, 986 = MDR 1976, 34o = VerwRspr. 27, 749:
Widerruf einer Gaststätten-Gewerbeerlaubnis, weil der Unsittlichkeit Vorschub geleistet wird.

BVerwG, Urteil vom 26.2.1974 - 1 C 27/72 -: GewArch 1974, 2o1 = DÖV 1974, 675:
Versagung der Erlaubnis zum Getränkeausschank in einem Dirnenwohnheim.

BVerwG, Beschluß vom 6.6.1973 - 1 B 43/73 -: DVBl. 1973, 822:
Bei der Beurteilung der für den Betrieb des Gaststättengewerbes erforderlichen Zuverlässigkeit ist auf die Betriebsart abzustellen. Die Unzuverlässigkeit setzt nicht unbedingt einen charakterlichen Mangel des Gewerbetreibenden voraus.

BVerwG, Urteil vom 13.3.1973 - 1 C 36/71 -: BVerwGE 42, 68 = DÖV 1973, 82o = MDR 1973, 7oo = DVBl. 1973, 861 = VerwRspr. 25, 11o:
Die Erlaubnis zum Betrieb eines Gaststättengewerbes darf widerrufen werden, wenn der Gewerbetreibende seinen Pflichten gegenüber der gesetzlichen Unfallversicherung beharrlich nicht nachgekommen ist. - Die Gewerbeerlaubnis darf auch widerrufen werden, wenn in dem Gewerbebetieb ausländische Arbeitnehmer ohne die erforderliche Arbeitserlaubnis beschäftigt werden.

BVerwG, Beschluß vom 16.6.197o - 1 B 44/7o -: JR 1971, 83:
Rücknahme der Erlaubnis zum Betrieb einer Gaststätte wegen des Einflusses einer bestraften Person auf die Leitung des Betriebes.

BVerwG, Urteil vom 5.11.1968 - 1 C 29/67 -: BVerwGE 31, 15 = MDR 1969, 164 = GewArch 1969, 83 = BB 1969, 424:
Schutzauflagen gegen Lärmbelästigung.

BVerwG, Beschluß vom 3o.4.1965 - 7 B 195/64 -: DVBl. 1965, 6o3 = DÖV 1965, 386 = GewArch 1965, 25o = BB 1965, 567:
Auflagen an den Inhaber eines Gaststättenbetriebes zum Schutz der Anwohner gegen Störungen der Nachtruhe.

BVerwG, Urteil vom 13.1.1961 - 1 C 219/59 -: BVerwGE 11, 331 = VerwRspr. 13, 494 = NJW 1961, 1129 = DVBl. 1961, 4o8 = MDR 1961, 446 (L):
Gegen die Hinausschiebung der Sperrstunde für eine Schankwirtschaft kann der Eigentümer und Bewohner eines Nachbargrundstücks im Verwaltungsrechtswege mit der Behauptung klagen, daß seine Nachtruhe gestört werde.

OVG Berlin, Urteil vom 7.1.1966 - 2 B 41/65 -: OVGE Berlin 1o, 5 = JR 1966, 278 = BRS Band 17 Nr. 156:
Lärmbekämpfung; Musikbox in Gastwirtschaft.

OVG Bremen, Beschluß vom 15.12.1978 - 2 BA 58/78 -: GewArch 1979, 1oo:
Verlängerung der Sperrzeit.

OVG Bremen, Beschluß vom 2.8.1978 - 2 B 36/78 -: GewArch 1978, 339 = VerwRspr. 3o, 367:
Durchführung regelmäßiger Musikdarbietungen in einer Gaststätte.

Hessischer VGH Kassel, Beschluß vom 9.6.1978 - 2 TH 22/78 -: GewArch 1979, 24:
Verbot von Musikdarbietungen in einer Diskothek ab 22.oo Uhr wegen Lärmbelästigung.

OVG Lüneburg, Beschluß vom 22.12.1977 - 9 B 46/77 -: GewArch 1978, 98:
Anordnung der sofortigen Vollziehung des Widerrufs einer Gaststättenerlaubnis.

OVG Rheinland-Pfalz in Koblenz, Beschluß vom 28.6.1979 - 2 B 49/79 -: GewArch 1979, 34o:
Eine einstweilige Anordnung zur Regelung eines vorläufigen Zustandes nach § 123 Abs. 1 Satz 2 VwGO kann nicht dazu dienen, die Weiterführung eines Gaststättenbetriebes, der ohne die erforderliche Erlaubnis begonnen wurde, zu ermöglichen.

OVG Rheinland-Pfalz, Urteil vom 6.7.1977 - 2 A 2o/76 -: GewArch 1978, 135:
Einstellung des Schankbetriebs in den Clubräumen eines Vereins, der auf einen "Massagesalon" mit bordellartigem Betrieb ausgerichtet und nicht im Besitz einer Gaststättenerlaubnis ist.

OVG Rheinland-Pfalz, Beschluß vom 3o.3.1976 - 2 B 2o/76 -: GewArch 1978, 136:
Sofort vollziehbare Untersagung, eine unzuverlässige Person in einem Gaststättenbetrieb zu beschäftigen, die als stiller Gesellschafter einer Innengesellschaft an diesem Betrieb beteiligt ist.

Bayerischer VGH, Beschluß vom 29.9.1978 - 181 VI 78 -: GewArch 1978, 384:
Verlängerung der Sperrzeit wegen Lärmbelästigung der Nachbarn.

Bayerischer VGH, Urteil vom 4.6.1975 - 29 VI 74 -: GewArch 1976, 3o4: Unzuverlässigkeit des Erlaubnisinhabers infolge Einflußnahme eines unzuverlässigen Dritten.

VGH Baden-Württemberg, Urteil vom 23.3.1977 - VI 1664/76 -: GewArch 1978, 32: Widerruf der Gaststättenerlaubnis sowie der Stellvertretungserlaubnis und Anordnung der sofortigen Schließung des Gaststättenbetriebes.

VG Hannover, Beschluß vom 3o.8.1978 - 5 D 41/78 -: GewArch 1979, 25: Festsetzung der Sperrzeit für Volksfeste durch einstweilige Anordnung bei Lärmbelästigung von Nachbarn.

9o. Geflügel-Einfuhrverordnung

Amtstierärztliche Untersuchung: § 4

91. Geflügelfleischhygienegesetz

Betriebspfügung: § 5;
Untersuchungen: § 7, § 24;
Beschlagnahme: § 26;
Betreten / Durchsuchung: § 5 Abs. 2, § 32

92. Geflügelpest-Verordnung

Schutzmaßregeln: §§ 7 - 19, § 21;
Betreten / Durchsuchung: § 11 Abs. 1 Nr. 9

93. Geschlechtskrankheitengesetz

Untersuchungsanordnungen: §§ 4, 5;
Zwangsmaßnahmen: §§ 17 -19

94. Geschlechtskrankheiten der Rinder, Verordnung zum Schutz gegen übertragbare -

Schutzmaßregeln: §§ 3-9, § 11, § 12 Abs. 3

95. Gesundheitswesen, Zweite Durchführungsverordnung zum Gesetz über die Vereinheitlichung des Gesundheitswesens (Dienstordnung - Allgemeiner Teil)

Allgemeines Besichtigungsrecht: § 4;
Anordnungen des Gesundheitsamtes zur Verhütung, Feststellung, Abwehr und Unterdrückung übertragbarer Krankheiten bei Gefahr im Verzug: § 15 Abs. 4;
Betreten / Durchsuchung: § 4 Abs. 1

96. Gesundheitswesen, Dritte Durchführungsverordnung zum Gesetz über die Vereinheitlichung des Gesundheitswesens (Dienstordnung für die Gesundheitsämter - Besonderer Teil)

Außerordentliche Prüfungen der Trinkwasserversorgungsanlagen durch das Gesundheitsamt: § 28 Abs. 2 Satz 1;
Anordnungen des Amtsarztes zur Lebensmittelaufsicht: § 31 Abs. 3;
Ermittlungen des Amtsarztes bei Ausbruch einer Seuche: § 35 Abs. 3;
Ermittlungen und Schutzmaßnahmen des Gesundheitsamtes zur Bekämpfung der Tuberkulose: § 61 Abs. 2

97. Getreidegesetz

Entnahme von Proben: § 18 Abs. 3 Satz 2

98. Gewerbeordnung

Beschränkung und Verweigerung der Gewerbegenehmigung für ausländische juristische Person: § 12 Abs. 1 und Abs. 2;
Verhinderung der Fortsetzung eines ungenehmigten Betriebes: § 15 Abs. 2;
Anordnung zur Angabe der Namen aller Betriebsinhaber: § 15 a Abs. 4 Satz 2;
Maßnahmen zur Gefahrenabwehr bei überwachungsbedürftigen Anlagen: § 24 a;
Stillegung von Anlagen und Untersagung von Betrieben: § 25;
Versagung und Rücknahme der Konzession für Privatkrankenanstalten: § 3o Abs. 1, § 53;
Beschränkung, Versagung und Rücknahme der Erlaubnis für Singspiele und änliche Veranstaltungen: § 33 a, § 53;
Beschränkung, Versagung und Rücknahme der Erlaubnis für Spielgeräte und andere Spiele mit Gewinnmöglichkeit: § 33 c, § 33d;
Versagung, Rücknahme und Widerruf der Bauartzulassung für Spielgeräte und der Unbedenklichkeitsbescheinigung für andere Spiele: § 33 e;
Beschränkung, Versagung und Rücknahme der Erlaubnis für Spielhallen und ähnliche Unternehmen: § 33 i, § 53;
Beschränkung, Versagung und Rücknahme der Erlaubnis für Pfandleiher und andere Gewerbetreibende: § 34 Abs. 1, § 53;
Beschränkung, Versagung und Rücknahme der Erlaubnis für Bewachungsgewerbe: § 34 a Abs. 1, § 53;
Beschränkung, Versagung und Rücknahme der Erlaubnis zum Versteigerergewerbe: § 34 b Abs. 3 und Abs. 4, § 53;
Beschränkung, Versagung und Rücknahme der Erlaubnis für Makler, Bauträger und Baubetreuer: § 34 c Abs. 1 und Abs. 2, § 53;
Gewerbeuntersagung wegen Unzuverlässigkeit: § 35;
Einschränkung der Sonntagsarbeit im Versorgungsgewerbe: § 41 b;
Untersagung der ferneren Benutzung einer jeden gewerblichen Anlage: § 51;
Rücknahme von Erlaubnissen: § 53 Abs. 2;
Untersagung der Bauausführung oder Bauleitung: § 53 a;
Versagung und Entziehung einer Gewerbelegitimationskarte: § 55 b Abs. 2;
Untersagung eines Wanderlagers: § 56 a Abs. 3;
Versagung und Entziehung der Reisegewerbekarte: § 57, § 57 a, § 58, § 6o Abs. 1 Satz 4;
Untersagung der Ausübung des Reisegewerbes: § 59;
Beschränkung, Versagung und Rücknahme der Erlaubnis zur Veranstaltung von Lustbarkeiten: § 6o a;
Beschränkung, Versagung und Rücknahme der Erlaubnis zur Veranstaltung eines Volksfestes: § 6o b Abs. 2;
Kontrollen und Tätigkeitsverbot im Reisegewerbe: § 6o c;
Versagung und Entziehung der Erlaubnis zum Mitführen von Begleitpersonen und Kindern

sowie Untersagung des Mitführens von Begleitpersonen im Reisegewerbe: § 62;
Ablehnung, Beschränkung und Rücknahme der Festsetzung von Messen, Ausstellungen und Märkten: § 69 a, § 69 b;
Untersagung der Teilnahme an einer vorgenannten Veranstaltung: § 7o a;
Anordnungen zum Schutz der Arbeitnehmer: § 1o5 j, § 12o d, § 12o f, § 139 b, § 139 g, § 139 i, § 139 m;
Betreten / Durchsuchung: § 24 b, § 139 b

Rechtsprechung:

BVerfG, Urteil vom 11.6.1958 - 1 BvR 596/56 -: BVerfGE 7, 377 = NJW 1958, 1o35 = DVBl. 1958, 5oo = DÖV 1958, 538 = MDR 1958, 573 = VerwRspr. 1o, 781:
Berufsfreiheit; Freiheit der Berufsausübung; Beschränkung durch Regelung der Berufsausübung.

BVerfG, Beschluß vom 17.1.1978 - 1 BvL 13/76 -: BVerfGE 47, 1o9 = GewArch 1978, 123 = NJW 1978, 933 = JuS 1978, 482:
Regelung der Berufsausübung.

BVerwG, Urteil vom 27.6.1974 - 1 C 1o/73 -: BVerwGE 45, 235:
Rücknahme und Widerruf von Konzessionen, Erlaubnissen, Genehmigungen und Bestellungen.

BVerwG, Urteil vom 18.9.1973 - 1 C 9/73 -: BVerwGE 44, 82:
Versagung der Zulassung der Bauart eines Spielgerätes.

BVerwG, Urteil vom 3.5.1973 - 1 C 19/72 -: BVerwGE 42, 161 = GewArch 1973, 261 = Verw Rspr. 25, 491:
Untersagung der Veranstaltung eines Wanderlagers.

BVerwG, Urteil vom 17.1.1972 - 1 C 33/68 -: BVerwGE 39, 247 = NJW 1972, 784 = BB 1972, 12o6 = GewArch 1972, 189 = DÖV 1972, 759 L = VerwRspr. 24, 1o9:
Untersagung der Gewerbeausübung wegen Unzuverlässigkeit.

BVerwG, Urteil vom 24.6.1971 - 1 C 39/67 -: BVerwGE 38, 2o9 = MDR 1971, 782 = DÖV 1972, 54 = BRS Band 24 Nr. 2o6 = NJW 1971, 1475 = DVBl. 1971, 751 = BB 1971, 1o28 = BayVBl. 1972, 61o = VerwRspr. 23, 366:
Auf Grund des § 51 GewO können zur Abwehr von Nachteilen und Gefahren für das Gemeinwohl Maßnahmen angeordnet werden, die eine Enteignung bedeuten und ohne diese Vorschrift nicht getroffen werden könnten.

BVerwG, Urteil vom 1o.2.1971 - 1 C 8/68 -: BVerwGE 37, 224:
Anbringung der Firmen "KG" und "GmbH & Co. KG" gemäß § 15 a.

BVerwG, Urteil vom 15.11.1967 - 1 C 43/67 -: BVerwGE 28, 2o2 = VerwRsp. 19, 366 = DÖV 1968, 216 = DVBl. 1968, 15o = MDR 1968 = 264 = JuS 1968, 243:
Beurteilung der gewerblichen Unzuverlässigkeit, wenn einbehaltene Sozialversicherungsbeiträge nicht abgeführt wurden.

BVerwG, Urteil vom 24.2.1966 - 1 C 37/65 -: BVerwGE 23, 28o = BB 1966, 389 = DÖV 1966, 763 = DVBl. 1966, 441 = MDR 1966, 531:
Untersagung der Gewerbeausübung, weil einbehaltene Arbeitnehmeranteile nicht an die Krankenkasse abgeführt wurden.

BVerwG, Urteil vom 21.7.1964 - 1 C 6o/61 -: DVBl. 1965, 522 = DÖV 1964, 71o:
Die Ersetzung eines öffentlichen Marktes durch einen Privatmarkt fällt unter die Organisationsgewalt der Gemeinde und ist zulässig.

OVG Berlin, Urteil vom 12.5.1965 - 1 B 53/63 -: OVGE Berlin 8, 116 = DVBl. 1965, 53o:
Der Bescheid eines Berliner Bezirksamtes, einen öffentlichen Wochenmarkt aufzuheben, ist kein Rechtsetzungsakt, sondern ein Verwaltungsakt.
Der Händler hat weder ein Recht noch ein rechtlich geschütztes Interesse an der Aufrechterhaltung des Marktes.

VGH Baden-Württemberg in Mannheim, Urteil vom 29.3.1978 - VI 1976/77 -: GewArch 1978, 263:
Die Vorführung des Geschlechtsverkehrs in einer "live-show" auf offener Bühne einer Gaststätte verstößt gegen die guten Sitten und muß verboten werden. Anders ist es bei pornographischen Filmen; hier fehlt die intime Unmittelbarkeit.

VGH Mannheim, Beschluß vom 7.11.1973 - VI 1o38/73 -: DÖV 1974, 24o = GewArch 1974, 157:
Gewerbeuntersagungsverfügung sowohl gegen den "Strohmann" als auch gegen den tatsächlich Gewerbetreibenden.

Bayerischer VGH München, Urteil vom 14.2.1978 - Nr. 315 VII 75 -: MDR 1979, 17o = Die Polizei 1979, 24:
Unerlaubte Ausübung des Reisegewerbes durch Straßenverkauf von Eintrittskarten für Sportveranstaltungen.

Hessicher VGH, Urteil vom 17.1o.1978 - 2 OE 56/76 -: GewArch 1979, 9o:
Untersuchung der Gefahr nach § 33 e, ob der Spieler unangemessen hohe Verluste in kurzer Zeit erleidet.

OVG Münster, Urteil vom 24.11.1977 - 8 A 1422/76 -: GewArch 1978, 162 = DVBl. 1978, 933 (L) = BB 1978, 584:
Untersagung aller Gewerbe.

OVG Münster, Beschluß vom 13.12.1976 - 4 D 59/76 -: OVGE Münster 32, 191 = DÖV 1977, 4o8 GewArch 1977, 122:
Die Anordnung der Betriebsschließung nach § 35 Abs. 5 GewO ist eine Maßnahme der Verwaltungs-Vollstreckung. Rechtsbehelfe haben keine aufschiebende Wirkung.

OVG Rheinland Pfalz in Koblenz, Beschluß vom 25.1.1978 - 2 B 319/77 -: GewArch 1978, 194:
Wird die Untersagung des Gewerbebetriebes einer GmbH dadurch unterlaufen, daß nach Zustellung des Gewerbeverbots der bisherige unzuverlässige Geschäftsführer ersetzt wird, so bleibt die Untersagung nur dann rechtsmäßig, wenn der neue Geschäftsführer keine

Gewähr für den ordnungsgemäßen Betrieb des Gewerbes bietet. Das ist auch dann der Fall, wenn er den tatsächlichen Einfluß unzuverlässiger Gesellschafter auf die Geschäftsführung nicht zu verhindern vermag.

OVG Koblenz, Urteil vom 6.7.1977 - 2 A 2o/76 -: GewArch 1978, 135:
Verhinderung der Fortsetzung eines ungenehmigten Betriebes nach § 15 Abs. 2.

VG Köln, Beschluß vom 31.1o.1977 - 1 K 4717/77 -: GewArch 1978, 6o:
Anordnung der sofortigen Vollziehung einer Gewerbeuntersagung ist geboten, wenn verhindert werden muß, daß eine unanfechtbare Untersagungsverfügung durch einen Inhaberwechsel umgangen wird.

99. Güterkraftverkehrsgesetz

Versagung und Zurücknahme von Genehmigungen und Erlaubnissen: § 1o Abs. 6, § 34 Abs. 3, § 78, § 88, § 91, § 96;
Überwachungs- und Zwangsmaßnahmen: § 17, § 77, § 78, § 87, § 87 a, § 89 c, § 96, § 1o3 a;
Betreten / Durchsuchung: § 55 Abs. 1, § 87, § 97 b

Rechtsprechung:

BVerwG, Urteil vom 2o.11.197o - 7 C 73/69 -: BVerwGE 36, 288 = MDR 1971, 245:
Hat ein Güternahverkehrsunternehmer ausschließlich in seiner Freizeit bei der Führung seines Privatwagens Verkehrsdelikte begangen, seinen Betrieb aber ordnungsgemäß geführt, so ist er nicht unzuverlässig für die Ausübung seines Gewerbes (§ 88 Abs. 1 Nr. 5).

OVG Hamburg, Urteil vom 29.6.1978 - Bf II 122/77 -: GewArch 1979, 35:
Rücknahme der Erlaubnis wegen Unzuverlässigkeit des Unternehmers.

1oo. Handwerksordnung

Untersagung und Schließung eines Gewerbebetriebes: § 16 Abs. 3 und Abs. 4;
Betriebsprüfung: § 17 Abs. 2, § 2o, § 111 Abs. 2;
Untersagung der Einstellung und Ausbildung von Lehrlingen: § 24;
Betreten / Durchsuchung: § 17 Abs. 2, § 111 Abs. 2

Rechtsprechung:

BVerwG, Urteil vom 27.1o.1978 - 1 C 5/75 -: GewArch 1979, 96:
Untersagung der Fortsetzung des Handwerksbetriebs.

OVG Münster, Beschluß vom 14.2.1979 - 13 B 1579/78 -: GewArch 1979, 31o:
Schließung eines Handwerksbetriebes; Verwaltungsvollstreckung.

OVG Saarlouis, Urteil vom 1o.6.1976 - 1 R 89/75 -: GewArch 1976, 299:
Die Verurteilung des Ausbilders wegen sexueller Handlungen an ihm anvertrauten weiblichen Lehrlingen rechtfertigt ein generelles Beschäftigungs- und Ausbildungsverbot für weibliche und männliche Lehrlinge.

1o1. Hausverbot

Öffentliches Hausrecht im Dienstgebäude ist die Ermächtigungsgrundlage für den Erlaß des Hausverbots als Verwaltungsakt.

1o2. Hebammengesetz

Versagung und Rücknahme der Anerkennung: § 7, § 8 Abs. 1 und Abs. 2;
Vorläufiges Verbot der Berufsausübung: § 8 Abs. 4;
Versagung der Niederlassungserlaubnis: § 1o Abs. 2;
Zuweisung eines bestimmten Wohnsitzes: § 12

Rechtsprechung:

BVerfG, Urteil vom 16.6.1959 - 1 BvR 71/57 -: BVerwGE 9, 338 = NJW 1959, 1579 = DVBl. 1959, 571 = DÖV 1959, 624:
Die Altersgrenze für Hebammen ist verfassungsmäßig.

1o3. Heilpraktikergesetz, Erste Durchführungsverordnung zum -

Rücknahme der Heilpraktikererlaubnis: § 7

Rechtsprechung:

BVerwG, Urteil vom 25.6.197o - 1 C 53/66 -: BVerwGE 35, 3o8 = NJW 197o, 1987:
Chiropraktik ist auch dann eine erlaubnispflichtige Heilhilfstätigkeit, wenn sie auf Anordnung eines Arztes ausgeführt wird, der Arzt vor Beginn die Diagnose mitteilt und gegebenenfalls aus ärztlicher Sicht weitere Hinweise für die chiropraktische Behandlung gibt.

BVerwG, Urteil vom 14.1o.1958 - 1 C 25/56 -: NJW 1959, 833 = MDR 1958, 148:
Unerlaubte operative Eingriffe zu kosmetischen Zwecken.

BGH, Urteil vom 4.11.1955 - 5 StR 421/55 -: BGHSt 8, 237 = NJW 1956, 313:
Ausübung der Heilkunde ist jedes Tun, das bei den Behandelten den Eindruck erweckt, es ziele darauf ab, sie von Krankheit, Leiden oder Körperschäden zu heilen oder ihnen Erleichterung zu verschaffen. Das kann auch dadurch geschehen, daß angebliche übernatürliche Gewalten mit vermeintlichen oder vorgetäuschten übersinnlichen Kräften bekämpft werden. Eine solche Tat kann gleichzeitig Betrug sein.

BayOblG, Urteil vom 21.1o.1971 - RReg 4 St 76/71 -: NJW 1972, 348:
Strafbarer Verstoß gegen Heilpraktikergesetz durch einen Krebsforscher.

OLG Stuttgart, Urteil vom 28.8.1964 - 2 Ss 465/64 -: NJW 1964, 2214:
Unerlaubte Ausübung der Heilkunde durch Ernährungsberatungen.

1o4. Heimarbeitsgesetz

Anordnungen zum Schutz der öffentlichen Gesundheit: § 14 Abs. 2;
Anordnungen zur Gefahrenabwehr in Einzelfällen: § 16 a;
Verbot der Ausgabe von Heimarbeit: § 3o;
Betreten / Durchsuchung: § 16 a Satz 2

1o5. Heimgesetz

Überwachungs- und Eingriffsmaßnahmen: §§ 12, 13, 15, 16, 2o;
Betreten / Durchsuchung: § 9 Abs. 2

Rechtsprechung:

OVG Berlin, Beschluß vom 3o.4.1976 - 1 S 46/76 -: OVGE Berlin 13, 21o:
Sofort zu vollziehende Untersagung, ein Pflegeheim zu führen.

1o6. Hopfengesetz

Betriebsprüfung: § 16 Abs. 2

1o7. Hufbeschlagverordnung

Rücknahme der Anerkennung: § 2o Abs. 2

1o8. Hunde, Verordnung über das Halten von Hunden im Freien

Veterinärpolizeiliche und ordnungsbehördliche Anordnungen: § 1 Abs. 4

1o9. Internationale Gesundheitsvorschriften, Verordnung zur Durchführung der - - im Landverkehr

Schutzmaßnahmen zur Bekämpfung der Pest, Cholera und Pocken: §§ 2 - 5

11o. Internationale Gesundheitsvorschriften, Verordnung zur Durchführung der - - im Luftverkehr

Schutzmaßnahmen zur Bekämpfung von Seuchen: §§ 3, 5

111. Internationale Gesundheitsvorschriften, Verordnung zur Durchführung der - - in Häfen und auf dem Nord-Ostsee-Kanal

Bekämpfung eingeschleppter Pest, Cholera und Pocken: §§ 6 - 8

112. Jugendarbeitsschutzgesetz

Maßnahmen zum Jugendarbeitsschutz: § 27, § 28 Abs. 3;
Anordnung über die Unterkunft der Jugendlichen: § 3o Abs. 2;
Betreten / Durchsuchung: § 51 Abs. 2

Rechtsprechung:

OVG Saarlouis, Urteil vom 1o.6.1976 - 1 R 89/75 -:
Verurteilung des Ausbilders nach Maßgabe des Jugendarbeitsschutzgesetzes wegen sexueller Handlungen an ihm anvertrauten weiblichen Lehrlingen. Beschäftigungs- und Ausbildungsverbot.

113. Jugendgefährdende Schriften, Gesetz über die Verbreitung -

Sofort vollziehbare Aufnahme gefährdender Schriften in eine Liste: § 1, § 15, § 15 a, § 2o

Rechtsprechung:

BVerfG, Beschluß vom 19.6.1979 - 2 BvL 14/75 -:
Zentralblatt für Jugendrecht und Jugendwohlfahrt 1979, 444, bekanntgegeben BGBl. I 1979, 1216:
Verfassungsgemäße Aufnahme einer Schrift in die Liste jugendgefährdender Schriften.

114. Jugendschutzgesetz

Gefahrenabwehr an jugendgefährdenden Orten: § 1 Abs. 2;
Maßnahmen gegen Kinder und Jugendliche: § 12;
Gewahrsam (Obhut des Jugendamtes): § 1 Abs. 2 Satz 2

115. Jugenwohlfahrtsgesetz

Unterbringung durch das Jugendamt bei Gefahr im Verzuge: § 33, § 79;
Heimaufsicht; Betriebsuntersagung: § 78;
Betreten / Durchsuchung: § 33 Abs. 1, § 78 Abs. 5, § 79 Abs. 1

116. Käseverordnung

Rücknahme einer Betriebsgenehmigung: § 2o Abs. 4

117. Klauentiere-Einfuhr-Verordnung

Amtstierärztliche Untersuchung: § 4 Abs. 1 Satz 1;
Seuchenabwehr und Seuchenbekämpfung: § 6 Abs. 3

118. Kraftfahrsachverständigengesetz

Rücknahme und Widerruf der amtlichen Anerkennung: § 8;
Widerruf eines Auftrags oder einer Bestätigung: § 1o Abs. 5, § 13 Abs. 2

119. Kraftfahrunternehmen im Personenverkehr, Verordnung über den Betrieb von -

Anordnung der Bestellung eines Betriebsleiters und eines Vertreters: § 4 Abs. 1 Satz 3 - 5, § 5 Abs. 1

12o. Krankenpflegegesetz

Versagung und Rücknahme der Erlaubnis zur Führung der Berufsbezeichnung: §§ 3, 4

121. Kreditwesengesetz

Versagung der Erlaubnis für Bankgeschäfte: § 33 Abs. 1;
sofort vollziehbare Eingriffsmaßnahmen gegen Kreditinstitute: § 35 Abs. 2, § 36, § 44, § 45, § 46, § 46 a Abs. 1, § 49;
Einschreiten gegen ungesetzliche Geschäfte: § 37;
Zwangsmaßnahmen: § 5o;
Betreten / Durchsuchung: § 44 Abs. 1 Nr. 1

Rechtsprechung:

OVG Berlin, Beschluß vom 19.5.1976 - 1 S 75/76 -: OVGE Berlin 13, 223 = NJW 1976, 2141 = DVBl. 1977, 585 Nr. 194 (L):
Vollziehung der Rücknahme einer Erlaubnis zum Betreiben von Bankgeschäften.

OVG Berlin, Urteil vom 14.11.1973 - 1 B 68/72 -: OVGE Berlin 12, 217:
Einschreiten gegen ungenehmigte Bankgeschäfte (§ 37).

BGH, Urteil vom 15.2.1979 - 3 ZR 1o8/76 -: NJW 1979, 1354 = VersR 1979, 467 = GewArch 1979, 228 = BB 1979, 752:
1. Die dem Bundesaufsichtsamt für das Kreditwesen obliegende Pflicht zur Prüfung, ob ein Unternehmen genehmigungspflichtige Bankgeschäfte betreibt, stellt (auch) eine den Einlagegläubigern dieses Unternehmens gegenüber bestehende Amtspflicht dar.
2. Solange die Aufsichtsbehörde das ihr eingeräumte Ermessen rechtsfehlerfrei (vgl. § 4o VwVfG, § 114 VwGO) handhabt, verletzt sie keine den Einlagegläubigern gegenüber bestehenden Amtspflichten.
3. Eine Amtspflichtverletzung kommt erst in Betracht, wenn die Aufsichtsbehörde Maßnahmen unterläßt (oder ergreift) die bei rechtsfehlerfreier Handhabung des Ermessens hätten ergriffen (oder unterlassen) werden müssen.

BGH, Urteil vom 12.7.1979 - 3 ZR 154/77 -: NJW 1979, 1879 = VersR 1979, 866:
Bankaufsicht und Staatshaftung wie nach dem vorstehenden Urteil des BGH vom 15.2.1979. BGH hebt im Fall der Pleite des Bankhauses H. Urteil des OLG Köln - 7 U 167/76 - vom 19.9.1977 (NJW 1977, 2213 = JuS 1978, 267) auf.

122. Ladenschlußgesetz

Betriebsprüfung: § 22 Abs. 2;
Betreten / Durchsuchung: § 22 Abs. 2

Rechtsprechung:

BVerwG, Urteil vom 2o.3.1979 - 1 C 29/78 -: GewArch 1979, 241:
Schließungszwang für Friseurbetrieb am Montagvormittag.

Bayerischer VGH, Urteil vom 23.2.1978 - 15 VI 77 -: GewArch 1978, 137:
Ablehnung einer Ausnahme.

123. Lebensmittel- und Bedarfsgegenständegesetz

Überwachungsmaßnahmen: §§ 41 - 43, § 48;
Betreten / Durchsuchung: §§ 41, 43 (bei Gefahr im Verzug auch Polizei)

Rechtsprechung:

OVG Münster, Urteil vom 25.4.1978 - X A 1246/76 -: GewArch 1978, 366:
Der Betriebsinhaber darf einem Lebensmittelkontrolleur den Zutritt zu den Arbeitsräumen unter Berufung auf das Hausrecht verweigern, wenn ihm gerade dieser Kontrolleur aus schwerwiegenden persönlichen Gründen nicht zuzumuten ist.

124. Leukose-Verordnung - Rinder

Schutzmaßregeln: §§ 3 -- 1o

125. Luftverkehrsgesetz

Beschränkung und Versagung der Genehmigung von Luftfahrtunternehmen: § 2o, § 22, § 23 a, § 24;
Sperrung von Lufträumen: § 26;
Luftaufsicht: § 29, § 29 b Abs. 2;
Betreten / Durchsuchung: § 7 Abs. 3

126. Makler- und Bauträgerverordnung

Allgemeine Prüf- und Vorlagepflicht: § 16 Abs. 1 Satz 1;
Betriebsprüfung: §§ 15, 16;
Betreten / Durchsuchung: § 15 Abs. 2

Rechtsprechung:

OVG Hamburg, Urteil vom 12.12.1978 - Bf III 84/78 -: GewArch 1979, 84:
Die Prüfungspflicht nach § 16 Abs. 1 Satz 1 ist formell und materiell verfassungsgemäß. Diese Bestimmung stellt eine zulässige Regelung der Berufsausübung im Sinne von Art. 12 Abs. 1 GG dar.

127. Margarinegesetz

Betriebsprüfung: § 7

128. Marktorganisationen, Gesetz zur Durchführung der gemeinsamen -

Betriebsprüfungen: § 28;
Betreten / Durchsuchung: § 28 Abs. 2

129. Marktstrukturgesetz

Auskunftsverlangen: § 8 Abs. 1

13o. Masseurgesetz

Versagung und Rücknahme der Erlaubnis zur Führung der Berufsbezeichnung: §§ 3, 4

131. Maul- und Klauenseuche, Verordnung zum Schutz gegen die -

Schutzmaßregeln: § 1, §§ 3 - 5

132. <u>Maul- und Klauenseuche, Verordnung über Sperrbezirke bei -</u>

Anordnung eines Sperrbezirks um das seuchenbetroffene Gehöft: § 1 Abs. 1 Satz 1

133. <u>Medizinisch-technische Assistenten, Gesetz über -</u>

Rücknahme und Widerruf der Berufserlaubnis: § 5

134. <u>Milchgesetz</u>

Rücknahme der Erlaubnis: § 14 Abs. 8, § 15 Abs. 3 Satz 2, § 17 Abs. 1 Satz 2, § 35 Abs. 1

135. <u>Milch- und Fettgesetz</u>

Entnahme von Proben: § 27 Abs. 3 Satz 2

136. <u>Mühlenstrukturgesetz</u>

Betriebsprüfung: § 14;
Betreten / Durchsuchung: § 14

137. <u>Mutterschutzgesetz</u>

Betriebsprüfung: § 2o;
Betreten / Durchsuchung: § 2o Abs. 2

138. <u>Ordnungswidrigkeitengesetz</u>

Polizeiliche Anordnungen und Maßnahmen zur Erforschung von Ordnungswidrigkeiten: § 53

139. <u>Papageien-Einfuhrverordnung</u>

Amtstierärztliche Untersuchung: § 2;
Absonderung und amtliche Beobachtung: § 5

14o. <u>Parteiengesetz</u>

Vollzug des Verbots verfassungswidriger Parteien: §§ 32, 33

141. <u>Paßgesetz</u>

Ermächtigung zu Einzelweisungen über die Sperrung der Ein- und Ausreise sowie über die Ausstellung von Pässen und Sichtvermerken: § 4;
Versagung und Entziehung eines Passes: §§ 7, 8;
Versagung eines Sichtvermerks: § 9

<u>Rechtsprechung:</u>

BVerfG, Urteil vom 16.1.1957 - 1 BvR 253/56 -: BVerfGE 6, 32 = DÖV 1957, 116 = NJW 1957, 297:
Versagung eines Reisepasses wegen drohender Gefährdung erheblicher Belange der Bundesrepublik Deutschland (§ 7 Abs. 1 Buchstabe a).

142. <u>Personenbeförderungsgesetz</u>

Versagung und Rücknahme einer Genehmigung: § 15 Abs. 4, § 25;
Zwangsmaßnahmen: § 27;
Aufsichtsmaßnahmen: § 54, § 54 a;
Betreten / Durchsuchung: §§ 34, 41, 54 a

143. <u>Personenstandsgesetz</u>

Festsetzung eines Zwangsgeldes durch den Standesbeamten: § 6o

144. <u>Pfandleiher, Verordnung über den Geschäftsbetrieb gewerblicher -</u>

Betriebsprüfung: § 4 Abs. 2;
Betreten / Durchsuchung: § 4 Abs. 2

<u>Rechtsprechung:</u>

BVerwG, Urteil vom 2.3.1971 - 1 C 37/69 -: BVerwGE 37, 283:
Betriebsprüfung bei gewerblichem Pfandleiher.

145. <u>Pflanzenschutzgesetz</u>

Maßnahmen zur Gefahrenabwehr: § 5 Abs. 2 (Gefahr im Verzug), § 14 Abs. 3;
Rücknahme und Widerruf einer Erlaubnis: § 9;
Betriebsprüfung: § 23;
Betreten / Durchsuchung: § 23

146. <u>Pharmazeutisch-technische Assistenten, Gesetz über -</u>

Rücknahme und Widerruf der Berufserlaubnis: § 3

147. <u>Pockenschutzimpfungsgesetz</u>

Impfanordnungen: § 5 Abs. 2

148. <u>Polizei der Bundesländer, Abkommen über die erweiterte Zuständigkeit der -</u>

Allgemeine Ermächtigung zu Amtshandlungen in anderen Bundesländern: Artikel 1 Abs. 1;
Amtshandlungen bei Gefahr im Verzuge: Artikel 1 Abs. 2

149. <u>Postgesetz</u>

Vernichtung von gefährlichen Sendungen: § 1o Abs. 1

15o. <u>Prüfstellenverordnung</u>

Rücknahme und Widerruf einer Anerkennung oder Bestellung: §§ 4, 11

151. <u>Psittakose-Verordnung</u>

Schutzmaßregeln: §§ 5 - 1o, § 12;
Betreten: § 6 Abs. 1 Nr. 3, § 1o

152. <u>Raumordnungsgesetz</u>

Sofort vollziehbare Untersagung raumordnungswidriger Maßnahmen: § 7

153. Reichsversicherungsordnung

Durchführung von Unfalluntersuchungen: §§ 1559 - 1567

154. Rennwett- und Lotteriegesetz

Widerruf der Erlaubnis für Totalisatorunternehmen: § 1 Abs. 2;
Widerruf der Buchmacherkonzession: § 2 Abs. 1 Satz 3

155. Rinderpest-Verordnung

Schutzmaßregeln: §§ 2 - 18, § 2o

156. Rinder-Salmonellose-Verordnung

Schutzmaßregeln: §§ 3 - 6

157. Rinder-Tuberkulose-Verordnung

Schutzmaßregeln: §§ 2 - 8

158. Röntgenverordnung

Untersagungsanordnungen: § 4 Abs. 6, § 6 Abs. 2;
Kontroll- und Schutzmaßnahmen: § 15 Abs. 4, § 37, § 38, § 4o Abs. 6, § 46

159. Saatgutverkehrsgesetz

Untersagung des Vertriebs von Standardsaatgut: § 22;
Betriebsprüfung: § 75;
Betreten / Durchsuchung: § 75 Abs. 2

16o. Schornsteinfegergesetz

Versetzung in den Ruhestand: § 1o Abs. 1;
Rücknahme, Widerruf und Aufhebung der Bestellung: § 11;
Aufsichtsmaßnahmen und einstweilige Untersagung der Berufsausübung: §§ 27, 28;
Betreten, Zutritt zu gestatten: § 1 Abs. 3

Rechtsprechung:

BVerfG, Urteil vom 3o.4.1952 - 1 BvR 14, 25, 167/52 -: BVerfGE 1, 264 = NJW 1952, 865 = DÖV 1952, 632 = DVBl. 1952, 773 L:
Der Gewerbebetrieb des Bezirksschornsteinfegers ist eine vorwiegend durch das öffentliche Recht gewährte und bestimmte Rechtsposition.

BVerwG, Urteil vom 19.12.1957 - 1 C 241/54 -: BVerwGE 6, 72 = DÖV 1958, 127 = MDR 1958, 185 = NJW 1958, 473 L = DVBl. 1958, 365 L:
Das Grundrecht der Freiheit der Berufswahl gilt nicht für den Beruf eines Bezirksschornsteinfegermeisters. Denn er nimmt Aufgaben wahr, die der öffentlichen Hand vorbehalten sind.

161. Schweinepest-Verordnung

Schutzmaßregeln: §§ 6 - 17

162. Seelotswesengesetz

Widerruf und Rücknahme der Bestallung und vorläufige Untersagung der Berufsausübung: §§ 17, 18, 51

163. Seemannsgesetz

Aufsichtsmaßnahmen; Schiffsprüfungen: § 1o2 Abs. 2, § 1o2 a Abs. 1 Satz 2;
Anordnungen, Maßnahmen und Zwangsmittel des Kapitäns und der Ersten Offiziere zur Ordnung und Gefahrenabwehr an Bord: § 1o6;
Vorübergehende Festnahme: § 1o6 Abs. 3;
Betreten / Durchsuchung: § 1o2 Abs. 2, § 1o2 a Abs. 1 Satz 2;
Sicherstellung von Sachen: § 111 Abs. 3;
Verwahrung von Sachen: § 111 Abs. 3;
Vernichtung von Sachen: § 111 Abs. 3

164. Seeschiffahrt, Gesetz über die Aufgaben des Bundes auf dem Gebiet der -

Allgemeine Befugnis zur Gefahrenabwehr: § 3 Abs. 1;
Bordkontrolle: § 8;
Betreten / Durchsuchung: § 8

165. Seeschiffahrtsstraßen-Ordnung

Allgemeine Befugnisse zur Gefahrenabwehr: § 3 Abs. 2, § 56

166. Sera und Impfstoffe, Gesetz über die Errichtung eines Bundesamtes für - ("Paul-Ehrlich-Institut")

Rücknahme und Widerruf der Zulassung eines Serums oder Impfstoffes oder eines zum Seuchenschutz bestimmten Arzneimittels: § 19 a Abs. 5, § 19 d;
Betriebsprüfung: § 19 a Abs. 6;
Betreten / Besichtigung: § 19 a Abs. 6

167. Sicherheitsfilmgesetz

Betriebsprüfung: § 6;
Betreten / Durchsuchung: § 6 Abs. 2

168. Sortenschutzgesetz

Zwang zur Abgabe von Samen und Pflanzen: § 22

169. Sportbootführerscheinverordnung

Beschränkung und Entziehung der Fahrerlaubnis: § 2 Abs. 3, § 8;
Kontrollmaßnahmen: § 11

17o. Sprengstoffgesetz

Anordnungen und Schutzmaßnahmen: § 5, § 8; § 1o, § 12 Abs. 2, § 15 Abs. 4, § 17 Abs. 2 - 5, § 27 Abs. 2 - 4, § 28, §§ 31 - 34;
Betreten / Durchsuchung: § 31 Abs. 2 und Abs. 4

Rechtsprechung

BVerwG, Urteil vom 22.9.1976 - 1 C 9/71 -: MDR 1977, 253 = GewArch 1977, 33 = BayVBl. 1977, 153:
Anspruch der Nachbarn auf fehlerfreie Ermessensausübung bei Erteilung einer Sprengungserlaubnis.

171. Städtebauförderungsgesetz

Anordnungen zur Erforschung des Sachverhalts und Eingriffsrechte bei Vorarbeiten auf Grundstücken: § 86 Abs. 1 Satz 2 in Verbindung mit §§ 15o, 151 des Bundesbaugesetzes;
Betreten / Durchsuchung: § 86 Abs. 1 Satz 2

172. Strafprozeßordnung

Vorläufige Festnahme bei Gefahr im Verzug: § 127 Abs. 2;
Polizeiliche Anordnungen zur Erforschung von Straftaten: §§ 163, 164

Rechtsprechung:

BVerwG, Urteil vom 3.12.1974 - 1 C 11/73 -: BVerwGE 47, 255 = NJW 1975, 893 = DÖV 1975, 275 = MDR 1975, 517 = DVBl. 1975, 581 = JR 1975, 2o8 = JuS 1975, 468:
Für den Antrag auf Entscheidung über die Rechtmäßigkeit einer Maßnahme der Polizei zur Verfolgung einer strafbaren Handlung ist nicht der Verwaltungsrechtsweg, sondern der Rechtsweg vor den ordentlichen Gerichten gegeben.

173. Strahlenschutzverordnung

Überwachungs- und Schutzmaßnahmen: § 4 Abs. 5, § 17 Abs. 2, § 23 Abs. 3, § 3o Abs. 4, § 32, § 34, § 36, § 41 Abs. 7 - 9, § 43 Abs. 3, § 46 Abs. 2 und Abs. 5, § 48, § 56, § 57 Abs. 1, § 58 Abs. 1, § 6o Abs. 3, § 63, § 67, § 69, § 7o, § 75;
Duldung von Messungen und Feststellungen: § 65, § 67 Abs. 6;
Duldung von ärztlichen Feststellungen: § 7o Abs. 4

174. Strandungsordnung

Beseitigung von Hindernissen: § 25 Abs. 1

175. Straßenbahn-Bau- und Betriebsordnung

Besondere Sicherheitsanordnungen: § 1o

176. Straßenverkehrsgesetz

Entziehung der Fahrerlaubnis: § 4;
Untersagung der Herstellung, des Vertriebs und der Ausgabe von Kennzeichen: § 6 b Abs. 4 und Abs. 5;
Betriebsprüfung wegen Kennzeichen: § 6 d Abs. 3;
Fahrverbot: § 25;
Betreten / Durchsuchung: § 6 d Abs. 3

Rechtsprechung:

BVerfG, Beschluß vom 18.11.1966 - 1 BvR 173, 63 -: BVerfGE 2o, 365 = NJW 1967, 29 = DVBl. 1967, 768 = DÖV 1967, 13o = MDR 1967, 1o1 = BB 1966, 1414:
Die Verwaltungsbehörde darf nach Ablauf der vom Strafrichter festgesetzten Sperrfrist die Eignung des Bewerbers zum Führen von Kraftfahrzeugen in vollem Umfang erneut prüfen.

BVerwG, Beschluß vom 8.2.1956 - 1 B 7o/54 -: NJW 1956, 684:
Auf Grund einer Verkehrsübertretung, die eine sofortige Entziehung der Fahrerlaubnis noch nicht rechtfertigt, kann die Verwaltungsbehörde eine Verwarnung mit der Androhung der Entziehung der Fahrerlaubnis im Falle weiterer Verkehrsübertretungen aussprechen.

BVerwG, Beschluß vom 11.11.1977 - 7 B 142/77 -: VerwRspr. 29, 854:
Entziehung der Fahrerlaubnis. Behörde hatte begründeten Zweifel an der Eignung zum Führen von Kraftfahrzeugen. Sie forderte vergeblich ein medizinisch-psychologisches Gutachten.

BVerwG, Beschluß vom 1.2.1979 - 7 B 2/79 -: MDR 1979, 521:
Die in § 4 Abs. 3 StVG festgelegte Bindungswirkung für die Behörde bei der Entziehung der Fahrerlaubnis tritt auch dann nicht ein, wenn ein Strafbefehl zwar nicht gänzlich zur Frage der Entziehung der Fahrerlaubnis schweigt, aber seine schriftlichen Gründe nicht ergeben, daß der Strafrichter über die von ihm abgeurteilte Verfehlung hinaus noch weitere Verkehrsverfehlungen und damit denselben Sachverhalt berücksichtigt hat, wie er der Behörde vorliegt.

VGH Baden-Württemberg in Mannheim, Urteil vom 21.2.1978 - X 535/77 -: DÖV 1978, 45o:
Gelangt die Behörde zu der Überzeugung, daß ein Kraftfahrer ungeeignet zum Führen von Kraftfahrzeugen ist, so muß sie gemäß § 4 StVG dessen Fahrerlaubnis entziehen und zugleich die sofortige Vollziehung dieser Maßnahme anordnen.

VGH Baden-Württemberg, Beschluß vom 2o.7.1976 - X 846/76 -: DÖV 1977, 571 Nr. 98:
Besteht der begründete Verdacht, daß ein Kraftfahrer wegen Epilepsie zum Führen von Kraftfahrzeugen ungeeignet ist, so ist ein überwiegendes öffentliches Interesse an der sofortigen Vollziehung der Entziehung der Fahrerlaubnis gegeben.

177. Straßenverkehrs-Ordnung

Regelung des Verkehrs durch Zeichen und Verkehrseinrichtungen: §§ 36 - 43, § 45 Abs. 6;
Vorläufige Maßnahmen bei Gefahr im Verzuge: § 44 Abs. 2;
Vorladung zum Verkehrsunterricht: § 48

Rechtsprechung:

BVerwG, Beschluß vom 3.4.1978 - 7 C 26/76 -: NJW 1978, 2211 = DVBl. 1978, 538 = GewArch 1978, 2o6:

An der Vollziehung des durch Parkuhren angeordneten Halteverbots besteht ein besonderes öffentliches Interesse.

BVerwG, Beschluß vom 7.11.1977 - 7 B 135/77 -: NJW 1978, 656 = DÖV 1978, 374 = MDR 1978, 257 = VerwRspr. 29, 851:
Vorschriftszeichen nach der Straßenverkehrsordnung, von denen ein Halteverbot ausgeht, enthalten zugleich das Gebot, bei verbotswidrigem Halten oder nach Ablauf der Zeit, während derer das Halten gestattet ist, alsbald wegzufahren. Dieses Gebot ist gemäß § 8o Abs. 2 Nr. 4 VwGO grundsätzlich sofort vollziehbar.

BVerwG, Urteil vom 22.1.1971 - 7 C 48/69 -: BVerwGE 37, 112 = JuS 1971, 489 = MDR 1971, 515 = DÖV 1971, 461 DVBl. 1971, 268 = BB 1971, 636:
Der Anlieger, der seine Garagenausfahrt nicht benutzen kann, wenn auf der gegenüberliegenden Seite der Straße Fahrzeuge parken, hat gegen die Straßenverkehrsbehörde einen Anspruch auf ermessensfehlerfreie Entschließung darüber, ob und gegebenenfalls welche Maßnahmen zur Beseitigung dieser Behinderung zu treffen sind.

BVerwG, Urteil vom 2o.6.1969 - 7 C 166/66 -: BVerwGE 32, 2o4 = NJW 1969, 1684 = DÖV 1969, 72o = MDR 1969, 87o = DVBl. 197o, 118 = DAR 1969, 3o6 = JZ 1969, 797 = JuS 197o, 44:
Die Vorschrift, bei zeitlich begrenztem Parken eine Parkscheibe zu verwenden, ist ein Verwaltungsakt (Allgemeinverfügung).

BVerwG, Urteil vom 9.6.1967 - 7 C 18/66 -: BVerwGE 27, 181 = JuS 1967, 577 = NJW 1967, 1627 = DÖV 1967, 682 = DVBl. 1967, 773 = JZ 1967, 633 = MDR 1967, 78o = BB 1967, 1o67:
Die durch das Aufstellen von Verkehrszeichen getroffenen Anordnungen sind Verwaltungsakte (Allgemeinverfügungen).
BGH, Urteil vom 3o.4.1974 - 4 StR 67/74 -: BGHSt 25, 313 = NJW 1974, 1254 = MDR 1974, 679 = JR 1975,118:
Ein Polizeibeamter, der einen Verkehrsteilnehmer bei einer allgemeinen Verkehrskontrolle gemäß § 36 Abs. 1 und Abs. 5 StVO anhält, nimmt eine Vollstreckungshandlung im Sinne von § 113 StGB vor.

Ebenso OLG Hamm, Urteil vom 28.2.1973 - 4 Ss 1627/72 -: NJW 1973, 124o.

Ebenso OLG Celle, Urteil vom 1o.4.1973 - 1 Ss 34/73 -: NJW 1973, 2215.

Dazu OLG Frankfurt, Urteil vom 5.12.1973 - 2 Ss 43o/73 -: NJW 1974, 572:
Ermittlungshandlungen der Polizei bei begründetem Verdacht der konkreten Gefahr für andere Verkehrsteilnehmer wegen des Fehlverhaltens eines Kraftfahrers oder des Zustandes eines Fahrzeugs.

Bayerischer VGH, Urteil vom 15.3.1978 - 732 XI/77 -: VerwRspr. 3o, 2o3 = NJW 1979, 67o = MDR 1979, 84 = BayVBl. 1978, 5o9 = DÖV 1978, 928:
Die Auswahl und Bestimmung von Standplätzen für Kraftdroschken trifft die Verkehrsbehörde nach pflichtgemäßem freien Ermessen.

178. <u>Straßenverkehrs-Zulassungs-Ordnung</u>

Einschränkung und Entziehung der Zulassung zum Führen von Fahrzeugen oder Tieren: § 3 Abs. 1;
Einschränkung der Fahrerlaubnis: § 12 Abs. 2;
Entziehung der Fahrerlaubnis: § 15 b Abs. 1, § 15 k;
Einschränkung und Entziehung der Zulassung von Fahrzeugen: § 17 Abs. 1, § 29 d Abs. 2, § 29 h;
Anordnung zur Führung eines Fahrtenbuches: § 31 a

<u>Rechtsprechung:</u>

BVerwG, Urteil vom 13.1o.1978 - 7 C 77/74 -: NJW 1979, 1o54 = MDR 1979, 431 = DÖV 1979, 4o8 = Die Polizei 1979, 268 L = Verwaltungsrundschau 1979, 32o L:
Befristung und Vollziehbarkeit von Fahrtenbuchauflagen; Unmöglichkeit der Feststellung des Kraftfahrzeugührers.
1. Eine Fahrtenbuchauflage wird nicht dadurch fehlerhaft, daß die Behörde, nachdem der Betroffene Anfechtungsklage erhoben hat, den Beginn der Auflage auf die Zeit "ab Rechtskraft der angefochtenen Bescheide" hinausschiebt.
2. Die Fahrerfeststellung kann auch dann nicht möglich i. S. von § 31 a StVZO sein, wenn die Polizei bei Geschwindigkeitskontrollen durch Radargeräte keine Anhalteposten einsetzt.
3. Verzögert die Polizei die Anhörung des Kraftfahrzeughalters, ist die Fahrtenbuchauflage dann nicht ausgeschlossen, wenn feststeht, daß nicht diese Verzögerung, sondern die objektiv unrichtige Aussage des Fahrzeughalters für die Nichtfeststellung des Täters ursächlich gewesen ist.

BVerwG, Urteil vom 28.11.1969 - 7 C 18/69 -: BVerwGE 34, 248 = NJW 197o, 1889 = DÖV 197o, 57o = GewArch 197o, 233 = MDR 1971, 532 = VerwRspr. 21, 598:
Die Anordnung der Verwaltungsbehörde nach § 3 Abs. 2 StVZO, die dem Inhaber einer Fahrerlaubnis aufgibt, das Gutachten einer medizinisch-psychologischen Untersuchungsstelle über seine Eignung zum Führen von Kraftfahrzeugen beizubringen, ist kein anfechtbarer Verwaltungsakt.
Die Anforderung eines solchen Gutachtens setzt nach der Sachlage berechtigte Zweifel der Verkehrsbehörde an der Eignung zum Kraftfahrzeugführer voraus (BVerwG, Urteil vom 2.12.196o - 7 C 43/59 -: BVerwGE 11, 274 = NJW 1961, 283 = DÖV 1961, 463 = MDR 1961, 176).

OVG Bremen, Beschlüsse vom 15.9.1978 - 2 T 17/78 -: NJW 1979, 75 = DÖV 1979, 141 = DAR 1979, 48 = Die Polizei 1979, 2o2 L; vom 18.9.1978 - 2 T 15/78 -: NJW 1979, 74 = DÖV 1979, 142:
Anordnung theoretischer Prüfung.

VGH München, Beschluß vom 13.12.1978 - Nr. 1o2 XI/78 -: NJW 1979, 83o = DAR 1979, 1o9:
Anforderungen an die Ermittlungen der Polizei zur Feststellung des Fahrzeugführers bei Fahrtenbuchauflage.

VGH München, Urteil vom 19.6.1978 - 157 XI 76 -: DÖV 1978, 852 = BayVBl. 1978, 735 = DVBl. 1979, 165 Nr. 64 (L):
Die Androhung der Auflage, ein Fahrtenbuch zu führen, ist noch kein anfechtbarer Verwaltungsakt.

179. Telegraphenwege-Gesetz

Beeinträchtigung von Grundstücken: § 12;
Betreten / Durchsuchung: § 12 Abs. 3

18o. Tierkörperbeseitigungsgesetz

Anordnungen zur Tierkörperbeseitigung: § 4 Abs. 2 und 3, § 8 Abs. 4;
Überwachung der Tierkörperbeseitigung: § 17;
Betreten / Durchsuchung: § 17 Abs. 2

181. Tierschutzgesetz

Maßnahme zum Tierschutz: § 2 Abs. 2 und 3, § 16;
Sicherstellung und Verwahrung von Tieren: § 2 Abs. 3;
Widerruf und Rücknahme der Genehmigung für Tierversuche: § 8 Abs. 5;
Betreten / Durchsuchung: § 16 Abs. 3

182. Titel, Orden und Ehrenzeichen, Gesetz über -

Entziehung des Titels oder der Auszeichnung und Einziehung der Verleihungsurkunde: § 4, § 5 Abs. 1 Satz 3 und Abs. 2, § 6 Abs. 3

183. Tollwut-Verordnung

Schutzmaßregeln gegen Tollwut: § 1 Satz 2, § 3 Abs. 3, § 6, §§ 8 - 14

184. Trinkwasser-Verordnung

Kontrollmaßnahmen: § 11 Abs. 1, § 14 Abs. 1 und Abs. 2, §§ 16 - 2o;
Betreten / Durchsuchung: § 14 Abs. 1

185. Unlauterer Wettbewerb, Gesetz gegen den -

Untersagung des Ausverkaufs und Räumungsverkaufs: § 7 b Abs. 2 Satz 3

186. Unmittelbarer Zwang, Gesetz über den unmittelbaren Zwang bei Ausübung öffentlicher Gewalt durch Vollzugsbeamte des Bundes

Allgemeine Eingriffsermächtigung: § 1;
Besondere Eingriffsmaßnahmen: §§ 8 - 14

Rechtsprechung:

BVerwG, Urteil vom 9.2.1967 - 1 C 49/64 -: BVerwGE 26, 161 = DVBl. 1967, 379 = MDR 1967, 425 = JuS 1967, 381:
Anwendung unmittelbaren Zwanges durch die Polizei bei den "Schwabinger Krawallen" in München.

BGH, Urteil vom 14.7.1975 - 3 ZR 58/73 -: MDR 1975, 1oo6 = DVBl. 1976, 6o4 (L) = VerwRspr. 27, 2oo:
Die Behörde droht Anwendung unmittelbaren Zwanges ausreichend bestimmt an, wenn sie ankündigt, sie werde unmittelbaren Zwang gegen Personen und Sachen anwenden, falls der von ihr untersagte Betrieb nicht bis zu dem festgesetzten Zeitpunkt geschlossen werde (Schließung eines Bordells).

OVG Lüneburg, Urteil vom 3.5.1977 - 5 A 25/76 -: DVBl. 1977, 832 = NJW 1978, 721 = JuS 1978, 138:
Kosten des unmittelbaren Zwangs bei Räumung eines besetzten Hauses.

187. Vereinsgesetz

Verbot von Vereinen; Ermittlungsmaßnahmen: §§ 3 - 5, § 8 Abs. 2;
Vorläufige Maßnahmen bei Gefahr im Verzuge: § 8 Abs. 2;
Maßnahmen gegen verbotene Vereine: §§ 1o - 13;
Maßnahmen gegen Ausländervereine, ausländische Vereine, Arbeitnehmer- und Arbeitgebervereinigungen, Kapitalgesellschaften, Genossenschaften und Versicherungsvereine: §§ 14 - 18
Betreten / Durchsuchung: § 4, § 1o Abs. 2

Rechtsprechung:

BVerwG, Urteil vom 25.1.1978 - 1 A 3/76 -: BVerwGE 55, 175 = NJW 1978, 2164 = MDR 1978, 958 = DÖV 1978, 566 = DVBl. 1978, 6o2 = JuS 1978, 798:
Verbot eines Ausländervereins (§ 14 Abs. 1 des Vereinsgesetzes) und Verbot eines ausländischen Vereins (§ 15 Abs. 1 des Vereinsgesetzes).

OVG Berlin, Urteil vom 16.1o.1969 - 5 B 24/69 -: OVGE Berlin 1o, 16o und
OVG Berlin, Beschluß vom 4.7.1957 - 6 B 4/57 -: OVGE Berlin 4, 179:
Vereinsverbote.

188. Versammlungsgesetz

Verbot und Auflösung von Versammlungen: § 5, § 13, § 15, § 18 Abs. 1;
Ausschluß von Teilnehmern von der Versammlung: § 18 Abs. 3

Rechtsprechung:

VGH München, Beschluß vom 16.2.1979 - 7 Cs 291/79 -: DÖV 1979, 569 = DVBl. 1979, 737:
Versammlungsverbot gegen Nichtstörer.

VGH München, Beschluß vom 28.4.1978 - Nr. 91 VIII/78 -: NJW 1978, 1939 = DVBl. 1979, 81:

Das Recht auf Versammlungen unter freiem Himmel gewährleistet grundsätzlich keinen Rechtsanspruch, Sitzgelegenheiten aufzustellen.

OVG Bremen, Urteil vom 3 9.1971 - 1 BA 13/71 -: DÖV 1972, 1o1:
Verbot einer gefahrdrohenden Demonstration, die sich gegen die genehmigte öffentliche Wahlversammlung einer politischen Partei richtet.

OVG Saarlouis, Beschluß vom 16.11.1969 - 1 W 29/69 -: DÖV 197o, 53 = JZ 197o, 283:
Ausnahmsweises Verbot eines Parteitages wegen gemeingefährlicher und strafbarer Aktionen Dritter.

OVG Karlsruhe, Beschluß vom 19.6.1974 - 3 Ss (B) 5/74 -: NJW 1974, 2144:
Die Erklärung über die Auflösung einer Versammlung ist ein Verwaltungsakt. Sie muß deshalb in tatsächlicher Hinsicht den behördlichen Willen bestimmt, unzweideutig und vollständig zum Ausdruck bringen. Darauf, daß das Erklärte dem Gewollten entspricht, dürfen die Anwesenden vertrauen. Fehler oder Unklarheiten gehen zu Lasten der erlassenden Behörde.

189. Versteigerungen, Verordnung über gewerbsmäßige -

Betriebsprüfung: § 22 Abs. 2;
Verhinderung der Versteigerung: § 23;
Betreten / Durchsuchung: § 22 Abs. 2

19o. Verwaltungs-Vollstreckungsgesetz

Sofortiger Vollzug: § 6 Abs. 2

Rechtsprechung:
BGH, Urteile
vom 23.12.1966 - 5 ZR 144/63 -: BGHZ 47, 1 = NJW 1967, 1131 = BB 1967, 268 = VersR 1967, 374 = DVBl. 1967, 771 = MDR 1967, 575;
vom 22.5.197o - 4 ZR 1oo8/68 -: BGHZ 54, 157 = NJW 197o, 1841 = VersR 197o, 952 = MDR 197o, 995 = DÖV 197o, 782 = VerwRspr. 22, 249:
Gefahrenabwehr bei Verseuchung von Grundwasser durch Heizöl und Benzin; Unfälle von Tanklastzügen.

OVG Münster, Urteil vom 13.11.1974 - 4 A 1o71/73 -: DVBl. 1975, 588:
Abschleppen eines verbotswidrig vor dem Opernhaus parkenden Personenkraftwagens.

OVG Münster, Urteil vom 21.5.1973 - 4 A 1oo4/72 -: DVBl. 1973, 922 = MDR 1974, 17o = DÖV 1974, 248 Nr. 87 (L) = VerwRspr. 25, 583:
Abschleppen eines unverschlossen und verkehrsuntüchtig aufgefundenen Kraftfahrzeugs.

OVG Münster, Beschluß vom 25.9.1963 - 7 B 225/63 -: DÖV 1964, 682 = VerwRspr. 16, 76o; ebenso
VG Berlin, Urteil vom 16.12.1977 - 13 A 119/77 -: GrundE 1978, 288:
Sofortiger Zwang ist nicht zulässig, wenn Zeit genug vorhanden ist, um einen Verwaltungsakt mit Anordnung der sofortigen Vollziehung zu erlassen

OVG Münster,
Urteil vom 3.1o.1963 - 8 A 3o9/62 -: DVBl. 1964, 683 = VerR 1964, 1o3;
Urteil vom 17.4.1973 - 11 A 551/7o -: DVBl. 1973, 924 = MDR 1974, 258;
Urteil vom 18.6.1971 - 9 A 1275/69 -: DÖV 1972, 174 = DVBl. 1972, 459:
Maßnahmen gegen Grundwasserverseuchung durch ausgelaufenes Öl eines umgestürzten Tanklastzuges bzw. Natronlauge.

VG Frankfurt/Main, Urteil vom 8.1.1965 - 6/5 - 8o4/64 -: DVBl. 1965, 779:
Abschleppen verbotswidrig geparkter Wagen vom Gehweg.

191. Viehseuchengesetz

Maßnahmen zur Ermittlung der Seuchenausbrüche: §§ 11 - 16, § 73 Abs. 5, § 79 Abs. 4;
Schutzmaßregeln gegen Seuchengefahr: § 17, § 17 a, § 17 d Abs. 4 und Abs. 5, §§ 18 - 65, § 73 Abs. 5, § 79 Abs. 4;
Betreten / Durchsuchung: § 61 d Abs. 3, § 73 Abs. 3

Rechtsprechung:

BVerwG, Urteil vom 14.1o.1958 - 1 C 59/57 -: BVerwGE 7, 257 = NJW 1959, 786 = DÖV 1959, 149 = MDR 1959, 237 = JR 1959, 191:
Absperrung von Tieren auf Weideland; Entschädigung für Wertminderung.

192. Waffengesetz

Versagung der Erlaubnis für Waffenherstellung und Waffenhandel: § 8;
Anordnungen und Maßnahmen zur Gefahrenabwehr: § 1o, § 15 Abs. 2, §§ 21 - 23, § 28, § 3o, §§ 35 - 42, §§ 44 - 48;
Sicherstellung und Verwertung: § 48 Abs. 2;
Betreten / Durchsuchung: § 46 Abs. 2

Rechtsprechung:

BVerwG, Urteile zum Waffengesetz vom 6.12. 1978: 1 C 7/77 -: DÖV 1979, 567;
- 1 C 34/77 -: DÖV 1979, 565 = NJW 1979, 1563 = MDR 1979, 698;
- 1 C 37/77 -: DVBl. 1979, 729;
- 1 C 46/75 -: MDR 1979, 698;
- 1 C 55/76 -: DVBl. 1979, 728;
- 1 C 94/76 -: DÖV 1979, 567 = NJW 1979, 1564 = MDR 1979, 697.

OVG Münster, Urteil vom 28.11.1978 - 1o A 947/77 -: DVBl. 1979, 73o:
Narkosewaffe ist waffenscheinpflichtig.

193. Waschmittelgesetz

Betriebsprüfung: § 1o:
Betreten / Durchsuchung: § 1o Abs. 3 und Abs. 5

194. Wasserhaushaltsgesetz

Anordnungen und Maßnahmen zum Gewässerschutz: §§ 4 - 6, § 12, § 15 Abs. 4, § 19 b, § 19 c, § 19 e, § 19 f, § 19 i, § 21, § 21 a Abs. 2, § 21 b;
Betreten / Durchsuchung: § 21 Abs. 1 und Abs. 2

Rechtsprechung:

BVerwG, Urteil vom 1o.2.1978 - 4 C 71/75 -: NJW 1978, 2311 = VerwRspr. 3o, 143 = DÖV 1978, 716 = ZfW 1978, 371 = MDR 1978, 696 = DVBl. 1979, 67 = JuS 1978, 716;
BVerwG, Urteil vom 1o.2.1978 - 4 C 25/75 -: BVerwGE 55, 22o = VerwRspr. 3o, 133 = NJW 1978, 23o8 = MDR 1978, 694 = DVBl. 1979, 63 = ZfW 1978, 363:
Wasserrechtliche Untersagungsverfügung.

BVerwG, Urteil vom 16.11.1973 - 4 C 44/69 -: NJW 1974, 815 = VerwRspr. 25, 861 = MDR 1974, 338 = DÖV 1974, 2o7 = JR 1974, 256 = DVBl. 1974, 297 = JuS 1974, 532:
Ordnungsbehördliche Maßnahmen gegen Wasserverunreinigungen durch 8ooo Liter Heizöl bei Unfall eines Tankwagens.

BVerwG, Urteil vom 16.7.1965 - 4 C 54/65 -: DVBl. 1966, 496:
Einbau eines unterirdischen Treibstoffbehälters.

OVG Berlin, Urteil vom 26.3.1976 - 2 B 45/74 -: OVGE Berlin 13, 197:
Beseitigung einer Ölheizungsanlage zum Schutz des Grundwassers.

OVG Münster, Urteil vom 25.2.1976 - 1o A 584/75 -: DVBl. 1976, 8o2 = DÖV 1977, 257 Nr. 34 (L) = BRS Band 3o Nr. 73:
Tankstelle im Einzugsgebiet einer Wassergewinnungsanlage.

195. Wasserverbandverordnung, Erste -

Deichpolizei: §§ 1o2 - 1o5;
Wasserwehr: § 1o6

196. Weingesetz

Überwachungsmaßnahmen: § 58 Abs. 1;
Sicherstellung: § 58 Abs. 1 Nr. 4;
Betreten / Durchsuchung: § 58 Abs. 1 Nr. 5

197. Wirtschaftsprüferordnung

Versagung, Rücknahme und Widerruf einer Bestellung oder Anerkennung: §§ 16, 2o, 34, 13o

198. Wohnungsbindungsgesetz

Anordnung zur Wiederherstellung von Wohnraum bei Zweckentfremdung: § 12 Abs. 4 und 5;
Verwaltungszwang: § 24;
Betreten / Durchsuchung: § 2 Abs. 3

199. Zahnheilkunde, Gesetz über die Ausübung der -

Versagung und Rücknahme der Bestallung: §§ 3, 4;
Vorläufige Untersagung und Verbot der Berufsausübung: §§ 5, 7

Rechtsprechung:

BVerwG, Urteil vom 14.2.1963 - 1 C 98/62 -: BVerwGE 15, 282 = DVBl. 1963, 673 = NJW 1963, 875 = DÖV 1964, 95:
Rücknahme einer zahnärztlichen Bestallung wegen Sittlichkeitsdelikts.

2oo. Zollgesetz

Maßnahmen gegen Bauten im Zollgrenzbezirk: § 69 Abs. 1;
Beschränkung der Benutzung von Grundstücken durch ortsfremde Personen im Zollgrenzbezirk: § 69 Abs. 2;
Nachschau: §§ 71, 73 in Verbindung mit § 21o der Abgabenordnung;
Durchsuchung von Personen: §§ 71, 73;
Durchsuchung von Sachen: § 71;
Betreten: § 69 Abs. 3;
Sicherstellung: § 2o

II. Berliner Landesrecht

2o1. Akademische Grade, Gesetz über die Führung -

Widerruf einer Genehmigung zur Führung ausländischer akademischer Grade: § 4 Abs. 3

2o2. Arbeitsschutzgesetz

Anordnung von Maßnahmen zum Arbeitsschutz: § 1o;
Betreten / Duchsuchung: § 8 Abs. 3

2o3. Architektengesetz

Versagung und Löschung der Eintragung der Berufsbezeichnung: §§ 5, 6

2o4. Ausgrabungsgesetz

Verhinderung von Ausgrabungen: §§ 2, 4;
Sicherstellung eines ausgegrabenen Gegenstandes: § 21 Abs. 1

2o5. Baudurchführungsverordnung

Besondere bauaufsichtliche Anordnungen: § 1 Abs. 4, § 2, § 4 Abs. 3 und Abs. 5, § 7 Abs. 2, § 8 Abs. 4, § 9 Abs. 7, § 11 Abs. 4, § 28 Abs. 4

2o6. Bauordnung

Anordnungen über nicht überbaute Flächen und Kinderspielplätze: § 1o
Anordnung zur Einfriedung von Grundstücken und Anlagen: § 11 Abs. 1;
Anordnung zur Beseitigung von Werbeanlagen und Warenautomaten: § 15 Abs. 2 Satz 5 und Abs. 7;
Qualifikationsnachweis für Baumaterial: § 26 Abs. 2, § 28 Abs. 9, § 29 Abs. 6, § 3o;
besondere Anordnungen zum Brandschutz: § 36 Abs. 3, § 37 Abs. 2 und Abs. 3, § 42 Abs. 2 Satz 4, § 43 Abs. 13 und Abs. 14, § 47 Abs. 6 und Abs. 7, § 5o Abs. 5, § 51 Abs. 11, § 52 Abs. 1;
besondere Anordnungen für Treppen, Müllabwurfanlangen, Abfallstoffanlagen, Arbeitsräume, Garagen und Stellplätze, Teilbaugenehmigungen und Typengenehmigungen: § 42 Abs. 5 und Abs. 6, § 6o Abs. 5 und Abs. 6, § 61 Abs. 1, § 66 Abs. 1, § 67 Abs. 4, Abs. 5 und Abs. 9, § 72, § 9o Abs. 3, § 92 Abs. 3 und Abs. 7;
Tätigkeitsverbot für ungeeignete Beauftragte und Einstellung der Bauarbeiten: § 76 Abs. 4;
Qualifikationsnachweis für Unternehmer: § 78 Abs. 3;
Untersagung und Nachabnahme von fliegenden Bauten: § 93 Abs. 7 und Abs. 8;
Bauüberwachung: § 94;
Anordnung für besondere Bauabnahmen und Fortsetzung der Arbeiten: § 95 Abs. 1 Satz 4;
Anordnung der Baueinstellung und Versiegelung der Baustelle: § 96;
amtlicher Gewahrsam: § 96 Abs. 2;
Beseitigung baulicher Anlagen: § 97;
Anordnungen bei bestehenden baulichen Anlagen: § 11o;
Anordnungen bei Veränderung der Grundstücksgrenzen: § 111 mit § 97 und § 11o;
Betreten / Durchsuchung: § 94 Abs. 3, § 98

Rechtsprechung:

BVerwG, Urteil vom 27.1o.1978 - 1 C 15/75 -: NJW 1979, 731 = GewArch 1979, 89:
Die Befugnis der Bauaufsichtsbehörde, sogenannte Zivilingenieure für die statische Prüfung von Bauaufträgen heranzuziehen, ist rechtmäßig.

BVerwG, Urteil vom 28.4.1978 - 4 C 59/75 -: BRS 33 Nr. 31 = VerwRspr. 3o, 321 = DÖV 1978, 736 = GewArch 1978, 269 = DVBl. 1979, 149:
Untersagung der Benutzung baulicher Anlagen auf einem Grundstück an der Havel.

BVerwG, Urteil vom 19.1.1977 - 4 C 31/75 -: MDR 1977, 6o7 = NJW 1977, 1893 (L) = DÖV 1977, 335 Nr. 4o (L) = DVBl. 1978, 28o L = BRS Band 32 Nr. 193:
Maßnahmen zum Vollzug einer unanfechtbaren Beseitigungsanordnung können rechtswidrig sein, wenn sich die bodenrechtliche Situation zwischenzeitlich wesentlich geändert hat.

BVerwG, Urteil vom 28.4.1972 - 4 C 42/69 -: BVerwGE 4o, 1o1 = MDR 1972, 974 = JR 1973, 3o = BRS Band 25 Nr. 2o5:
Die bauaufsichtliche Abbruchverfügung gegen nur einen Miteigentümer ist zwar rechtmäßig. Sie ist aber erst dann zwangsweise durchsetzbar, wenn alle Miteigentümer vollziehbar in Anspruch genommen sind.
BVerwG, Urteil vom 22.1.1971 - 4 C 62/66 -: DÖV 1971, 64o = NJW 1971, 1624 = BayVBl. 1971, 425 = BRS 24 Nr. 193 = BauR 1971, 188 = JuS 1972, 52 = VerwRspr. 23, 7o:
Der gegen den Eigentümer ausgesprochene Widerruf einer Baugenehmigung und die ihm gegenüber erlassene Anordnung, das Bauwerk zu beseitigen, wirken grundsätzlich und insbesondere im Falle der Gesamtrechtsnachfolge gegen den Rechtsnachfolger.

BVerwG, Urteil vom 29.1o.1963 - 1 C 8/63 -: BVerwGE 17, 83 = DÖV 1964, 17o = DVBl. 1964, 356 = MDR 1964, 348 = NJW 1964, 315;

BVerwG, Urteil vom 2.9.1963 - 1 C 142/59 -: BVerwGE 16, 289 = NJW 1964, 314 = DÖV 1964, 168 = MDR 1964, 172:
Abrißgebot. Die Behörde verletzt das Recht des Bürgers auf wirksamen Rechtsschutz, wenn sie ihre Maßnahme ohne zwingenden Grund so kurzfristig anordnet und durchsetzt, daß ihm keine ausreichende Zeit verbleibt, um beim Verwaltungsgericht vorläufigen Rechtsschutz zu erlangen. Eine solche Maßnahme verstößt gegen Artikel 19 Abs. 4 Satz 1 GG. Dazu wird hingeweisen auf BVerfG, Beschluß vom 29.1o.1975 - 2 BvR 63o/73 -: BVerfGE 4o, 272 = BB 1975, 1561 = NJW 1976, 141 = MDR 1976, 118 = DÖV 1976,

249 Nr. 88 (L) = DVBl. 1977, 432 Nr. 114 (L):
Artikel 19 Abs. 4 GG garantiert auch die Effektivität des Rechtsschutzes. Der Bürger hat einen substantiellen Anspruch auf eine möglichst wirksame gerichtliche Kontrolle in allen Instanzen.

OVG Berlin, Urteil vom 25.8.1978 - 2 B 77/77 -: BauR 1979, 225 = BRS 33 Nr. 174:
Eine Abrißanordnung darf nicht zu dem Zweck ergehen, zivilrechtliche Geschäfte des Grundstücksnachbarn zu besorgen und dessen Grundstück von Fremdeinwirkungen freizuhalten. Ausleger eines ungenehmigten Turmschwenkkrans schwenkten über Nachbargrundstück.

OVG Berlin, Urteil vom 1.1o.1976 - 2 B 1o6/75 -: OVGE Berlin 14, 24 = BRS Band 3o Nr. 181:
Beseitigung eines Verkaufswagens vom Gehweg. Behörde übte Ermessen nicht aus.

OVG Berlin, Urteil vom 11.6.1976 - 2 B 73/75 -: OVGE Berlin 14, 8 = BRS Band 3o Nr. 97 =
Nachträgliche Anforderung von Spielplätzen bei bestehenden Gebäuden.
OVG Berlin, Urteil vom 24.9.1971 - 2 B 12/71 -: BRS Band 24 Nr. 164:
Ein Abenteuerspielplatz ist in einem allgemeinen Wohngebiet als Störfaktor zu bewerten und deshalb unzulässig.

OVG Berlin, Urteil vom 26.2.197o - 6 B 7/67 -: OVGE Berlin 11, 57:
Maßnahmen gegen Lärm- und Staubbelästigung durch Kohlenhandlung.

OVG Berlin, Beschluß vom 24.5.1968 - 2 B 29/68 -: OVGE Berlin 9, 168 = NJW 1968, 1491 = DÖV 1968, 7o5 = BRS 2o Nr. 199:
Anordnung zur Beseitigung baurechtswidriger Werbeanlagen. Sofortige Vollziehung. Mißbrauch von Rechtsbehelfen.

OVG Berlin, Beschluß vom 29.3.1968 - 2 S 15/67 -: OVGE Berlin 9, 165 = JR 1968, 273 = DÖV 1969, 15o Nr. 5o = BRS Band 2o Nr. 192:
Die Anordnung des Bauaufsichtsamts, Bauarbeiten wegen unterbliebener Bestellung eines Bauleiters einzustellen, darf für sofort vollziehbar erklärt werden.

OVG Berlin, Urteil vom 28.6.1957 - 2 B 122/56 -: OVGE Berlin 4, 176 = JR 1957, 475:
Die wirtschaftliche Leistungsunfähigkeit berührt nicht die Polizei- bwz. Ordnungspflicht. Einzäunen eines Grundstücks.

VG Berlin, Urteil vom 8.2.1974 - 13 A 119/73 -: JR 1974, 486:
Bauaufsichtliches Einschreiten gegen die Zweckentfremdung von Einstellplätzen für Kraftfahrzeuge.

2o7. <u>Bauprüfungsverordnung</u>

Widerruf der Anerkennung als Prüfingenieur: § 8 Abs. 2 und Abs. 3

2o8. <u>Berggesetz, Allgemeines -</u>

Bergaufsichtliche Maßnahmen zur Gefahrenabwehr: §§ 198, 199, 2o5

2o9. <u>Beschußgesetz, Durchführungsverordnung zum -</u>

Rücknahme und Widerruf einer Bauartzulassung: § 27 Abs. 6 und Abs. 7

21o. <u>Bestattungsgesetz</u>

Bedingungen zum Schutz der Gesundheit bei Ausgrabungen von Leichen: § 23 Abs. 1

211. <u>Borkenkäfer, Verordnung zur Bekämpfung der -</u>

Bekämpfungsmaßnahmen des Pflanzenschutzamtes: § 2 Abs. 2

212. <u>Brandsicherheitsschau-Verordnung</u>

Zutrittsrecht / Betreten: § 6 Abs. 1

213: <u>Bühnenvorständeverordnung</u>

Pflicht zur Vorlage und Ungültigkeitserklärung eines Befähigungszeugnisses: §§ 3, 4

214. <u>Dampfkesselgesetz</u>

Betriebsprüfung: § 2 Abs. 1

215. <u>Denkmalschutzgesetz</u>

Schutzmaßnahmen zur Erhaltung von Denkmalen: § 7, § 9 Abs. 2, § 12, § 19 Abs. 2;
Betreten / Durchsuchung: § 19 Abs. 3

<u>Rechtsprechung:</u>

BGH, Urteil vom 8.6.1978 - 3 ZR 161/76 -: BGHZ 72, 211 = NJW 1979, 21o = MDR 1979, 2o9 = DVBl. 1979, 232 = JZ 1979, 98 = JuS 1979, 513 = GrundE 1979, 119 = BB 1978, 1o36:
Zur Frage, wann sich eine aus Gründen des Denkmalschutzes ausgesprochene Versagung der Genehmigung zum Abriß eines Gebäudes enteignend auswirken kann.

216. <u>Feuerwehrgesetz</u>

Eingriffsermächtigung zur Gefahrenabwehr bei Bränden, Explosionen, Überschwemmungen, Unfällen und ähnlichen Ereignissen: § 1 Abs. 1;
Betreten / Durchsuchung: §§ 12, 16

217. <u>Fischereigesetz</u>

Anordnung von Vorrichtungen zum Schutz der Fische: § 1o1;
Kontrollmaßnahmen: § 119 Abs. 7 Satz 1, § 123

218. <u>Freiwillige Polizei-Reserve-Verordnung</u>

Übertragung polizeilicher Befugnisse nach dem ASOG: § 1 Nr. 1

219. Friedhofsgesetz

Schließung und Aufhebung eines Friedhofs: § 5

22o. Friseurhandwerk-Verordnung

Zutrittsrecht / Betreten: § 9

221. Garagenverordnung

Besondere bauaufsichtliche Anordnungen: § 3 Abs. 6, § 4 Abs. 6, § 14 Abs. 1 und Abs. 7 Satz 2;
Anordnungen zur Feuersicherheit: §§ 16, 17;
besondere Prüfungsanordnungen: § 26 Abs. 3 und Abs. 5

222. Gaststättenverordnung

Anordnungen zur Sperrzeit: §§ 12, 13

Rechtsprechung:

BVerwG, Urteil vom 13.1.1961 - 1 C 219/59 -: BVerwGE 11, 331 = DVBl. 1961, 4o8 = NJW 1961, 1129 = MDR 1961, 446 L = VerwRspr. 13, 494:
Gegen die Hinausschiebung der Sperrstunde für eine Schankwirtschaft kann der Eigentümer und Bewohner eines Nachbargrundstücks im Verwaltungsrechtswege mit der Behauptung klagen, daß seine Nachtruhe gestört werde.

OVG Bremen, Beschluß vom 15.12.1978 - 2 BA 58/78 -: GewArch 1979, 1oo:
Verlängerung der Sperrzeit.

223. Gebrauchtwarenverordnung

Betriebsprüfung und Nachschau: § 6
Betreten / Durchsuchung: § 6 Abs. 4

224. Geflügelzuchtgesetz

Betriebsprüfung: § 11;
Widerruf einer Anerkennung: § 12 Abs. 3, § 14 Abs. 2

225. Grundstücksnumerierungsverordnung

Anordnung zur Anbringung und Aufhebung von Grundstücksnummern: § 3 Abs. 2, § 5 Abs. 1

226. Grün- und Erholungsanlagen, Gesetz zum Schutze der öffentlichen -

Schutzmaßnahmen: § 2 Abs. 3

227. Ingenieurgesetz

Untersagung der Berufsbezeichnung: § 4

228. Jugendpflegerverordnung

Widerruf der staatlichen Anerkennung: § 35 Abs. 2

229. Jugendwohlfahrt,Gesetz zur Ausführung des Jugenwohlfahrtsgesetzes

Maßnahmen zum Schutz von Pflegekindern: § 4o Abs. 2, § 41, § 44;
Notmaßnahmen zur Unterbringung: §§ 5o - 52;
Schutz von Minderjährigen unter 16 Jahren in Heimen: § 55;
Untersagung einer Betreuung Minderjähriger: § 62;
Betreten / Durchsuchung: § 44 Abs. 1, § 46, § 55 Abs. 1

23o. Kehr- und Überprüfungsordnung

Anordnung zusätzlicher Kehrungen: § 6

231. Lagerverordnung

Wasserbehördliche Anordnungen: § 8 Abs. 4 und Abs. 5, § 12, § 17

Rechtsprechung:

OVG Berlin, Urteil vom 26.3.1976 - 2 B 45/74 -: OVGE Berlin 13, 197:
Beseitigung einer Ölheizungsanlage in engerer Wasserschutzzone.

232. Landeswaldgesetz

Sperrung des Waldes: § 15 Abs. 2;
Generalermächtigung zur Gefahrenabwehr für den Forstschutz: § 17

Rechtsprechung:

VG Freiburg, Urteil vom 15.4.1975 - VI 161/73 -: NJW 1976, 1366:
Verwaltungszwang zur Beseitigung unbefugter Aufschüttungen im Wald.

233. Lärmverordnung

Beschränkung einer Zulassung: § 8 Abs. 1 Satz 4

234. Lebensmittelbetriebe, Verordnung gegen die Verbreitung übertragbarer Krankheiten durch Personen in Lebensmittelbetrieben

Tätigkeitsverbote: § 2;
Anordnung von Untersuchungen: § 6 Abs. 2

235. Lebensmittelchemikergesetz

Rücknahme der Erlaubnis zur Führung der Berufsbezeichnung: § 2 Abs. 2

236. Marktordnung
Sofortentzug des Verkaufsstandes: § 1o Abs. 3 Satz 3

237. Medizinalfachberufe, Gesetz über die Weiterbildung

Aufsicht mit Anstaltsprüfung: § 6

238. Metallhandelsverordnung

Betriebsprüfung und Nachschau: § 8;
Betreten / Durchsuchung: § 8 Abs. 1

239. Motor- und Segelbootverordnung

Entziehung der Fahrerlaubnis: § 8

24o. Naturschutzgesetz

Duldungsanordnungen: § 16;
Schutzmaßnahmen: § 17, § 36 Abs. 4 und Abs. 6;
Grundstückprüfungen: § 43;
Betreten / Durchsuchung: § 43 Abs. 2

Rechtsprechung:

OVG Berlin, Urteil vom 2.5.1977 - 2 B 2/77 -: DVBl. 1977, 9o1 = NJW 1977, 2283 = BRS Band 32 Nr. 5:
Verhinderung der Errichtung eines Kernkraftwerks im Waldgebiet (Oberjägerweg).

241. Pressegesetz

Beschlagnahme eines Druckwerks: §§ 12, 13

242 Privatschulgesetz

Widerruf der Genehmigung einer Privatschule: § 6;
Entziehung der Eigenschaft als anerkannte Privatschule: § 7 Abs. 3;
Untersagung der Errichtung oder Fortführung einer Schule: § 9 Abs. 3, § 12

243. Rattenverordnung

Rattenbekämpfungsmaßnahmen / Betreten: § 3

Rechtsprechung:

OVG Münster, Urteil vom 24.3.1971 - 4 A 775/69 -: DVBl. 1971, 828:
Auswahlermessen der Behörde, den Inhaber der tatsächlichen Gewalt oder den Eigentümer eines Grundstücks zur Rattenbekämpfung in Anspruch zu nehmen.

244. Reichsleistungsgesetz (als Landesrecht)

Anforderung und Erzwingung von Leistungen: §§ 22 - 25

245. Reinhalteordnung

Wasserbehördliche Maßnahmen: § 3 Abs. 2, § 4 Abs. 2 und Abs. 3, § 5 Abs. 3 und Abs. 4, § 6 Abs. 4

246. Reisebüroverordnung

Betriebsprüfung und Nachschau: § 6;
Betreten / Durchsuchung: § 6 Abs. 2

247. Rennwett- und Lotteriegesetz, Ausführungsbestimmungen zum -

Beschränkung und Widerruf der Erlaubnis zum Betrieb des Buchmachergewerbes bei Pferderennen: § 4

248. Röhrichtschutzgesetz

Anordnungen zum Schutz des Röhrichts: § 4 Abs. 2

249. Sammlungsgesetz

Versagung, Beschränkung und Rücknahme einer Sammlungserlaubnis: § 2 Abs. 3 und Abs. 4, § 3 Abs. 2, § 4, § 9 Abs. 2, Abs. 3 und Abs. 5;
Bestellung eines Treuhänders: § 7, § 9 Abs. 6;
Betreten / Durchsuchung: § 7 Abs. 2, § 12

25o. Schießsportanordnung

Widerruf und Einziehung einer Genehmigung für Schießsport: § 2 Abs. 2;
Kontrollmaßnahmen: § 1o;
Betreten / Durchsuchung: § 1o

251. Schulgesetz

Zwangsweise Zuführung von Schülern zur Schule: § 16;
Ordnungsmaßnahmen gegen Schüler, Hörer, Teilnehmer, Kollegiaten und Studierende: §§ 55, 56

252. Smog-Verordnung

Schutzmaßnahmen: § 7;
Beschränkung des Kraftfahrzeugverkehrs: § 8;
Betriebseinschränkungen: § 11

253. Spielbankgesetz

Rücknahme der Konzession: § 4;
Aufsichtsmaßnahmen: § 7

254. Stadtreinigungsgesetz

Anordnungen zur Müllbeseitigung: § 8 Abs. 2 und Abs. 4, § 11 Abs. 6 Satz 2

255. Straßengesetz

Einschränkung des Gemeingebrauchs: § 8 Abs. 3;
Widerruf der Erlaubnis zur Sondernutzung: § 1o Abs. 4, § 11 Abs. 5;
Straßenaufsicht: § 13, § 16 Abs. 2

Rechtsprechung:

BVerwG, Beschluß vom 7.6.1978 - 7 C 2/78 -: DÖV 1978, 886 = MDR 1978, 1o49 = DVBl. 1979, 155 = DAR 1979, 251 = GewArch 1979, 271:
Das Abstellen von Kraftfahrzeugen auf öffentlichen Straßen richtet sich ausschließlich nach § 12 der Straßenverkehrs-Ordnung und nicht nach Landesrecht.

BVerwG, Urteile vom 7.6.1978
- 7 C 5/78 -: BVerwGE 56, 63 = NJW 1978, 1933 = DÖV 1978, 887 = DVBl. 1979, 157;
- 7 C 6/78 -: BVerwGE 56, 56 = NJW 1978, 1937, = DÖV 1978, 889;
- 7C45/74 -: BVerwGE 56, 24 = NJW 1978, 1935 = DÖV 1978, 891 = MDR 1978, 868:
Sondernutzung der Straße für politische Werbung.

BVerwG, Urteil vom 13.12.1974 - 7 C 42/72 -: BVerwGE 47, 28o = VerwRspr. 26, 672 = JuS 1975, 657 = NJW 1975, 1289 = DÖV 1975,

2oo = MDR 1975, 34o:
Aufstellen von Werbeträgern für Wahlplakate politischer Parteien. Abgestufte Chancengleichheit.
BVerwG, Urteil vom 24.2.1978 - 4 C 1/76 -: NJW 1979, 44o = DVBl. 1979, 74 = VerwRspr. 3o, 228:
Mit der Kerngewährung des Anliegergebrauchs nach Art. 14 Abs. 1 GG ist es vereinbar, die - vom Anliegergebrauch gedeckten - Werbemöglichkeiten nicht nur dem Umfang nach, sondern ebenso auch der Art nach zu beschränken.

BGH Urteil vom 3.2.1978 - 5 ZR 79/75 -: NJW 1978, 22o1 = VerwRspr. 3o, 225 = DVBl. 1979, 73 = MDR 1979, 128 = BB 1978, 1277:
Werbeanlagen der Anlieger im Luftraum über der Straße gehören nicht zum Verkehrsgebrauch.
Die Haltung von Werbeauslegern (Nasenschildern) im Luftraum über der Straße gehört nicht zu einem Kern des Anliegergebrauchs.

BGH Beschluß vom 3o.1.1979 - 1 StR 3o3/78 -: BGHSt 28, 275 = MDR 1979, 514 = NJW 1979, 161o:
Sondernutzung einer öffentlichen Straße für politische Werbung.

256. Straßenreinigungsgesetz

Maßnahmen gegen den Reinigungsverpflichteten: § 6;
Beseitigung von Schmutz und Unrat: § 8 Abs. 4

257. Unmittelbarer Zwang, Gesetz über die Anwendung unmittelbaren Zwanges bei der Ausübung öffentlicher Gewalt durch Vollzugsbeamte des Landes Berlin

Allgemeine Eingriffsermächtigung: § 1;
Besondere Eingriffsmaßnahmen: §§ 8 - 23

Rechtsprechung:

OVG Berlin, Urteil vom 5.1o.1976 - 4 B 62/74 -: OVGE Berlin 14, 28:
Angehörige des Sozialpsychiatrischen Dienstes in der Abteilung Gesundheitswesen der Bezirksämter sind als Vollzugsbeamte im Sinne von § 3 Nr. 7 UZwG zur Anwendung unmittelbaren Zwanges bei der Unterbringung von Geisteskranken und Süchtigen berechtigt und erforderlichenfalls verpflichtet.

Hinweis auf Rechtsprechung zum UZwG des Bundes.

258. Unterbringungsgesetz

Vollziehung der Unterbringung durch Gesundheitsbehörde: § 11 Abs. 1;
Vorläufige Einweisung durch Gesundheitsbehörde oder Polizeibehörde: § 15 Abs. 1 und Abs. 2

Rechtsprechung:

BVerwG, Urteil vom 8.5.197o - 1 C 2o/68 -: NJW 197o, 199o = DVBl. 197o, 576 = DÖV 197o, 642 = JR 1971, 432:
Berichtigung eines im Unterbringungsverfahren von der Ordnungsbehörde vorgelegten amtsärztlichen Gutachtens.

OVGE Berlin 14, 28 vom 5.1o.1976: Vorstehend bei UZwG.

OLG Hamm, Beschluß vom 8.3.1966 15 W 7o/66 -: NJW 1966, 1168 = MDR 1966, 683:
Die unmittelbar bevorstehende Gefahr eines Selbstmordes rechtfertigt stets die Unterbringung eines psychisch Kranken in einer geschlossenen Anstalt. Der Feststellung weiterer Umstände, aus denen sich ein Bezug zur öffentlichen Sicherheit oder Ordnung ergibt, bedarf es in diesem Falle nicht.

259. Verkehr mit Arzneimitteln, Giften und giftigen Pflanzenschutzmitteln außerhalb von Apotheken, Verordnung über Regelung und Beaufsichtigung des -

Betriebsprüfung: § 1o;
Betreten / Durchsuchung: § 1o Abs. 2

26o. Vermessungsgesetz

Durchführung von Vermessungsarbeiten auf fremden Grundstücken: § 5;
Anordnung zur Eintragung im Liegenschaftskataster: § 19 Abs. 3;
Betreten / Durchsuchung: § 3 Abs. 4, § 5

261. Versammlungsstättenverordnung

Anordnungen zur Feuersicherheit: § 16 Abs. 1, § 26 Abs. 2, § 28 Abs. 4, § 72 Abs. 2, § 95 Abs. 1, § 116, § 124 Abs. 2 Satz 5 und Abs. 3, § 125

262. Verwaltungs-Vollstreckungsgesetz

Sofortiger Vollzug: § 6 Abs. 2;
Hinweis auf Rechtsprechung zu § 6 Abs. 2 VwVG des Bundes.

263. Waffenkontrollanordnung betreffend Sicherung von Geld- und Warentransporten

Widerruf der Genehmigung: § 11

264. Waffenkontrollverordnung

Sicherheitsmaßnahmen: § 5 Abs. 3, § 6, § 12, § 13 Abs. 6;
Sicherstellung und Einziehung: § 6 Abs. 2;
Betreten / Durchsuchung: § 12 Abs. 2

265. Warenhausverordnung

Anordnungen über Feuerlöscheinrichtungen: § 17 Abs. 3 und Abs. 7

266. Wasseranlagenverordnung

Anordnung zur Kennzeichnung von Trinkwasser: § 4 Abs. 9;
Anordnung zum Anschluß an öffentliche Entwässerung: § 7 Abs. 2

267. Wassergesetz

Wasserbehördliche Maßnahmen: § 14 Abs. 1, § 16 Abs. 2, § 21 Abs. 1, § 23 Abs. 2 § 25 Abs. 6, § 36, § 37 Abs. 3, § 38 Abs. 3, § 43, § 44, § 45, § 57 Abs. 3, § 58 Abs. 3, § 59, § 62 Abs. 5, § 62 a, § 62 b, § 62 c, § 64 Abs. 2 - 4, § 65, § 68, § 69, § 72 Abs. 3, § 73 Abs. 1 § 9o;
Betreten / Durchsuchung: § 12, § 48, § 52, § 57 Abs. 2, § 6o, § 69 Abs. 2, § 113

Rechtsprechung:

OVG Berlin, Urteil vom 26.3.1976 - 2 B 45/74 -: OVGE Berlin 13, 197:
Schutz des Grundwassers durch Beseitigung einer Ölheizungsanlage.

OVG Berlin, Urteil vom 31.1o.1975 - 2 B 1o4/74 -: ZfW 1977, 5o = DVBl. 1977, 656 Nr. 27o:
Beseitigung von ungenehmigten Anlagen in Gewässern.

268. Wasserschutzgebietsverordnung Kladow

Wasserbehördliche Entscheidungen: § 8 Abs. 3 Satz 3;
Betreten: § 7

269. Wasserschutzgebietsverordnung Tiefwerder

Wasserbehördliche Entscheidungen: § 8 Abs. 3 Satz 3;
Betreten: § 7

27o. Wohnungsaufsichtsgesetz

Anordnungen der Wohnungsaufsichtsbehörde: §§ 3, 4, 6, 7, 8, 9;
Betreten / Durchsuchung: §§ 1o, 15

Rechtsprechung:

OVG Berlin, Urteil vom 1o.2.1978 2 B 6/77 -: GrundE 1979, 288:
Ersatzvornahme zur Mängelbeseitigung in einem Badezimmer.

OVG Berlin, Urteil vom 3.12.1976 - 2 B 82/75 -: GrundE 1977, 169:
Ersatzvornahme zur Mängelbeseitigung in einer Küche.

271. Zweckentfremdungsverbot-Verordnung

Anordnung zur Wiederherstellung von Wohnraum: § 5 Abs. 2;
Verwaltungszwang: § 6

Rechtsprechung:

BVerwG, Urteil vom 14.12.1977 - 8 C 28/77 -: BVerwGE 55, 135 = JuS 1978, 571 = NJW 1978, 1o18 = MDR 1978, 6o1 = DVBl. 1978, 645 = VerwRspr. 29, 788:
Zweckentfremdung von Wohnraum durch Abbruch.

OVG Berlin, Urteil vom 16.7.1976 - 2 B 1o7/75 -: OVGE 14, 74 = NJW 1977, 314 = GrundE 1976, 742:
Zweckentfremdung liegt nicht vor, wenn der Verfügungsberechtigte trotz ernsthafter Bemühungen keinen Wohnungsmieter zu einer kostendeckenden Miete findet.

Hessischer VGH Kassel, Beschluß vom 1o.7.1978 - 4 TH 14/77 -: NJW 1979, 444:
Verwaltungszwang bei unberechtigtem Leerstehenlassen von Wohnraum.

Dritter Teil

Muster für Bescheide nach dem ASOG

Muster für Bescheide nach dem ASOG

Die Muster sind Rahmenmuster. Ihr Inhalt erstreckt sich grundsätzlich nur auf wesentliche Aussagen einzelner Vorschriften des ASOG. Sie sind im Einzelfall auszufüllen.

Die Art und Weise der zwangsweisen Durchsetzung von Verwaltungsakten der Eingriffsverwaltung ist im ASOG nicht geregelt. Für das Vollstreckungsverfahren der Behörden Berlins gilt vielmehr das Verwaltungs-Vollstreckungsgesetz - VwVG - der Bundesrepublik Deutschland vom 27. April 1953 (BGBl. I S. 157 / GVBl. S. 361) als Landesgesetz. Das ist in § 5 Abs. 2 des Gesetzes über das Verfahren der Berliner Verwaltung vom 8.12. 1976 (GVBl. S. 2735) bestimmt.

Um das Ordnungs- und Polizeirecht jedoch vollständig zu behandeln, enthalten die nachstehend bezeichneten Muster (M) die wesentlichen Regelungen des Verwaltungszwangsverfahrens:

a) Verwaltungsakt: M 22
b) Verwaltungsakt und Anordnung der sofortigen Vollziehung: M 23
c) Verwaltungsakt und bundesgesetzlicher Ausschluß der aufschiebenden Wirkung der Rechtsmittel: M 35 und M 41
d) Allgemeinverfügungen: M 46 und M 47
e) Androhung des unmittelbaren Zwanges und landesgesetzlicher Ausschluß der aufschiebenden Wirkung der Rechtsmittel: M 27
f) Verwaltungsakt mit gleichzeitiger Androhung der Ersatzvornahme und Anordnung der sofortigen Vollziehung: M 24
g) Verwaltungsakt mit gleichzeitiger Androhung des Zwangsgeldes und Anordnung der sofortigen Vollziehung: M 25
h) Verwaltungsakt mit gleichzeitiger Androhung des unmittelbaren Zwanges und Anordnung der sofortigen Vollziehung: M 34
i) Festsetzung des unmittelbaren Zwanges und landesgesetzlicher Ausschluß der aufschiebenden Wirkung der Rechtsmittel: M 36
k) Sofortiger Vollzug: M 21, M 31, M 37
l) Unmittelbare Ausführung einer Maßnahme im Wege des sofortigen Vollzuges: M 2o
m) Widerspruchsbescheid; Widerspruch begründet: M 65
n) Widerspruchsbescheid; Widerspruch unbegründet: M 66

Gemäß § 187 Abs. 3 VwGO können die Bundesländer bestimmen, daß Rechtsbehelfe keine aufschiebende Wirkung haben, soweit sie sich gegen Maßnahmen richten, die in der Verwaltungsvollstreckung getroffen werden. Von dieser Ermächtigung haben die Länder wie folgt Gebrauch gemacht: Baden-Württemberg, Berlin, Hamburg, Hessen, Nordrhein-Westfalen, Rheinland-Pfalz, Saarland und Schleswig-Holstein in vollem Umfang; Bayern nur für die Anwendung der Zwangsmittel bei möglicher selbständiger Rechtsverletzung und für den Katastrophenschutz umfassend; Bremen nur zur Beitreibung von Geldforderungen; Niedersachsen noch nicht.

§ 1 Muster 1

Aufgabe der Gefahrenabwehr

Fall: Gefahrenabwehr ohne Verwaltungsakt durch Verwarnung

Bezirksamt Tempelhof von Berlin
Abteilung Gesundheitswesen

Sehr geehrte Frau Waumann!

Sie sind Halterin und Eigentümerin eines deutschen Schäferhundes. Das Tier ist ein zwei Jahre alter Rüde mit dunkler Decke und hellbraunen Läufen. Sein Name ist "Prinz".

Am 3. April 1979 um 13 Uhr hat der frei umherlaufende Hund in der Nähe Ihres Hauses am Rosengarten einen harmlosen Spaziergänger ohne besonderen Anlaß plötzlich bellend angefallen, gekratzt und zu beißen versucht. Eine Funkwagenstreife der Polizei hat den Sachverhalt ermittelt und uns von diesem Ereignis zuständigkeitshalber unterrichtet.

Daraufhin haben wir den Vorfall mit Ihnen eingehend besprochen. Dabei hat sich herausgestellt, daß "Prinz" nur in unmittelbarer Nähe Ihres Hausgrundstücks Angriffsbereitschaft zeigt. Deshalb ist nach amtstierärztlicher Erkenntnis das Vorgehen des Hundes mit einem übertriebenen Schutz- und Erhaltungsinstinkt innerhalb seines Lebensraumes zu begründen. Hier hat, sieht und verteidigt er sein "Revier". Das erklärt sein aggressives Verhalten gegen fremde Personen in diesem Bereich.

Mit Rücksicht auf die Wiederholungsgefahr empfehlen wir Ihnen dringend, in dem nachfolgend gekennzeichneten Gebiet Ihrer näheren Wohnumgebung den Hund in der Öffentlichkeit nur mit einem festsitzenden, beißsicheren Maulkorb an kurzer, reißsicherer Leine zu führen oder von einer Person, die Gewalt über das Tier hat, führen zu lassen: Rosengarten, Wassergraben, Blockstraße, Clayallee, Platz der Luftbrücke, Trumanallee, Tempelhofer Feld, Landebahn, Rosinenbomberplatz, Hungerharkenstraße, Halvorsenplatz, Görenzeile, Steppkesteig, Fallschirmfleck, Propellerschneise, Pilotenweg, Rosengarten.

Wir verwarnen Sie: Sollte es zu einem neuen Angriff, insbesondere zu einem Bißvorfall kommen, werden wir Maulkorb- und Leinenzwang anordnen. Rechtsgrundlage dafür ist § 14 Abs. 1 des Allgemeinen Gesetzes zum Schutz der öffentlichen Sicherheit und Ordnung in Berlin (Allgemeines Sicherheits- und Ordnungsgesetz - ASOG Bln) vom 11. Februar 1975 (Gesetz- und Verordnungsblatt für Berlin S. 688).

Für die Gefahr, die von Ihrem Hund ausgeht, sind Sie als Halterin und Eigentümerin des Tieres nach § 11 ASOG verantwortlich.

Hochachtungsvoll

§ 1 Abs. 1 Muster 2

Aufgaben der Gefahrenabwehr

Fall: Schlicht-hoheitliches Handeln ohne Verwaltungsakt.
Aufforderung an Kraftfahrer, sich amtsärztlich auf Fahrtauglichkeit untersuchen zu lassen.

Der Polizeipräsident in Berlin

Sehr geehrter Herr Klotz!

Sie verursachten innerhalb von zwei Jahren drei schwere Verkehrsunfälle und erhielten mehrfach gebührenpflichtige Verwarnungen. Nach meinen Ermittlungen können Sie sich in der Leitung und Bedienung von Kraftfahrzeugen der jeweiligen Verkehrssituation nur schlecht anpassen. Dabei lassen Sie die erforderliche Sicherheit und Geistesgegenwart vermissen. Aus diesen Gründen habe ich berechtigte Zweifel an Ihrer Eignung zum Kraftfahrzeugführer (vgl. Urteil des Bundesverwaltungsgerichts vom 2. Dezember 196o - 7C43/59 -: BVerwGE 11, 274 = NJW 1961, 283 = DÖV 1961, 463 = MDR 1961, 176).

Deshalb bitte ich Sie gemäß § 3 Abs. 2 der Straßenverkehrs-Zulassungs-Ordnung, ein amtsärztliches Gutachten des Gesundheitsamtes Ihres Wohnbezirks Schöneberg über Ihre körperliche Eignung zum Führen von Kraftfahrzeugen beizubringen.

Unser Ersuchen ist kein anfechtbarer Verwaltungsakt im Sinne des § 35 des Verwaltungsverfahrensgesetzes. Es dient nur der Aufklärung des Sachverhalts nach den §§ 24 und 26 dieses Gesetzes und trifft noch keine den Einzelfall regelnde Entscheidung, die allein angefochten werden kann. Sollten Sie dieser Aufforderung nicht nachkommen, kann ich aus Ihrem Verhalten den naheliegenden Schluß ziehen, daß Sie zum Führen von Kraftfahrzeugen ungeeignet sind. Dann würde ich Ihnen die Fahrerlaubnis entziehen. Das wäre dann ein anfechtbarer Verwaltungsakt.

Ich beziehe mich auf das Urteil des Bundesverwaltungsgerichts vom 28. November 1969 - 7 C 18/69 -: BVerwGE 34, 248 = NJW 197o, 1989 = DÖV 197o, 57o = GewArch 197o, 233 = MDR 1971, 532 = VerwRspr. 21, 598. Dieses Urteil ist einschlägig. Es enthält die vorstehend wiedergegebenen rechtlichen Aussagen.

Hochachtungsvoll

§ 3 Muster 3

Hilfszuständigkeit der Berliner Feuerwehr

Fall: Feuerwehr trifft unaufschiebbar notwendige Maßnahmen im Zuständigkeitsbereich einer anderen Ordnungsbehörde. Feuerwehr unterrichtet die zuständige Behörde von diesem Ereignis (Lebensmittelvergiftungen).

Berliner Feuerwehr

Schreiben an das Bezirksamt, Abteilung Gesundheitswesen:

Am 25. März 1979 haben wir im Zusammenhang mit unseren eigenen Aufgaben nach dem Berliner Feuerwehrgesetz unaufschiebbar notwendige Maßnahmen in Ihrem Geschäftsbereich getroffen. Unsere Notzuständigkeit ergab sich bei folgendem Ereignis:

Im Gästehaus "Mammut" am Reiherplatz kam es zu einer Lebensmittelvergiftung. Diese wurde durch das am selben Tage ausgegebene Mittagessen hervorgerufen. Es erkrankten 218 Personen an Übelkeit, Durchfällen, Erbrechen sowie hierdurch verursachte Kreislaufstörungen. Zusammen mit der Polizei haben wir etwa 2oo Patienten in 16 Berliner Krankenhäuser eingeliefert.
Um die Krankheitserreger schnellstens ermitteln zu lassen, haben wir mit unerem Alarmwagen Lebensmittelproben zur Landesanstalt für Veterinärmedizin und Lebensmittelhygiene geschafft. Dort wurden dann Staphylokokken als toxische Keime analysiert.

Außerdem haben wir noch als Noteingriff in Ihr Ressort die vorläufige Schließung der Küche angeordnet.

Über diese Maßnahmen haben wir Sie bereits mündlich unterrichtet.

Unsere Hilfszuständigkeit ergab sich aus § 3 Abs. 1 des Allgemeinen Sicherheits- und Ordnungsgesetzes - ASOG - vom 11. Februar 1975 (GVBl. S. 688).

§ 4 Abs. 1 Muster 4

Notzuständigkeit der Polizei

Fall: Polizei trifft unaufschiebbar notwendige Maßnahmen im Zuständigkeitsbereich einer Ordnungsbehörde. Polizei unterrichtet die zuständige Behörde von diesem Ereignis (Explosion eines Hauses; Einsturzgefahr; Räumung; Absperrung).

Der Polizeipräsident in Berlin

Schreiben an das Bezirksamt, Abteilung Bauwesen:

Am 3. Januar 1979 gegen 2o Uhr hat ein Selbstmörder im viergeschossigen Miethaus Hohenzollerndamm 63 eine Gasexplosion ausgelöst. Diese verursachte schwere Gebäudeschäden. Nach unserem Eindruck besteht Einsturzgefahr.

Die Polizei hat das gesamte Haus sofort geräumt und die Mieter vorläufig in Pensionen untergebracht.

Ferner wurde der Zugang zum Haus in sicherer Entfernung davon abgesperrt.

Ich habe Sie hierüber vorab telefonisch informiert.

Meine Behörde hat damit in Ihrem Geschäftsbereich unaufschiebbar notwendige Maßnahmen zur Gefahrenabwehr getroffen. Die Befugnis dazu ergibt sich aus § 4 Abs. 1 des Allgemeinen Sicherheits- und Ordnungsgesetzes - ASOG - vom 11. Februar 1975 (GVBl. S. 688).

Die baurechtliche Verantwortung ist inzwischen auf Sie übergegangen. Sie haben meine Notmaßnahmen bestätigt.

§ 4 Abs. 1 Muster 5

Notzuständigkeit der Polizei

Fall: Polizei trifft unaufschiebbar notwendige Maßnahmen im Zuständigkeitsbereich einer Ordnungsbehörde. Polizei unterrichtet die zuständige Behörde von diesem Ereignis. Zuständige Behörde übernimmt das Verfahren (Hundefall).

Bezirksamt Wilmerdorf von Berlin
Abteilung Gesundheitswesen

Sehr geehrte Frau Bellmann!

Sie sind Eigentümerin einer Deutschen Schäferhündin. Diese heißt "Regina". Es handelt sich um ein drei Jahre altes Tier mit schwarzem Fell und hellbraunen Läufen.

Am 27. Juli 1979 gegen 18 Uhr haben Sie "Regina" im Halaliweg am Grunewaldsee frei umherlaufen lassen. Plötzlich hat sie den Jäger Hubertus Waidmann und seine Hündin "Diana" ohne ersichtlichen Grund angesprungen, beide gekratzt und zu beißen versucht.

Deshalb hat der Einsatzleiter der alarmierten Polizei, Kommissar Greifzu, Ihre Hündin eingefangen und sie Ihnen übergeben. Daraufhin hat er an Ort und Stelle mündlich sofortigen Leinen- und Maulkorbzwang für "Regina" angeordnet. Dieser sollte bis zum Zeitpunkt unserer Entscheidung vorläufig gelten.

Kommissar Greifzu traf damit nach pflichtgemäßem Ermessen unaufschiebbar notwendige Maßnahmen zur Gefahrenabwehr in unserem Geschäftsbereich. Dazu war er nach § 4 Abs. 1 des Allgemeinen Sicherheits- und Ordnungsgesetzes vom 11. Februar 1975 (GVBl. S. 688) befugt. Es handelt sich um eine Notzuständigkeit der Polizei.

Ihre Hündin ist bisher noch nicht derartig in Erscheinung getreten. Nach Ihrer telefonischen Aussage handelt es sich um den ersten Vorfall. Der unterzeichnende Amtstierarzt wird demnächst bei Ihnen vorsprechen, sich einen Eindruck von "Regina" verschaffen und Sie über die Art und Weise einer ordnungsgemäßen Hundehaltung aufklären. Das wird für die Gefahrenabwehr ausreichen.

Wir heben daher den von der Polizei mündlich angeordneten vorläufigen Leinen- und Maulkorbzwang hierdurch auf.

Hochachtungsvoll

§ 6 Muster 6

Aufsichtsbehörde

Fall: Dienstaufsicht des Senators für Inneres über die Polizei. Senator weist Dienstaufsichtsbeschwerde gegen einen Polizeibeamten zurück.

Der Senator für Inneres

Sehr geehrter Herr Rechtsanwalt!

Ihre Dienstaufsichtsbeschwerde gegen den Polizeihauptkommissar Friedrich Wilhelm Draht von 1. Oktober 1979, die Sie in der Ausländersache des Herrn Hadschi Halef Ben Hammar eingereicht hatten, wurde von mir am 1o. Oktober 1979 beantwortet. Ich teilte Ihnen mit, daß ich die Angelegenheit geprüft, aber keine Veranlassung gesehen hätte, dienstaufsichtliche Maßnahmen gegen den angegriffenen Polizeibeamten zu treffen.

Damit war Ihre Dienstaufsichtsbeschwerde, die rechtlich eine Petition nach Art. 17 des Grundgesetzes (GG) ist, ordnungsgemäß beschieden. Die Art der Erledigung entsprach den Anforderungen, die das Bundesverfassungsgericht hier stellt. Ich verweise auf den Beschluß des Gerichts vom 22.4.1953 - 1 BvR 162/51 -: BVerfGE 2, 225 = NJW 1953, 817 = DÖV 1953, 374 = DVBl. 1953, 643 Nr. 253.

Nunmehr haben Sie mit Schreiben vom 15. Oktober 1979 meine Antwort als unbefriedigend und fehlerhaft beanstandet. Sie verlangen erneut umfassende Informationen über die Art der Erledigung sowie die Einleitung disziplinarrechtlicher Ermittlungen gegen Hauptkommissar Draht. Schließlich haben Sie mich um Mitteilung über das Veranlaßte in einem "rechtsmittelfähigem Bescheid" ersucht, weil Sie meinen "Verwaltungsakt vor dem Verwaltungsgericht anfechten" wollen. Denn Ihrem Mandanten könne der Rechtsschutz nicht deshalb verweigert werden, weil er Ausländer sei.

Das Bundesverfassungsgericht hat in seiner vorgenannten Entscheidung vom 22.4.1953 folgenden Leitsatz geprägt: "Das Grundrecht des Art. 17 GG verleiht demjenigen, der eine zulässige Petition einreicht, ein Recht darauf, daß die angegangene Stelle die Eingabe nicht nur entgegennimmt, sondern auch sachlich prüft und dem Petenten zum mindesten die Art der Erledigung schriftlich mitteilt." Diesen Grundsätzen genügte meine Antwort vom 1o. Oktober 1979.
Eine Petition ist kein Antrag auf Erlaß eines Verwaltungsaktes. Ein Petitionsbescheid ist also auch kein Verwaltungsakt. Demzufolge muß eine Rechtsbehelfsbelehrung unterbleiben. Sie wäre falsch.

Statt der für Verwaltungsakte bestimmten Anfechtungs- oder Verpflichtungsklage ist in Petitionssachen die sogenannte allgemeine Leistungsklage vorgesehen. Das Wesen der allgemeinen Leistungsklage ergibt sich besonders treffend aus dem Urteil des Bundesverwaltungsgerichts vom 25.2.1969 - 1 C 65/67 -: BVerwGE 31, 3o1 = DVBl. 1969, 7oo = NJW 1969, 1131 = JR 1969, 272 = JuS 1969, 444 = MDR 1969, 5o6 = DÖV 1969, 463. In einer weiteren Entscheidung hat das Bundesverwaltungsgericht diese Klage noch genauer als "allgemeine (sogenannte schlichte) Leistungsklage" bezeichnet. Es handelt sich dabei um das Urteil vom 2o.4.1977 - 6 C 7/74 -: BVerwGE 52, 247 = NJW 1978, 717 = MDR 1978, 167.

Zur rechtlichen Klarstellung des Petitionswesens nenne ich noch folgende Gerichtsentscheidungen, die meine Auffassung tragen:

BVerwG, Beschluß vom 1.9.1976 - 7 B 1o1/75 = NJW 1977, 118, 594 = DÖV 1977, 1o1 = Gew Arch 1977, 176 = DVBl. 1977, 868 Nr. 328 = JuS 1977, 115 = JZ 1976, 682;

BVerwG, Urteil vom 28.11.1975 - 7 C 53/73 -: NJW 1976, 637 = DÖV 1976, 315 == MDR 1976, 52o;

OVG Berlin, Urteil vom 26.8.1975 - 5 B 22/73 -: DVBl. 1976, 261 = JuS 1976, 464;

OVG Hamburg, Urteil vom 2o.8.1965 - Bf I 48 (53) 64 -: DVBl. 1967, 86 = JuS 1967, 182.

Die Annahme, Ihrem Herrn Mandanten könne Rechtsschutz verweigert werden, weil er Ausländer ist, trifft nicht zu. Eine solche Befürchtung ist unbegründet.

Gemäß Art. 17 GG hat jedermann das Recht, sich einzeln oder in Gemeinschaft mit anderen schriftlich mit Bitten oder Beschwerden an die zuständigen Stellen und an die Volksvertretung zu wenden. "Jedermann" ist unstreitig auch ein Ausländer, der sich in Deutschland aufhält, ja sogar ein im Ausland lebender Ausländer, der sich gegen Maßnahmen deutscher Stellen wendet (vgl. OVG Münster, Urteil vom 25.7.1978 - 15 A 1368/76 -: NJW 1979, 281 = DÖV 1979, 6o = DVBl. 1978, 895 = BayVBl. 1978, 375). Ihr Mandant hat also insoweit die gleiche Rechtsstellung wie ein deutscher Staatsangehöriger.
Diese Rechtsstellung der Ausländer ist im übrigen in Berlin noch zusätzlich landesgesetzlich abgesichert: In § 1 Abs. 1 des Petitionsgesetzes vom 25.11.1969 (GVBl. S. 2511) ist bestimmt, daß petitionsberechtigt "jede Person unabhängig von ihrer Staatsangehörigkeit" ist.

Ihre Forderung, disziplinarrechtliche Ermittlungen gegen Hauptkommissar Draht einzuleiten, muß ich ablehnen. Dazu besteht kein sachlicher Anlaß. Dafür fehlt auch jeglicher Rechtsgrund. Ich beziehe mich auf das Urteil des Oberverwaltungsgerichts Berlin vom 5.11.1974 - 4 B 55/73 -: OVGE Berlin 13, 73; dieses sagt aus: Es gibt weder ein verfassungsmäßiges noch ein sonstiges subjektives Recht des Einzelnen auf Maßnahmen der Dienstbehörde gegen einen Beamten.

Aus diesen Gründen kann ich Ihnen einen "rechtsmittelfähigen Bescheid" nicht erteilen. Ich hoffe, daß meine Äußerungen Sie überzeugen.

Hochachtungsvoll

§ 7 Muster 7

Ausübung der Fachaufsicht

Fall: Senator ersucht nachgeordnete Ordnungsbehörde um Prüfung einer Gefahr, Eingriff und Bericht.

Der Senator für Arbeit und Soziales

An das
Landesamt für Arbeitsschutz und technische Sicherheit

Gemäß § 7 ASOG bitte ich Sie, in folgender Angelegenheit tätig zu werden und mir zu berichten:

In der Papiergroßhandlung des Herrn Kunibert Raffke in Steglitz, Wolfstraße 4, befindet sich der Jugendliche Klaus-Dieter Winzig als Lehrling in der Berufsausbildung. Er ist 15 Jahre alt, nur 1,5o m groß, auffallend schlank und körperlich schwach.

Dennoch beschäftigt der Betriebsinhaber Raffke, wie ich vertraulich erfahren habe, den Lehrling laufend mit dem Heben und Tragen zu schwerer Papierrollen.

Das ist nach § 22 Abs. 1 Nr. 1 des Jugendarbeitsschutzgesetzes verboten. Danach dürfen Jugendliche nicht mit Arbeiten beschäftigt werden, "die ihre Leistungsfähigkeit übersteigen". Der Lehrling soll gesundheitlich unzumutbar und unverantwortlich überfordert sein.

Ich bitte Sie um Prüfung, ob hier tatsächlich eine konkrete Gefahr für die öffentliche Sicherheit vorliegt.

Sollte das der Fall sein, weise ich Sie an, durch sofort vollziehbaren Verwaltungsakt einzugreifen.

Danach bitte ich um Ihren Bericht.

§ 8 Muster 8

Grundsatz der Verhältnismäßigkeit

Fall: Lärm durch Industriebetrieb. Behörde fordert Gutachten über Richtwerte des Lärms.

Landesamt für Arbeitsschutz und technische Sicherheit

Sehr geehrter Herr Schrotter!

Sie sind Inhaber eines Eisen- und Baustoffhandels im allgemeinen Wohngebiet.

Als Nebenanlage betreiben Sie seit 1. Februar 1978 einen Schrottplatz. Darauf wird der Schrott gesammelt, sortiert, zerkleinert und durch einen Kran auf Transportfahrzeuge verladen.

Dadurch entstehen schädliche Umwelteinwirkungen im Sinne von § 3 Abs. 1 und Abs. 5 des Bundes-Immissionsschutzgesetzes (BImSchG) für die Nachbarschaft.

Gemäß § 22 Abs. 1 Satz 1 Nr. 1 in Verbindung mit § 24 Satz 1 BImSchG ordnen wir deshalb an: Beim Betrieb des Schrottplatzes dürfen Richtwerte 55 dB (A) zur Tageszeit und 45 dB (A) zur Nachtzeit nicht überschritten werden. Die zur Einhaltung der vorgenannten Richtwerte erforderlichen Maßnahmen sind uns im einzelnen bis zum 1. Februar 198o durch das Gutachten einer Fachfirma nachzuweisen.

Nach unseren Ermittlungen ist es Ihnen tatsächlich und wirtschaftlich ohne weiteres möglich, das angeforderte Gutachten einzuholen. Mit dieser Anordnung verlangen wir zunächst nur den Nachweis von technischen Maßnahmen, die geeignet und erforderlich sind, die schädlichen Umwelteinwirkungen zu verhindern.
Wir tun das an Stelle wesentlich stärker belastender rechtmäßiger Maßnahmen nach § 25 BImSchG. Von mehreren möglichen und geeigneten Maßnahmen haben wir also diejenigen getroffen, die Sie am wenigsten beeinträchtigen (Bundesverwaltungsgericht, Urteil vom 7. Juni 1977, - 1 C 21/75 -: GewArch 1977, 385 = DÖV 1978, 49).

Das entspricht dem Grundsatz der Verhältnismäßigkeit nach § 8 des Allgemeinen Sicherheits- und Ordnungsgesetzes - ASOG - vom 11. Februar 1975 (GVBl. S. 688).

Hochachtungsvoll

§ 9 Abs. 1 Muster 9

Pflichtgemäßes Ermessen

Fall: Behörde lehnt Eingriffsmaßnahmen ab. Keine Einschränkung des Ermessens auf "Null".

Bezirksamt Reinickendorf von Berlin
Abteilung Bauwesen

Sehr geehrter Herr Bollmann!

In dem benachbarten Einfamilienhaus in Frohnau, Oranienburger Allee 111, befindet sich der Fleischereibetrieb des Herrn Haxen. Es kommt zu Geruchs- und Rauchbelästigungen, insbesondere dann, wenn die Sonne den Rauch niederdrückt, und auch zu Lärmbelästigungen der Nachbarn.

Als unmittelbarer Nachbar haben Sie uns aufgefordert,gegen den Fleischer ordnungsbehördlich einzuschreiten. Zuletzt haben Sie bei uns beantragt, den Fleischereibetrieb zu schließen.

Wir müssen Ihren Antrag ablehnen. Denn bei mehrfachen Ortsbesichtigungen, die auch in Ihrer Gegenwart stattfanden, haben wir keine unzumutbaren Störungen feststellen können.

Für die Behörde gibt es keine unbedingte Verpflichtung, gegen Gefahren einzuschreiten. Vielmehr steht das "Ob" und das "Wie" eines Vorgehens in ihrem pflichtgemäßen Ermessen. Das ergibt sich aus § 9 Abs. 1 des Allgemeinen Sicherheits- und Ordnungsgesetzes - ASOG - vom 11. Februar 1975 (GVBl. S. 688) in Verbindung mit § 14 ASOG. Nur in besonders schweren Gefahrenfällen kann die Ermessensfreiheit der Behörde so weit eingeschränkt sein, daß ihr die rechtmäßige Wahrnehmung ihrer Aufgaben keine andere Wahl läßt, als einzuschreiten und dabei eine bestimmte Maßnahme zu treffen (Bundesverwaltungsgericht, Urteil vom 25. Februar 1969 - 1 C 7/68 -: JR 1969, 313 = DVBl. 1969, 586 = DÖV 1969, 465 = GewArch 1969, 128 = VerwRspr. 2o, 588). Insoweit spricht man von der Einschränkung des Ermessens auf "Null". - Ein solcher Fall liegt hier nicht vor.

Hochachtungsvoll

§ 9 Abs. 2 Muster 1o

Ermessen, Wahl der Mittel

Fall: Seuchenbekämpfung bei Tollwut. Betroffener bietet "Austauschmittel" an. Behörde gestattet dieses.

Bezirksamt Spandau von Berlin
Abteilung Gesundheitswesen

Sehr geehrte Frau Bellmann!

Ihre Schäferhündin "Regina" ist im Spandauer Forst vermutlich mit einem ("zutraulichen") tollwütigen Fuchs in Berührung gekommen. Aus diesem Grund hatten wir mit Bedauern die Tötung des Tieres angeordnet (§ 1 Abs. 4, § 1o Abs. 1 Nr. 2, §§ 13, 18, 24, § 39 Abs. 2 des Viehseuchengesetzes; § 11 der Verordnung zum Schutz gegen die Tollwut).

Diese Maßnahme haben wir nach pflichtgemäßem Ermessen getroffen, wie § 9 Abs. 1 des Allgemeinen Sicherheits- und Ordnungsgesetzes - ASOG - vom 11. Februar 1975 (GVBl. S. 688) bestimmt. Die Tötung des Tieres erschien uns als das geeignete Mittel zur Abwehr dieser Gefahr (§ 9 Abs. 2 Satz 1 ASOG).

Inzwischen haben Sie uns angeboten, die Seuchengefahr durch Impfung und eine tierärztliche Quarantäne auf Ihre Kosten (§ 39 Abs. 2 Satz 4 des Viehseuchengesetzes und § 11 der Tollwut-Verordnung) abzuwehren.

Gemäß § 9 Abs. 2 Satz 2 ASOG entsprechen wir Ihrem Antrag gern in der Hoffnung, daß Ihre Hündin dadurch gerettet wird.

Hochachtungsvoll

§ 1o Abs. 1 Muster 11

Verantwortlichkeit für das Verhalten von Personen; Besonderheit: "Zweckveranlasser"

Fall: Sondernutzung von Straßenland; Damenmodenschau

Bezirksamt Charlottenburg von Berlin
Abteilung Bauwesen

Sehr geehrte Frau Herzig!

Sie sind Inhaberin des Damenmodehauses Marburger Straße 74. Seit zwei Wochen veranstalten Sie an jedem Samstag in der Zeit von 11 bis 12 Uhr in vier Schaufenstern eine Kleiderschau besonderer Art. Attraktive Mannequins führen die Kleidungsstücke in den Schaufenstern vor und ziehen sich dann dort so weit aus, bis sie in Reizwäsche dastehen.

Zu Werbezwecken errichten Sie für die jeweilige Schau auf dem Bürgersteig eine Holzbühne. Darauf spielt eine Blaskapelle. Deren Dirigent betätigt sich als Ansager. Nach einem Tusch beschreibt er gestenreich und schwärmerisch die einzelnen Darbietungen.

Diese Ereignisse finden bei dem Publikum große Aufmerksamkeit. Es kommt regelmäßig zu einer verkehrsstörenden Menschenansammlung auf dem Bürgersteig.

Nach §§ 1o und 13 des Berliner Straßengesetzes liegt eine unerlaubte Sondernutzung der Straße vor. Denn Sie nutzen die Marburger Straße als Anlieger eigenmächtig für geschäftliche Werbung in einem Ausmaß, das über die gewöhnliche Anliegernutzung hinausgeht.

Dadurch besteht in allen Einzelfällen eine Gefahr für die öffentliche Sicherheit. Hierfür sind Sie gemäß § 1o Abs. 1 des Allgemeinen Sicherheits- und Ordnungsgesetzes -ASOG- vom 11. Februar 1975 (GVBl. S. 688) als Geschäftsinhaberin verantwortlich. Mit Ihren Veranstaltungen bezwecken Sie, daß Passanten stehenbleiben und den Darbietungen zuschauen. Das führt unmittelbar zu der Verkehrsstörung. Deshalb verursachen Sie als "Zweckveranlasser" die Gefahr, die durch die Mannequins und die Zuschauer verwirklicht wird.

Aus diesen Gründen untersagen wir Ihnen auf Grund des § 14 Abs. 1 ASOG ab sofort jede weitere Sondernutzung des Bürgersteigs.

Hochachtungsvoll

§ 1o Abs. 1 Muster 12

Verantwortlichkeit für das Verhalten von Personen

Fall: Gastwirtin verstößt gegen Jugendschutzgesetz

Der Senator für Familie, Jugend und Sport

Sehr geehrte Frau Tönnchen!

Sie sind Inhaberin der Schankwirtschaft "Mollenhof" in Wedding am Gesundbrunnen. Nunmehr muß ich Sie dringend ermahnen, weitere Verstöße gegen das Jugendschutzgesetz zu unterlassen. Ich müßte sonst streng durchgreifen.

Am Freitag, 13. Juli 1979, gegen 23 Uhr, haben meine Oberinspektoren Spür und Nase bei einer Betriebsprüfung folgendes festgestellt:

Mehrere Kinder und Jugendliche, darunter auch die Mädchen Kuß und Mäulchen, Kinder im Alter von dreizehn Jahren, sowie die Jungen Drauf und Gänger, Jugendliche im Alter von fünfzehn Jahren, hielten sich zum Vergnügen ohne Begleitung Erziehungsberechtigter in Ihrem Lokal auf. Alle tranken Bier, Branntwein und Wein. Sie wurden von Ihnen bedient. Ab und zu benutzten sie die Glücksspielautomaten. Im übrigen rauchten fast alle Zigaretten. Es handelt sich überwiegend um Stammgäste von Ihnen.

Damit haben Sie die nachstehenden Verbotsbestimmungen des Jugendschutzgesetzes mißachtet, die für Kinder bis zu vierzehn und für Jugendliche bis zu sechzehn Jahren gelten: § 2 (Aufenthalt in Gaststätten), § 3 (Abgabe alkoholischer Getränke), § 7 (Glücksspiele) und § 9 (Rauchen in der Öffentlichkeit).

Hierfür sind Sie nach § 1o Abs. 1 des Allgemeinen Sicherheits- und Ordnungsgesetzes - ASOG - vom 11. Februar 1975 (GVBl. S. 688) verantwortlich. Denn Sie haben durch Ihr geschildertes ordnungswidriges und möglicherweise sogar strafbares Fehlverhalten eine Gefahr für die öffentliche Sicherheit und Ordnung im Bereich des Jugendschutzes verursacht.

Gemäß § 14 Abs. 1 ASOG haben deshalb meine Inspektoren die Mädchen und Jungen zu Recht aus dem Lokal entfernt. Die Zuständigkeit dazu beruht auf § 3 Nr. 1 der Verordnung über die Zuständigkeit der Ordnungsbehörden vom 3o. August 1978 (GVBl. S. 19oo).

Hochachtungsvoll

§ 1o Abs. 1 und 3 Muster 13

Verantwortlichkeit für das Verhalten von Personen

Fall: Gemeinsame Verantwortlichkeit des tatsächlich Handelnden und des "Strohmannes"

Bezirksamt Charlottenburg von Berlin
Abteilung Wirtschaft

Sehr geehrte Frau Ohr!
Sehr geehrte Frau Schlitz!

Gemäß § 4 Abs. 1 Nr. 1 und Nr. 3 des Gaststättengesetzes versagen wir Ihnen die von Frau Ohr beantragte Erlaubnis, in Ihrem Dirnenwohnheim "Eros-Super-Center" in der Amorstraße 88 alkoholische Getränke öffentlich auszuschenken.

Begründung: Der öffentliche Ausschank alkoholischer Getränke in Ihrer Einrichtung ist nach § 1 Abs. 1 Nr. 1 und § 2 Abs. 1 des Gaststättengesetzes erlaubnispflichtig. Eine Erlaubnis kommt nicht in Betracht. Sie schenken bereits seit geraumer Zeit verbotswidrig Alkohol aus. Das hat zur Folge, daß die nächtliche Ruhe der Anwohner durch lärmende und randalierende Besucher Ihres Etablissements, die sich dort betrinken, erheblich gestört wird. Wir müssen eine derartige konkrete Gefahr für die öffentliche Sicherheit und Ordnung abwehren. Der Antrag ist deshalb abzulehnen.

Dieser Bescheid wird - getrennt zugestellt - an Sie beide gerichtet. Denn Sie sind für die beschriebene Gefahr gemeinsam verantwortlich:

1. Sie, Frau Ohr, treten nach außen hin als Betriebsinhaberin in Erscheinung. Das Dirnenwohnheim wird unter Ihrem (unbescholtenen) Namen geführt. Der Betrieb geht aber nicht auf Ihre Rechnung. Sie sind nur das vorgeschobene "Aushängeschild" der Frau Schlitz. Diese ist tatsächlich die wirtschaftliche Inhaberin. Indem Sie in dieser Weise als "Strohmann" an verbotenen Handlungen teilnehmen, verursachen Sie eine Gefahr für die öffentliche Sicherheit und Ordnung. Hierfür sind Sie gemäß § 1o Abs. 1 des Allgemeinen Sicherheits- und Ordnungsgesetzes - ASOG - vom 11. Februar 1975 (GVBl. S. 688) verantwortlich.

2. Sie, Frau Schlitz, üben das Gewerbe tatsächlich auf Ihre Rechnung aus. Dadurch verursachen auch Sie eine Gefahr für die öffentliche Sicherheit und Ordnung. Hierfür sind Sie ebenfalls nach § 1o Abs. 1 ASOG verantwortlich.

   Wegen Ihrer einschlägigen Vorstrafen halten Sie sich jedoch im Hintergrund. An Ihrer Stelle tritt vielmehr Frau Ohr offiziell als Betriebsinhaberin auf. Sie tut das als Ihr "Strohmann" auf Ihre Weisung. Frau Ohr ist demnach Ihre Verrichtungsgehilfin.

   Aus diesem Grunde sind Sie für die bestehende Gefahr zusätzlich gemäß § 1o Abs. 3 ASOG verantwortlich.

Somit erfüllen sowohl Sie, Frau Ohr, als auch Sie, Frau Schlitz, in Ihrer Person je einen Teil der Merkmale und gemeinsam alle Merkmale des Gewerbetreibenden. Sie sind also beide verantwortliche Adressaten dieses Verwaltungsaktes.

Insoweit stützen wir unsere Entscheidung auch auf den Beschluß des Verwaltungsgerichtshofes Baden-Württemberg in Mannheim vom 7.11.1973 - VI 1o38/73 -: DÖV 1974, 24o = GewArch 1974, 157.

Hochachtungsvoll

§ 1o Abs. 2 Muster 14

Verantwortlichkeit für das Verhalten von Personen

Fall: Erziehungsberechtigte sind für den regelmäßigen Schulbesuch ihres Kindes verantwortlich

Bezirksamt Steglitz von Berlin
Abteilung Volksbildung

Sehr geehrte Frau Kummer!
Sehr geehrter Herr Kummer!

Sie sind Erziehungsberechtigte Ihres zwölfjährigen Sohnes Daniel. Dieser ist schulpflichtig. Er "schwänzt" aber leider häufig. Deshalb haben Sie uns um Auskunft gebeten, aus welchem Rechtsgrund Sie für die Schulversäumnis Ihres Kindes verantwortlich gemacht werden können. Wie Sie sagen, sind Sie bestrebt, sein Verhalten durch Zureden günstig zu beeinflussen.

Wir kommen hiermit Ihrer Bitte nach:

Schulbesuch ist bekanntlich gesetzliche Pflicht. Schulversäumnis stellt eine Gefahr für die öffentliche Ordnung dar. Die Schulbehörden haben solche Gefahren abzuwehren. Notfalls dürfen die Bezirksämter durch das Ressort Volksbildung Maßnahmen zur Sicherung des Schulbesuchs treffen. Das ergibt sich aus dem Allgemeinen Sicherheits- und Ordnungsgesetz - ASOG - vom 11. Februar 1975 (GVBl. S. 688) und § 13 der Verordnung über die Zuständigkeit der Ordnungsbehörden vom 3o. August 1978 (GVBl. S. 19oo).

In § 1o Abs. 2 ASOG liegt die entscheidende Antwort auf Ihre Frage: Ist eine Person - wie in diesem Fall - noch nicht 14 Jahre alt, so können Maßnahmen der Gefahrenabwehr gegen die Erziehungsberechtigten gerichtet werden. Solche Maßnahmen wären die Aufforderung an die Erziehungsberechtigten, für den Schulbesuch des Kindes zu sorgen, sowie notfalls die Androhung, Festsetzung und Beitreibung eines Zwangsgeldes bis zu zweitausend Deutsche Mark nach dem Verwaltungs-Vollstreckungsgesetz vom 27. April 1953 (Bundesgesetzblatt I S. 157/GVBl. S. 361).

Mit freundlichen Grüßen

§ 1o Abs. 3 Muster 15

Verantwortlichkeit für das Verhalten von Personen

Fall: Gastwirt haftet für seinen "Stellvertreter"

Bezirksamt Wilmersdorf von Berlin
Abteilung Wirtschaft

Sehr geehrter Herr Trubel!

Gemäß § 15 Abs. 2 in Verbindung mit § 9 und § 4 Abs. 1 Nr. 1 des Gaststättengesetzes widerrufen wir Ihre Gaststättenerlaubnis und Stellvertretungserlaubnis.

Mit Verfügung vom 28. März 1978 haben wir Ihnen die Erlaubnis zum Betrieb einer Diskothek am Dunklen Platz Nr. 13 erteilt. Auf Ihren Antrag haben wir Ihnen mit Bescheid vom 4. Juli 1978 auch die Erlaubnis gegeben, die Diskothek durch Ihren Sohn Felix Trubel betreiben zu lassen. Beide Erlaubnisse müssen widerrufen werden:

Die Diskothek ist Treffpunkt, Betätigungsfeld und Tatort von Rauschgiftkonsumenten und Rauchgifthändlern, von Zuhältern und Prostituierten, von Hehlern und Dieben, von Straßenräubern und Gewaltkriminellen sowie von dunklen Subjekten aller Art.
Diese Mißstände sind Ihnen seit langem bekannt. Es wäre Ihre Pflicht gewesen, hiergegen mit schärfsten Mitteln, auch unter Einschaltung der Polizei, vorzugehen. Das haben Sie nicht getan. Statt dessen haben Sie Ihren Stellvertreter gewähren lassen und Ihre Aufsichtspflicht über ihn grob verletzt.

Damit ist erwiesen, daß Sie die für den Gaststättenbetrieb erforderliche Zuverlässigkeit nicht besitzen (vgl. Urteil des Verwaltungsgerichtshofes Baden-Württemberg in Mannheim vom 23. März 1977 - VI 1664/76 -: GewArch 1978, 32).

Nach § 1o Abs. 3 des Allgemeinen Sicherheits- und Ordnungsgesetzes - ASOG - vom 11. Februar 1975 (GVBl. S. 688) sind Sie für das Fehlverhalten Ihres Stellvertreters zusätzlich verantwortlich. Denn er ist Ihr Verrichtungsgehilfe.

Hochachtungsvoll

§ 1o Abs. 3 Muster 16

Verantwortlichkeit für das Verhalten von Personen

Fall: Transportunternehmer haftet für "Verrichtungsgehilfen"

Der Senator für Bau- und Wohnungswesen

Sehr geehrter Herr Schmutzer!

Am 29. Juli 1979 erteilten Sie vier Arbeitern Ihres Betriebes den Auftrag, sie sollten 4o Blechbehälter mit Resten einer teerhaltigen Flüssigkeit "auf eine Müllkippe bringen oder sonst irgendwo unauffällig loswerden", wie Sie sich ausdrückten. Die Arbeiter kippten die Kanister in den Grundwassersee auf dem Kiesgrubengelände am Teufelsberg.

Der See liegt in der Schutzzone des Trinkwasserwerks Grunewald Forst. Dem Trinkwasser drohte Verseuchung.

Zur Abwendung dieser schweren Gefahr habe ich als Wasserschutzbehörde sofort durch eine von mir beauftragte Spezialfirma die Blechbehälter aus dem See entfernen sowie die auf dem Wasser schwimmende Masse mit Bindemittel halten, absaugen und vernichten lassen. Die Kosten werden mindestens 1o.ooo,-- DM betragen. Ich stelle bereits jetzt dem Grunde nach fest, daß Sie Kostenschuldner sind:

Gemäß § 1o Abs. 3 des Allgemeinen Sicherheits- und Ordnungsgesetzes - ASOG - vom 11. Februar 1975 (GVBl. S. 688) sind Sie für die Gefahr verantwortlich, welche Ihre Arbeiter verursacht haben. Die Arbeiter sind Ihre "Verrichtungsgehilfen". Sie handelten beim Abkippen der Kanister in den Grundwassersee im Rahmen Ihres Autrags. Ihre Weisungen waren zwar in der Form allgemein gehalten. Dem Inhalt nach ging es Ihnen aber unzweideutig um ein "Loswerden" des gefährlichen Abfalls.

Dafür nehme ich Sie in Anspruch. Ich verweise auf das einschlägige Urteil des Oberverwaltungsgerichts Münster vom 17. April 1973 - 11 A 551/7o -: OVGE Münster 29, 44 = DVBl. 1973, 924 = MDR 1974, 258.

Hochachtungsvoll

§ 11 Abs. 1 Muster 17

Verantwortlichkeit für den Zustand von Sachen

Fall: Maßnahmen gegen Hausverwalter

Bezirksamt Wedding von Berlin
Abteilung Bauwesen

Sehr geehrter Herr Finstermann!

Sie sind Verwalter des viergeschossigen Miethauses in Wedding Am Schillerpark 66.

Die amtlich vom Vermessungsamt festgesetzte Grundstücksnummer des Hauses am Hauseingang ist zerstört. Das widerspricht § 3 Abs. 1 und § 4 Abs. 1 der Verordnung über die Grundstücksnumerierung. Danach muß bei dem von Ihnen verwalteten Haus die festgesetzte Grundstücksnummer 66 am Hauseingang angebracht und in ordnungsgemäßem Zustand sein. Unser Außendienstbeamter hat Sie bereits wiederholt, leider ohne Erfolg, auf diesen Mangel hingewiesen

Dieser Zustand stellt eine konkrete Gefahr für die öffentliche Sicherheit dar. Denn in Notfällen können Rettungseinsätze der Feuerwehr oder der Polizei sowie ärztliche Hilfe unheilvoll verzögert werden, wenn das Haus wegen der fehlenden Grundstücksnummer nicht sofort auffindbar ist.

Für diese Gefahr sind Sie als Inhaber der tatsächlichen Gewalt über das Haus nach § 11 Abs. 1 des Allgemeinen Sicherheits- und Ordnungsgesetzes - ASOG - vom 11. Februar 1975 (GVBl. S. 688) verantwortlich. Darüber hinaus beruht Ihre Verantwortlichkeit nach unserer Rechtsansicht auch auf § 11 Abs. 2 ASOG. Denn wir sehen Sie zusätzlich als dinglich Berechtigten an.

Gemäß § 14 Abs. 1 ASOG fordern wir Sie deshalb auf, am Hauseingang sofort eine vorschriftsmäßige neue Grundstücksnummer anzubringen.

Hochachtungsvoll

§ 11 Abs. 2 Muster 18

Verantwortlichkeit für den Zustand von Sachen

Fall: Lärmbekämpfung. Maßnahmen gegen Eigentümer

Der Senator für Gesundheit und Umweltschutz

Sehr geehrter Herr Rösselfeld!

Sie sind Eigentümer der Trabrennbahn Marienhorst. Auf den Stallungen des Rennbahngeländes haben Sie Lautsprecher angebracht, die für Durchsagen im Stallbetrieb benutzt werden.

Die Inbetriebnahme dieser Außenlautsprecher an den Renntagen, also hauptsächlich an Sonn- und Feiertagen, verursacht erheblichen Lärm. Dadurch werden Anwohner empfindlich in ihrer Ruhe gestört.

Meine wiederholten Empfehlungen, die umweltschädlichen Geräte wieder abzubauen und in die Stallungen zu verlegen, haben Sie leider nicht beachtet, obwohl laufend Beschwerden insbesondere von Bewohnern des Iltisweges bei Ihnen und mir eingingen.

Bei mehreren Schallpegelmessungen an Renntagen, zuletzt am Bußtag, 21. November 1979, zwischen 15.oo und 16.45 Uhr, sind stets Werte ermittelt worden, die erheblich über dem zur Tageszeit zulässigen Geräuschpegel liegen.

Hiernach sind die von den Lautsprechern ausgehenden Störgeräusche geeignet, Gesundheitsschäden herbeizuführen. Damit liegen Verstöße gegen § 1 und § 2 Abs. 2 der Verordnung zur Bekämpfung des Lärms vor. Also besteht in allen Einzelfällen eine Gefahr für die öffentliche Sicherheit.

Für diese Gefahr sind Sie nach § 11 Abs. 2 des Allgemeinen Sicherheits- und Ordnungsgesetzes - ASOG - vom 11. Februar 1975 (GVBl. S. 688) als Eigentümer der Trabrennbahn verantwortlich.

Gemäß § 14 Abs. 1 ASOG untersage ich Ihnen deshalb ab 1. Januar 198o den Betrieb der Außenlautsprecher. Dieses Verbot gilt auf unbestimmte Zeit.

Sofern Sie zwischenzeitlich durch technische Änderungen die Lautstärke der Geräte nachweislich derart mindern, daß sie die Ruhe der Anwohner nicht mehr störend beeinträchtigt, werde ich mein Verbot nicht durchsetzen.

Hochachtungsvoll

§ 11 mit § 1o Abs. 1 Muster 19

Mehrfache Verantwortlichkeit einer Person: für ein Tier und für eigenes Verhalten

Fall: Berechtigte läßt Hund im Wald frei umherlaufen und hetzt ihn auf Wild

Berliner Forsten

Sehr geehrte Frau Bellmann!

Sie sind Halterin und Eigentümerin einer deutschen Schäferhündin. Es handelt sich um ein drei Jahre altes Tier mit schwarzem Fell und hellbraunen Läufen. Der Name ist "Regina".

Unsere Forstaufsichtsbeamten haben mehrfach ermittelt, daß Sie Ihre Hündin im Waldgebiet des Grunewalds frei umherlaufen ließen.

Damit haben Sie Ordnungswidrigkeiten nach § 2o Abs. 1 Nr. 12 des Landeswaldgesetzes vom 3o.1.1979 (Gesetz- und Verordnungsblatt für Berlin - GVBl. - S. 177) begangen. Auf entsprechende Verwarnungen reagierten Sie jeweils mit der Entschuldigung, derartige Vorfälle würden sich nicht wiederholen. - Wir vertrauten darauf.

Leider haben Sie sich nicht an Ihre Zusage gehalten. Darüber hinaus haben unsere Aufsichtsbeamten sogar am 4. Juli 1979 feststellen müssen, daß Sie "Regina" im Wald am Teufelsberg auf Jung- und Niederwild und auf besonders geschütztes Wild gehetzt haben. Das Tier setzte in jedem Einzelfall dem Wild nach.

Damit haben Sie weitere Ordnungswidrigkeiten gemäß § 29 Abs. 1 Nr. 3, § 3o Abs. 2 Nr. 2, § 49 Abs. 1 Nr. 9 und Nr. 1o des Berliner Naturschutzgesetzes vom 3o.1.1979 (GVBl. S. 183) begangen.

Sie haben insgesamt gegen das im Tierschutzgesetz verliehene Grundrecht der Tiere verstoßen. Dort heißt es in § 1: "Dieses Gesetz dient dem Schutz des Lebens und Wohlbefindens des Tieres. Niemand darf einem Tier ohne vernünftigen Grund Schmerzen, Leiden oder Schäden zufügen."

Aus diesen Gründen besteht eine konkrete Gefahr für die öffentliche Sicherheit und Ordnung. Für diese Gefahr sind Sie gemäß § 11 des Allgemeinen Sicherheits- und Ordnungsgesetzes - ASOG - vom 11. Februar 1975 (GVBl. S. 688) als Halterin und Eigentümerin des Tieres sowie ferner wegen Ihres persönlichen Fehlverhaltens nach § 1o Abs. 1 ASOG verantwortlich.

Gemäß § 14 Abs. 1 ASOG untersagen wir Ihnen deshalb ab sofort, Ihre Hündin im Waldgebiet des Grunewalds frei umherlaufen zu lassen und auf Wild zu hetzen.

Hochachtungsvoll

§ 12 Muster 2o

Unmittelbare Ausführung einer Maßnahme

Fall: Beseitigung eines Dachschadens durch sofortigen Vollzug

Bezirksamt Wilmersdorf von Berlin
Abteilung Bauwesen

Sehr geehrte Frau Giebel!

Sie sind Eigentümerin des viergeschossigen Mietwohnhauses Frühlingsstraße 44. Am 28. März 1979 haben wir dort eine Notstandsmaßnahme zur Abwehr einer schweren Gefahr für die Sicherheit der Mieter und des Hauses getroffen. Sie waren wegen einer Osterreise nicht zu erreichen. Einen Hausverwalter haben Sie nicht. Wir unterrichten Sie:

In den Morgenstunden des genannten Tages hatte ein orkanartiger Sturm einen Teil des Daches im Vorderhaus abgedeckt. Regenwasser drang in den Dachboden und begann Decken und Wände der darunter liegenden Wohnungen zu durchfeuchten.

Darauf haben wir sofort die Baufirma Dach & Fach mit der Reparatur des Daches beauftragt. Die Firma hat die Arbeiten am selben Tag ausgeführt.

Die Kosten der Ersatzvornahme stehen noch nicht fest. Wir werden sie Ihnen in Rechnung stellen.

Der geschilderte Verwaltungszwang ist ohne vorausgehenden Verwaltungsakt angewendet worden. Es handelt sich um die unmittelbare Ausführung einer Maßnahme gemäß § 12 des Allgemeinen Sicherheits- und Ordnungsgesetzes - ASOG - vom 11. Februar 1975 (Gesetz- und Verordnungsblatt für Berlin - GVBl. - S. 688) im Wege des sofortigen Vollzuges nach § 6 Abs. 2 des Verwaltungs-Vollstreckungsgesetzes - VwVG - vom 27. April 1953 (Bundesgesetzblatt - BGBl. - I S. 157 / GVBl. S. 361, hier geändert BGBl. 1974 I S. 469 / GVBl. 1974 S. 873, 95o). Denn nach § 5 Abs. 2 des Gesetzes über das Verfahren der Berliner Verwaltung - VwVerfG - vom 8. Dezember 1976 (GVBl. S. 2735) gilt für das Vollstreckungsverfahren der Behörden Berlins das Verwaltungs-Vollstreckungsgesetz.

Unsere Eingriffsbefugnis ergibt sich aus § 14 Abs. 1 ASOG in Verbindung mit § 1o1 der Bauordnung für Berlin.
Ihre Verantwortlichkeit als Hauseigentümerin für den Zustand des Hauses folgt aus § 11 Abs. 2 ASOG. Danach ist nur objektiv die Tatsache von Bedeutung, daß der Zustand einer Sache eine Gefahr für die öffentliche Sicherheit oder Ordnung darstellt. Auf ein etwaiges Verschulden des Verantwortlichen kommt es nicht an.

Wird ein Zwangsmittel ohne vorausgehenden Verwaltungsakt durch unmittelbare Ausführung einer Maßnahme (§ 12 ASOG) angewendet, so sind gemäß § 5 Abs. 2 VwVerfG, § 6 Abs. 2 und § 18 Abs. 2 VwVG hiergegen die Rechtsmittel zulässig, die gegen Verwaltungsakte allgemein gegeben sind. - Wir erteilen Ihnen deshalb folgende

Rechtsbehelfsbelehrung:

Gegen die unmittelbare Ausführung am 28. März 1979 ist der Widerspruch zulässig. Er ist innerhalb eines Monats nach Zustellung dieses Bescheides schriftlich oder zur Niederschrift bei dem Bezirksamt Wilmersdorf von Berlin, Abteilung Bauwesen, Fehrbelliner Platz 4, 1ooo Berlin 31 - Wilmerdorf, zu erheben. Maßgeblich für die Rechtzeitigkeit des schriftlichen Widerspruchs ist der Zeitpunkt des Eingangs der Widerspruchsschrift.

Hochachtungsvoll

§ 13 Muster 21

Inanspruchnahme nicht verantwortlicher Personen

Fall: Beseitigung eines Dachschadens vom Nachbargrundstück aus durch sofortigen Vollzug

Bezirksamt Wilmersorf von Berlin
Abteilung Bauwesen

Sehr geehrte Frau Spröde!

Wir bestätigen und begründen die gegen Sie gerichtete Notstandsmaßnahme vom 28. März 1979:

In den Morgenstunden des genannten Tages hatte ein orkanartiger Sturm einen Teil des Daches im Nachbarhaus Frühlingstraße 44 abgedeckt. Es handelt sich um ein viergeschossiges Miethaus. Eigentümerin ist Frau Giebel. Regenwasser drang in den offenen Dachboden und begann Decken und Wände der darunter liegenden Wohnungen zu durchfeuchten. Es bestand eine schwere Gefahr für die Sicherheit der Mieter des Hauses.

Darauf haben wir sofort die Baufirma Dach & Fach mit der Reparatur des Daches beauftragt. Die Firma hat die Arbeiten noch am selben Tage ausgeführt.

Leider konnte ein Teil der Reparaturarbeiten nur vom Dach Ihres benachbarten viergeschossigen Hauses Frühlingsstraße 46 ausgeführt werden. Deshalb haben unsere Vollzugsbeamten und die Bauhandwerker Ihr Dach betreten, obwohl Sie dagegen lautstark protestierten. Die Gefahr wurde auf diese Weise wirksam beseitigt.

Unsere Eingriffsbefugnis beruht auf § 14 Abs. 1 des Allgemeinen Sicherheits- und Ordnungsgesetzes - ASOG - vom 11. Februar 1975 (Gesetz- und Verordnungsblatt für Berlin - GVBl. - S. 688) in Verbindung mit § 1o1 der Bauordnung für Berlin.

Der Verwaltungszwang ist ohne vorausgehenden Verwaltungsakt durch sofortigen Vollzug angewendet worden. Die Berechtigung dazu ergibt sich aus § 6 Abs. 2 des Verwaltungs-Vollstreckungsgesetzes - VwVG - vom 27. April 1953 (Bundesgesetzblatt - BGBl. - I. S. 157 / GVBl. S. 361, hier geändert BGBl. 1974 I S. 469 / GVBl. 1974, 873, 95o).

Für die Gefahr, welche vom Zustand Ihres Nachbarhauses Frühlingstraße 44 ausging, waren Sie nicht verantwortlich. Dennoch durften wir Sie in Anspruch nehmen. Unsere Befugnis dazu stützt sich auf § 13 ASOG. Danach konnten wir die getroffene Maßnahme gegen Sie richten, weil alle Voraussetzungen vorlagen, die in § 13 Abs. 1 ASOG aufgezählt sind:

1. Wir hatten eine gegenwärtige erhebliche Gefahr abzuwehren.
2. Maßnahmen gegen die für den Zustand ihres Hauses verantwortliche Eigentümerin Frau Giebel waren hier insoweit nicht möglich, als die Gefahr nur von Ihrem Haus aus beseitigt werden konnte.
3. Wir konnten die Gefahr nicht selbst mit eigenen Mitteln oder durch Beauftragte abwehren. Denn das Nachbarhaus Frühlingsstraße 46, welches zur Gefahrenabwehr unbedingt betreten werden mußte, gehört Ihnen.
4. Sie konnten ohne erhebliche eigene Gefährdung und ohne Verletzung höherwertiger Pflichten in Anspruch genommen werden.

Unsere Maßnahme hat im übrigen nur so lange angedauert, wie es zur Abwehr der Gefahr notwendig war. Wir haben uns hier streng an die Vorschrift des § 13 Abs. 2 ASOG gehalten.

Wegen der Größe der Gefahr und aus Zeitnot konnten wir die Eigentümerin des beschädigten Hauses, Frau Giebel, nicht an das ordentliche Gericht verweisen. Eine einstweilige Verfügung des Amtsgerichts Charlottenburg gegen Sie, das Betreten Ihres Hauses durch Handwerker zu dulden, wäre nach dem Sachverhalt viel zu spät gekommen. Das in § 17 des Berliner Nachbarrechtsgesetzes vom 28. September 1973 (GVBl. S. 1654) enthaltene sogenannte Hammerschlags- und Leiterrecht konnte hier also nicht helfen.

Wird eine nicht verantwortliche Person ohne vorausgehenden Verwaltungsakt durch sofortigen Vollzug in Anspruch genommen, so sind gemäß § 13 ASOG, § 6 Abs. 2 und § 18 Abs. 2 VwVG hiergegen die Rechtsmittel zulässig, die gegen Verwaltungsakte allgemein gegeben sind. - Wir erteilen Ihnen deslhab folgende

Rechtsbehelfsbelehrung:

Gegen den sofortigen Vollzug am 28. März 1979 ist der Widerspruch zulässig. Er ist innerhalb eines Monats nach Zustellung dieses Bescheides schriftlich oder zur Niederschrift bei dem Bezirksamt Wilmersdorf von Berlin, Abteilung Bauwesen, Fehrbelliner Platz 4, 1ooo Berlin 31 - Wilmersdorf, zu erheben. Maßgeblich für die Rechtzeitigkeit des schriftlichen Widerspruchs ist der Zeitpunkt des Eingangs der Widerspruchsschrift.

Hinweis: Die Frage des Schadensausgleichs nach § 37 Abs. 1 Nr. 1 ASOG wird geprüft. Sie erhalten hierüber Nachricht.

Hochachtungsvoll

§ 14 Abs. 1 Muster 22

Befugnis zur Eingriffsmaßnahme ist die allgemeine Ermächtigung gemäß § 14 Abs. 1 ASOG (wird "Generalklausel" oder "Generalbefugnisklausel" genannt)
Schutzgut: Öffentliche Sicherheit

Fall: Maulkorb- und Leinenzwang für Hund

Bezirksamt Tempelhof von Berlin
Abteilung Gesundheitswesen

Sehr geehrte Frau Waumann!

Sie sind Halterin und Eigentümerin eines deutschen Schäferhundes. Das Tier ist ein zwei Jahre alter Rüde mit dunkler Decke und hellbraunen Läufen. Sein Name ist "Prinz".

Am 19. November 1979 um 11 Uhr hat der frei umherlaufende Hund in der Nähe Ihres Hauses am Rosengarten den Telegrammboten Julius Hurtig ohne ersichtlichen Grund angefallen und in den rechten Unterschenkel gebissen. Unmittelbar danach hat eine Funkwagenstreife der Polizei den Sachverhalt in Ihrer Gegenwart protokollarisch festgestellt.

Der Rüde hat bereits am 3. April 1979 einen harmlosen Spaziergänger ebenfalls am Rosengarten ohne besonderen Anlaß plötzlich angefallen und gekratzt. Das ist Ihnen bekannt. Sie wurden damals von uns über die Art und Weise einer ordnungsgemäßen Hundehaltung eingehend mündlich aufgeklärt sowie anschließend schriftlich verwarnt.

Für die Gefahr, die von "Prinz" für die öffentliche Sicherheit ausgeht, sind Sie gemäß § 11 des Allgemeinen Gesetzes zum Schutz der öffentlichen Sicherheit und Ordnung in Berlin - ASOG - vom 11. Februar 1975 (GVBl. S. 688) als Halterin und Eigentümerin des Tieres verantwortlich.

Nach diesem neuen Vorfall halten wir "Prinz" für so bissig, daß er eine konkrete Gefahr für die öffentliche Sicherheit darstellt. Er hat jeweils in unmittelbarer Nähe Ihres Hausgrundstücks angegriffen. Deshalb ist das Verhalten des Hundes, wie wir Ihnen bereits früher erläuterten, mit einem übertriebenen Schutz- und Erhaltungsinstinkt innerhalb seines Lebensraumes begründet. Hier hat, sieht und verteidigt er sein "Revier". Das erklärt sein aggressives Vorgehen gegen fremde Personen in diesem Bereich.

Um der bestehenden Wiederholungsgefahr wirksam und doch angemessen zu begegnen, ordnen wir an:

1. In dem nachfolgend bezeichneten Gebiet Ihrer näheren Wohnumgebung müssen Sie ab sofort den Hund in der Öffentlichkeit mit einem festsitzenden, beißsicheren Maulkorb an kurzer, reißsicherer Leine führen oder von einer Person, die Gewalt über das Tier hat, führen lassen:

   Rosengarten, Wassergraben, Blockstraße, Clayallee, Platz der Luftbrücke, Trumanallee, Tempelhofer Feld, Landebahn, Rosinenbomberplatz, Hungerharkenstraße, Halvorsenplatz, Görenzeile, Steppkesteig, Fallschirmfleck, Propellerschneise, Pilotenweg, Rosengarten.

2. Der Maulkorb- und Leinenzwang gilt auf die Dauer von 6 Monaten nach Zustellung dieses Bescheides.

Rechtsgrundlage dieses Verwaltungsaktes ist § 14 Abs. 1 ASOG.

Für den Erlaß des Verwaltungsaktes sind wir gemäß § 11 Nr. 4 der Verordnung über die Zuständigkeit der Ordnungsbehörden (DVO-ASOG) vom 3o. August 1978 (GVBl. S. 19oo) im Rahmen der Veterinäraufsicht zuständig.

Gegen diesen Bescheid ist der Widerspruch zulässig. Er ist innerhalb eines Monats nach Zustellung des Bescheides schriftlich oder zur Niederschrift bei dem Bezirksamt Tempelhof von Berlin, Abteilung Gesundheitswesen, Tempelhofer Damm 165, 1ooo Berlin 42, zu erheben. Maßgeblich für die Rechtzeitigkeit des schriftlichen Widerspruchs ist der Zeitpunkt des Eingangs der Widerspruchsschrift.

Hochachtungsvoll

§ 14 Abs. 1 Muster 23

Befugnis zur Eingriffsmaßnahme ist allgemeine Ermächtigung (Generalklausel)
Schutzgut: Öffentliche Ordnung

Fall: Verbot des Verkaufs von Mikro-Abhörgeräten

Bezirksamt Neukölln von Berlin
Abteilung Wirtschaft

Sehr geehrter Herr Lauschmann!

Sie betreiben in Neukölln, Horcherstraße 13, ein Einzelhandelsgeschäft mit Elektroerzeugnissen. Dort bieten Sie Mikro-Abhörgeräte - "Minispione" - zum Kauf an. Die Geräte sind einschließlich Batterie und Antenne in Plastikbehältern etwa von der Größe einer Zigarettenschachtel untergebracht. Sie ermöglichen das Abhören fremder Gespräche aus umschlossenen Räumen auf Entfernungen bis zu mehreren hundert Metern.

Dadurch besteht eine konkrete Gefahr für die öffentliche Ordnung:

Die Sachspione sind dazu bestimmt, von Käufern benutzt zu werden. Daraus ergeben sich Gefahren für Rechtsgüter von hohem Rang, die unter dem besonderen Schutz der Verfassung stehen. Die Würde des Menschen ist unantastbar (Artikel 1 Abs. 1 Satz 1 des Grundgesetzes -GG). Sie ist im Grundgesetz der oberste Wert. Durch das heimliche Abhören wird die Würde des Menschen verletzt. Hierdurch wird ferner das Recht auf freie Entfaltung der Persönlichkeit nach Artikel 2 Abs. 1 GG mißachtet.

Das unbefugte Belauschen greift in unerträglicher Weise in die menschliche Intimsphäre ein und beeinträchtigt das allgemeine Persönlichkeitsrecht. Ein natürliches und vertrauensvolles Zusammenleben der Menschen ist nicht vorstellbar, wenn jeder befürchten muß, daß seine Worte von anderen mitgehört werden (vgl. Urteil des Verwaltungsgerichtshofes Baden Württemberg in Mannheim vom 15. Dezember 1971 - I 242/71 -: DVBl. 1972, 5o3 = NJW 1972, 971 = GewArch 1972, 166 = JuS 1972, 478 = BB 1972, 681 = Verw Rspr. 24, 455).

Diese Gefahr für die öffentliche Ordnung haben Sie gemäß § 1o Abs. 1 des Allgemeinen Sicherheits- und Ordnungsgesetzes - ASOG - vom 11. Februar 1975 (GVBl. S. 688) als Verkäufer (Zweckveranlasser) und nach § 11 Abs. 2 ASOG auch als Eigentümer der vorrätigen Minispione zu verartworten.
Die Würde des Menschen zu achten und zu schützen ist gemäß Artikel 1 Abs. 1 Satz 2 GG die Aufgabe aller staatlichen Gewalt. Deshalb verbieten wir Ihnen ab sofort den Verkauf der Mikro-Abhörgeräte.

Rechtsgrundlage dieser Eingriffsmaßnahme ist § 14 Abs. 1 ASOG.

Für den Erlaß des Verwaltungsaktes sind wir gemäß § 14 Nr. 3 b der Verordnung über die Zuständigkeit der Ordnungsbehörden (DVO-ASOG) vom 3o. August 1978 (GVBl. S. 19oo) im Rahmen der Gewerbeaufsicht zuständig.

Gegen diesen Bescheid ist der Widerspruch zulässig. Er ist innerhalb eines Monats nach Zustellung des Bescheides schriftlich oder zur Niederschrift bei dem Bezirksamt Neukölln von Berlin, Abteilung Wirtschaft, Karl-Marx-Straße 83, 1ooo Berlin 44, zu erheben. Maßgeblich für die Rechtzeitigkeit des schriftlichen Widerspruchs ist der Zeitpunkt des Eingangs der Widerspruchsschrift.

Gemäß § 8o Abs. 2 Nr. 4 der Verwaltungsgerichtsordnung vom 21. Januar 196o (BGBl. I S. 17 / GVBl. S. 2o7) ordnen wir hiermit im öffentlichen Interesse die sofortige Vollziehung dieses Verwaltungsaktes an. Damit entfällt die aufschiebende Wirkung Ihres etwaigen Widerspruchs gegen diesen Bescheid.

Das besondere öffentliche Interesse an der sofortigen Vollziehung des Verwaltungsaktes ergibt sich bereits aus den Gründen für seinen Erlaß. Es ist unabwendbar zwingend und äußerst dringend geboten, Ihre ungemein gefährliche menschenverachtende Tätigkeit sofort zu beenden.

Hochachtungsvoll

§ 14 Abs. 1 Muster 24

Befugnis zur Eingriffsmaßnahme ist allgemeine Ermächtigung (Generalklausel)
Konkrete Gefahr besteht, weil der Verantwortliche gegen ein Gebot in einem Gesetz zur Gefahrenabwehr verstößt.

Fall: Anordnungen wegen Lärms einer chemischen Reinigung

Bezirksamt Spandau von Berlin
Abteilung Bauwesen

Sehr geehrte Frau Saubermann!

Sie betreiben im Erdgeschoß Ihres Wohnhauses Berliner Allee Nr. 77 mit zwei Waschvollautomaten eine chemische Reinigung. Die Anlage ist bauaufsichtlich genehmigt.

Bei den "Allgemeinen Anforderungen an die Bauausführung" schreibt die Bauordnung für Berlin - BauO - in § 21 Abs. 2 u.a. vor: Geräusche, die von ortsfesten Einrichtungen in baulichen Anlagen ausgehen, sind so zu dämmen, daß Gefahren oder unzumutbare Belästigungen nicht entstehen. Ihre Anlage entspricht diesen Anforderungen leider nicht mehr:

Auf Beschwerden mehrerer Mieter über ruhestörende Belästigungen haben wir den Sachverhalt ermittelt und dabei auch Schallpegelmessungen durchgeführt. Danach sind der Lärm, die Erschütterungen und die Schwingungen der Waschmaschinen sowie das Vibrieren des Fußbodens beim Schleudergang für die meisten Bewohner Ihres Hauses unzumutbar. Bei den Mietern im ersten Stockwerk sind nach amtsärztlicher Feststellung sogar schon akute Gesundheitsstörungen eingetreten.

Für diese Gefahr sind Sie gemäß § 11 des Allgemeinen Sicherheits- und Ordnungsgesetzes - ASOG - vom 11. Februar 1975 (Gesetz- und Verordnungsblatt für Berlin - GVBl. - S. 688) als Inhaberin der Reinigungsanstalt und auch als Hauseigentümerin verantwortlich.

Wir fordern Sie deshalb auf,

1. die beiden Waschmaschinen auf Schwingmetallfundamente zu setzen;
2. die Decken und Wände des Maschinenaufstellungsraumes mit geeigneten Baustoffen so zu verkleiden, daß das Luftschallschutzmaß von 1o dB (A) eingehalten wird.

Insoweit stützen wir unsere Entscheidung auch auf das einschlägige Urteil des Oberverwaltungsgerichts Berlin vom 13.12.1974 - 2 B 33/74 -:OVGE Berlin 13, 83.

Rechtsgrundlage für unsere Befugnis, diese Maßnahmen zur Abwehr der bestehenden konkreten Gefahr für die öffentliche Sicherheit zu treffen, ist § 14 Abs. 1 ASOG in Verbindung mit § 1o1 BauO.

Für den Erlaß des Verwaltungsaktes sind wir nach § 1o Nr. 1 der Verordnung über die Zuständigkeit der Ordnungsbehörden (DVO-ASOG) vom 3o. August 1978 (GVBl. S. 19oo) im Rahmen der Bauaufsicht zuständig.

Sollten Sie unserer Anordnung bis zum 31. August 1979 nicht nachkommen, werden wir einen anderen mit der Vornahme der Handlung auf Ihre Kosten beauftragen (Ersatzvornahme). Den Kostenbetrag veranschlagen wir vorläufig auf 7.ooo,- DM. Unser Recht auf Nachforderung bleibt unberührt, wenn die Ersatzvornahme einen höheren Kostenaufwand verursacht. Wir drohen Ihnen hiermit dieses Zwangsmittel an. Rechtsgrundlagen sind § 6 Abs. 1, §§ 9, 1o, 13 des Verwaltungs-Vollstreckungsgesetzes vom 27. April 1953 (Bundesgesetzblatt - BGBl. - I S. 157 / GVBl. S. 361).

Gegen diesen Bescheid ist der Widerpruch zulässig. Er ist innerhalb eines Monats nach Zustellung des Bescheides schriftlich oder zur Niederschrift bei dem Bezirksamt Spandau von Berlin, Abteilung Bauwesen, Carl-Schurz-Straße 2, 1ooo Berlin 2o, zu erheben. Maßgeblich für die Rechtzeitigkeit des schriftlichen Widerspruchs ist der Zeitpunkt des Eingangs der Widerspruchsschrift.

Gemäß § 8o Abs. 2 Nr. 4 der Verwaltungsgerichtsordnung vom 21. Januar 196o (BGBl. I S. 17 / GVBl. S. 2o7) ordnen wir hiermit im öffentlichen Interesse die sofortige Vollziehung des Verwaltungsaktes an. Damit entfällt die aufschiebende Wirkung Ihres etwaigen Widerspruchs.

Die sofortige Vollziehung ist im besonderen öffentlichen Interesse geboten, um die nach amtsärztlicher Erkenntnis akuten schwerwiegenden gesundheitlichen Störungen der Mieter im ersten Stockwerk durch die unzumutbaren Geräusche und Erschütterungen Ihres Betriebes sogleich abzustellen.

Hochachtungsvoll

§ 14 Abs. 1 Muster 25

Befugnis zur Eingriffsmaßnahme ist allgemeine Ermächtigung (Generalbefugnisklausel)
Konkrete Gefahr besteht, weil der Verantwortliche gegen ein Verbot in einem Gesetz zur Gefahrenabwehr verstößt.

Fall: Verbot der Beschäftigung eines Jugendlichen mit gesundheitsschädlichen Arbeiten

Landesamt für Arbeitsschutz und technische Sicherheit

Sehr geehrter Herr Raffke!

Bei einer Betriebskontrolle im Beisein des Gewerbearztes am 26. Februar 1979 haben wir festgestellt:

In Ihrer Papiergroßhandlung in Steglitz, Wolfstraße 4, befindet sich der Jugendliche Klaus-Dieter Winzig als Lehrling in der Berufsausbildung. Er ist 15 Jahre alt, nur 1.5o m groß, auffallend schlank und körperlich schwach.

Dennoch beschäftigen Sie ihn laufend mit dem Heben und Tragen zu schwerer Papierrollen.

Das ist nach § 22 Abs. 1 Nr. 1 des Gesetzes zum Schutze der arbeitenden Jugend (Jugendarbeitsschutzgesetz) vom 12. April 1976 verboten. Danach dürfen Jugendliche nicht mit Arbeiten beschäftigt werden, "die ihre Leistungsfähigkeit übersteigen".

Nach dem Gutachten des Gewerbearztes ist Klaus-Dieter gesundheitlich unzumutbar und unverantwortlich überfordert.

Diese Gefahr haben Sie als Geschäftsinhaber verursacht. Dafür sind Sie gemäß § 1o Abs. 1 des Allgemeinen Sicherheits- und Ordnungsgesetzes - ASOG - vom 11. Februar 1975 (GVBl. S. 688) verantwortlich.

Deshalb verbieten wir Ihnen ab sofort, den jugendlichen Lehrling Klaus-Dieter Winzig weiter mit dem Heben und Tragen von Papierrollen zu beschäftigen, die für ihn zu schwer sind.

Rechtsgrundlage für unsere Befugnis, diese Maßnahme zur Abwehr der bestehenden konkreten Gefahr für die öffentliche Sicherheit zu treffen, ist § 14 Abs. 1 ASOG.

Für den Erlaß des Verwaltungsaktes sind wir gemäß § 16 Nr. 1 der Verordnung über die Zuständigkeit der Ordnungsbehörden (DVO-ASOG) vom 3o. August 1978 (GVBl. S. 19oo) im Rahmen des Jugendarbeitsschutzes zuständig.

Sollten Sie unserer Anordnung nicht sofort nach Zustellung dieses Bescheides nachkommen, werden wir gegen Sie ein Zwangsgeld in Höhe von 2.ooo,- DM festsetzen. Wir drohen Ihnen hiermit dieses Zwangsmittel an. Rechtsgrundlagen sind § 6 Abs. 1, §§ 9, 11, 13 des Verwaltungs-Vollstreckungsgesetzes vom 27. April 1953 (BGBl. I S. 157 / GVBl. S. 361). Es kann nicht in Betracht kommen, Ihnen für die Erfüllung Ihrer Verpflichtung eine Frist zu bestimmen. Sie müssen Ihrer Verpflichtung sofort entsprechen. Die Gesundheit des Jugendlichen hat absoluten Vorrang.

Gegen diesen Bescheid ist der Widerspruch zulässig. Er ist innerhalb eines Monats nach der Zustellung des Bescheides schriftlich oder zur Niederschrift bei dem Landesamt für Arbeitsschutz und technische Sicherheit, An der Urania 4, 1ooo Berlin 3o, zu erheben. Maßgeblich für die Rechtzeitigkeit des schriftlichen Widerspruchs ist der Zeitpunkt des Eingangs der Widerspruchsschrift.

Gemäß § 8o Abs. 2 Nr. 4 der Verwaltungsgerichtsordnung vom 21. Januar 196o (BGBl. I S. 17 / GVBl. S. 2o7) ordnen wir hiermit im öffentlichen Interesse die sofortige Vollziehung des Verwaltungsaktes an. Damit entfällt die aufschiebende Wirkung Ihres etwaigen Widerspruchs. Unser Verbot wird also mit der Zustellung des Bescheides wirksam.

Die sofortige Vollziehung des Verwaltungsaktes ist im besonderen öffentlichen Interesse geboten, um weitere gesundheitliche Schäden bei dem Jugendlichen schnell zu verhindern. Im übrigen ergibt sich die zwingende Notwendigkeit für die sofortige Vollziehung aus den Gründen, die zum Erlaß des Verwaltungsaktes führen mußten und von uns genannt sind.

Hochachtungsvoll

§ 14 Abs. 1 Muster 26

Befugnis zur Eingriffsmaßnahme ist allgemeine Ermächtigung (Generalklausel)
Konkrete Gefahr besteht, weil der Verantwortliche gegen ein Gebot in einer Rechtsverordnung zur Gefahrenabwehr verstößt.

Fall: Behebung von Mängeln in einer Backstube

Bezirksamt Reinickendorf von Berlin
Abteilung Gesundheitswesen

Sehr geehrte Frau Weiß!

Sie sind Inhaberin des Bäckerei- und Konditoreibetriebes Warnemünder Straße 5o.

Am 14. Februar 1979 haben wir bei einer Besichtigung Ihres Gewerbebetriebes folgende Mängel festgestellt:

In der Backstube sind alle Wände sowie auch die Decke vielfältig beschädigt, nämlich von Rissen durchzogen, infolge Feuchtigkeit gequollen und erheblich verfärbt. Ferner befinden sich an den Fensterrahmen große Stockflecke. Schließlich ist der Fußboden uneben, wellig sowie durch Risse und fehlende Holzteile schadhaft.

Diese Mängel widersprechen den Anforderungen nach § 1, § 3 Abs. 1 und § 5 Abs. 1 der Verordnung über die hygienische Behandlung von Lebensmitteln. Der unhygienische Zustand der Backstube kann jederzeit dazu führen, die dort verarbeiteten Lebensmittel nachteilig zu beeinflussen. Dazu kann es insbesondere durch Krankheitserreger, Schimmelpilze, Staub, Schmutz, Feuchtigkeit und ständige Unsauberkeit des Fußbodens kommen. Damit besteht eine Gefahr für die Gesundheit Ihrer Kunden und Ihres Personals.

Für diese Gefahr sind Sie gemäß § 11 des Allgemeinen Sicherheits- und Ordnungsgesetzes - ASOG - vom 11. Februar 1975 (GVBl. S. 688) als Geschäftsinhaberin verantwortlich. Wir bitten Sie deshalb,

1. die Wände und die Decke zu renovieren sowie mit einem festen glatten Anstrich oder Belag zu versehen;

2. die Stockflecken an den Fensterrahmen zu beseitigen;

3. den Fußboden so herzurichten, daß er eine glatte Oberfläche aufweist, die eine einwandfreie Reinigung ermöglicht.

Rechtsgrundlage für unsere Befugnis, diese Maßnahme zur Abwehr der bestehenden konkreten Gefahr für die öffentliche Sicherheit zu treffen, ist § 14 Abs. 1 ASOG.

Hochachtungsvoll

§ 14 Abs. 1 Muster 27

Befugnis zur Eingriffsmaßnahme ist allgemeine Ermächtigung (Generalklausel)
Konkrete Gefahr besteht, weil der Verantwortliche gegen ein Verbot in einer Rechtsverordnung zur Gefahrenabwehr verstößt.

Fall: Verbot eines Radrennens hinter Motorrad-Schrittmachern

Der Senator für Gesundheit und Umweltschutz

Sehr geehrter Herr Renner!

Sie haben für Pfingstsonntag, den 3. Juni 1979, ein Radrennen hinter Motorrad-Schrittmachern im Wohngebiet Moabit in der Turmstraße angekündigt. Die Motorräder verursachen gesundheitsschädlichen Lärm von Schallpegelwerten bis zu 81 dB (A).

Aus diesem Grund hatte ich Ihnen mit inzwischen unanfechtbarem Verwaltungsakt vom 3o. April 1979 gemäß § 1, § 2 Abs. 2, § 4 der Verordnung zur Bekämpfung des Lärms sowie § 14 Abs. 1 und § 1o Abs. 1 und Abs. 3 des Allgemeinen Sicherheits- und Ordnungsgesetzes das Rennen untersagt.

Trotzdem leiten Sie nach meinen Feststellungen laufend zunehmend intensive Maßnahmen ein, das Rennen durchzuführen.

Sollten Sie weiter derartige Vorbereitungen treffen, drohe ich Ihnen hiermit an, die geplante Veranstaltung durch unmittelbaren Zwang zu verhindern. Rechtsgrundlagen dafür sind § 6 Abs. 1, §§ 9, 12, 13 des Verwaltungs-Vollstreckungsgesetzes vom 27. April 1953 (Bundesgesetzblatt - BGBl. - I S. 157/ Gesetz- und Verordnungsblatt für Berlin - GVBl. - S. 361). Ein Zwangsgeld würde aus Zeitnot nicht zum Ziel führen und wäre nach Lage des Falles auch untunlich. Die Gefahr muß sofort, wirksam und nachhaltig abgewehrt werden.

Ich bitte Sie, Ihre verbotene Tätigkeit sogleich nach Zustellung dieses Bescheides zu unterlassen.

Gegen diesen Bescheid ist die Klage vor dem Verwaltungsgericht zulässig. Sie ist innerhalb eines Monats nach Zustellung des Bescheides bei dem Verwaltungsgericht Berlin, Hardenbergstraße 21, 1ooo Berlin 12 - Charlottenburg, schriftlich oder zur Niederschrift des Urkundsbeamten zu erheben. Der Klageschrift soll eine Abschrift beigefügt werden. Die Klage ist gegen das Land Berlin, vertreten durch den Senator für Gesundheit und Umweltschutz, zu richten. Maßgeblich für die Rechtzeitigkeit der schriftlichen Klage ist der Zeitpunkt des Eingangs der Klageschrift bei dem Verwaltungsgericht.

Nach § 187 Abs. 3 der Verwaltungsgerichtsordnung - VwGO - vom 21. Januar 196o (BGBl. I S. 17 / GVBl. S. 2o7) in Verbindung mit § 4 des Gesetzes zur Ausführung der VwGO in der Fassung vom 22. Februar 1977 (GVBl. S. 557) entfällt die aufschiebende Wirkung Ihrer etwaigen Anfechtungsklage.

Hochachtungsvoll

Anmerkung: Die Androhung ist gemäß § 13 Abs. 7 VwVG zuzustellen. Für das Zustellungsverfahren der Behörden Berlins gilt nach § 5 Abs. 1 des Gesetzes über das Verfahren der Berliner Verwaltung das Verwaltungszustellungsgesetz - VwZG - der Bundesrepublik Deutschland vom 3. Juli 1952 (BGBl. I S. 379 / GVBl. S. 648) als Landesgesetz.

§ 14 Abs. 1 Muster 28

Befugnis zur Eingriffsmaßnahme ist allgemeine Ermächtigung (Generalklausel)
Konkrete Gefahr besteht, weil der Verantwortliche gegen ein Strafgesetz verstößt.

Fall: Verbot der Führung eines akademischen Grades

Der Senator für Wissenschaft und Forschung

Sehr geehrter Herr Gerngroß!

Sie haben zum Preis von 6o.ooo,-- DM eine Urkunde gekauft, derzufolge Ihnen angeblich die Philosophische Fakultät der Universität Phantastic City am 28. März 1978 den Grad eines Doktors der Philosophie verliehen hat. Hierbei sind Sie nach meinen Feststellungen ein Opfer von Schwindlern geworden, die kürzlich verhaftet wurden.

Ein ordnungsmäßiges Promotionsverfahren, in welchem Sie Ihre wissenschaftliche Befähigung erweisen konnten, hat nicht stattgefunden. Demzufolge haben Sie auch die Doktorwürde nicht erlangen können. Sie führen den Doktorgrad also mißbräuchlich.

Gemäß § 132 a Abs. 1 Nr. 1 des Strafgesetzbuches ist u.a. die unbefugte Führung eines ausländischen akademischen Grades strafbar.

Jede mit Strafe bedrohte Handlung verletzt die Rechtsordnung. Die zuständige Behörde hat strafbare Handlungen nach Möglichkeit zu verhindern. Insoweit verweise ich auf das Urteil des Bundesverwaltungsgerichts vom 26. Februar 1974 - 1 C 31/72 -: BVerwGE 45, 51, 59 = NJW 1974, 8o7 = DVBl. 1974, 842 = MDR 1974, 513 = JR 1974, 3o1 = DÖV 1974, 637 = JuS 1974, 462.

Aus diesen Gründen untersage ich Ihnen ab sofort die Führung dieses scheinbaren ausländischen akademischen Grades des Doktors der Philosophie.

Rechtsgrundlage für meine Befugnis, diese Maßnahme zur Abwehr der bestehenden konkreten Gefahr für die öffentliche Sicherheit und Ordnung zu treffen, ist § 14 Abs. 1 des Allgemeinen Sicherheits- und Ordnungsgesetzes - ASOG - vom 11. Februar 1975 (GVBl. S. 688).

Ihre Verantwortlichkeit für diese Gefahr ergibt sich aus § 1o Abs. 1 ASOG; denn Sie haben sie durch Ihr Verhalten verursacht.

Hochachtungsvoll

§ 15 Abs. 1 Muster 29

Befugnis zur Eingriffsmaßnahme durch sofortigen Vollzug ist allgemeine Ermächtigung (Generalbefugnisklausel)

Konkrete Gefahr besteht, weil der Verantwortliche eine Ordnungswidrigkeit begeht.

Fall: Verbot der öffentlichen Werbung und Platzverweis

Der Polizeipräsident in Berlin

Schreiben an "Kampfleiter" Spinner:

Sie sind Leiter des "Kampfbundes Deutscher Separatisten" (KBDS).

Am Vorabend des diesjährigen Maifeiertages haben Sie und sieben Ihrer "Kampfgenossen" auf dem belebten Kranzlerplatz am Kurfürstendamm für eine Veranstaltung zum 1. Mai geworben. Sie verteilten hetzerische Flugblätter an Passanten. Sie sprachen und schrien die Menschen an. Sie brüllten durch Megaphon aufpeitschende Parolen. Sie verstellten Fußgängern hautnah und aufdringlich den Weg, um mit ihnen zu "diskutieren". Sie bedrängten jeden, der sich ablehnend verhielt, mit großer Dreistigkeit. Sie rempelten und pöbelten die Betroffenen frech an und beschimpften sie rüpelhaft. Insgesamt benahmen Sie sich grob ungehörig. Die Zeugen dieser Vorfälle waren über Ihr Verhalten äußerst empört.

Aus diesen Gründen hat der Einsatzleiter der Polizei, Hauptkommissar Draht, Ihnen die Werbung sofort untersagt. Ferner hat er Ihnen und Ihren Mittätern sofortigen Platzverweis erteilt.

Diese Maßnahme ist durch sofortigen Vollzug gemäß § 6 Abs. 2 des Verwaltungs-Vollstrekkungsgesetzes getroffen worden. Der sofortige Vollzug war notwendig, um Ihre ordnungswidrige Tat zu verhindern: Sie und Ihre Genossen hatten grob ungehörige Handlungen vorgenommen. Sie hatten die Allgemeinheit belästigt und gefährdet. Dadurch beeinträchtigten Sie die öffentliche Ordnung. Sie verstießen gegen § 118 des Gesetzes über Ordnungswidrigkeiten.

Für Ihr Verhalten sind Sie gemäß § 1o Abs. 1 des Allgemeinen Sicherheits- und Ordnungsgesetzes - ASOG - vom 11. Februar 1975 (GVBl. S. 688) verantwortlich.

Rechtsgrundlage für die Eingriffsbefugnis der Polizei zur Abwehr der bestehenden konkreten Gefahr für die öffentliche Ordnung ist § 14 Abs. 1 ASOG.

§ 14 Abs. 1 Muster 3o

Anscheinsgefahr

Eingriffsrecht gemäß Generalklausel

Fall: Gesundheitsbehörde verbietet die Auslieferung angeblich vergifteter Milch. Sie handelt rechtmäßig.

Bezirksamt Steglitz von Berlin
Abteilung Gesundheitswesen

Sehr geehrter Herr Sauer!

Sie sind Inhaber einer Großhandlung für Milchprodukte. Am 1. April 1979 haben wir Ihnen mündlich verboten, die von der Molkerei Kuhbleke bezogene Milch an die Händler auszuliefern. Wir waren von der dortigen Polizei fernmündlich gewarnt worden, daß beim Abfüllen Salpetersäure in die Milch geraten sei.

Inzwischen hat sich herausgestellt, daß die vergiftete Milch nicht nach Berlin, sondern nach Bonn gelangt ist. Deshalb heben wir, wie schon telefonisch vorab geschehen, unser Verbot auf.

Rechtsgrundlage unseres Verbots war § 14 Abs. 1 des Allgemeinen Sicherheits- und Ordnungsgesetzes - ASOG - vom 11. Februar 1975 (GVBl. S. 688). Danach ist die zuständige Behörde allgemein ermächtigt, die notwendigen Maßnahmen zur Abwehr einer konkreten Gefahr für die öffentliche Sicherheit oder Ordnung zu treffen.

In diesem Fall hat zwar eine solche Gefahr von Anfang an nicht bestanden. Das hat sich aber erst nachträglich ergeben und berührt daher nicht die Rechtmäßigkeit unseres früheren Eingriffs:

Auch eine derartige "Anscheinsgefahr", wie sie allgemein genannt wird, ist eine Gefahr im Sinne des § 14 Abs. 1 ASOG (vgl. Urteil des Bundesverwaltungsgerichts vom 26. Februar 1974 - 1 C 31/72 -: BVerwGE 45, 51, 58 = NJW 1974, 8o7 = DVBl. 1974, 842 = MDR 1974, 513 = JR 1974, 3o1 = DÖV 1974, 637 = JuS 1974, 462).

Bei diesem Sachverhalt sind Sie, sehr geehrter Herr Sauer, rückwirkend beurteilt, also "Unbeteiligter" und von Anfang an nicht Verantwortlicher. Ohne eigene Schuld und dennoch verantwortlich für den gefahrvollen Zustand der Milch ist vielmehr der Händler in Bonn. Ihnen ist deshalb für den erlittenen Schaden ein angemessener Ausgleich zu gewähren (§ 37 Abs. 1 Nr. 2 ASOG). - Hierüber erhalten Sie einen besonderen Bescheid.

Hochachtungsvoll

§ 14 Abs. 1 Muster 31

Befugnis zur Eingriffsmaßnahme ist allgemeine Ermächtigung (Generalklausel)

Besonderheit: Anwendung des Verwaltungszwanges ohne vorausgehenden Verwaltungsakt durch sofortigen Vollzug

Fall: Sofortige Schließung eines Lokals wegen Straftaten; Rauschgiftmißbrauch

Der Polizeipräsident in Berlin

Sehr geehrter Herr Teufel!

Sie sind Inhaber des Lokals "Traumland" am Bahnhof Zoologischer Garten in Charlottenburg. Am 3o. November 1979 ist bei einer Razzia folgendes festgestellt worden:

Ihr Betrieb ist Umschlagplatz für Rauschgift, insbesondere für Heroin aus der Türkei. Süchtige Besucher nehmen Haschisch, Marihuana sowie LSD zu sich und spritzen sich Heroin auf der Toilette. Ihr Personal vertreibt das Rauschgift auf Ihre Weisung.

Aus diesen Gründen hat der zuständige Einsatzleiter, Hauptkommissar Greif, Ihr Lokal sofort geschlossen und amtlich versiegelt.

Diese Maßnahme ist ohne vorausgehenden Verwaltungsakt durch sofortigen Vollzug getroffen worden. Die Berechtigung folgt aus § 6 Abs. 2 des Verwaltungs-Vollstreckungsgesetzes - VwVG - vom 27. April 1953 (Bundesgesetzblatt - BGBl. - I S. 157 / Gesetz- und Verordnungsblatt für Berlin - GVBl. - S. 361; Änderung des § 6 Abs. 2 in BGBl. 1974 I S. 469 / GVBl. 1974 S. 873, 95o). Danach kann der Verwaltungszwang auch ohne vorausgehenden Verwaltungsakt angewendet werden, wenn der sofortige Vollzug - wie hier - u.a. zur Verhinderung von Straftaten sowie zur Abwendung einer drohenden Gefahr notwendig ist.

Meine Eingriffsbefugnis im sofortigen Vollzug ergibt sich aus der allgemeinen Ermächtigung des § 14 Abs. 1 des Allgemeinen Sicherheits- und Ordnungsgesetzes - ASOG - vom 11. Februar 1975 (GVBl. S. 688).

Für Ihr eigenes kriminelles Fehlverhalten sind Sie nach § 1o Abs. 1 ASOG verantwortlich. Ihre Verantwortlichkeit für das kriminelle Fehlverhalten Ihres Personals beruht auf § 1o Abs. 3 ASOG; Sie haften für Ihre Verrichtungsgehilfen.

Wird ein Zwangsmittel ohne vorausgehenden Verwaltungsakt (§ 6 Abs. 2 VwVG) angewendet, so sind gemäß § 18 Abs. 2 VwVG hiergegen die Rechtsmittel zulässig, die gegen Verwaltungsakte allgemein gegeben sind. - Ich erteile Ihnen deshalb folgende

Rechtsbehelfsbelehrung:

Gegen den sofortigen Vollzug vom 3o. November 1979 ist der Widerspruch zulässig. Er ist innerhalb eines Monats nach Zustellung dieses Bescheides schriftlich oder zur Niederschrift bei dem Polizeipräsidenten in Berlin, Tempelhofer Damm 1, 1ooo Berlin 42, zu erheben. Maßgeblich für die Rechtzeitigkeit des schriftlichen Widerspruchs ist der Zeitpunkt des Eingangs der Widerspruchsschrift.

Hinweis: Gemäß § 18 Abs. 2 VwVG in Verbindung mit § 8o Abs. 5 Satz 3 der Verwaltungsgerichtsordnung vom 21. Januar 196o (BGBl. I S. 17 / GVBl. S. 2o7) können Sie bei dem Verwaltungsgericht Berlin, Hardenbergstraße 21, 1ooo Berlin 12 - Charlottenburg, beantragen, die Aufhebung des sofortigen Vollzuges anzuordnen.

Hochachtungsvoll

§ 14 Abs. 1 Muster 32

Befugnis zur Eingriffsmaßnahme ist allgemeine Ermächtigung (Generalklausel)
Zusätzliche Befugnis zu besonderer Eingriffsmaßnahme (Standardmaßnahme)

Fall: Personenkraftwagen wird abgeschleppt und sichergestellt

Bezirksamt Tiergarten von Berlin
Abteilung Wirtschaft

Sehr geehrte Frau Mütze!

Am Mittwoch, 4. Juli 1979, haben wir Ihren Personenkraftwagen Ford B - DJ 215 vom Agricolaplatz in Moabit abschleppen lassen und sicherstellen müssen. Wir erklären unsere Maßnahme und bitten gleichzeitig um Ihr Verständnis:

Jeweils am Mittwoch findet in Moabit auf dem Agricolaplatz ein städtischer Markt für landwirtschaftliche Erzeugnisse statt. Dieser Markt erfreut sich großer Beliebtheit. Er wird volkstümlich "M-M-M" bzw."Moabiter-Mittwochs-Markt" genannt. Es herrscht stets Gedränge. Für Fremdkörper ist kein Platz. Deshalb besteht laut polizeilicher Anordnung an Markttagen für das betreffende Gelände ein eingeschränktes Halteverbot.

Sie hatten Ihr Fahrzeug auf dem Agricolaplatz geparkt und es bei Beginn des Marktbetriebes noch nicht von dort weggefahren. Dadurch war die ordnungsgemäße Durchführung des Marktbetriebes erheblich gestört. Es bestand eine konkrete Gefahr. Ferner war mit Sicherheit anzunehmen, daß Ihr Fahrzeug insbesondere bei der Anlieferung von Waren durch Transportmittel schwere Beschädigungen davontragen werde.

Unser Marktmeister hat vergeblich versucht, Sie rechtzeitig als Halterin des Pkw zu ermitteln, um Sie zu bitten, den Wagen zu entfernen. Deshalb haben wir Ihr Fahrzeug abschleppen lassen und auf dem nahegelegenen Rathaushof sichergestellt.

Hierbei handelt es sich um die unmittelbare Ausführung einer Maßnahme nach § 12 des Allgemeinen Sicherheits- und Ordnungsgesetzes - ASOG - vom 11. Februar 1975 (GVBl. S. 688).

Rechtsgrundlage unserer Befugnis zum Abschleppen des Kraftwagens ist § 14 Abs. 1 ASOG. Rechtsgrundlage für unsere Befugnis zur Sicherstellung des Kraftwagens ist § 26 Nr. 1 und Nr. 3 ASOG.

Hochachtungsvoll

§ 14 Abs. 2 Satz 1 Muster 33

Maßnahme der Polizei zur Verfolgung einer strafbaren Handlung
Verwaltungsrechtsweg nicht gegeben

Fall: Ermittlungsmaßnahmen der Polizei wegen Hausfriedensbruchs

Der Polizeipräsident in Berlin

Sehr geehrter Herr Wichtig!

Am 9. März 1979 war bei dem Senator für Justiz eine Dienstbesprechung mit leitenden Beamten des Strafvollzuges angesetzt. Kurz davor betraten Sie und sechs weitere Mitglieder des "Arbeitskreises kritischer Bürger" ohne Einladung den Besprechungsraum. Sie erklärten, an der Dienstbesprechung teilnehmen und über Probleme des Strafvollzuges "diskutieren" zu wollen.

Nach vergeblicher Aufforderung, das Gebäude zu verlassen, bat der Senator die Polizei um Räumung. Weil auch die Räumungsaufforderung der Polizei erfolglos blieb, wurden Sie und die anderen Personen vorläufig festgenommen und zur Polizeidienststelle gebracht.

Der Senator stellte schriftlich Strafantrag wegen Hausfriedensbruchs. Daraufhin wurden Sie von Kriminalbeamten vernommen und erkennungsdienstlich behandelt.

Nunmehr haben Sie bei mir beantragt, Ihnen einen "rechtsmittelfähigen Bescheid" über die Vorkommnisse zu erteilen. Sie beabsichtigen, bei dem Verwaltungsgericht Klage gegen mich zu erheben, um feststellen zu lassen, daß die polizeilichen Maßnahmen rechtswidrig gewesen seien. Dieser Antrag ist nicht zulässig. Ich erteile Ihnen folgende Auskunft:

Die Maßnahmen der Polizei waren strafprozessualer Natur. Sie wurden zur Verfolgung einer strafbaren Handlung (Hausfriedensbruch gemäß § 123 StGB) durchgeführt. Für den Antrag auf Entscheidung über die Rechtmäßigkeit solcher Maßnahmen ist nicht der Verwaltungsrechtsweg, sondern der Rechtsweg vor den ordentlichen Gerichten gegeben. Das folgt aus § 23 des Einführungsgesetzes zum Gerichtsverfassungsgesetz. Ich verweise auf das entsprechende Urteil des Bundesverwaltungsgerichts vom 3. Dezember 1974 - 1 C 11/73 -: BVerwGE 47, 255 = NJW 1975, 893 = MDR 1975, 517 = JR 1975, 2o8 = DÖV 1975, 275 = DVBl. 1975, 581 = JuS 1975, 468.

Hochachtungsvoll

§ 14 Abs. 2 Muster 34

Eingriffsmaßnahme nach Spezialvorschrift

Fall: Gewerbeuntersagung mit Schließungsandrohung

Bezirksamt Kreuzberg von Berlin
Abteilung Wirtschaft

Sehr geehrter Herr Schieber!

Gemäß § 35 Abs. 1 der Gewerbeordnung - GewO - untersagen wir Ihnen wegen gewerblicher Unzuverlässigkeit die Ausübung des Einzelhandels mit gebrauchten Kraftfahrzeugen ganz. Die Untersagung wirkt nach § 35 Abs. 1 GewO für den Geltungsbereich der Gewerbeordnung, also für die gesamte Bundesrepublik Deutschland einschließlich des Landes Berlin.

Wir fordern Sie auf, Ihre gewerbliche Tätigkeit einzustellen und uns die Aufgabe des Betriebes anzuzeigen, wie es in § 14 Abs. 1 Satz 2 Nr. 3 GewO vorgeschrieben ist.

Zur Begründung für Ihre gewerbliche Unzuverlässigkeit beziehen wir uns vollinhaltlich auf die Ermittlungsakten Js 13/79 der Staatsanwaltschaft bei dem Landgericht Berlin. Danach sind Sie hinreichend verdächtig und auch geständig, sich als Mitglied einer internationalen Schieberbande am Diebstahl und Absatz entwendeter Kraftfahrzeuge beteiligt zu haben. In dieser Organisation waren Sie insbesondere für das Ressort "Umfrisieren" zuständig. - Die Gewerbeuntersagung ist also zum Schutz der Allgemeinheit vor Ihren kriminellen Handlungen dringend erforderlich.

Für Ihr Fehlverhalten sind Sie gemäß § 1o Abs. 1 des Allgemeinen Sicherheits- und Ordnungsgesetzes verantwortlich.

Sollten Sie unserer Anordnung nicht nachkommen, werden wir gegen Sie den unmittelbaren Zwang anwenden. Wir setzen Ihnen eine Frist von zwei Wochen für die Abwicklung Ihrer notwendigen geschäftlichen Angelegenheiten. Danach werden wir die Betriebsräume schließen und versiegeln.

Diese besondere Befugnis, die Ausübung des untersagten Gewerbes durch unmittelbaren Zwang zu verhindern, ergibt sich aus § 35 Abs. 5 GewO.

Wir drohen Ihnen dieses Zwangsmittel hiermit an. Rechtsgrundlagen dafür sind § 6 Abs. 1, §§ 9, 12, 13 des Verwaltungs-Vollstreckungsgesetzes vom 27. April 1953 (BGBl. I S. 157 / GVBl. S. 361). Die Androhung eines Zwangsgeldes kommt nicht in Betracht. Zwangsgeld würde aus Zeitnot nicht zum Ziel führen und wäre bei dem schwerwiegenden Sachverhalt auch völlig untunlich. Die Gefahr muß schnell und wirksam beseitigt werden. Ersatzvornahme kommt ihrem Wesen nach nicht in Betracht, weil hier eine unvertretbare Handlung vorzunehmen ist.

Für die Gewerbeuntersagung sowie die Schließung und Versiegelung der Betriebsräume sind wir gemäß § 14 Nr. 3 b der Verordnung über die Zuständigkeit der Ordnungsbehörden (DVO-ASOG) vom 3o. August 1978 (GVBl. S. 19oo) im Rahmen der Gewerbeaufsicht zuständig.

Gegen diesen Bescheid ist der Widerspruch zulässig. Er ist innerhalb eines Monats nach Zustellung des Bescheides schriftlich oder zur Niederschrift bei dem Bezirksamt Kreuzberg von Berlin, Abteilung Wirtschaft, Yorkstraße 4, 1ooo Berlin 61, zu erheben. Maßgeblich für die Rechtzeitigkeit des schriftlichen Widerspruchs ist der Zeitpunkt des Eingangs der Widerspruchsschrift.

Gemäß § 8o Abs. 2 Nr. 4 der Verwaltungsgerichtsordnung vom 21. Januar 196o (BGBl. I S. 17 / GVBl. S. 2o7) ordnen wir hiermit im öffentlichen Interesse die sofortige Vollziehung des Verwaltungsaktes an. Damit entfällt die aufschiebende Wirkung Ihres etwaigen Widerspruchs. Unsere Anordnungen werden also schon mit der Zustellung des Bescheides wirksam.

Die sofortige Vollziehung des Verwaltungsaktes ist im besonderen öffentlichen Interesse dringend geboten, um sogleich weitere Straftaten im internationalen Ausmaß zu verhindern. Im übrigen ergibt sich die zwingende Notwendigkeit für die sofortige Vollziehbarkeit eindeutig aus der Begründung des Verwaltungsaktes. Wir beziehen uns darauf.

Hochachtungsvoll

§ 14 Abs. 2 Muster 35

Eingriffsbefugnis nach Spezialvorschrift

Fall: Tätigkeitsverbot für lungenkranke Kindergärtnerin

Bezirksamt Charlottenburg von Berlin
Abteilung Gesundheitswesen

Sehr geehrte Frau Sorge!

Sie sind beruflich als Kindergärtnerin im Dienst der evangelischen Kirchengemeinde "Kaiser-Wilhelm-Gedächtniskirche" beschäftigt.

Nach amtsärztlicher Feststellung, die sich auch auf ein fachärztliches Gutachten der Freien Universität Berlin stützt, sind Sie an offener Lungentuberkulose erkrankt. Damit leiden Sie an einer meldepflichtigen Krankheit, die auf andere Menschen übertragen werden kann.

Bei Ihrer Arbeit besteht die dringende Gefahr, daß Sie die Ihnen anvertrauten und von Ihnen aus der Nähe betreuten Kinder anstecken.

Ihre Verantwortlichkeit für die Ansteckungsgefahr ergibt sich aus § 1o Abs. 1 des Allgemeinen Gesetzes zum Schutz der öffentlichen Sicherheit und Ordnung in Berlin vom 11. Februar 1975 (Gesetz und Verordnungsblatt für Berlin - GVBl. - S. 688).

Deshalb müssen wir Ihnen zu unserem Bedauern hiermit ganz untersagen, Ihren Beruf als Kindergärtnerin auszuüben.

Das Tätigkeitsverbot gilt bis auf weiteres. Es ist also zunächst auf unbestimmte Zeit wirksam.

Wir werden Ihre Wiederzulassung zu der untersagten Berufsausübung genehmigen, wenn keine besondere Gefahr der Keimübertragung mehr besteht.

Die nach medizinischer Erkenntnis vorzuschlagende Heil- und Kurbehandlung hat unsere Fürsorgeärztin mit Ihrem Privatarzt und Ihnen eingehend besprochen. Wir hoffen gern, daß Sie Ihre Arbeit in angemessener Zeit wieder aufnehmen können.

Rechtsgrundlagen dieses Tätigkeitsverbotes sind § 34 Abs. 1 und § 38 des Gesetzes zur Verhütung und Bekämpfung übertragbarer Krankheiten beim Menschen (Bundes-Seuchengesetz) vom 18. Juli 1961 (Bundesgesetzblatt I S. 1o12 / GVBl. S. 1699) in der Fassung des Vierten Gesetzes zur Änderung des Bundes-Seuchengesetzes.
Für den Erlaß des Verwaltungsaktes sind wir gemäß § 11 Nr. 1 der Verordnung über die Zuständigkeit der Ordnungsbehörden (DVO-ASOG) vom 3o. August 1978 (GVBl. S. 19oo) im Rahmen der Gesundheitsaufsicht zuständig.

Gegen diesen Bescheid ist der Widerspruch zulässig. Er ist innerhalb eines Monats nach Zustellung des Bescheides schriftlich oder zur Niederschrift bei dem Bezirksamt Charlottenburg von Berlin, Abteilung Gesundheitswesen, Otto-Suhr-Allee 1oo, 1ooo Berlin 1o, zu erheben. Maßgeblich für die Rechtzeitigkeit des schriftlichen Widerspruchs ist der Zeitpunkt des Eingangs der Widerspruchsschrift.

Nach § 34 Abs. 2 des Bundes-Seuchengesetzes in Verbindung mit § 8o Abs. 2 Nr. 3 der Verwaltungsgerichtsordnung vom 21. Januar 196o (BGBl. I S. 17 / GVBl. S. 2o7) entfällt die aufschiebende Wirkung Ihres etwaigen Widerspruchs. Das Tätigkeitsverbot gilt also auch für den Fall des Widerspruchs sofort mit der Zustellung dieses Bescheides.

Sie können aber gemäß § 8o Abs. 5 der Verwaltungsgerichtsordnung bei dem Verwaltungsgericht Berlin, Hardenbergstraße 21, 1ooo Berlin 12 - Charlottenburg - beantragen, die aufschiebende Wirkung des Widerspruchs ganz oder teilweise anzuordnen, falls Sie sich davon Erfolg versprechen sollten. Ein solcher Antrag ist schon vor Erhebung der Anfechtungsklage, aber erst nach Einlegung des Widerpruchs zulässig.

Hochachtungsvoll

Anmerkung: Das Bundes-Seuchengesetz ist durch das Vierte Gesetz zur Änderung des Bundes-Seuchengesetzes umfassend novelliert worden und gilt ab 1. Januar 198o in neuer Fassung.

§ 14 Abs. 2 Muster 36

Eingriffsbefugnis nach Spezialvorschrift

Fall: Versiegelung einer Baustelle durch unmittelbaren Zwang

Bezirksamt Zehlendorf von Berlin
Abteilung Bauwesen

Sehr geehrter Herr Windig!

Mit Bescheid vom 26. März 1979 hatten wir gemäß § 96 Abs. 1 in Verbindung mit §§ 74, 75 und 78 der Bauordnung - BauO - für Berlin angeordnet, bis zur Benennung eines verantwortlichen Bauleiters die Hochbauarbeiten des Projekts Clayallee 48/49 sofort einzustellen.

Diese Maßnahme war notwendig, um den Einsturz des Gebäudes zu verhindern. Ein solcher ist mit Sicherheit zu erwarten, wenn die Bauarbeiten weiter in so unsachgemäßer Weise betrieben werden. Die Einsturzgefahr kann nur durch die Bestellung eines Bauleiters abgewendet werden, der die erforderliche Sachkunde sowie die nötige Erfahrung besitzt und sie verantwortlich einsetzt.

Gleichzeitig hatten wir Ihnen für den Fall, daß Sie die Arbeiten fortsetzen sollten, gemäß § 6 Abs. 1, §§ 9, 12, 13 des Verwaltungs-Vollstreckungsgesetzes vom 27. April 1953 (BGBl. I. S. 157 / GVBl. S. 361) die Versiegelung der Baustelle durch unmittelbaren Zwang angedroht. Diese ist in § 96 Abs. 2 BauO bestimmt.

Ferner hatten wir die sofortige Vollziehung unserer Einstellungsverfügung nach § 8o Abs. 2 Nr. 4 der Verwaltungsgerichtsordnung vom 21. Januar 196o (BGBl. I S. 17 / GVBl. S. 2o7) im besonderen öffentlichen Interesse angeordnet. Zur Notwendigkeit der Vollziebarkeit in einem solchen Fall verweisen wir auf den Beschluß des Oberverwaltungsgerichts Berlin vom 29. März 1968 - 2 S 15/67 -: OVGE Berlin 9, 165 = DÖV 1969, 15o = BRS Band 2o Nr. 192 = JR 1968, 273.

Sie führen die Arbeiten trotzdem weiter. Deshalb setzen wir das angedrohte Zwangsmittel des unmittelbaren Zwanges nunmehr fest. Rechtsgrundlage ist § 14 des Verwaltungs-Vollstreckungsgesetzes.
Wir werden die Baustelle am 3. April 1979 um 13 Uhr versiegeln. Bitte, richten Sie sich darauf ein und vermeiden Sie Komplikationen am Ort.

Gegen diesen Bescheid ist der Widerspruch zulässig. Er ist innerhalb eines Monats nach Zustellung des Bescheides schriftlich oder zur Niederschrift bei dem Bezirksamt Zehlendorf von Berlin, Abteilung Bauwesen, Kirchstraße 1, 1ooo Berlin 37, zu erheben. Maßgeblich für die Rechtzeitigkeit des schriftlichen Widerspruchs ist der Zeitpunkt des Eingangs der Widerspruchsschrift.

Nach § 187 Abs. 3 der Verwaltungsgerichtsordnung in Verbindung mit § 4 des Berliner Gesetzes zur Ausführung der Verwaltungsgerichtsordnung vom 22. Februar 1977 (GVBl. S. 577) hat Ihr etwaiger Widerspruch gegen die Festsetzung des unmittelbaren Zwanges keine aufschiebende Wirkung. Danach haben Rechtsbehelfe keine aufschiebende Wirkung, soweit sie sich gegen Maßnahmen richten, die in der Verwaltungsvollstreckung getroffen werden. Das ist hier der Fall.

Hochachtungsvoll

§ 14 Abs. 2 Muster 37

Eingriffsmaßnahme nach Spezialvorschriften

Besonderheit: Anwendung des Verwaltungszwangs ohne vorausgehenden Verwaltungsakt durch sofortigen Vollzug

Fall: Tierseuchenbekämpfung. Amtstierärztliche Tötungsanordnung nach Ausbruch der Schweinepest

Bezirksamt Wilmersdorf von Berlin
Abteilung Gesundheitswesen

Sehr geehrter Herr Borsten!

Sie betreiben auf Ihrem Grundstück Wilhelmsaue 3 eine Schweinemästerei. Am 19. November 1979 gegen 7 Uhr teilten Sie dem Amtstierarzt telefonisch mit, daß in Ihrem Betrieb Schweinepest ausgebrochen sein könnte. Fieberhafte Erscheinungen bei einigen der insgesamt 92 Tiere deuteten auf diese Seuche hin. Sie baten um eine sofortige Inspektion. Diese begann um 8 Uhr.

Bei seinem Eintreffen fand der Amtstierarzt ein Mastschwein tot auf. Die diagnostische Untersuchung aller Tiere durch Augenschein, Horchen und Gebrauch des Thermometers hatte folgendes Ergebnis: Das tote Mastschwein war höchstwahrscheinlich an Schweinepest verendet. 18 weitere Mastschweine zeigten deutliche Merkmale der Schweinepest; sie hatten Fieber bis zu 41,8° und waren deshalb dieser Seuche besonders verdächtig. Der Rest von 73 Schweinen (Läufer) war ohne Befund.

Wegen des Seuchenverdachts ordnete der Amtstierarzt die Einsperrung der Tiere im Stall an. Hierauf veranlaßte er die sofortige Untersuchung des verendeten Schweines in der Landesanstalt für Veterinärmedizin und Lebensmittelhygiene. Die Sektion und fluoreszens-serologische Untersuchung des Tieres bestätigte den Verdacht der Schweinepest. Der Tierkörper wurde anschließend in der Tierkörperbeseitigungsanstalt unschädlich beseitigt.

Dann erklärte der Amtstierarzt in Ihrer Mästerei den Ausbruch der Schweinepest. Als Schutzmaßregel gegen die Seuche ordnete er in Ihrer Gegenwart die sofortige Tötung aller Schweine Ihres Betriebes an. Er ersuchte telefonisch die Verwaltung des Vieh- und Schlachthofes Spandau um den Transport der Tiere dorthin. Dort wurden sie am selben Tage im Sanitätsschlachthaus getötet. Die Tierkörper wurden unschädlich beseitigt.

Die geschilderten Maßnahmen sind ohne vorausgehenden Verwaltungsakt durch sofortigen Vollzug ausgeführt worden. Das Recht dazu ergibt sich aus § 6 Abs. 2 des Verwaltungs-Vollstreckungsgesetzes - VwVG - vom 27. April 1953 (Bundesgesetzblatt - BGBl. - I S. 157 / Gesetz- und Verordnungsblatt für Berlin - GVBl. - S. 361; Änderung des § 6 Abs. 2 in BGBl. 1974 I S. 469 / GVBl. 1974 S. 873, 95o). Danach kann der Verwaltungszwang auch ohne vorausgehenden Verwaltungsakt angewendet werden, wenn der sofortige Vollzug u.a. zur Abwendung einer drohenden Gefahr notwendig ist. Das war hier der Fall: Schweinepest ist eine gefährliche, anzeigepflichtige Seuche gemäß § 1o Abs. 1 Nr. 9 des Viehseuchengesetzes.

Rechtsgrundlage für die Maßnahmen diagnostischer Art, die Stallsperre, die Tötung der Tiere sowie die unschädliche Beseitigung der Tierkörper sind §§ 11, 12, 13, 18, 19, 22, 24, 26, 29 des Viehseuchengesetzes.

Ihre Verantwortlichkeit als Halter und Eigentümer der Schweine für die Gefahr, die von den seuchenbefallenen Tieren ausging, folgt aus § 11 des Allgemeinen Sicherheits- und Ordnungsgesetzes Berlin.

Wird ein Zwangsmittel ohne vorausgehenden Verwaltungsakt angewendet (§ 6 Abs. 2 VwVG), so sind gemäß § 5 Abs. 2 des Gesetzes über das Verfahren der Berliner Verwaltung vom 8. Dezember 1976 (GVBl. S. 2735) und § 18 Abs. 2 VwVG hiergegen die Rechtsmittel zulässig, die gegen Verwaltungsakte allgemein gegeben sind. Wir erteilen Ihnen deshalb folgende

Rechtsbehelfsbelehrung:

Gegen den sofortigen Vollzug am 19. November 1979 ist der Widerspruch zulässig. Er ist innerhalb eines Monats nach Zustellung dieses Bescheides schriftlich oder zur Niederschrift bei dem Bezirksamt Wilmersdorf von Berlin, Abteilung Gesundheitswesen, Sigmaringer Straße 1, 1ooo Berlin 31 - Wilmersdorf, zu erheben. Maßgeblich für die Rechtzeitigkeit des schriftlichen Widerspruchs ist der Zeitpunkt des Eingangs der Widerspruchsschrift.

Hinweise:

Gemäß § 66 Nr. 1 und Nr. 2 sowie § 67 des Viehseuchengesetzes wird Ihnen für die Tierverluste eine Entschädigung in Geld geleistet. Hierüber erhalten Sie einen besonderen Bescheid. - Nach § 14 des Gesetzes zur Ausführung des Viehseuchengesetzes trägt das Land Berlin die Kosten der Tierseuchenbekämpfung.

Hochachtungsvoll

§ 14 Abs. 2 Muster 38

Eingriffsbefugnis nach Spezialvorschriften

Fall: Anordnung der Einstellung von Bauarbeiten; Versiegelung einer Baustelle; amtliche Verwahrung von Baugegenständen

Bezirksamt Zehlendorf von Berlin
Abteilung Bauwesen

Sehr geehrter Herr Windig!

Mit Bescheid vom 26. März 1979 hatten wir gemäß § 96 Abs. 1 in Verbindung mit §§ 74, 75 und 78 der Bauordnung - BauO - für Berlin angeordnet, bis zur Benennung eines verantwortlichen Bauleiters die Hochbauarbeiten des Projekts Clayallee 48/49 einzustellen.

Diese Maßnahme war notwendig, um den Einsturz des Gebäudes zu verhindern. Ein solcher war mit Sicherheit zu erwarten, wenn die Bauarbeiten in so unsachgemäßer Weise betrieben würden. Die Einsturzgefahr konnte nur durch die Bestellung eines Bauleiters abgewendet werden, der die erforderliche Sachkunde besitzt und sie verantwortlich einsetzte.

Gleichzeitig hatten wir Ihnen die Versiegelung der Baustelle durch unmittelbaren Zwang nach den Bestimmungen des Verwaltungs-Vollstreckungsgesetzes angedroht.

Ferner hatten wir die sofortige Vollziehung unserer Einstellungsverfügung angeordnet. Zur Notwendigkeit der Vollziehbarkeit in einem solchen Fall verwiesen wir auf den Beschluß des Oberverwaltungsgerichts Berlin vom 29.3.1968 - 2 S 15/67 -: OVGE Berlin 9, 165 = JR 1968, 273 = DÖV 1969, 15o = BRS 2o Nr. 192.

Sie führten die Arbeiten trotzdem weiter. Am 3o. März 1979 hatten wir deshalb den angedrohten unmittelbaren Zwang festgesetzt.

Daraufhin haben unsere Vollzugsbeamten, die Inspektoren Kurz und Knapp, am 3. April 1979 den festgesetzten unmittelbaren Zwang angewendet und die Baustelle versiegelt. Gleichzeitig haben sie die an der Baustelle vorhandenen Baustoffe, Bauteile, Geräte, Maschinen und Bauhilfsmittel in amtlichen Gewahrsam gebracht.

Rechtsgrundlage dieser Eingriffs- und Zwangsmaßname ist § 96 Abs. 2 BauO.

Hochachtungsvoll

§ 14 Abs. 2 Muster 39

Eingriffsbefungisse gemäß Spezialvorschrift und ASOG

Fall: Auflösung eines verbotenen Demonstrationszuges

Der Polizeipräsident in Berlin

Schreiben an "Kampfleiter" Spinner

Sie sind Leiter des "Kampfbundes Deutscher Separatisten" (KBDS)

Am Vorabend des diesjährigen Maifeiertages haben Sie mit 99 "Kampfgenossen" auf dem Kurfürstendamm eine Demonstration unternommen. Sie bewegten sich auf der linken Fahrbahn gegen den Verkehrsstrom vom Olivaer Platz in Richtung Kaiser-Wilhelm-Gedächtniskirche, um dann über die Tauentzienstraße zum Wittenbergplatz zu ziehen. Dort sollte eine "machtvolle Kundgebung" stattfinden, wie Sie auf Flugblättern angekündigt hatten.

Bekanntlich müssen öffentliche Versammlungen unter freiem Himmel und Aufzüge spätestens 48 Stunden vor Beginn angemeldet werden. Das schreibt § 14 des Versammlungsgesetzes vor.

Sie hatten diesen Aufzug bei mir nicht angemeldet. Außerdem gingen Sie von Anfang an mit "Gewalt gegen Personen und Sachen" vor, wie Sie es auch in Sprechchören androhten. Dadurch gefährdeten Sie unmittelbar die öffentliche Sicherheit und Ordnung.

Hierfür waren Sie gemäß § 1o Abs. 1 des Allgemeinen Sicherheits- und Ordnungsgesetzes - ASOG - verantwortlich.

Aus diesen Gründen hat der Einsatzleiter der Polizei, Hauptkommissar Draht, über Megaphon mehrfach klar, deutlich, bestimmt, vollständig und unmißverständlich den Aufzug verboten und aufgelöst. (Zu derartigen inhaltlichen Anforderungen an die Auflösungserklärung verweise ich auf den Beschluß des Oberlandesgerichts Karlsruhe vom 19.6.1974 - 3 Ss 5/74 -: NJW 1974, 2144.)

Eingriffsbefugnis für diese Maßnahme ist § 15 Abs. 2 und 3 des Versammlungsgesetzes.

Danach hat Hauptkommissar Draht über Megaphon ebenso klare, deutliche, bestimmte, vollständige und unmißverständliche Weisungen an Sie und die anderen Teilnehmer des Aufzuges gegeben, sich getrennt in Begleitung von Polizeibeamten durch die Nebenstraßen Uhlandstraße und Fasanenstraße friedlich zu entfernen. Das geschah.

Eingriffsbefugnis für diese Maßnahme ist § 14 Abs. 1 ASOG.

§ 14 Abs. 2 Muster 4o

Eingriffsbefugnisse nach Spezialvorschrift und ASOG

Fall: Abschleppen und Verschrotten eines Personenkraftwagens

Der Polizeipräsident in Berlin

Sehr geehrter Herr Wrack!

Sie sind Eigentümer des entstempelten Personenkraftwagens Brennabor B - XY 4711. Der Wagen steht vor Ihrem Wohnhaus Rostocker Straße 46 im Bezirk Tiergarten.

Entstempelte Kraftfahrzeuge dürfen nicht auf öffentlichen Straßen abgestellt werden. Meine Behörde kann sie notfalls auf Kosten des Verantwortlichen beseitigen.

Der Pkw ist nach einem Unfall stark beschädigt und verrottet rasch. Er gefährdet erheblich die Sicherheit und Flüssigkeit des Verkehrs. Außerdem haben sich schon wiederholt spielende Kinder insbesondere an den zerbrochenen Scheiben verletzt. Dadurch besteht eine konkrete Gefahr für die öffentliche Sicherheit und Ordnung.

Für diese Gefahr sind Sie gemäß § 11 Abs. 2 des Allgemeinen Sicherheits- und Ordnungsgesetzes - ASOG - vom 11. Februar 1975 (GVBl. S. 688) als Eigentümer des Fahrzeugs verantwortlich.

Ich bitte Sie deshalb, den Personenkraftwagen sofort zu entfernen. Meine Eingriffsbefugnis ergibt sich aus § 11 Abs. 2 und Abs. 6 des Stadtreinigungsgesetzes sowie aus § 14 Abs. 1 ASOG.

Sollten Sie dieser Aufforderung innerhalb von 3 Tagen nach ihrer Zustellung nicht nachkommen, werde ich das Fahrzeug im Wege des unmittelbaren Zwanges abschleppen lassen. Ich drohe Ihnen dieses Zwangsmittel hiermit an. Rechtsgrundlagen sind § 6 Abs. 1, §§ 9, 12, 13 des Verwaltungs-Vollstrekkungsgesetzes. Die Ersatzvornahme oder ein Zwangsgeld würden aus Zeitnot nicht zum Ziel führen und wären untunlich. Denn diese akute Gefahr kann nur durch schnellen direkten Zugriff meiner Behörde am zweckmäßigsten und wirksamsten bekämpft werden.

Rechtsbehelfsbelehrung und anschließend Vollziehungsanordnung.

Ich weise vorsorglich bereits jetzt darauf hin, daß ich nach ergebnislosem Ablauf der Frist das angedrohte Zwangsmittel festsetzen und den unmittelbaren Zwang anwenden werde. Danach werde ich das abgeschleppte wertlose Auto verschrotten lassen müssen, falls Sie weiterhin untätig bleiben. Meine Befugnis dazu folgt aus § 28 Abs. 4 Nr. 2 ASOG.

Hochachtungsvoll

§ 14 Abs. 2 Muster 41

Eingriffsbefugnisse nach Spezialvorschrift und ASOG

Besonderheit: Oberverwaltungsgericht ist für Klage in erster Instanz zuständig

Fall: Vollzug eines Vereinsverbots

Der Senator für Inneres

Sehr geehrter Herr Hammel!

Der Bundesminister des Innern hat am 11. November 1977 den überregionalen "Bund Nationaler Sozialisten" (BNS) mit Sitz in Bonn verboten und aufgelöst. Der Senat von Berlin hat durch Beschluß vom 11. Februar 1978 gemäß § 5 Abs. 2 des Vereinsgesetzes den Vollzug des Verbots auf das Land Berlin ausgedehnt. Das Verbot ist unanfechtbar geworden (Amtsblatt für Berlin 1978 S. 1313).

Sie sind "Resident" des verbotenen Vereins in Berlin. An der Fassade Ihres Wohnhauses Pennratzenweg 8 befindet sich in Leuchtbuchstaben die Inschrift BUND NATIONALER SOZIALISTEN.

Für die Gefahr, die kraft Vereinsverbots von dieser nunmehr unzulässigen Werbung ausgeht, sind Sie nach § 11 des Gesetzes zum Schutz der öffentlichen Sicherheit und Ordnung - ASOG - vom 11. Februar 1975 (Gesetz- und Verordnungsblatt - GVBl. - S. 688) verantwortlich.

Gemäß § 5 Abs. 2 des Vereinsgesetzes in Verbindung mit § 14 Abs. 2 Satz 3 und § 14 Abs. 1 ASOG fordere ich Sie auf, die beanstandete Inschrift BUND NATIONALER SOZIALISTEN unverzüglich zu entfernen.

Gegen diesen Bescheid ist die Klage vor dem Oberverwaltungsgericht Berlin zulässig. Die Klage ist innerhalb eines Monats nach Zustellung des Bescheides bei dem Oberverwaltungsgericht Berlin, Hardenbergstraße 21, 1ooo Berlin 12 (Charlottenburg), schriftlich oder zur Niederschrift des Urkundsbeamten zu erheben. Der Klageschrift soll eine Abschrift beigefügt werden. Die Klage ist gegen das Land Berlin, vertreten durch den Senator für Inneres, zu richten. Die Zuständigkeit des Oberverwaltungsgerichts Berlin zur Entscheidung im ersten Rechtszug beruht auf § 48 Abs. 2 der Verwaltungsgerichtsordnung - VwGO - vom 21. Januar 196o (Bundesgesetzblatt I S. 17 / GVBl. S. 2o7).

In diesem Zusammenhang verweise ich auf das Urteil des Oberverwaltungsgerichts Berlin vom 16.1o.1969 - 5 B 24/69 -: OVGE Berlin 1o, 16o.

Gemäß § 6 Abs. 2 des Vereinsgesetzes in Verbindung mit § 8o Abs. 2 Nr. 3 VwGO entfällt die aufschiebende Wirkung Ihrer etwaigen Anfechtungsklage gegen meine Anordnung.

Hochachtungsvoll

§ 14 Abs. 2 Muster 42

Eingriffsbefugnisse nach Spezialvorschriften und ASOG

Fall: Versiegelung und Sicherung einer Baustelle nach Vorladung

Bezirksamt Zehlendorf von Berlin
Abteilung Bauwesen

Sehr geehrter Herr Windig!

Mit sofort vollziehbarem Bescheid vom 26. März 1979 hatten wir gemäß § 96 Abs. 1 der Bauordnung - BauO - für Berlin angeordnet, bis zur Bestellung eines verantwortlichen Bauleiters die Hochbauarbeiten des Projekts Clayallee 48/49 einzustellen. Gleichzeitig hatten wir Ihnen die Versiegelung der Baustelle angedroht.

Sie führten die Arbeiten trotzdem weiter. Am 3o. März 1979 haben wir daher den angedrohten unmittelbaren Zwang festgesetzt. Die Festsetzung war gemäß § 187 Abs. 3 der Verwaltungsgerichtsordnung - VwGO - in Verbindung mit § 4 des Berliner Gesetzes zur Ausführung der VwGO sogleich vollziehbar.

Daraufhin haben wir in Ihrer Gegenwart eine weitere Ortsbesichtigung durchgeführt. Zu dieser hatten wir den amtlich anerkannten Prüfingenieur für Baustatik, Professor Dr. Ing. Meßlatte, als Sachverständigen mündlich vorgeladen. Dazu waren wir nach § 17 Abs. 1 Nr. 1 und Abs. 4 des Allgemeinen Sicherheits- und Ordnungsgesetzes - ASOG - vom 11. Februar 1975 (GVBl. S. 688) befugt.

Nach dem ermittelten Sachverhalt mußten wir die Baustelle versiegeln. Rechtsgrundlage dafür ist § 96 Abs. 2 BauO.

Ferner mußten wir von Ihnen die Einfriedung und angemessene Abgrenzung des Baugrundstücks laut Plan verlangen, weil die öffentliche Sicherheit dies erforderte. Unsere Eingriffsbefugnis beruht insoweit auf § 11 Abs. 1 BauO.

Außerdem war es notwendig, Ihnen aufzugeben, an den im Plan gekennzeichneten Stellen Warnschilder mit dem Hinweis auf Einsturzgefahr anzubringen. Unsere Eingriffsbefugnis hierzu ergibt sich aus § 14 Abs. 1 ASOG in Verbindung mit § 1o1 BauO.

Hochachtungsvoll

§ 14 Abs. 2 Muster 43

Eingriffsbefugnisse nach Spezialvorschrift und ASOG

Fall: Abschleppen, Sicherstellung und amtliche Verwahrung eines Personenkraftwagens

Der Polizeipräsident in Berlin

Sehr geehrter Herr Lustig!

Am 27. Februar 1979 in der Fastnacht hatten Sie Ihren Personenkraftwagen Opel B - SG 3734 auf der Bundesallee vor dem Bundeshaus abgestellt. Dort ist gemäß § 45 in Verbindung mit § 41 Abs. 1 und § 41 Abs. 2 Nr. 8 der Straßenverkehrs-Ordnung (StVO) durch das Verkehrszeichen 286 eingeschränktes Halteverbot angeordnet. Sie waren nicht zu erreichen. Daraufhin habe ich Ihr Fahrzeug am Aschermittwoch durch die Firma "Fix & Schnell-Transporte" abschleppen lassen und sichergestellt. Es wird auf dem Hof meines Präsidiums amtlich verwahrt. Sie können es dort gegen Erstattung der Kosten abholen.

Hierbei hat es sich um die unmittelbare Ausführung einer Maßnahme nach § 12 des Allgemeinen Sicherheits- und Ordnungsgesetzes - ASOG - vom 11. Februar 1975 (GVBl. S. 688) gehandelt. Sie wurde im Wege des sofortigen Vollzuges gemäß § 6 Abs. 2 des Verwaltungs-Vollstreckungsgesetzes durch Ersatzvornahme vorgenommen.

Die Maßnahme war notwendig, um eine gegenwärtige Gefahr für die Verkehrssicherheit sofort abzuwehren. Das Verkehrszeichen ist eine Allgemeinverfügung nach § 35 Abs. 2 des Verwaltungsverfahrensgesetzes: Es betrifft die Benutzung der Verkehrsfläche durch die Allgemeinheit. Seinem Inhalt nach ist es ein vollziehbarer Verwaltungsakt (vgl. Beschluß des Bundesgerichtshofes vom 23. Juli 1969 - 4 StR 371/68 -: BGHSt 23, 86 = MDR 1969, 947 = NJW 1969, 2o23 = DÖV 1969, 718 = JuS 197o, 95). Das Halteverbot enthält in § 41 StVO auch das ausdrückliche Gebot, "die Anordnungen zu befolgen". Dieses Gebot ist gemäß § 8o Abs. 2 Nr. 2 2 der Verwaltungsgerichtsordnung sofort vollziehbar. Die Polizei darf also ein solches verkehrsordnungswidrig abgestelltes Kraftfahrzeug sofort abschleppen.

Ich stütze meine Entscheidung auch auf den Beschluß des Bundesverwaltungsgerichts vom 7. November 1977 - 7 B 135/77 -: MDR 1978, 257 = NJW 1978, 656 = DÖV 1978, 374 = Verw Rspr. 29, 851.

Die Rechtsgrundlagen für das Abschleppen, die Sicherstellung und amtliche Verwahrung Ihres Wagens sind § 14 Abs. 2 Satz 1 und Satz 2 in Verbindung mit § 26 und § 27 ASOG.

Hochachtungsvoll

§ 14 Abs. 2 Muster 44

Eingriffsbefugnisse nach Spezialvorschrift und ASOG

Fall: Kontrolle im "Massagesalon" und Untersuchungsanordnung wegen dringenden Verdachts der Geschlechtskrankheit

Bezirksamt Wedding von Berlin
Abteilung Gesundheitswesen

Sehr geehrte Frau Niedlich!

Sie gehen im "Massagesalon Venus" der Prostitution nach. Es handelt sich um ein Bordell der sogenannten Exklusivklasse.

Am Freitag, dem 13. Juli 1979, haben wir diese Einrichtung betreten und darin eine Kontrolle durchgeführt.

Bei dieser Kontrolle haben wir die Identität der weiblichen Personen festgestellt. Zu diesem Zweck ließen wir uns die Personalausweise vorzeigen. Das geschah auch bei Ihnen.

Nach unserer Erkenntnis sind Sie dringend verdächtig, geschlechtskrank zu sein und Geschlechtskrankheiten weiterzuverbreiten. Deshalb haben wir Ihre sofortige Untersuchung in der Beratungsstelle für Geschlechtskranke angeordnet.

Unsere Befugnis, die Untersuchung von Ihnen zu verlangen, ergibt sich aus § 4 Abs. 2 des Gesetzes zur Bekämpfung der Geschlechtskrankheiten.

Zum Betreten des "Massagesalons Venus" waren wir gemäß § 24 Abs. 3 des Allgemeinen Sicherheits- und Ordnungsgesetzes - ASOG - vom 11. Februar 1975 (GVBl. S. 688) berechtigt.

Das Recht, die Identität der Personen, also auch Ihre festzustellen, beruht auf § 15 Abs. 1 Nr. 3 ASOG. Von Ihnen zu verlangen, Ihren Ausweis vorzuzeigen, waren wir nach § 15 Abs. 2 Satz 2 ASOG befugt.

Diese Maßnahmen sind gemäß § 1o Abs. 1 ASOG gegen Sie gerichtet worden. Die Bestimmung des § 1o Abs. 1 ASOG sagt aus: Verursacht eine Person eine Gefahr für die öffentliche Sicherheit oder Ordnung, so sind die notwendigen Maßnahmen gegen sie zu richten.

Hochachtungsvoll

§ 14 Abs. 2 Muster 45

Anscheinsgefahr

Eingriffsbefugnis nach Spezialvorschrift

Fall: Gesundheitsbehörde stellt Lebensmittel wegen anscheinender Seuchengefahr sicher. Sie handelt rechtmäßig.

Bezirksamt Tempelhof von Berlin
Abteilung Gesundheitswesen

Sehr geehrter Herr Lampe!

Sie sind Inhaber einer Lebensmittelgroßhandlung. Im Jahre 1978 haben Sie 5o Kisten tiefgefrorener Hasen importiert. Bei einem erheblichen Prozentsatz solcher Hasen stellten die Gesundheitsbehörden in anderen Städten der Bundesrepublik Salmonellen fest.

Darauf haben wir die Ware sichergestellt und von etwa 2 % des Gesamtbestandes Proben untersuchen lassen. Es wurden keine Salmonellen gefunden. Nunmehr heben wir die Sicherstellung auf.

Unsere Maßnahmen waren gemäß § 1o Abs. 1 des Bundes-Seuchengesetzes rechtmäßig.

Wir sind danach streng verpflichtet, alle erforderlichen Maßnahmen rechtzeitig zu treffen, um den Ausbruch einer Seuche zu verhüten. Bei objektiver, verständiger Würdigung des Sachverhalts mußten wir eine Gefahr bejahen.

Daß die Seuchengefahr in Wirklichkeit nicht bestand, ändert nichts an der Rechtmäßigkeit unseres Eingriffs. Auch eine so bezeichnete "Anscheinsgefahr" ist zum Zeitpunkt der Eingriffsmaßnahme eine Gefahr im Sinne der maßgebenden Vorschriften zur Gefahrenabwehr (Urteil des Bundesverwaltungsgerichts vom 26. Februar 1974 - 1 C 31/72 -: BVerwGE 45, 51, 58 = NJW 1974, 8o7 = DVBl. 1974, 842 = MDR 1974, 513 = JR 1974, 3o1 = DÖV 1974, 637 = JuS 1974, 462).

Wir stützen unsere Entscheidung auf das einschlägige Urteil des Bundesverwaltungsgerichts vom 16. Dezember 1971 - 1 C 6o/67 -: BVerwGE 39, 19o = NJW 1972, 458 = DVBl 1972, 499 = MDR 1972, 352 = JuS 1972, 287 = LRE 7, 276 = VerwRspr. 24, 189.

Ob Ihnen eine angemessene Entschädigung für den erlittenen Vermögensnachteil gezahlt werden kann, etwa nach § 57 des Bundes-Seuchengesetzes oder gemäß § 37 ASOG, wird vom Rechtsamt des Bezirksamts geklärt.

Hochachtungsvoll

§ 14 Abs. 2 Muster 46

Eingriffsbefugnis nach Spezialvorschriften

Besonderheit: Allgemeinverfügung durch mündliche Anordnungen

Fall: Verhütung des Ausbruchs der Tollwut bei Menschen. Maßnahmen nach dem Bundes-Seuchengesetz und der Tollwut-Verordnung

Bezirksamt Schöneberg von Berlin
Abteilung Gesundheitswesen
- Gesundheitsamt -

Durch Megaphon, Lautsprecherwagen, Fernsehen, Rundfunk

Achtung! Achtung! Das Gesundheitsamt Schöneberg gibt bekannt:

Heute ist bei einem kleinen schwarzen Pudel Tollwut festgestellt worden. Der Hund wurde gestern ohne Genehmigung aus der Türkei eingeführt.

Der Hund hat inzwischen mehrere Menschen gebissen. Der Hund hat hauptsächlich Kinder gebissen, die mit ihm spielen wollten.

Mindestens fünfzig Menschen sind mit dem tollwütigen Tier in Berührung gekommen. Es besteht Lebensgefahr!

Alle diese Personen müssen unbedingt mehrere Schutzimpfungen erhalten. Nur durch Impfung kann der Ausbruch der tödlichen Tollwut verhindert werden.

Achtung! Achtung! Wir ordnen hiermit zwingend an, daß sich die betroffenen Personen sofort in der Landesimpfanstalt melden und gegen die Tollwut impfen lassen. Die Landesimpfanstalt befindet sich in Schöneberg in der Ansbacher Straße Nummer 5.

Achtung! Achtung! Eltern! Das Gesundheitsamt fragt Sie: Wurde Ihr Kind von dem kleinen schwarzen Pudel gebissen? Hat Ihr Kind mit dem Hund gespielt? Hat Ihr Kind das tollwütige Tier gestreichelt? Es besteht Lebensgefahr! Eltern! Es besteht eine furchtbare Gefahr!

Achtung! Achtung! Eltern! Kommen Sie mit Ihrem gefährdeten Kind unbedingt sofort zur Landesimpfanstalt in Schöneberg, Ansbacher Straße Nummer 5! Es besteht Lebensgefahr! Es besteht

größte Lebensgefahr!

§ 14 Abs. 2 Muster 47

Eingriffsbefugnis nach Spezialvorschriften

Besonderheit: Allgemeinverfügung durch Veröffentlichung im Amtsblatt

Fall: Bekämpfung von Tollwut. Schutzmaßregeln nach dem Viehseuchengesetz und der Tollwut-Verordnung

Bezirksamt Spandau von Berlin
Abteilung Gesundheitswesen
- Veterinär- und Lebensmittelaufsichtsamt -

Ausbruch der Wildtollwut

Im Bezirk Spandau - Spandauer Forst - ist bei einem Fuchs amtstierärztlich Tollwut (Wildtollwut) festgestgestellt worden.

Die Schutzmaßregeln richten sich nach den Vorschriften des § 1o der Verordnung zum Schutz gegen die Tollwut vom 11. März 1977 (Bundesgesetzblatt - BGBl. I S. 444 / Gesetz- und Verordnungsblatt für Berlin - GVBl. - S. 651) in Verbindung mit § 39 des Viehseuchengesetzes in der Fassung vom 23. Februar 1977 (BGBl. I S. 313 / GVBl. S. 558) und den Ausführungsvorschriften zum Schutz gegen die Tollwut vom 28. September 1978 (ABl. S. 1681).

Das nachstehend bezeichnete begrenzte Gebiet wird zum tollwutgefährdeten Bezirk erklärt:

Im Norden: Demarkationslinie;

im Osten: Havel - nördliche Begrenzung des Kraftwerks Oberhavel - Niederneuendorfer Allee;

im Süden: nördliche Begrenzung der Waldsiedlung, des Ev. Johannesstiftes - Schönwalder Allee - südliche Begrenzung des Stadtparks - nördliche Begrenzung der Kleingartenkolonien Kleingartenpark, Sandwiesen, Baumschule, Waldfrieden, Waldessaum, Radelandstraße;

im Westen: Demarkationslinie.

Für diesen Bezirk wird hiermit für Hunde in der Öffentlichkeit bis auf weiteres Maulkorb- und Leinenzwang angeordnet.

In diesem Bezirk dürfen auch Katzen nicht frei herumlaufen.

Die Anordnung gilt zunächst auf die Dauer von drei Monaten nach Bekanntgabe.

Anmerkung: Das Erlöschen der Wildtollwut wird ebenfalls im Amtsblatt bekanntgegeben.

Im vorliegenden Fall könnte diese Bekanntmachung wie folgt lauten:

Die wegen Wildtollwut im Bezirk Spandau - Spandauer Forst - angeordneten Schutzmaßregeln vom 27.3.1979 (ABl. S. 687) werden ab sofort aufgehoben.

§ 15 Muster 48

Identitätsfeststellung

Fall: Kontrolle einer Prostituierten zwecks Bekämpfung von Geschlechtskrankheiten

Bezirksamt Tiergarten von Berlin
Abteilung Gesundheitswesen

Sehr geehrte Frau Schwalbe!

Wir bestätigen die gegen Sie getroffene Maßnahme:

Uns liegen Anzeigen mehrerer Männer vor, sich bei einer Prostituierten in der Bordsteinstraße am Großen Stern im Tiergarten mit einer Geschlechtskrankheit angesteckt zu haben. Einer der Betroffenen, Herr Gießkanner, erklärte sich bereit, die krankheitsverdächtige Frau ausfindig zu machen und sie unseren Vollzugsbeamten zu bezeichnen.

Daraufhin haben wir am Freitag, dem 13. Juli 1979, gegen Mitternacht in der Bordsteinstraße eine Kontrolle durchgeführt.

Der Zeuge erkannte Sie wieder. Unsere Vollzugsbeamten hielten Sie an, wiesen den Dienstausweis vor, gaben den Grund für die Kontrolle an und forderten Sie auf, Ihre mitgeführten Ausweispapiere vorzuzeigen. Sie weigerten sich.

Nunmehr wurden Sie auf unser Ersuchen von einer Funkwagenstreife zur Polizeidienststelle gebracht und dort identifiziert. Sie waren die gesuchte Frau.

Unsere Befugnis zur Identitätsfeststellung ergab sich aus § 15 Abs. 1 Nr. 1 und Nr. 3 des Allgemeinen Sicherheits- und Ordnungsgesetzes - ASOG - vom 11. Februar 1975 (GVBl. S. 688). Denn wir handelten zur Abwehr einer Gefahr für die öffentliche Sicherheit. Dazu gehört die Bekämpfung der Geschlechtskrankheiten und die Kontrolle von Personen an Orten, an denen man der Prostitution nachgeht.

Gemäß § 15 Abs. 2 ASOG durften wir Sie auch anhalten und von Ihnen verlangen, mitgeführte Ausweispapiere vorzuzeigen. Weil Sie es ablehnten, konnten Sie hiernach von der Polizei zur Dienststelle gebracht werden.

Hochachtungsvoll

§ 16 Muster 49

Erkennungsdienstliche Maßnahmen

Fall: Polizei nimmt erkennungsdienstliche Maßnahmen bei einer Prostituierten vor, die ohne festen Wohnsitz und Aufenthalt umherzieht.

Der Polizeipräsident in Berlin

Sehr geehrte Frau Schwalbe!

Ich bestätige die gegen Sie getroffenen Maßnahmen:

Auf Ersuchen des Gesundheitsamtes Tiergarten wurde am 13. Juli 1979 auf meiner Dienststelle Ihre Identität festgestellt. Sie standen im dringenden Verdacht, der sich inzwischen bestätigt hat, geschlechtskrank zu sein und Geschlechtskrankheiten weiter verbreitet zu haben.

Bei diesem Vorgang habe ich ermittelt, daß Sie ohne festen Wohnsitz und Aufenthalt umherziehen und wahllos in vielen Städten der Prostitution nachgehen. Von mehreren Gesundheitsämtern werden Sie als mutmaßliche Ansteckungsquelle einer Geschlechtskrankheit angegeben.

Diese Tatsachen belegen, daß Sie durch Ihr Verhalten eine erhebliche Gefahr für die öffentliche Sicherheit darstellen.

Ich habe deshalb erkennungsdienstliche Maßnahmen bei Ihnen vornehmen lassen, und zwar die Abnahme von Fingerabdrücken sowie die Aufnahme von Lichtbildern.

Rechtsgrundlage dieser Eingriffsmaßnahmen ist § 16 Abs. 1 Nr. 2 sowie Abs. 3 Nr. 1 und 2 des Allgemeinen Sicherheits- und Ordnungsgesetzes - ASOG - vom 11. Februar 1975 (GVBl. S. 688).

Hochachtungsvoll

§ 17 Muster 5o

Vorladung

Fall: Polizei lädt geschlechtskranke Prostituierte zur Durchführung erkennungsdienstlicher Maßnahmen vor. Hinweis der Polizei auf Zulässigkeit der zwangsweisen Durchsetzung der Vorladung.

Der Polizeipräsident in Berlin

Sehr geehrte Frau Schwalbe!

Auf Ersuchen des Gesundheitsamtes Tiergarten hatte ich am 13. Juli 1979 auf der Polizeidienststelle Ihre Identität festgestellt. Sie sind dringend verdächtig, geschlechtskrank zu sein und Geschlechtskrankheiten weiterzuverbreiten. Der Verdacht hat sich mehrfach bestätigt. Sie ziehen ohne festen Wohnsitz und Aufenthalt umher und gehen wahllos in vielen Städten der Prostitution nach.

Dadurch verursachen Sie eine erhebliche Gefahr für die öffentliche Sicherheit.

Ich bin demzufolge gemäß § 16 Abs. 1 Nr. 2 sowie Abs. 3 des Allgemeinen Sicherheits- und Ordnungsgesetzes - ASOG - vom 11. Februar 1975 (GVBl. S. 688) befugt, erkennungsdienstliche Maßnahmen bei Ihnen vorzunehmen und Sie dazu gemäß § 17 ASOG vorzuladen.

Meiner entsprechenden Vorladung vom 14. Juli 1979 haben Sie leider keine Folge geleistet. Sie riefen heute hier an und lehnten Ihr Erscheinen ab. Denn nach Ihren einschlägigen Rechtskenntnissen sei gemäß § 18 des Gesetzes zur Bekämpfung der Geschlechtskrankheiten in einem solchen Fall nicht die Polizei, sondern spezialgesetzlich das Gesundheitsamt zuständig.

Sie irren sich: Die Gesundheitsbehörden haben keine derartige Eingriffsbefugnis. Hier bin allein ich zu erkennungsdienstlichen Maßnahmen ermächtigt (§§ 16, 17 ASOG).

Ich bitte Sie daher nochmals, meiner Vorladung Folge zu leisten. Nach § 17 Abs. 3 Nr. 2 ASOG kann ich die Vorladung zwangsweise durchsetzen.

Hochachtungsvoll

§ 18 Nr. 1 Muster 51

Gewahrsam einer Person zur Abwehr einer gegenwärtigen erheblichen Gefahr

Fall: Polizei nimmt betrunkenen Kraftfahrer in Sicherungsgewahrsam

Der Polizeipräsident in Berlin

Sehr geehrter Herr Sturmeier!

Ich bestätige die gegen Sie getroffenen Maßnahmen:

In der Nacht vom Rosenmontag zur Fastnacht am 27. Februar 1979 gegen 1 Uhr schwankten Sie angetrunken über den Kurfürstendamm. Sie bewegten sich auf einen am Kranzlerplatz abgestellten Personenkraftwagen zu. Dort lehnten Sie sich gegen das Auto und suchten in Ihren Taschen herum.

Wegen Ihrer unsicheren Bewegungen wurde eine Funkwagenstreife der Polizei auf Sie aufmerksam. Der Einsatzleiter, Kommissar Ernst, erkannte, daß Sie unter Alkoholeinwirkung standen und nicht fahrtüchtig waren. Er redete Ihnen deshalb zu, mit einem Taxi nach Hause zu fahren. Sie lehnten das ab.

Darauf ersuchte der Polizeibeamte Sie um Aushändigung der Wagenschlüssel. Auch das lehnten Sie ab. Im übrigen, so gaben Sie an, könnten Sie "als Spezialist in solchen Sachen die Karre in kürzester Zeit knacken und den Motor kurzschließen".

Nunmehr ordnete Kommissar Ernst an, Sie in Gewahrsam zu nehmen. Sie wurden zur Polizeiwache am Bahnhof Zoologischer Garten befördert und dort bis zu Ihrer Ausnüchterung am Morgen dieses Tages um 7 Uhr festgehalten.

Die Polizei mußte Sie in Gewahrsam nehmen, weil auf andere Weise die gegenwärtige erhebliche Gefahr für die Verkehrsteilnehmer nicht abgewehrt werden konnte. Ein betrunkener Kraftfahrer ist ein Sicherheitsrisiko ersten Ranges.

Eingriffsbefugnis für diese Maßnahme war § 18 Nr. 1 des Allgemeinen Sicherheits- und Ordnungsgesetzes - ASOG - vom 11. Februar 1975 (GVBl. S. 688).

Hochachtungsvoll

§ 18 Nr. 2 Muster 52

Gewahrsam einer Person zu ihrem Schutz bei Lebensgefahr

Fall: Betrunkener in hilfloser Lage droht zu erfrieren. Durchsuchung; Identitätsfeststellung; Benachrichtigung eines Angehörigen über den Schutzgewahrsam.

Der Polizeipräsident in Berlin

Sehr geehrter Herr Stromstoß!

Ich bestätige die gegen Sie getroffenen Maßnahmen:

Am Aschermittwoch, 28. Februar 1979, gegen 1 Uhr torkelten Sie über die Tauentzienstraße. Es schneite und war sehr kalt. Sie stürzten, wälzten sich im Schnee und blieben auf dem Rücken liegen. Dann stöhnten und schnarchten Sie.

Kurz darauf fand Sie der Kontaktbereichsbeamte, Kommissar Gütig. Er ließ Sie mit einem Dienstwagen zur Polizeiwache am Bahnhof Zoologischer Garten befördern. Dort ergab die Untersuchung durch den Polizeiarzt, daß Sie sich wegen starker Trunkenheit in hilfslosem Zustand befanden. Er gab Ihnen eine Spritze zur Stützung des Kreislaufs.

Darauf entschied der Wachhabende, Kommissar Scharf, Sie in Gewahrsam zu nehmen. Er ließ Sie nach Personalpapieren durchsuchen und identifizierte Sie an Hand des Personalausweises.

Die Polizei war befugt, Sie in Gewahrsam zu nehmen, weil das nach dem Sachverhalt zum Schutz Ihrer Person gegen eine Gefahr für Leib und Leben erforderlich war: Sie befanden sich in hilfloser Lage. Ihnen drohte der Tod durch Erfrieren.

Diese Eingriffsbefugnis ergibt sich aus § 18 Nr. 2 des Allgemeinen Sicherheits- und Ordnungsgesetzes - ASOG - vom 11. Februar 1975 (GVBl. S. 688).

Die Befugnis der Polizei zur Durchsuchung und Identifizierung hilfloser Personen in einem derartigen Gefahrenfall beruht auf § 22 Abs. 1 Nr. 3 ASOG und auf § 15 Abs. 1 Nr. 1 und Abs. 2 ASOG.

Von diesem bedauerlichen Vorfall hat der Wachhabende sogleich telefonisch Ihren Bruder benachrichtigt(§ 2o Abs. 2 Satz 2 ASOG). Dieser hat Sie dann am Vormittag um 1o Uhr hier abgeholt.

Hochachtungsvoll

§ 19 Muster 53

Richterliche Entscheidung

Fall: Polizei hatte einen betrunkenen Kraftfahrer in Sicherungsgewahrsam genommen. Polizei begründet, warum sie keine richterliche Entscheidung herbeigeführt hat.

Der Polizeipräsident in Berlin

Sehr geehrter Herr Sturmeier!

Am 27. Februar 1979 gegen 1 Uhr wurden Sie in Sicherungsgewahrsam genommen. Gemäß § 18 Nr. 1 des Allgemeinen Sicherheits- und Ordnungsgesetzes - ASOG - vom 11. Februar 1975 (GVBl. S. 688) konnte nur auf diese Weise eine gegenwärtige erhebliche Gefahr abgewehrt werden. Denn Sie wollten in fahruntüchtigem Zustand Ihr Kraftfahrzeug benutzen.

Sie haben mich um Aufklärung ersucht, warum ich nicht unverzüglich die in § 19 ASOG vorgeschriebene richterliche Entscheidung eingeholt habe. Denn schließlich hätte ich Sie nicht nur "kurzfristig" festgehalten. Ich gebe Ihnen Auskunft:

Nach Artikel 1o4 Abs. 2 des Grundgesetzes hat über Zulässigkeit und Fortdauer einer Freiheitsentziehung nur der Richter zu entscheiden. Bei jeder nicht auf richterlicher Anordnung beruhenden Freiheitsentziehung ist unverzüglich eine richterliche Entscheidung herbeizuführen. Die Polizei darf aus eigener Machtvollkommenheit niemanden länger als bis zum Ende des Tages nach dem Ergreifen in eigenem Gewahrsam halten. Diesem verfassungsrechtlichen Auftrag entspricht § 19 in Verbindung mit § 21 Nr. 3 ASOG vollauf. Daraus folgt, daß die Polizei ohne jede Verzögerung innerhalb dieses verfassungsrechtlichen Zeitraums den Richter anrufen muß, wenn sie den Festgehaltenen nicht alsbald entlassen will.

Selbstverständliche Voraussetzung dafür ist allerdings, daß in der Nacht ein Bereitschaftsrichter zur Verfügung steht. Das war nicht der Fall. Im übrigen erfordert Artikel 1o4 Abs. 2 des Grundgesetzes auch keine Regelung der Justizverwaltung, die es den Polizeibehörden ermöglicht, zu jeder Tages- und Nachtzeit eine solche richterliche Entscheidung herbeizuführen. Ich verweise auf das einschlägige Urteil des Bundesverwaltungsgerichts vom 26. Februar 1974 - 1 C 31/72 -: BVerwGE 45, 51, 64 = NJW 1974, 8o7 = DVBl. 1974, 842 = MDR 1974, 513 = JR 1974, 3o1 = JuS 1974, 462.

Hochachtungsvoll

§ 2o Muster 54

Behandlung festgehaltener Personen

Fall: Polizei hatte Maßnahmen zur Verfolgung einer strafbaren Handlung getroffen. Dabei wurden Personen nur kurzfristig festgehalten. Polizei gibt Aufklärung.

Der Polizeipräsident in Berlin

Sehr geehrter Herr Wichtig!

Ihre Auffassung, ich hätte die Vorschriften des § 2o des Allgemeinen Sicherheits- und Ordnungsgesetzes - ASOG - vom 11. Februar 1975 (GVBl. S. 688) nicht beachtet, beruht auf einem Irrtum:

Am 9. März 1979 war bei dem Senator für Justiz eine Dienstbesprechung mit leitenden Beamten des Strafvollzuges angesetzt. Kurz davor betraten Sie und sechs weitere Mitglieder des "Arbeitskreises kritischer Bürger" ohne Einladung den Besprechungsraum und verweilten dann nachhaltig widerrechtlich im Gebäude.

Der Senator stellte schriftlich Strafantrag wegen Hausfriedensbruchs. Nach Ihrer vorläufigen Festnahme wurden Sie deshalb auf der Polizeidienststelle von Kriminalbeamten vernommen und erkennungsdienstlich behandelt. Anschließend wurden Sie alle sofort entlassen.

Ich verweise erneut auf das entsprechende Urteil des Bundesverwaltungsgerichts vom 3. Dezember 1974 - 1 C 11/73 -: BVerwGE 47, 255 = NJW 1975, 893 = MDR 1975, 517 = JR 1975, 2o8 = DÖV 1975, 275 = JuS 1975, 468 = DVBl. 1975, 581. Danach hat es sich um strafprozessuale Eingriffe gehandelt.

Die Maßnahmen der Polizei waren erkennbar "kurzfristig". Sie sind korrekt behandelt worden. Aus diesen Gründen liegt ein Verstoß gegen § 2o ASOG nicht vor.

Hochachtungsvoll

§ 21 Muster 55

Dauer der Freiheitsentziehung

Fall: Polizei hatte einen Hilflosen in Schutzgewahrsam genommen. Polizei begründet den Zeitpunkt seiner Entlassung.

Der Polizeipräsident in Berlin

Sehr geehrter Herr Stromstoß!

Am 28. Februar 1979 um 1o Uhr sind Sie aus polizeilichem Schutzgewahrsam entlassen worden.

Nunmehr haben Sie mich um Aufklärung ersucht, aus welchen Gründen ich Sie nicht "kurzfristig", sondern erst zu einem so unverhältnismäßig späten Zeitpunkt entlassen hätte.

Ich begründe meine Maßnahme:

Sie waren gegen 1 Uhr des fraglichen Tages, am Aschermittwoch, wegen starker Trunkenheit in hilflosem Zustand in Gewahrsam genommen worden. Denn Sie drohten im Freien zu erfrieren. Für Sie bestand höchste Gefahr für Leib und Leben. In einem solchen Notfall ist die Polizei zum Eingreifen nicht nur berechtigt, sondern auch unabweisbar verpflichtet. Das ergibt sich aus § 9 Abs. 1 und § 18 Nr. 2 des Allgemeinen Sicherheits- und Ordnungsgesetzes - ASOG - vom 11. Februar 1975 (GVBl. S. 688). Der Polizeiarzt mußte Ihnen auch sofort eine Spritze zur Stützung des Kreislaufs geben. Nach medizinischer Erkenntnis konnten Sie ohne weitere Gefahr für sich erst um 1o Uhr entlassen werden.

Gemäß § 21 Nr. 1 ASOG hat die Polizei eine festgehaltene Person zu entlassen, "sobald der Grund für die Maßnahme weggefallen ist".

Bei Ihnen konnte der Grund naturgemäß frühestens in dem Zeitpunkt wegfallen, in welchem Sie ausgenüchtert waren. Erst dann befanden Sie sich nicht mehr in hilfloser Lage.

Insgesamt dauerte Ihr Gewahrsam also nur so lange, wie es nach dem Sachverhalt des Falles angemessen war.

Hochachtungsvoll

§ 22 Muster 56

Durchsuchung von Personen

Fall: Forstaufsichtsbeamte durchsuchen Jagdwilderer

Berliner Forsten

Sehr geehrter Herr Schlot!

Am 2o. Februar 1979 gegen 14 Uhr haben unsere Vollzugsbeamten, die Forstinspektoren Schrot und Korn, Sie im Stadtforst Spandau am Oberjägerweg durchsucht. Wir bestätigen und begründen diesen Vorgang:

Sie sind als Jagdwilderer bekannt. Als solcher sind Sie nach § 292 des Strafgesetzbuches vorbestraft. Unsere Beamten sind deshalb angewiesen, die von Ihnen ausgehende Gefahr für die öffentliche Sicherheit wirkungsvoll abzuwehren.

Zum genannten Zeitpunkt entdeckten die Inspektoren Sie abseits des Weges im Unterholz des Waldes kauernd. Sie trugen einen weiten Lodenmantel angezogen am Körper.

Die Inspektoren zeigten die Dienstausweise vor und forderten Sie auf, sich ohne Widerstand gegen die Staatsgewalt durchsuchen zu lassen. Denn nach dem Sachverhalt sei die Annahme gerechtfertigt, daß Sie Sachen, nämlich Wildderergeräte, mit sich führten, die zur Abwehr einer gegenwärtigen Gefahr sichergestellt werden dürften und müßten.

Sie wurden durchsucht. Unter Ihrem Lodenmantel trugen Sie an einem Lederriemen am Körper ein Fangeisen und zwei Schlingen. Die Gegenstände wurden an Ort und Stelle sichergestellt.

Diese Eingriffsmaßnahme war gemäß § 22 Abs. 1 Nr. 2 des Allgemeinen Sicherheits- und Ordnungsgesetzes - ASOG - vom 11. Februar 1975 (GVBl.S. 688) in Verbindung mit § 26 Nr. 1 ASOG zulässig.

Hochachtungsvoll

§ 23 Muster 57

Durchsuchung von Sachen

Fall: Fischereiaufsichtsbeamte durchsuchen Sachen eines Fischwilderers

Fischereiamt

Sehr geehrter Herr Stint!

Am 13. April 1979 gegen 6 Uhr haben unsere Vollzugsbeamten, die Inspektoren Hüter und Heger, am Wannsee Sachen durchsucht, die von Ihnen mitgeführt wurden. Wir bestätigen und begründen diesen Vorgang:

Sie sind uns als Fischwilderer bekannt. Als solcher sind Sie nach § 293 des Strafgesetzbuches vorbestraft. Unsere Beamten sind deshalb angewiesen, die von Ihnen ausgehende Gefahr für die öffentliche Sicherheit wirkungsvoll abzuwehren.

Zum genannten Zeitpunkt entdeckten die Inspektoren Sie dicht am See im Gebüsch kauernd. Sie hatten einen Rucksack und eine lederne Umhängetasche bei sich. Beide Behältnisse waren erkennbar gefüllt.

Die Inspektoren zeigten die Dienstausweise vor und forderten Sie auf, den Rucksack und die Umhängetasche ohne Widerstand gegen die Staatsgewalt durchsuchen zu lassen. Rechtsgrundlage dieser Eingriffsmaßnahme sei § 23 Abs. 1 Nr. 1 des Allgemeinen Sicherheits- und Ordnungsgesetzes - ASOG - vom 11. Februar 1975 (GVBl. S 688).

Darauf wurden die Sachen durchsucht. Die Beamten fanden Fischwilderergeräte, nämlich Netze, Angeln, Haken und sogar gemeine Explosivstoffe. Die Geräte wurden sichergestellt.

Gemäß § 23 Abs. 1 Nr. 1 ASOG kann die zuständige Behörde eine Sache durchsuchen, wenn sie von einer Person mitgeführt wird, die nach § 22 Abs. 1 ASOG durchsucht werden darf. Das war hier der Fall: Bei dem Sachverhalt war die Annahme gerechtfertigt, daß Sie Sachen, nämlich Fischwilderergeräte mit sich führten, die nach § 26 Nr. 1 ASOG zur Abwehr einer gegenwärtigen Gefahr sichergestellt werden durften.

Hochachtungsvoll

§ 24 Muster 58

Betreten und Durchsuchung von Wohnungen

Fall: Polizei betritt zur Gefahrenabwehr eine Wohnung, ohne sie zu durchsuchen

Der Polizeipräsident in Berlin

Sehr geehrte Frau Radau!

Sie sind Inhaberin des Wohnheims "Klamauk" am Bahnhof Zoologischer Garten. Am 4. August 1979 fand in der Hardenbergstraße eine ungenehmigte gewalttätige Demonstration statt. Es kam zu mehrstündigen schweren Ausschreitungen gegen die Polizei. Hierbei warfen zahlreiche Personen mit Billigung Ihres Hausmeisters von der Dachterrasse und vom vierten Stockwerk Ihres Heims Steine, Flaschen, Bretter, Glühbirnen und Möbelstücke auf die Polizeibeamten.

Die wiederholte Aufforderung der Polizei, das Werfen einzustellen und die Dachterrasse zu verlassen, blieb ohne Erfolg. Mehrere Polizisten wurden, zum Teil schwer, verletzt.

Darauf drangen Polizeibeamte in das Haus ein und räumten die Dachterrasse sowie den vierten Stock.

Nun haben Sie um Auskunft ersucht, warum die "Durchsuchung" Ihres Heims ohne richterliche Anordnung stattgefunden habe. Ich antworte:

Gemäß § 24 Abs. 1 des Allgemeinen Sicherheits- und Ordnungsgesetzes - ASOG - vom 11. Februar 1975 (GVBl. S. 688) kann die zuständige Behörde eine Wohnung ohne Einwilligung des Inhabers zur Abwehr einer gegenwärtigen erheblichen Gefahr betreten und durchsuchen. Außer bei Gefahr im Verzuge muß für die Durchsuchung eine richterliche Anordnung vorliegen (§ 24 Abs. 2 ASOG).

Eine solche war hier nicht einzuholen. Denn die Polizeibeamten haben die Räume nur betreten und nicht durchsucht. Allein das Betreten einer Wohnung ist noch keine Durchsuchung (Urteil des Bundesverwaltungsgerichts vom 6. September 1974 - 1 C 17/73 -: BVerwGE 47, 31 = DVBl. 1974, 846 = NJW 1975, 13o = DÖV 1975, 172 = JR 1975, 168 = MDR 1975, 77 = JuS 1975, 184 = JZ 1974, 754).

Hochachtungsvoll

§ 25 Muster 59

Verfahren bei der Durchsuchung von Wohnungen

Fall: Gesundheitsbehörde durchsucht Wohnung eines Rauschgiftsüchtigen nach lebensgefährlichem Gift. Wegen Gefahr im Verzuge keine richterliche Anordnung und kein Protokoll.

Bezirksamt Kreuzberg von Berlin
Abteilung Gesundheitswesen

Sehr geehrter Herr Moriturus!

Gemäß § 25 Abs. 4 des Allgemeinen Sicherheits- und Ordnungsgesetzes - ASOG - vom 11. Februar 1975 (GVBl. S. 688) bestätigen wir den folgenden Noteinsatz des Gesundheitsamtes Kreuzberg:

Am 16. Januar 1979 um 1o Uhr haben wir Ihre Wohnung in der Schlesischen Straße 34 durchsucht. Wir hatten die zutreffende Information erhalten, daß Sie lebensgefährliche gepanschte Heroinpräparate auf dem U-Bahnhof Kurfürstenstraße gekauft und in Ihre Wohnung mitgenommen hatten, um sie sich dort zu spritzen.

Wegen Gefahr im Verzuge konnten wir eine richterliche Anordnung vorher nicht einholen. Die Anrufung des Richters hätte die Durchsuchung entscheidend verzögert und dadurch ihren Erfolg gefährdet (vgl. Urteil des Bundesverwaltungsgerichts vom 12. Dezember 1967 - 1 C 112/64 -: BVerwGE 28, 285, 291 = NJW 1968, 563 = DVBl. 1968, 752 = DÖV 1968, 246 = MDR 1968, 439 = JuS 1968,286).

Das reguläre Verfahren nach § 25 ASOG war aus Gründen dringender Gefahrenabwehr nach den besonderen Umständen des Falles nicht einzuhalten. Es hätte den Zweck der Durchsuchung vereitelt. Denn Sie hatten sich den Inhalt einer Ampulle bereits injiziert und waren nur noch beschränkt ansprechbar. Wir mußten die Wohnung sofort durchsuchen, die restlichen Ampullen sicherstellen, um Sie aus Lebensgefahr zu retten, und Sie dann von der Feuerwehr ins Krankenhaus schaffen lassen.

Hochachtungsvoll

§ 26 Muster 6o

Sicherstellung

Fall: Personenkraftwagen wird abgeschleppt und sichergestellt

Bezirksamt Tiergarten von Berlin
Abteilung Wirtschaft

Sehr geehrte Frau Mütze!

Am Mittwoch, 4. Juli 1979, haben wir Ihren Personenkraftwagen Ford B - DJ 215 vom Agricolaplatz in Moabit abschleppen lassen und sicherstellen müssen. Wir erklären unsere Maßnahmen und bitten gleichzeitig um Ihr Verständnis:

Jeweils am Mittwoch findet in Moabit auf dem Agricolaplatz ein städtischer Markt für landwirtschaftliche Erzeugnisse statt. Dieser Markt erfreut sich großer Beliebtheit. Er wird volkstümlich "M-M-M" bzw."Moabiter-Mittwochs-Markt" genannt. Es herrscht stets Gedränge. Für Fremdkörper ist kein Platz. Deshalb besteht laut polizeilicher Anordnung an Markttagen für das betreffende Gelände ein eingeschränktes Halteverbot.

Sie hatten Ihr Fahrzeug auf dem Agricolaplatz geparkt und es bei Beginn des Marktbetriebes noch nicht von dort weggefahren. Dadurch war die ordnungsgemäße Durchführung des Marktbetriebes erheblich gestört. Es bestand eine konkrete Gefahr. Ferner war mit Sicherheit anzunehmen, daß Ihr Fahrzeug insbesondere bei der Anlieferung von Waren durch Transportmittel schwere Beschädigungen davontragen werde.

Unser Marktmeister hat vergeblich versucht, Sie rechtzeitig als Halterin des Pkw zu ermitteln, um Sie zu bitten, den Wagen zu entfernen. Deshalb haben wir Ihr Fahrzeug abschleppen lassen und auf dem nahegelegenen Rathaushof sichergestellt.

Hierbei handelt es sich um die unmittelbare Ausführung einer Maßnahme nach § 12 des Allgemeinen Sicherheits- und Ordnungsgesetzes - ASOG - vom 11. Februar 1975 (GVBl. S. 688).

Rechtsgrundlage unserer Befugnis zur notwendigen Sicherstellung des Kraftwagens ist § 26 Nr. 1 und Nr. 3 ASOG.

Unsere Befugnis zum Abschleppen des Kraftwagens ergibt sich aus § 14 Abs. 1 ASOG.

Hochachtungsvoll

§§ 26, 27, 28 Muster 61

Sicherstellung, Verwahrung und Vernichtung von Sachen

Fall: Mikro-Abhörgeräte - "Minispione" -

Bezirksamt Neukölln von Berlin
Abteilung Wirtschaft

Sehr geehrter Herr Lauschmann!

Hiermit bestätigen wir die Sicherstellung, amtliche Verwahrung und Vernichtung von 33 Mikro-Abhörgeräten - "Minispione" - durch unser Wirtschaftsamt:

Sie betreiben in Neukölln, Horcherstraße 13, ein Einzelhandelsgeschäft mit Elektroerzeugnissen. Dort boten Sie vor einem Vierteljahr Mikro-Abhörgeräte - "Minispione" - zum Kauf an. Derartige Geräte sind einschließlich Batterie und Antenne in Plastikbehältern etwa von der Größe einer Zigarettenschachtel untergebracht. Sie ermöglichen das Abhören fremder Gespräche aus umschlossenen Räumen auf Entfernungen bis zu mehreren hundert Metern.

Dadurch bestand eine konkrete Gefahr für die öffentliche Ordnung. Daher hatten wir Ihnen gemäß § 14 Abs. 1 des Allgemeinen Sicherheits- und Ordnungsgesetzes - ASOG - vom 11. Februar 1975 (GVBl. S. 688) den Verkauf der Abhörgeräte ab sofort verboten.

Wir mußten feststellen, daß Sie solche Geräte heimlich verkauften, gewissermaßen "unter dem Ladentisch" an Bekannte.

Daraufhin haben am 17. März 1979 unsere Vollzugsbeamten, die Inspektoren Knall und Fall, 33 "Minispione" gegen Bescheinigung sichergestellt. Die Geräte wurden anschließend in amtliche Verwahrung genommen. Danach haben wir sie vernichtet.

Die Sicherstellung der Abhörgeräte war gemäß § 26 Nr. 1 ASOG notwendig, um eine gegenwärtige Gefahr für die öffentliche Ordnung abzuwehren. Sichergestellte Sachen sind, wie geschehen, nach § 27 ASOG in amtliche Verwahrung zu nehmen. Die Vernichtung war gemäß § 28 Abs. 4 Nr. 1 ASOG aus Sicherheitsgründen erforderlich. Wir stützen unsere Entscheidung auch auf das Urteil des Verwaltungsgerichtshofes Baden-Württemberg in Mannheim vom 15.12.1971 - I 242/71 -: DVBl. 1972, 5o3 = NJW 1972, 971 = Gew Arch 1972, 166 = JuS 1972, 478 = BB 1972, 681 = VerwRspr. 24, 455.

Die Maßnahmen waren gegen Sie als Verkäufer (Zweckveranlasser) und Eigentümer der Sachen zu richten. Das ergibt sich aus § 1o Abs. 1 und § 11 Abs. 2 ASOG.

Hochachtungsvoll

§ 27 Muster 62

Verwahrung sichergestellter Sachen

Fall: Aufbewahrung eines giftigen Pflanzenschutzmittels. Verwertung und Beseitigung (§ 28 ASOG).

Pflanzenschutzamt

Sehr geehrter Herr Brenner!

Sie haben das Pflanzenschutzmittel "Brutalit" eingeführt. Dabei handelt es sich um ein flüssiges Kontakt-Insektizid.

Das Mittel ist von der Biologischen Bundesanstalt für Land- und Forstwirtschaft nicht zugelassen. Es wir auch nicht zugelassen. Denn es ist ein für Mensch und Tier unvertretbar schädliches Gift; es verursacht Ätzen und Verbrennen.

Wie Ihnen bereits mitgeteilt wurde, haben wir das Gift sichergestellt. Es wird in unserem amtlichen Auftrag von der genannten Bundesanstalt in Berlin 33 (Dahlem), Königin-Luise-Straße 19, verwahrt, wo die bisherigen Untersuchungen stattgefunden haben und noch weitere vorzunehmen sind.

Diese Art der Verwahrung ist gemäß § 27 des Allgemeinen Sicherheits- und Ordnungsgesetzes - ASOG - vom 11. Februar 1975 (GVBl. S. 688) zulässig. Sie ist zweckmäßig und geeignet, die von dem Gift ausgehende gegenwärtige Gefahr abzuwehren.

Eine weitere anderweitige Verwahrung und Verwertung des Mittels wäre sehr schwierig und gefahrvoll. Wir haben deshalb die Bundesanstalt ermächtigt, das Gift im Labor zu Versuchszwecken zu verwerten und unschädlich zu beseitigen.

Dazu sind wir nach § 28 Abs. 1 Nr. 2 und Nr. 3 und § 28 Abs. 4 ASOG befugt.

Hochachtungsvoll

§ 28 Muster 63

Vernichtung einer sichergestellten Sache

Fall: Öffentliche Bekanntmachung im Amtsblatt über mögliche Verschrottung eines entstempelten Personenkraftwagens

Der Polizeipräsident in Berlin

Unanbringbare Sache

- Bek. v. 4.8.1978 - Ord E 21 - 14.16/78 -

In Berlin 3o (Charlottenburg) Max-und-Moritz-Straße 29, ist folgender Personenkraftwagen verbotswidrig abgestellt:

Typ: Fiat 77o; entstempeltes Kennzeichen:
B - D 358; Fahrgestell-Nr. 1oo D 137 5o5o.

Der Pkw ist stark beschädigt. Er soll nach § 11 Abs. 2 und Abs. 6 des Gesetzes über die Stadtreinigung vom 24. Juni 1969 (GVBl. S. 768) von der Polizei beseitigt werden.

Der Eigentümer konnte bisher nicht ermittelt werden. Deshalb wird er hiermit aufgefordert, seine Rechte an diesem Fahrzeug bei dem Polizeipräsidenten in Berlin, Abteilung Ord E 21, Puttkamer Straße 16-18, Zimmer 5o6, 1ooo Berlin 61 (Kreuzberg), anzumelden.

Sofern an dem vorgenannten Pkw bestehende Rechte nicht innerhalb von zwei Wochen nach Veröffentlichung dieser Bekanntmachung angemeldet werden, wird er als herrenlos angesehen.

Danach wird das Fahrzeug gemäß § 28 Abs. 4 Nr. 2 in Verbindung mit § 14 Abs. 2 Satz 2 des Allgemeinen Gesetzes zum Schutz der öffentlichen Sicherheit und Ordnung in Berlin vom 11. Februar 1975 (GVBl. S. 688) verschrottet.

§ 29 Muster 64

Herausgabe einer sichergestellten Sache gegen Zahlung der Kosten

Fall: Behörde benachrichtigt Halter eines Personenkraftwagens über Kosten der Ersatzvornahme für Abschleppen des Wagens

Bezirksamt Tiergarten von Berlin
Abteilung Wirtschaft

Sehr geehrte Frau Mütze!

Am 4. Juli 1979 haben wir Ihren Personenkraftwagen Ford B - DJ 215 vom Agricolaplatz in Moabit abschleppen lassen müssen und danach auf dem Hof unseres Rathauses sichergestellt. Wir hatten Sie davon unverzüglich unterrichtet.

Dabei hat es sich um die unmittelbare Ausführung einer Maßnahme nach § 12 des Allgemeinen Sicherheits- und Ordnungsgesetzes - ASOG - gehandelt. Diese wurde im Wege des sofortigen Vollzuges nach § 6 Abs. 2 des Verwaltungs-Vollstreckungsgesetzes - VwVG - durch Ersatzvornahme vorgenommen.

Ersatzunternehmer war die Firma "Fix & Schnell-Transporte". An diese Firma haben wir die Abschleppkosten in Höhe von 99,9o DM bezahlt.

Als Halterin des Fahrzeugs sind Sie gemäß § 12 Abs. 2 und 3 sowie § 11 Abs. 2 ASOG verpflichtet, uns diese Kosten zu ersetzen. Wir bitten um Überweisung und Vorlage des Belegs.

Danach werden wir den Wagen an Sie herausgeben, wie es in § 29 ASOG vorgesehen ist.

Die Kosten der Ersatzvornahme können notfalls im Verwaltungszwangsverfahren beigetrieben werden (§ 12 Abs. 3 und § 29 Abs. 3 ASOG in Verbindung mit § 19 und §§ 1 bis 5 VwVG). Dazu wird es aber, wie wir bei Ihnen annehmen dürfen, nicht kommen.

Hochachtungsvoll

§ 44 Muster 65

Widerspruchsbescheid des zuständigen Senators

Fall: Verbot des Verkaufs von Mikro-Abhörgeräten.
Senator weist Widerpruch zurück.

Der Senator für Wirtschaft und Verkehr

Sehr geehrter Herr Lauschmann!

Auf Ihren Widerspruch vom 12. Dezember 1978 gegen den Bescheid des Bezirksamtes Neukölln von Berlin, Abteilung Wirtschaft, vom 6. Dezember 1978 erlasse ich folgenden

Widerspruchsbescheid:

1. Der Widerspruch wird als unbegründet zurückgewiesen.
2. Die Kosten des Widerspruchsverfahrens tragen Sie.

Begründung:

Das Bezirksamt hat sein Verbot, Mikro-Abhörgeräte zu verkaufen, zutreffend auf die Generalklausel des § 14 Abs. 1 des Allgemeinen Gesetzes zum Schutz der öffentlichen Sicherheit und Ordnung in Berlin - ASOG - vom 11. Februar 1975 (GVBl. S. 688) gestützt. Denn der Verkauf von "Minispionen" verursacht eine akute Gefahr für die öffentliche Ordnung (Urteil des Verwaltungsgerichtshofes Baden-Württemberg in Mannheim vom 15. Dezember 1971 - I 242/71 -: DVBl. 1972, 5o3 = NJW 1972, 971 = GewArch 1972, 166 = BB 1972, 681 = JuS 1972, 478 = VerwRspr. 24, 455).

Entgegen Ihrem Vortrag beeinträchtigt das Verbot nicht das Grundrecht auf die freie Berufswahl nach Artikel 12 Abs. 1 Satz 1 des Grundgesetzes (GG). Es regelt vielmehr nur die Berufsausübung. Das ist gemäß Artikel 12 Abs. 1 Satz 2 GG durch Gesetz oder auf Grund eines Gesetzes zulässig.

Die polizeiliche bzw. ordnungsbehördliche Generalklausel (hier § 14 Abs. 1 ASOG) ist ein solches Gesetz zur Regelung der Berufsausübung: Urteile des Bundesverwaltungsgerichts vom 23. Februar 196o - 1 C 24o/58 - (BVerwGE 1o, 164 = DÖV 196o, 426 = NJW 196o, 14o7 = DVBl. 196o, 482 = MDR 196o, 6o5 = VerwRspr. 12, 1oo5) und vom 26. Februar 197o - 1 C 11/69 - (DVBl. 197o, 5o4 = MDR 197o, 613 = GewArch 197o, 189 = Jus 197o, 538 = VerwRspr. 22, 58).

Wegen der gesetzlich zulässigen Regelung der Berufsausübung verweise ich ferner auf das Urteil des Bundesverwaltungsgerichts vom 24. Juni 1971 - 1 C 39/67 -: BVerwGE 38, 2o9 = NJW 1971, 1475 = MDR 1971, 782 = DVBl. 1971, 751 = DÖV 1972, 54 = BayVBl. 1972, 61o = BRS Band 24 Nr. 2o6 = Verw Rspr. 23, 366 = BB 1971, 1o28.

Der angefochtene Verwaltungsakt ist also rechtmäßig und zweckmäßig.

Die Kostenentscheidung beruht auf § 73 Abs. 3 der Verwaltungsgerichtsordnung in Verbindung mit § 8o des Verwaltungsverfahrensgesetzes.

Gegen den Bescheid des Bezirksamtes Neukölln von Berlin, Abteilung Wirtschaft, vom 6. Dezember 1978 ist die Klage vor dem Verwaltungsgericht zulässig. Die Klage ist innerhalb eines Monats nach Zustellung dieses Widerspruchsbescheides bei dem Verwaltungsgericht Berlin, Hardenbergstraße 21, 1ooo Berlin 12 (Charlottenburg), schriftlich oder zur Niederschrift des Urkundsbeamten zu erheben. Der Klageschrift soll eine Abschrift beigefügt werden. Die Klage ist gegen das Land Berlin, vertreten durch das Bezirksamt Neukölln von Berlin, Abteilung Wirtschaft, zu richten.

Wird nur meine Kostenentscheidung angefochten, ist die Klage gegen mich zu richten.

Maßgeblich für die Rechtzeitigkeit der schriftlichen Klage ist der Zeitpunkt des Eingangs der Klageschrift bei dem Verwaltungsgericht.

Den Kostenbetrag, den Sie dem Bezirksamt Neukölln für etwaige besondere Aufwendungen zu erstatten haben, werde ich auf Antrag des Bezirksamtes durch Kostenfestsetzungsbescheid als Verwaltungsakt festsetzen. Dazu gebe ich folgende Hinweise:

Erstattungsfähig sind auf seiten der Behörde nur die besonderen Aufwendungen der Ausgangsbehörde im Rahmen des Widerspruchsverfahrens zwischen Einlegung des Widerspruchs und der Weiterleitung an die Widerspruchsbehörde. Die Kosten des vorhergehenden Verfahrens gehören also nicht hierzu. Erstattungsfähige Aufwendungen können daher nur Kosten sein, die anläßlich der Prüfung des Widerspruchs durch die Ausgangsbehörde zusätzlich etwa in Form von Auslagen entstanden sind, zum Beispiel Reisekosten zu Ortsterminen oder Zeugengelder. Dagegen sind regelmäßig im Bürobetrieb anfallende Kosten wie Porto-, Zustell- und Ortsgesprächsgebühren nicht erstattungsfähig.

Hochachtungsvoll

§ 44 Muster 66

Widerspruchsbescheid des zuständigen Senators

Fall: Widerspruchsbehörde hebt rechtswidrige Abrißverfügung auf

Der Senator für Bau- und Wohnungswesen

Sehr geehrter Herr Rechtsanwalt!

Auf Ihren Widerspruch vom 3o. April 1979, den Sie als Bevollmächtigter der Frau Felicitas Sänger erhoben haben, erlasse ich folgenden

Widerspruchsbescheid:

1. Der Bescheid des Bezirksamtes Schilda von Berlin, Abteilung Bauwesen, vom 3. April 1979 wird aufgehoben.
2. Die Kosten des Widerspruchsverfahrens trägt das Land Berlin, vertreten durch das Bezirksamt Schilda von Berlin.
3. Die Zuziehung eines Rechtsanwalts im Widerspruchsverfahren war notwendig.

Herr Felix Sänger und seine Schwester Felicitas Sänger sind in ungeteilter Erbengemeinschaft Eigentümer des Villengrundstücks Fliederstraße 4. In dessen Garten steht eine ungenehmigte Werbeanlage. Es handelt sich um einen ortsfesten Schaukasten von 3 x 2 m Größe. Er dient der Werbung für den Gesangsverein "Halbe Lunge", dessen Vorsitzender Herr Sänger ist.

Das Bezirksamt Schilda forderte deshalb Herrn Sänger (nur ihn allein) auf, den Kasten zu entfernen. Er kam dem Ersuchen nicht nach.

Darauf hat das Bezirksamt durch den angefochtenen Bescheid vom 3. April 1979 sowohl gegen Herrn Felix als auch gegen Frau Felicitas Sänger das Zwangsmittel der Ersatzvornahme angedroht.

Diese Androhung ist gegenüber Frau Sänger rechtswidrig. Denn gegen sie ist keine Beseitigungsverfügung ergangen. Es besteht also ein Vollzugshindernis. Ich beziehe mich auf das einschlägige Urteil des Bundesverwaltungsgerichts vom 28. April 1972 - 4 C 42/69 -: BVerwGE 4o, 1o1 = MDR 1972, 974 = JR 1973, 3o BRS 25 Nr. 2o5.

Aus diesen Gründen sind die gesamten Kosten dem Land Berlin aufzuerlegen. Wegen der rechtlich schwierigen Verteidigung war die Zuziehung eines Rechtsanwalts notwendig. Die Kostenentscheidung beruht auf § 73 Abs. 3 der Verwaltungsgerichtsordnung in Verbindung mit § 8o des Verwaltungsverfahrensgesetzes.

Den Kostenbetrag, welchen das Bezirksamt Schilda Ihrer Frau Mandantin zu erstatten hat, werde ich auf Antrag durch Kostenfestsetzungsbescheid als Verwaltungsakt mit Rechtsmittelbelehrung festsetzen. Der Antrag kann von Ihnen, sehr geehrter Herr Rechtsanwalt, für Ihre Mandantin oder von dieser selbst gestellt werden. Er muß eine genaue Aufstellung der geforderten Beträge enthalten. Aufwendungen sind zu belegen.

Zu den Kosten des Vorverfahrens gehören die notwendigen Aufwendungen, die Ihrer Mandantin zur zweckentsprechenden Rechtsverfolgung oder Rechtsverteidigung entstanden sind. Hier sind ferner Ihre Gebühren und Auslagen erstattungsfähig. Denn Ihre Zuziehung als Bevollmächtigter der Frau Sänger im Vorverfahren habe ich im Tenor meiner Kostenlastentscheidung als notwendig anerkannt. Vorsorglich bitte ich zu beachten, daß nur Kosten des Widerspruchsverfahrens, also nicht etwa auch solche des Ausgangsverfahrens, anerkannt werden können.

Ich weise bereits jetzt darauf hin, daß mein Kostenfestsetzungsbescheid für das Bezirksamt Schilda sofort verbindlich sein wird. Denn das Bezirksamt hat keine rechtliche Möglichkeit, meinen Verwaltungsakt anzufechten. Wegen der staatsrechtlichen Ordnung Berlins als Stadtstaat sind behördliche "In-sich-Prozesse" nicht zulässig: OVG Berlin, Urteil vom 6.5.1963 - 2 B 35/62 -: OVGE Berlin 7, 128 = NJW 1963, 1939 = DÖV 1963, 587 = JR 1964, 273 = DVBl. 1964, 82.- Dagegen wird Ihrer Mandantin im Falle der Beschwer der Verwaltungsrechtsweg eröffnet sein.

Hochachtungsvoll

Literaturhinweise

Berg, Günter / Hein, Karl-Ernst: Allgemeines Polizei- und Ordnungsrecht für Berlin, 1976, Deutsche Polizei

Brosche, Hartmut: "Wilder Müll", DVBl. 1977 S. 235

Dietel, Alfred / Gintzel, Kurt: Allgemeines Verwaltungsrecht und Polizeirecht für NW, 7. Auflage 1978, Deutsche Polizei

Drews, Bill / Wacke, Gerhard: Allgemeines Polizeirecht, 7. Auflage 1961, Carl Heymann

Drews, Bill / Wacke, Gerhard / Vogel, Klaus / Martens, Wolfgang: Gefahrenabwehr, 8. Auflage, Erster Band von Klaus Vogel 1975, Zweiter Band von Wolfgang Martens 1977, Carl Heymann

Engelhardt, Hanns: Kommentar zum Verwaltungs-Vollstreckungsgesetz und Verwaltungszustellungsgesetz, 1979, C.H. Beck

Erbel, Günter: Der Streit um die "öffentliche Ordnung" als polizeirechtliches Schutzgut, DVBl. 1972 S. 475

Finkelnburg, Klaus: Vorläufiger Rechtsschutz im Verwaltungsstreitverfahren, 2. Auflage 1979, C.H. Beck

Franz, Fritz: Obdachlose sind Hilfsbedürftige und nicht Störer, DVBl. 1971 S. 249

Friauf, Karl Heinrich: Polizei- und Ordnungsrecht in von Münch: Besonderes Verwaltungsrecht, 5. Auflage 1979 S. 163, Walter de Gruyter

Frotscher, Werner: Der Schutz der Allgemeinheit und der individuellen Rechte im Polizei- und Ordnungsrecht, DVBl. 1976 S. 695

Götz, Volkmar: Allgemeines Polizei- und Ordnungsrecht, 5. Auflage 1978, Vandenhoeck & Ruprecht

Götz, Volkmar: Polizei- und Ordnungsrecht heute, DVBl. 1975 S. 876

Hans, H. Polizei- und Ordnungsrecht, 1976, W. Kohlhammer

Heise, Gerd / Riegel, Reinhard: Musterentwurf eines einheitlichen Polizeigesetzes, 2. Auflage 1978, Richard Boorberg

Kirchhof, Paul: Sicherungsauftrag und Handlungsvollmachten der Polizei, DÖV 1976 S. 449

Kirchhof, Paul: Grundfälle zum Polizeirecht, Juristische Schulung 1974 S. 648, 1975 S. 99, 237, 378, 5o9

Klein, Hans: Zur Auslegung des Rechtsbegriffs der "öffentlichen Sicherheit und Ordnung", DVBl. S. 233

Knemeyer, Franz-Ludwig: Funktionen der Aufgabenzuweisungsnormen in Abgrenzung zu den Befugnisnormen, DÖV 1978 S. 11

Knemeyer, Franz-Ludwig: Deutsches Polizeirecht, DÖV 1975 S. 34

Knemeyer, Franz-Ludwig: Das neue bayerische Polizeirecht, NJW 1979 S. 79o

Küchenhoff, Günther: Polizei- und Ordnungsrecht in Ksoll/Küchenhoff/Schöndorf: Besonderes Verwaltungsrecht, 3. Auflage 1973, Müller-Albrecht

Leinius, Robert: Anwendung von Zwangsmitteln ohne vorausgehenden Verwaltungsakt (sofortiger Vollzug und unmittelbare Ausführung), Inaugural-Dissertation, Berlin 1976

Lücke, Jörg: Die Grundsätze der Verhältnismäßigkeit und der Zumutbarkeit, DÖV 1974 S. 769

Martens, Wolfgang: Der Schutz des einzelnen im Polizei- und Ordnungsrecht, DÖV 1976 S. 457

Ossenbühl, Fritz: Der polizeiliche Ermessens- und Beurteilungsspielraum, DÖV 1976 S. 463

Papier, Hans-Jürgen: Die Entschädigung für Amtshandlungen der Polizei, DVBl. 1975 S. 567

Peine, Franz-Joseph: Öffentliche Ordnung als polizeirechtliches Schutzgut, Die Verwaltung 1979 S. 25

Rasch, Ernst: Der Aufbau der Ordnungsverwaltung, DVBl. 1977 S. 144

Reiland, Werner: Eigentumsschutz und Störerhaftung, VerwArch 66.Band (1975) S. 255

Riegel, Reinhard: Musterentwurf und Alternativentwurf für ein einheitliches Polizeigesetz: Ein Vergleich zweier Konzeptionen, DVBl. 1979 S. 7o9

Riegel, Reinhard, Zur Frage der Auskunftspflicht nach Allgemeinem Polizeirecht, DÖV 1978 S. 5o1

Rose, Hans-Joachim, Neues Berliner Polizeirecht, JR 1975 S. 3o9

Rudolf, Walter: Polizei gegen Hoheitsträger, 1965, J.C.B. Mohr (Paul Siebeck)

Samper, Rudolf: Polizeiaufgabengesetz, Kommentar, 1o. Auflage 1979, Richard Boorberg

Schipper, Dieter / Hainka, Franz: Allgemeines Verwaltungsrecht und Polizeirecht, 2. Auflage 1978, Richard Boorberg

Scholler, Heinrich / Broß, Siegfried: Grundzüge des Polizei- und Ordnungsrechts in der Bundesrepublik Deutschland, 2. Auflage 1978, C.F. Müller

Schumann, Karl-Heinz: Das Allgemeine Sicherheits- und Ordnungsgesetz Berlin (ASOG Bln) als Wegweiser für ein einheitliches Polizeirecht, DÖV 1976 S. 264

Schumann, Karl-Heinz: Grundriß des Polizei- und Ordnungsrechts, 1978, Walter de Gruyter

Schwan, Eggert: Artikel 13 GG und die gefahrenabwehrenden Eingriffe in die Wohnungsfreiheit, DÖV 1975 S. 661

Sigrist, Hans: Probleme der Identitätsfeststellung und der polizeilichen Razzia nach dem Berliner ASOG, JR 1976 S. 397

Steckert, Uwe: Zulässigkeit und Kosten polizeilich veranlaßter Abschleppungsmaßnahmen von verkehrswidrig abgestellten Kraftfahrzeugen, DVBl. 1971 S. 243

Thiele, Willi: Neues Polizeirecht in Bund und Ländern?, DVBl. 1979 S. 7o5

Thiele, Willi: Die Funktion der Polizei im heutigen Staat, Deutsche Verwaltungspraxis 1979 S. 235

Vollmuth, Joachim: Unmittelbare und rechtswidrige Verursachung als Voraussetzung der Störerhaftung im allgemeinen Polizei- und Ordnungsrecht, VerwArch Band 68 (1977) S. 45

Wagner, Wolfgang: Die Polizeipflicht von Hoheitsträgern, 1971, Duncker & Humblot

Wolff, Hans Julius / Bachof, Otto: Verwaltungsrecht III, 4. Auflage 1978, C.H. Beck

Stichwortverzeichnis

FSC
www.fsc.org
MIX
Papier | Fördert gute Waldnutzung
FSC® C083411

Kolibri 360 GmbH
Ferdinand-Jühlke-Straße 7
99095 Erfurt, Deutschland
produktsicherheit@kolibri360.de